U0104362

文心雕龍讀本

下篇

〔梁〕劉勰著
王更生注譯

文心雕龍序
六經聖人載道之書垂統萬世折衷百氏者
也與天地同其大與日月同其明亘宇宙相為
無窮而莫能限量後雖有作者弗可尚已
自孔子沒由漢以降老佛之說興學者日趨
於異端聖人之道不行而天地之大日月之明
固自若也當二家濫觴橫流之際孰能排而
斥之苟知以道為原以經為宗以聖為徵而立

元至正十五年刊本文心雕龍

文史哲出版社印行

文心雕龍讀本 下篇 目次

卷六
神思第二十六……一
體性第二十七……一九
風骨第二十八……三三
通變第二十九……四七
定勢第三十……六一
卷七
情采第三十一……七五
鎔裁第三十二……九一
聲律第三十三……一〇三

章句第三十四……一一七
麗辭第三十五……一三一

卷八

比興第三十六……一四三
夸飾第三十七……一五五
事類第三十八……一六七
練字第三十九……一八五
隱秀第四十……二〇一

卷九

指瑕第四十一……二一三
養氣第四十二……二三一
附會第四十三……二四一
總術第四十四……二五五
時序第四十五……二六七

卷十

物色第四十六……二九九
才略第四十七……三一五
知音第四十八……三四七
程器第四十九……三六五
序志第五十……三七九

附錄

附錄一：劉勰著作二篇……三九七
一、梁建安王造剡山石城寺石像碑文……三九七
二、滅惑論……四〇一
附錄二：劉勰傳……四〇六
一、梁書劉勰傳……四〇六
二、南史劉勰傳……四〇八
三、楊明照梁書劉勰傳箋注……四〇九
附錄三：文心雕龍重要傳本……四三一

一、潘師重規唐寫文心雕龍殘本合校本……四三一
二、黃叔琳文心雕龍輯注本……四三四
三、紀昀文心雕龍評本……四三五
四、范文瀾文心雕龍註本……四三六
附錄四：劉勰文心雕龍考評……四四〇
一、劉毓崧書文心雕龍後……四四〇
二、四庫全書簡明目錄……四四一
三、四庫全書總目提要……四四二

神思第二十六〔評一〕

【解　題】

從事文學創作，需要很多條件的配合，其中最爲重要的，便是想像力。想像力對一位作家來說，不啻如江河之源，草木之本，沒有它，等於拔本塞源，完全斬斷了構思的管道，更遑論作品。本篇「神思」，就在講述想像力運用時的精神狀態，和如何培養？以及它與實際創作相關的諸般問題。西方學者稱此爲「靈感」，以爲感而有靈。彥和名之曰「神思」，以爲思如神助，中西命名不同，所指皆屬一事。

本篇首先說明想像力的情況，藉莊子讓王篇：「形在江海之上，心存魏闕之下」，爲抽象的「神思」下一具體的定義。接着再從時間、空間、聲調、色彩四方面，形容爲文運思時所表現的情況，繼而言心神與外物交融而後文生之理。他從作者的運思到作品的產生，分「心神」與「外物」兩個單元，交互推闡，把一段看似複雜的過程，只寥寥數句，便說得點滴不透，極具條理。而其間更有個重要媒體，那便是想像力。所以培養文思，就成了必然的問題。

至於如何培養文思？過去陸機文賦裏，雖也注意到這件事，但是他只強調想像力對創作的重要性，並沒有提出培養文思的辦法，所以大嘆「未識開塞之所由」。彥和對這個久懸不決的問題，從「臨文」與「平時」兩個方向立說。臨文之頃，要內心虛靜，不存雜念。平常之際，要從積學、酌理、研閱、馴致上，下切實工夫。他的這個「馭文之首術，謀篇之大端」，不僅在當時是空前的創獲，就是唐宋以後，也很少有人發表過這種具體而深入的言論。

爲文運思的狀況又如何乎？彥和以他從事創作的實際經驗，認爲在這一切不着邊際的時刻，凡寫作技巧、結構布局，都呈現着虛無空幻的現象，作者在自我意識裏，盡可反覆翻騰，可是一旦落筆行文，由於辭必徵實的緣故，其間便形成了極大的差距。彥和說：「方其搦翰，氣倍辭前，暨乎篇成，半折心始」，如果他不是下過親身體驗的工夫，絕對說不出這種入木三分，令人頷首的話來。

其次，他講爲文運思，由於作家稟受的天賦，有遲速之別；文章的篇製規模，又有大小之分，所以經常會出現遲緩與迅速兩種類型。在這裏他各舉六位作家爲例證，可說是言之鑿鑿，鐵案如山。一般談文學理論的人，敘述至此，照理是可以就此打住，無需旁敲側擊了，但劉勰之著文心，對於一個問題的探討，尤其類似這種創作技術的探討，眞乃上窮碧落下黃泉，一定要打破砂鍋問到底，本篇就是個很好的實例。所以他繼行文運思的兩大類型之後，又賡續追究，如果作家們在天賦、篇製一切條件相等時，其寫作的遲速，按理應該一樣，可是事實上卻大不相同，這到底原因何在？他認爲這是「文術」問題。所以他說：「若夫駿發之士，心總要術，敏在慮前，應機立斷。」「覃思之人，情饒歧路，疑在慮後，研鑒方定。」文中「心總要術」一句是重要關鍵。這不僅說明一般人「多欲綜才」的情形，同時更指斥了時人「莫肯研術」的缺陷。他並沉痛的說：「若學淺而空遲，才疏而徒速，以斯成器，未之前聞」，對那些空疏無本的人而言，這簡直是當頭棒喝！

最後，他講一般人於臨文構思時，常犯的兩大毛病：一、是「理鬱者苦貧」，二、是「辭溺者傷亂」。「理鬱者苦貧」，是指文理不通，苦於內容貧乏；「辭溺者傷亂」，是指堆砌辭藻，病於雜亂無章。如果以今視古，這可說是古今同病。因此，他又開出兩貼療疾的單方，他說：「博見爲饋貧之糧，貫一爲拯亂之藥」，又說：「博而能一，亦有助乎心力矣！」更以扣緊全書「爲文用心」的主旨作結，指出本原工夫，對「神思」一篇的要旨，有很大的概括作用。

至於篇末言草稿初定，必須修改，和文中強調陶鈞文思，貴在虛靜之說相應。草稿如何修改？內心如何虛靜？劉勰在此皆因格於篇旨的範圍，未能充分發揮，特另作「鎔裁」「養氣」二篇，分別闡述其要義。可見文心雕龍文術論二十篇，是綱舉目張，自成體系的。

「夫文心者，言為文之用心也」，文既然以心為主，無文心即無文學，因為多愁善感者，此心也；模物寫象者，此心也；繼往聖之遺業者，此心也；導未來之先路者，亦此心也。心明則思聰，心闇則思昏。「神思」者，言為文之如何運思。而想像若神，呼之即來，揮之即去，若影隨形，若響隨聲，千古才士，未有舍此而能成佳文者，千古才士，尤未有如彥和言此如斯之詳者。古今中外，凡談靈感之理，想像之用，獨於此篇見之，這不就是彥和之所以能夠卓絕千古的原因嗎？

【正文】

首段論神思之定義及其妙境。

古人云：「形在江海之上，心存魏闕之下」㈠；神思之謂也。文之思也，其神遠矣㈡。故寂然凝慮，思接千載㈢；悄焉動容，視通萬里㈣；吟詠之間，吐納珠玉之聲㈤；眉睫之前，卷舒風雲之色㈥；其思理之致乎㈦！

次段論神思之運用及陶鈞文思之法。

故思理為妙，神與物游㈧。神居胸臆，而志氣統其關鍵；物沿耳目，而辭令管其樞機。樞機方通，則物無隱貌；關鍵將塞，則神有遯心〔評二〕。是以陶鈞文思，貴在虛靜〔評三〕，疏瀹五藏，澡雪精神㈨；積學以儲寶，酌理以富才〔評四〕，研閱以窮照，馴致以繹（原作「懌」，依一作校改）辭㈩〔評五〕。然後使玄解之宰，尋聲律而定墨⑪；

獨照之匠，闚意象而運斤⑫；此蓋馭文之首術，謀篇之大端。

三段論運思之狀況及馳騖其思之弊，並指出養心秉術之效。

夫神思方運，萬塗競萌⑬，規矩虛位，刻鏤無形⑭，登山則情滿於山，觀海則意溢於海，我才之多少，將與風雲而並驅矣。方其搦翰⑮，氣倍辭前，暨乎篇成，半折心始⑯。何則？意翻空而易奇，言徵實而難巧也〔評六〕。是以意授於思，言授於意⑰；密則無際⑱，疏則千里，或理在方寸而求之域表，或義在咫尺而思隔山河〔評七〕。是以養心秉術原作「秉心養術」，今依郭晉稀譯註校改⑲，無務苦慮，含章司契⑳，不必勞情也〔評八〕。

四段論文思遲速不一，並舉例相證。

人之稟才，遲速異分〔評九〕，文之制體，大小殊功：相如含筆而腐毫㉑，揚雄輟翰而驚夢㉒，桓譚疾感於苦思㉓，王充氣竭於思慮㉔，張衡研京以十年㉕，左思練都以一紀㉖，雖有巨文，亦思之緩也。淮南崇朝而賦騷㉗，枚皐應詔而成賦㉘，子建援牘如口誦㉙，仲宣舉筆似宿構㉚，阮瑀據鞌原作「案」，依顧校改而制書㉛，禰衡當食而草奏㉜，雖有短篇，亦思之速也。

五段論博學與練才，為行文運思之根本。

若夫駿發之士，心總要術，敏在慮前，應機立斷㉝；覃思之人，情饒歧路，疑在慮後，研鑒方定「疑」原作「鑒」，「慮」原作「疑」，「鑒」原作「慮」；字互錯亂，或傳寫譌誤，今依李師曰剛斠詮說乙正㉞。機敏故造次而成功，鑒疑故愈久而致績「鑒疑」原作「慮疑」，亦傳寫之誤，今依李師曰剛斠詮說改㉟。難易雖殊，並資博練。若學淺而空遲，才疏而徒速，以斯成器，未之前聞。是以臨篇綴慮，必有二患：理鬱者苦貧，辭溺者傷亂；然則博見為饋貧之糧，貫一為拯亂之藥，博而能一，亦有助乎心力矣〔評一〇〕

末段論為文首待修改之故。

若情數詭雜，體變遷貿㊱，拙辭或孕於巧義，庸事或萌於新意㊲；視布於麻，雖云未費，杼軸獻功，煥然乃珍㊳。至於思表纖旨，文外曲致，言所不追，筆固知止㊴。至精而後闡其妙，至變而後通其數，伊摯不能言鼎㊵，輪扁不能語斤㊶，其微矣乎！〔評一一〕。

贊曰：神用象通，情變所孕㊷。物以貌求，心以理勝原作「應」，今依王利器新書徵章句篇「追勝前句之旨」句訂正㊸。刻鏤聲律，萌芽比興㊹。結慮司契，垂帷制勝㊺。

【註釋】

㈠ **形在江海之上，心存魏闕之下**：魏闕，本為宮門外懸法令之所，引申為朝廷之意，言一個人隱居山林，身在草莽，卻眷戀著朝廷的爵祿。彥和借用此語，比喻人心無遠弗居，不受時間空間限制的情景。語出莊子讓王篇：「中山公子牟謂瞻子曰：『身在江海之上，心居乎魏闕之下，奈何？』」

㊁ **神遠**：凡事理微妙難測者，皆可謂之神。文章的構思，旣是無遠弗屆，那麽，它精深的作用，自是悠遠難測了。易經繫辭曰．「陰陽不測之謂神」。

㊂ **寂然凝慮，思接千載**：以下四句都是說明神思的現象，這兩句是就時間而言。當一個人寂靜無聲，凝神思慮時，他的聯想力，可以與千載以上的聖賢相契合。

㊃ **悄焉動容，視通萬里**：這兩句是就空間而言，當一個人悄然不語時，思路運轉於心，揚眉瞬目之際，便能觀察到萬里之外的景物。

㊄ **吟詠之間，吐納珠玉之聲**：這是就文字的聲調而言，因爲文學作品，無論散文或詩歌，是有聲律的，所以用珠玉來形容它的聲調。一般人在構思過程中，往往因悉心推敲，而低徊不已，於是在不知不覺中，將珠圓玉潤般的聲調，流露於脣脗之間。

㊅ **眉睫之前，卷舒風雲之色**：這是就色彩而言。思路旣通暢無阻，那麽各種風雲變化的情狀，自然能呈現於眉睫之前。

㊆ **思理之致**：一般來說，思索是有條理的，所以叫做思理；致，情致的意思。思理之致，可解釋爲思維活動的情態。

㊇ **思理爲妙二句**：大凡作品的產生，都是由於作者內在的心神，與外在的物境，交通融會而成，也正是體性篇所謂「因內而符外者也」。因此，這裏說「思理爲妙，神與物遊」。

㊈ **陶鈞文思四句**：陶鈞，指製器物的模子。史記魯仲連鄒陽傳：「是以聖王制世御俗，獨化於陶鈞之上。」集解引漢書音義云：「陶家名模下圓轉者爲鈞」。陶鈞在這裏當動詞用，是鎔鑄的意思。疏

淪，疏通的意思。藏，是臟字的假借。澡雪，洗淨的意思。本句原出自莊子知北遊：「老聃曰：『汝齋戒疏瀹而心志，澡雪而精神』」。成玄英疏：「澡雪，猶清潔也。」

⑩ **研閱以窮照二句**：窮照，窮徹照鑒的意思。研閱以窮照，指研究觀察得很透徹。馴致，易經坤卦云：「馴致其道，至堅冰也。」孔穎達疏：「馴致，猶狎順也，若鳥獸馴狎然，言順其陰陽之道，習而不已，乃至堅冰也」，這裏借用易經坤卦中「馴致」一詞，引申爲順應情致的自然發展。繹，抽引的意思。繹辭，指演繹文辭，從事創作。

⑪ **玄解之宰二句**：「玄解之宰」與下文「獨照之匠」對文，「玄解之宰」用莊子養生主中「庖丁解牛」的故事。玄，微妙的意思。解，就是「解牛」的「解」，剖割的意思。宰，指廚師，也就是庖丁。這裏雖然用「庖丁解牛」的故事，卻借來比喻具有「妙解」的作家。定墨一詞，語出禮記玉藻：「卜人定龜，史定墨」，在這裏借用爲「起草」的意思。

⑫ **獨照之匠二句**：「獨照之匠」，用莊子天運篇中「輪扁」的故事。獨照，見地獨到的意思。「意象」一詞，出於王弼易略例明象篇：「夫象者，出意者也，言者，明象者也，盡意莫若象，盡象莫若言，言生於象，故可尋言以觀象，象生於意，故可尋象以觀意」。意象，指意想中的形象。運斤，見莊子徐无鬼篇：「郢人堊墁其鼻端，若蠅翼，使匠運斤成風，聽而斲之，堊盡而鼻不傷」，運斤原指運用斧斤之意，此處用來比喻遣詞造句。

⑬ **萬塗競萌**：「塗」卽路途的「途」字。萬塗，猶言千頭萬緒。萬塗競萌，是指凡與創作有關的各種因素，都在腦海裏湧現出來。

(一四) **規矩虛位，刻鏤無形**：當想像力運用時，作者的思想，可謂千頭萬緒，一切創作技巧均未落實，塑造的形象也很空洞，因此這裏說「規矩虛位，刻鏤無形」。

(一五) **搦翰**：翰，筆也。搦翰，拿著筆寫文章的意思。

(一六) **半折心始**：指僅得其半之意。因個人限於遣辭造句的拘束，往往表達出來的情理，僅得其始心本意的一半。這正是陸機文賦所說的「恆患意不稱物，文不逮意」。

(一七) **意授於思，言授於意**：思指思想，意指意識，言指言語，此三者層層相因，構成彥和行文運思的三層次。因為意識來自作者的思想，而言語的表達，又受意識的左右。

(一八) **密則無際**：指密切結合，如天衣無縫，胳合無間。

(一九) **養心秉術**：原文作「秉心養術」，誤甚！心只能說「養」，術才能說「秉」。上文所說「貴在虛靜，疏瀹五藏，澡雪精神」就是「養心」，「積學以儲寶，酌理以富才，研閱以窮照，馴致以繹辭」等馭文之首術，就是「秉術」。

(二〇) **含章司契**：「含章」一詞出於易經：「含章可貞。」疏：「含章，內含美章之道」。「司契」，見老子第七十九章：「有德司契」；章太炎檢論卷三：「有德司契，謂科條之在刻朸者也」，以為契指法規，司契就是掌管法規的意思。彥和借用此詞，以喻掌握行文的規範。陸機文賦：「意司契而為匠」，與本句用意相同。

(二一) **相如含筆而腐毫**：事見西京雜記：「司馬相如為上林、子虛賦，意思蕭散，不復與外事相關，控引天地，錯綜古今，忽然如睡，煥然而興，幾百日而後成」。「含筆而腐毫」，大意是說，搖動筆桿寫文章，由於經年累月的沈吟苦思，最後連筆毛都腐爛了。

㉒ **揚雄輟翰而驚夢**：事見桓譚新論祛蔽篇：「子雲亦言成帝時，趙昭儀方大幸，每上甘泉，詔令作賦，爲之卒暴，思慮精苦。賦成，遂困倦小臥，夢其五臟出在地，以手收而內之。及覺，病喘悸，大少氣，病一歲」，「輟翰而驚夢」，大意是說，停筆以後，由於苦思過度，爲惡夢驚醒。

㉓ **桓譚疾感於苦思**：事見新論祛蔽篇：「余少時，見揚子雲之麗文高論，不自量年少新進，而猥欲逮及，嘗激一事而爲小賦，用精思太劇，而立感動發病，彌日瘳。」「疾感於苦思」。是說得病由於苦思。

㉔ **王充氣竭於思慮**：事見後漢書王充傳：「充好論說，始若詭異，終有理實，以爲俗儒守文，多失其眞，乃閉門潛思，絕慶弔之禮，戶牖牆壁，各置刀筆，著論衡八十五篇，二十餘萬言，年漸七十，志力衰耗，乃造養性書十六篇，裁節嗜欲，頤神自守」。「氣竭」，氣力衰竭的意思。

㉕ **張衡研京以十年**：京，指二京賦。事見後漢書張衡傳：「衡乃擬班固兩都作二京賦，因以諷諫，精思傅會，十年乃成。」

㉖ **左思練都以一紀**：都，指三都賦，事見臧榮緒晉書：「左思，字太沖，齊國人，少博覽文史，欲作三都賦，乃詣著作郎張載訪岷邛之事，遂構思十稔，門庭藩溷，皆著紙筆，偶得一句卽疏之。賦成，張華見而咨嗟，都邑豪貴，競相傳寫。」

㉗ **淮南崇朝而賦騷**：淮南，指淮南王劉安。崇朝，一早上的意思。事見高誘淮南子序：「詔使爲離騷賦，自旦受詔，日早食已上」。

㉘ **枚皐應詔而成賦**：枚皐，西漢初期人，事見漢書枚皐傳：「上有所感，輒使賦之，爲文疾，受詔輒成，故所賦者多。」

㉙ **子建援牘如口誦**：事見文選楊德祖答臨淄侯箋：「又嘗親見執事，握牘持筆，有所造作，若成誦在心，借書於手，曾不斯須，少留思慮。」牘，古人用木札寫文章，所以叫牘，在這裏當紙張講。「援牘如口誦」，大意是說，拿起紙筆寫作，好像把背誦過的文章，抄下來一樣。

㉚ **仲宣舉筆似宿構**：事見三國志王粲傳：「善屬文，舉筆便成，無所改定，時人常以爲宿構，然正復精意覃思，亦不能加也」。

㉛ **阮瑀據案而制書**：事見三國志王粲傳注引典略云：「太祖嘗使瑀作書與韓遂，時太祖適近出，瑀隨從，因於馬上具草，書成呈之，太祖擥筆欲有所定，而竟不能增損。」

㉜ **禰衡當食而草奏**：禰衡，三國時人。事見後漢書禰衡傳：「黃祖長子射，時大會賓客，有人獻鸚鵡者，射舉卮於衡曰：『願先生賦之，以娛嘉賓』，衡擥筆而作，文無加點，辭采甚麗」，衡傳又云：「劉表嘗與諸文人共草章奏，並極其才思。時衡出，還見之，開省未周，因毀以抵地，表憮然爲駭。衡乃從求筆札，須臾立成，辭義可觀，表大悅，益重之。」「草奏」爲一事，「當食作賦」又一事，彥和「當食草奏」，當爲兩事合而言之。

㉝ **駿發之士以下四句**：駿發之士，指才華洋溢，思路敏捷的作家，此處專指上文所提到的劉安、枚皐、曹植、王粲、阮瑀、禰衡等人。總，聚束之意。心總要術，指心中總攬了創作的原則。應機立斷，是指反應迅速的人，每於考慮問題之前，便能迎合契機，當機立斷。

㉔ **覃思之人以下四句**：覃思之人，指深思熟慮的作家，此處專指上文所提到的司馬相如、揚雄、桓譚、王充、張衡、左思等人。情饒歧路，指思緒紛擾，往往盤旋於兩歧的狀況。疑在慮後，研鑒方定，指往往在考慮問題之後，又幾經研究，方才決定。

㉕ **機敏故造次而成功二句**：機敏，是承上文「敏在慮前，應機立斷」說的，指那些不需要再三考慮，便能敏捷地當機立斷的作家。造次，指很短的時間。鑒疑，是承上文「疑在慮後，研鑒方定」說的，指那些需要一段時間仔細考慮，才能作決定的作家。致績，達到功效的意思。

㉖ **情數詭雜二句**：數，理也，情數即情理。詭雜，詭異複雜，言作家的情理詭異複雜。「體變」的「體」，就是「體性」的「體」，指文章的風格。體性篇約風格爲八類：即典雅、遠奧、精約、顯附、繁縟、壯麗、新奇、輕靡。這八種風格可以變通互用，因此這裏說「體變遷貿」。遷貿，本爲交易之意，引申爲更易的意思。

㉗ **拙辭或孕於巧義二句**：這裏是指作品未經加工潤色前的情況，有時作品的義理雖巧妙，而表達的文辭卻拙劣；意見雖新穎，而陳述的事類卻平庸。本有巧義、新意，卻寫成了拙辭、庸事，所以必須經過潤色鍛鍊，汰蕪存精的工夫，巧義、新意才能顯示出來。

㉘ **視布於麻以下四句**：這裏是指作品經加工潤色後的情況。布是用麻織成的，麻經過組織加工，就成了光彩煥發的布匹。比喻有好質地而辭不達意的作品，只要加以潤色，同樣可以成爲佳作。

㉙ **思表纖旨以下四句**：纖旨，精細微妙的意旨。曲致，曲折幽隱的情志。「思表纖旨，文外曲致」，是指思想之外所暗示的微妙意旨，文字以外所流露的曲折情致。「言所不追，筆固知止」，大意是

說，不能用言語來形容的，只好擱筆不寫了。

(四〇) **伊摯不能言鼎**：呂氏春秋本味篇：「湯得伊尹（卽伊摯），祓之於廟，明日設朝而見之，說湯以至味。曰：鼎中之變，精妙微纖，口弗能言，志弗能喩。」本段裏說的「思表纖旨」，「至精而後闡其妙」，皆暗用伊尹說湯的話，以比喩個中奧妙，只能得之於心，而不能運之於口，所謂「只能意會，不能言傳」是也。

(四一) **輪扁不能語斤**：莊子天道篇：「輪扁謂桓公曰：……不疾不徐，得之於手而應之於心，口不能言，有數存焉於其間」，本段「至變而後通其數」，卽暗用輪扁告訴桓公的話。

(四二) **神用象通，情變所孕**：象指物象，兩句的大意是說，內在的精神與自然的物象交通融會，情感隨卽產生了變化。

(四三) **物以貌求，心以理勝**：大意是說，外界的物象，以不同的狀貌來打動作者，而作者也必須藉着各種情理，去變化適應，作相對的活動。這樣方能情景交融，物我無間。

(四四) **刻鏤聲律，萌芽比興**：刻鏤，刻畫，有推敲之意。萌芽，有發明、產生之意。全句的意思，是承上而來，言情景交融而後文生之時，作者推敲文字的聲律，產生了比興的修辭手法。

(四五) **結慮司契，垂帷制勝**：垂，下也。漢書董仲舒傳：「下帷講誦，弟子傳以久次相受業，或莫見其面」。凡是深居讀書，不聞世事，稱爲下帷攻讀。制勝，指以謀略制人，得操必勝之權。本句大意是說，作者倘能深思熟慮，並掌握創作技巧，加以平日勤學苦讀，必能制勝文壇。

【語譯】

古人曾說：「有形的身體，雖隱居於山林海島之上，但是他的內心，卻可以思念著朝廷的爵祿。」這種身在江海，而心存魏闕的現象，就是所謂「神思」的奧妙了，作家在為文構思的時候，他的精神作用，往往是悠遠難測的。因此之故，當他在寂靜無聲，聚精會神的思考時，可以聯想到千載以前的古人；悄然不語，揚眉瞬目時，可以觀察到萬里以外的景物；同時，當他恬詠密吟之際，可以發出珠圓玉潤的聲調；瀏覽欣賞之下，更呈現那風雲變幻的景色。這種種狀況，也許就是思維活動所表現的情致吧！

由此觀之，思維的活動是微妙的。作家的精神與外界的景物交通融會，而後構成文章，其精神本來蘊藏於胸臆之中，而意志精氣是統帥它的關鍵；外物順沿著耳目傳達到作家的內心，而言語辭令是表達感受的工具。當言辭通暢無阻時，一切的物象，便毫不隱藏的呈現在他的字裏行間；若意志精氣阻塞不通時，就證明他心神不定，精神不能集中了。所以要培養作家行文運思的能力，可以分幾方面進行，第一、在臨文之頃，須做到心境虛靜，排除內在的積鬱，盪滌精神的困擾。第二、在平常時間，要累積學問，以充實知識的寶庫；明辨事理，來豐富寫作的才識；體驗實際的生活，以增進觀察的能力；順應情感的發展，以演繹美妙的文辭。然後再使透徹了解的心靈，按照創作的規則來打定文稿。這樣，就如同一個技術獨到的工匠，根據自己的想像，去揮動斧斤，製造器具一樣。此乃從事創作時的首要技術，規畫篇章的重大開端啊！

當作者運用思考的時候，想到與主題有關的事物，眞是千頭萬緒，紛至沓來，作家在虛幻的情況下，安排文章的佈局，在抽象的意念裏，刻畫辭藻。想到登山，感情裏便充滿了高山峻嶺；想到觀海，意識中便洋溢著汪洋大海。這時，不論才華的多少，他那整個的思潮，都和那輕風浮雲，並駕齊驅了。當提筆和墨時，在行文措辭之前，想像中的種種，可說是倍加豐富，但是等到作品完成後，細加檢討，卻和原來所想的打了一半的折扣。究其原因，正說明了作家在運用聯想時，由於憑空翻騰，所以容易光怪離奇；而形諸文辭後，由於必須與事實相徵驗，便難以從中取巧了。因此，一個作家的情意，雖屬思想的反映，但其所實際反映的，又未必是思想的整體；言辭雖爲情意的表徵，但其所表徵的，又不一定盡如人意。如果思想、情意、文辭三者密切配合，就能達到天衣無縫的境界；否則，一旦發生漏洞，其間便相隔千里之遙了。其所以有如此的現象，大概是因爲所想的道理或在內心，但卻尋求於四境之外；或在眼前，而他想的卻遙隔山河。所以當一個作家，如果能在事先涵養內心的虛靜，把握寫作的技巧，那麼一旦臨文寫作，就勿須苦思焦慮；能蘊藏優美的才華，持有行文的規範，就不必勞神傷情了。

可是，由於人們天賦才智的不同，所以在行文運思的時候，就有緩慢和快速的差別；再加上文章的體式規模各異，在篇幅方面，其長短大小也極不一致。因此，作起文章來，便有快有慢了。例如司馬相如，當他上林賦寫成後，由於含筆苦思，連筆毫都腐爛了；揚雄甘泉賦完成後，以至心力交疲，爲惡夢所驚醒；桓譚由於艱辛的思考，最後身得重病；王充因爲用心過度，以至於氣力衰竭；張衡構思二京賦，鑽研了十年的工夫；左思揣摩三都賦，消耗了十二個寒暑。雖然他們所寫的都是長篇鉅著，但也不能說不是思考遲緩的證明啊！至於像淮南王劉安，僅用一個早上的工夫，就寫成了離騷賦；枚乘接到詔令，立即完成了賦篇；曹植拿起紙筆，好像抄寫背誦過的舊作；王粲提起筆來，猶如謄寫預先打好的草稿；阮瑀靠著馬鞍，代曹操寫好了書信；禰衡在宴會上，頃刻之間，草成鸚鵡賦。雖然這些都是短篇小品，可是事實上，也是他們思考敏捷的緣故啊！

如果要追究這種運思快慢的根本原因，可以分兩方面來說：那些構思快速的文士，可能由於他事先總攬了重要的寫作技術，故每當考慮問題之前，都能很快的當機立斷。而深思熟慮的作家，因爲情感豐富，內心充滿了各種想像，所以在細加思慮之後，還是猶豫不決，後又幾經研判，才勉強決定。由於前者快速的當機立斷，所以倉卒之間，便能完成佳作。後者由於一再的研究鑒別，所以需要長久的時間，才能獲至寫作的功效。雖然思考方面有遲速的不同，但是同樣的都需要具備廣博的學問，與練達的才思。假若一個人學問淺薄而徒事遲緩，或者才思粗疏而只求快捷，如此，還想寫出理想的作品，這是我從未聽說過的事！所以一般臨文運思的作家，都犯有兩種毛病：一、是文理不通的，苦於學識貧乏；二、是堆砌辭藻的，內容雜亂無章。至於補救之道，也有兩點：一、是增廣見聞，爲救濟內容貧乏的食糧；二、是樹立中心思想，爲拯救措辭雜亂的靈藥。如果一個作家能備有見識廣博，和思理一貫的兩大條件，我相信這對從事寫作時候的運用心思，是很有幫助的。

至於作家的情理，非常複雜奧妙，文章的風格，更是千變萬化，由於錘鍊不精，往往在拙劣的文辭中，孕育著巧妙的義理；由於思慮欠周，在平庸的敍事裏，或許包含了清新的意境。現在就以用蔴織布的道理來說吧！用蔴織布，雖然沒有增加什麼額外的材料，但經過機杼的加工後，就變成了光彩奪目的珍貴衣料了。由此類推，行文運思，亦復如此，在草稿打定之後，作者的精心修改，是有絕對必要的。至於在思考的背後，所暗示的微妙意旨；文字以外，所流露的曲折情致，我既不能用言語加以追述，就不得不到此擱筆了。惟有那些具備精湛藝術修養的人，才能闡揚情感的微妙；也惟有徹底了解古今文章變化的人，才可貫通創作的技巧。像伊摯那樣擅長烹調的專家，尚且不能談調和鼎鼐的奧妙；輪扁那樣巧妙的工匠，還說不出運斤斲輪的道理。所以談到文學創作的化境，眞是神妙莫測，力不能逮的地方太多了。

總而言之：作家的精神和外界的物象，發生交通融會之後，就孕育了情感的變化。外界事物以各種不同的形貌來打動作家，而作家也以不同的情理作相應的活動；同時再推敲文字的聲律，運用比興的手法。一個作家如能深思熟慮，把握創作的規範，再加上平時苦學努力的效果，我想，一旦作起文章來，必能得心應手，穩操勝算了。

【集　評】

一、曹評：「文，神物也，故以『神思』先之。上篇『神道設教』，與之相應。」

二、紀評：「甘苦之言。」

三、紀評：「『虛靜』二字，妙入微芒。」

四、紀評：「補出積學、酌理，方非徒騁聰明。」

五、紀評：「覷理眞，則思歸一線，直湊單微，所謂『用志不分，乃疑於神』。」

六、紀評：「此一段乃馳騖其思之弊，正是鞭緊上文。」

七、黃評：「詞人所心苦而口不能言者，彼君直指其所以然。」

八、紀評：「意在游心虛靜，則腠理自解，興象自生，所謂自然之文也。而『無務苦慮，不必勞情』等字，反似教人不必窮搜力索。此結字未穩，詞不達意之處，讀者毋以詞害意。」

九、黃評：「遲速由乎稟才。若垂之於後，則遲速一也，而遲常勝速。枚皋百賦無傳，相如賦皆在人口，可驗。」

一〇、紀評：「指出本源工夫，總結前二段。」

一一、紀評：「補出刊改乃工一層，及思入希夷，妙絕蹊徑，非筆墨所摹寫一層。神思之理，乃括盡無餘。」

【問題討論與練習】

一、神思篇以前與以後，其論議目標有何不同？

二、陶鈞文思之法若何？試舉彥和之說而申論之。

三、何謂神思？神思何以是馭文之首術，謀篇之大端？

四、何為「馭文之首術，謀篇之大端」？

五、彥和云：「養心秉術，無務苦慮」，所謂「養心秉術」，各指何事？對後世文學創作之意義又如何？

六、劉勰云：「方其搦翰，氣倍辭前，暨乎篇成，半折心始。」何則？試舉例以徵其理：

七、論彥和「陶鈞文思」，及「饋貧拯亂」之法。

八、劉勰云：「難易雖殊，並資博練」，「難易」各指何事？「並資博練」，又是何故？試條列以對。

九、由「臨篇綴慮，必有二患」，論為文運思之道。

體性第二十七

【解　題】

文心雕龍中有許多含意特殊的辭彙，「體性」的「體」字，就是其中之一例。拿全書五十篇，用「體」字構成的一百九十五個句式比較，除一般的句子不計外，僅劉勰自述的專門性名詞，就有體式、體例、體裁、體性、體指、體統、體勢、體製、體要、體物、體貌、體國等十二個之多。這十二個專門名詞，由於前後承接的語句不同，各有其特殊用法，不容混爲一談。人說文心雕龍之言「體」，都指「風格」而言，這是執一定中的成見，與劉勰隨文立意的情形不符。

本篇標題上的「體」字，指的是文章「體製」。體製者，布局結構也。文章的體製與作家的性情相結合，卽構成文章風格。故「體性」是討論文章風格的一篇專論，而劉勰所以不直言「風格」，竟以「體性」名篇的原因，大概是想藉此來逆溯「風格」的成因，這和他「觀瀾索源，振葉尋根」的寫作態度極有關係。

劉勰的風格論共分四大段落：第一段、講風格和才氣學習的關係。第二段、言文章風格之類別，但總括大體，約分八類。第三段、廣泛列舉前代的作家，以徵風格和性情的關係。最後，申言才氣固然由於天賦，但學習可以輔相。整篇布局緊湊，理圓事密，是繼曹丕典論，陸機文賦之後，有關文章風格論方面，最具建設性和啓發性的一篇文獻。

從風格和才氣學習的關係而言；劉勰認爲「情動而言形，理發而文見」，文章是藉外在的體貌，表達內在的情性，但由於作者才能、氣質、學養、習染的殊異，因此文章便形成不同的風格。這樣看來，他的風格論，是以文學反映現實，與內容決定形式爲基礎而建立的。因此我們通觀全文，除了標題講到體製外，幾乎再沒有一處提到過。所以「才有庸儁，氣有剛柔，學有淺深，習有雅鄭，並情性所鑠，陶染所凝，是以筆區雲譎，文苑波詭者矣」，便成了他必然的定論。

劉勰將各種不同的文章，概括成八體，八體之中，有就修辭方面說的，有就表現方面說的。八體之間，一正一反，所謂「典雅與新奇」，「遠奧與顯附」，「繁縟與精約」，「壯麗與輕靡」，這四組對立的風格，正由於才能、氣質、學養、習染之不同所致。這樣，就綱擧目張地構成了一個體系。於此，劉勰一方面認識到風格的多樣化；另一方面，由於他對「新奇」「輕靡」二體隱含微辭，所以對當世文風，亦不無鍼砭之意。

至於講到作者性情與文章風格的關係時，他廣徵賈誼、司馬相如、劉向、揚雄等十二位作家爲例，證明「吐納英華，莫非情性」之說，並謂「觸類以推，表裡必符」。爲此，清代紀曉嵐曾加譏評，以爲「百世以下，何由得其性情？人與文絕不相類者，況又不知其幾。」事實上，彥和所論，是理之常，紀氏譏評，是情之僞。而此篇之論體性，則專言理之常，不言情之僞，其論情之僞者，另見程器篇。由於紀氏不能會通，所以只見其偏，而遺其全，這眞是百密一疏。

不過劉勰不但沒有忽視，反而特別強調後天的「學」「習」，對文章風格形成的重要性。他說：「八體屢遷，功以學成」，「才由天資，學愼始習」，主張「才」與「學」之必須互相結合。最後，並得出「摹體以定習」，「因性以練才」之結論。擧此以觀，劉勰所論，不僅強調文章要講求風格，而且他還由人到文，說明了各種風格之形成，此乃我國區分文章風格之最早文獻，並初步涉及了風格與作者個性之相關問題。此後，如日本空海文鏡秘府論之「論體」，釋皎然詩式之「辨體」一十九字，以及司空圖之二十四「詩品」，莫不本此推衍而出。至於其措辭的態度，理論的完備，均十分審愼透闢，絕非放言高論者可比也。

【正文】

夫情動而言形，理發而文見㈠；蓋沿隱以至顯，因內而符外者也㈡。然才有庸儁，氣有剛柔㈢，學有淺深，習有雅鄭㈣；並情性所鑠（顧校作爍），陶染所凝㈤，是以筆區雲譎，文苑波詭者矣㈥。故辭理庸儁，莫能翻其才；風趣剛柔，寧或改其氣㈦；事義淺深，未聞乖其學；體式雅鄭㈧，鮮有反其習；各師成心〔評一〕，其異如面㈨。

首段言情理內隱，言文外顯，由於人之才、氣、學、習各殊，故文體的變化很大。

若總其歸塗，則數窮八體：一曰典雅，二曰遠奧，三曰精約，四曰顯附，五曰繁縟，六曰壯麗，七曰新奇，八曰輕靡。典雅者，鎔式經誥，方軌儒門者也⑩；遠奧者，複（原作「馥」，今依范注校改）采曲（原作「典」，茲依劉永濟校釋校改）文，經理玄宗者也⑪；精約者，覈字省句，剖析毫釐者也；顯附者，辭直義暢，切理厭心者也；繁縟者，博喻醲（原作「釀」，茲依劉永濟校釋校改）采，煒燁枝派者也⑫；壯麗者，高論宏裁，卓爍⑬異采者也；新奇者，擯古競今，危側趣詭者也⑭；輕靡者，浮文弱植，縹緲附俗者也⑮。故雅與奇反，奧與顯殊，繁與約舛，壯與輕乖，文辭根葉，苑囿其中矣⑯。

次段論文體之歸趣，約分八種，並各詳述其特質。

三段言學習之功雖可自致，而情性所定亦有大齊。故廣徵前代十二位作家為證。

若夫八體屢遷，功以學成；才力居中，肇自血氣；氣以實志，志以定言，吐納英華，莫非情性〔評二〕。是以賈生俊發⑰，故文潔而體清；長卿傲誕⑱，故理侈而辭溢；子政簡易，故趣昭而事博⑲；子雲沉寂，故志隱而味深（原「子雲」兩句在前，「子政」兩句在後，今依楊明照校注改）；孟堅雅懿，故裁密而思靡⑳；平子淹通㉑，故慮周而藻密；仲宣躁競（原作「銳」，今依范注校改），故穎出而才果㉒；公幹氣褊，故言壯而情駭㉓；嗣宗俶儻，故響逸而調遠㉔；叔夜儁俠㉕，故興高而采烈；安仁輕敏㉖，故鋒發而韻流；士衡矜重㉗，故情繁而辭隱；觸類以推，表裏必符。豈非自然之恒資，才氣之大畧哉㉘！

末段申述才氣固然由於天資，但是學習可以輔相。不過大旨仍側重在學習。

夫才由（原作「有」，今依范注校改）天資，學慎始習，斲梓㉙染絲，功在初化，器成綵定㉚，難可翻移。故童子雕琢，必先雅製〔評三〕，沿根討葉，思轉自圓㉛。八體雖殊，會通合數，得其環中㉜，則輻輳相成。故宜摹體以定習，因性以練才，文之司南，用此道也〔評四〕。

贊曰：才性異區，文體（原作「辭」，茲依馮本校改）繁詭。辭為肌膚（原作「膚葉」，今依范注校改），志實骨髓。雅麗黼黻㉝，淫巧朱紫。習亦凝真，功沿漸靡㉞。

【註釋】

㈠**情動而言形，理發而文見**：是說作家的情感受到外界的刺激，便形之於言辭；思想受感情的牽引，便表現於文章。這正如毛詩序所說的「在心爲志，發言爲詩，情動於中而形於言」之意。彥和在明詩篇也提到：「人稟七情，應物斯感，感物吟志，莫非自然。」物色篇亦云：「歲有其物，物有其容，情以物遷，辭以情發」。

㈡**沿隱以至顯，因內而符外**：「隱」和「內」就是前面說的「情」和「理」，「顯」和「外」就是前面說的「言」和「文」，上句既然說，由於情感的激動而產生創作，通過理性的思考發而爲文章，那麼可以知道，這個過程是從隱藏於內的情理，到表現於外的文章，說明文章風格的形成與作者情性的關係。

㈢**才有庸儁，氣有剛柔**：才指才調：庸，平凡的意思；儁，才智過人的意思；氣指氣質，剛指陽剛，陰指陰柔，古代的文學批評家認爲人們氣質的剛柔，與作品中文氣的剛柔是密切相關的。

㈣**學有淺深，習有雅鄭**：古代音樂有雅樂、鄭聲之別，雅樂是正樂，鄭聲是淫聲，兩句的大意是說，人的學養有深厚與淺薄的分別，習染有典雅與鄙俗的不同。

㈤**情性所鑠，陶染所凝**：鑠，銷鎔的意思；凝，凝聚的意思。「情性所鑠」是承上文「才有庸儁，氣有剛柔」說的，指先天的稟賦，「陶染所凝」是承上文「學有淺深，習有雅正」說的，指後天的學習。

㈥ **筆區雲譎，文苑波詭**：「筆」和「文」都指作品而言，但在六朝時，作品有「文」與「筆」的區別。文心雕龍總術篇就說：「今之常言，有文有筆，以爲無韻者筆也，有韻者文也。」有韻的叫做文，如詩、歌、騷、賦，這裏可以譯作韻文；無韻的叫做筆，如記、序、論、說等，這裏可以譯作散文。區，指區域；苑，相當於今天所說的園地。雲譎波詭是引用揚雄甘泉賦：「於是大厦雲譎波詭」，孟康注：「言厦屋變巧，乃爲雲氣水波相譎詭也」，「譎」和「詭」本僞詐之意，引申爲變化不測。雲氣水波變化無窮，所以說「雲譎」、「波詭」。

㈦ **辭理庸儁，莫能翻其才，風趣剛柔，寧或改其氣**：辭理，在這裏是指文辭情理，「風趣」的「風」在這裏就是風骨篇的「風」，指作品所體現的一種激情、傾向，也就是所謂的風格。趣，旨趣的意思，風格旨趣有陽剛與陰柔的區別，所以說「風趣剛柔」。

㈧ **體式雅鄭**：體式，即體法，式法的意思。體式雅鄭，指文章的體製法式，是典雅或邪俗。

㈨ **各師成心，其異如面**：莊子齊物論：「夫隨其成心而師之，誰獨且無師乎？」成玄英疏：「域情滯著，執一家之偏見者，謂之成心」，因此遇事心存私見就叫成心。其異如面，語出左傳襄公三十一年：「人心之不同，如其面焉」。

㈩ **鎔式經誥，方軌儒門**：言典雅的作品是鎔鑄經典，取式訓誥，可納入儒家思想的範疇。

(一一) **複采曲文，經理玄宗**：複采，即「原道篇」說的「符采複隱」。曲文，原作典文，劉永濟先生以爲「典是曲字之譌。複采與曲文相對」複采曲文，指辭采繁複，文字曲折的意思。經理玄宗，以玄學爲依歸的意思。

(一二) **博喻醲采，煒燁枝派**：醲，原作釀，劉永濟先生以爲「形近而誤；博喻與醲采相對」。博喻醲采，指文章中譬喻廣博，辭采醲郁。煒燁，卽煒曄，光輝燦爛的意思，煒燁枝派，指文字光彩絢麗，枝條流派，清晰分明。

(一三) **卓爍**：卓越光彩的意思。

(一四) **擯古競今，危側趣詭**：擯古競今，拋棄陳法，獨創新格的意思。危側趣詭，措辭冷僻，旨趣詭異的意思。

(一五) **浮文弱植，縹緲附俗**：浮文弱植，指文辭浮華，根柢薄弱。縹緲附俗，意思恍惚，取悅世俗的意思。

(一六) **文辭根葉，苑囿其中**：根，指文章的內容（情理），葉，指文章的形式（辭藻）。苑囿其中，大意是說，就在這個範圍之中了。

(一七) **賈生俊發**：賈生，卽賈誼。俊發，俊美奔放的意思。史記屈賈列傳：「廷尉乃言賈生年少，頗通諸子百家之書，文帝召以爲博士；是時賈生年二十餘，每詔令議下，諸老先生不能言，賈生盡爲之對。」因此這裏說「賈生俊發」。

(一八) **長卿傲誕**：司馬相如字長卿。傲誕，傲慢誇誕的意思。嵇康高士傳贊曰：「長卿慢世，越禮自放，犢鼻居市，不恥其狀，託疾避患，蔑此卿相，乃至仕人，超然莫尚。」

(一九) **子政簡易二句**：劉向字子政。趣昭，意旨顯豁的意思。漢書劉向傳：「向爲人簡易無威儀，廉靖樂道，不交接世俗。」

⑳ **孟堅雅懿二句**：班固字孟堅。雅懿，端莊深美的意思。裁密，指文章體裁緜密。思靡，指文章構思靡麗。後漢書班固傳：「及長，遂博貫載籍，九流百家之言，無不窮究，性寬和容衆，不以才能高人。」因此這裏說他雅懿。

㉑ **平子淹通**：張衡字平子。淹通，淹博通達的意思。後漢書張衡傳：「通五經，貫六藝，雖才高於世，而無驕尚之情，常從容淡靜，不好交接俗人。」

㉒ **仲宣躁競二句**：王粲字仲宣。躁競，急躁好勝的意思。三國志魏志杜襲傳：「（王）粲性躁競。」文心雕龍程器篇亦云：「仲宣輕脫以躁競」。

㉓ **公幹氣褊二句**：劉楨字公幹。情駭，情意驚駭，出人意表的意思。謝靈運擬鄴中集詩序曰：「楨卓犖偏人。」因此這裏說他氣褊。

㉔ **嗣宗俶儻二句**：阮籍字嗣宗。俶儻，放蕩不羈的意思。魏志王粲傳：「籍才藻豔逸，而倜儻放蕩，行己寡欲，以莊周爲模。」

㉕ **叔夜儁俠**：嵇康字叔夜。儁俠，儁逸任俠的意思。魏志王粲傳：「康文辭壯麗，好言老莊而尚奇任俠。」注引康別傳曰：「孫登謂康曰：君性烈而才儁。」因此這裏說他儁俠。

㉖ **安仁輕敏**：潘岳字安仁。輕敏，輕佻敏捷的意思。晉書潘岳傳：「岳性輕躁，趨世利，與石崇等諂事賈謐，每候其出，輒望塵而拜，構愍懷之文，岳之辭也。」

㉗ **士衡矜重**：陸機字士衡。矜重，矜持莊重的意思。晉書陸機傳：「機服膺儒術，非禮不動。」因此這裏說他矜重。

(二八) **豈非自然之恆資二句**：恆資，永久不變的資質。大略，大概情形。言豈不是作者天賦的資質、才氣，關係着作品風格的大概情形嗎？

(二九) **斲梓**：斲，砍的意思。梓，樹木名。斲梓，指木工製器的意思。彥和用事說理，如出脣吻，不深接玩味，很難了解，此其一例。

(三〇) **器成綵定**：器成，承上文「斲梓」說的；綵定，承上文「染絲」說的。

(三一) **思轉自圓**：大意是說，思路運轉自然能够圓活自如。

(三二) **得其環中**：此句語出莊子。環中，原指車轂而言，在這裏引申爲訣竅的意思。

(三三) **黼黻**：古代禮服上所繡的花紋，黑白相間而像「斧」形的叫黼，青黑相間而像「亞」字形的叫黻。

(三四) **習亦凝眞，功沿漸靡**：凝眞，可凝聚而成眞才實學的意思。漸靡，漸當動詞，漸染的意思；靡，讀（ㄇㄛˊ），有磨切之意，莊子馬蹄：「喜則交頸相靡。」成玄英疏：「靡，摩也。」按摩與磨通。漸靡，指因漸染切磨而有所變化的意思。

【語　譯】

一個作家，當他的感情受到了激盪，自然而然的，就表現於語言；思想受到情感的引發，便顯現成文章。作家之於創作，便是將這些隱藏在內心的思想、感情，表露成爲外在的語言文字。以內在的情意，映證外在的事物，如此自能符采相應，內外如一了。然而作家的才調，有平庸與儁美的差異，氣質有陽剛與陰柔的不同，學力有淺薄深厚的區分，習業有雅正邪俗的分別。才調、氣質是由先天的情性鎔鑄而成，學力、習業則是後天的環境陶染所聚。由於每位作家先天情性，與後天學習的不同，因此作品的風格，就有了多樣的變化，正如雲氣之舒卷，水波之呑吐，莫見定準了。既知先天的才、氣，和後天的學、習，是決定文章風格的重要條件，故作家文辭情理的平庸或儁美，絕不可能轉移他的才調，風韻旨趣的陽剛或陰柔，又怎能改變他的氣質？用事引義的淺薄或深厚，沒聽說有乖悖作者學力的，體製法式的雅正或邪俗，很少有違反作者習業的。文章風格既是因作者的才氣和學習而不同，如果每位作家各本其偏好而師心自用的話，那麼所寫成的文章，必定像每個人的面孔，而各不相同了。

作品的風格雖有形形色色，但若綜攬其歸趣，則其爲數，大致可分典雅、遠奧、精約、顯附、繁縟、壯麗、新奇、輕靡八種。所謂「典雅」，指的是典實雅正，這類作品的特色，是鎔鑄經典，取法訓誥，以儒家思想爲其規範啊！所謂「遠奧」，指的是深遠隱奧，這類作品的特色，是辭藻繁複，文意曲折，合乎玄學的宗派啊！所謂「精約」，是指精粹簡約，這類作品的特色，是用字覈實，造句省簡，條分縷析，毫釐不爽啊！所謂「顯附」，是指明顯比附，這類作品的特色，是措辭懇摯，內容條暢，說理愷切，能滿足讀者的心靈啊！所謂「繁縟」，是指繁文縟采，這類作品的特色，是比喻廣博，辭采豔麗，光輝燦爛，分枝別派啊！所謂「壯麗」，是指雄壯瑰麗，這類作品的特色，是議論高超，規模宏偉，辭藻卓越，文采特異啊！所謂「新奇」，是指鶩新好奇，這類作品的特色，是擯棄古法，競尚新奇，措辭險僻，指趣詭異啊！所謂「輕靡」，是指輕薄淫靡。這類作品的特色，是文字浮華，根柢荏弱，意思恍惚，專投世俗喜好啊！以上這八種風格，如果類聚羣分，又可析爲相對的四組，如典雅與新奇相反，遠奧與顯附不同，繁縟與精約相背，壯麗與輕靡乖異。假如我們以此類推，凡有關文章內容與形式結合而成的種種特質，相信都可以納入這個範圍，而略無遺珠了。

至於在實際創作時，作者要想八種風格變通互用，必須靠着後天的學習，方能融會衆體，有所成功。作家的才力，雖居於內心，但推其本源，卻肇始於天賦的血氣。血氣可以充實情志，情志可以確定言辭。所以作家們吐故納新，從事寫作，沒有不和他天賦的情性有關的。例如：賈誼有俊美奔放的個性，故其文章辭語潔淨而風格清新。司馬相如有傲慢誇誕的個性，故其文章情理浮華，而藻采泛濫。劉向有平易近人的個性，故其文章旨趣顯明，而敍事淵博。揚雄有沈潛寂靜的個性，故其文章內容隱密，而情味深長。班固有端莊深美的個性，故其文章剪裁緜密，而思致綺靡。張衡有淹博通達的個性，故其文章思慮周詳，而辭藻精審。王粲有急躁競勝的個性，故其文章鋒穎外露，而論事果斷。劉楨有器量褊狹的個性，故其文章措辭雄壯，而發議驚駭。阮籍有放蕩不羈的個性，故其文章音韻飄逸，而格調悠遠。嵇康有俊逸任俠的個性，故其文章興緻高昂，而辭采壯烈。潘岳有輕佻敏捷的個性，故其文章辭鋒奔放，而氣韻流動。陸機有矜持莊重的個性，故其文章情意繁複，而辭理隱晦。由以上所述十二種不同的事類，再旁推其他作家，相信他們天賦的情性和作品的風格兩相比較，必定表裏一致，這豈不就說明了，天賦予人的那種永久不變的資質，和作品之間的大概關係嗎?

由此看來，一個作家既然有其天賦的資質，所以在學習爲文之初，就應該善加發揮，有個良好的開始。這好比木工製造器具，匠人以色染絲一樣，或爲方，或爲圓，或爲蒼，或爲黃。其成功與否，端在於開始時候的造化。因爲一旦器具成形，色彩配定，再想改變，就難上加難了。所以爲學的童子，在開始寫作文辭的時候，必須先從典雅的作品入手。順沿文章的內容，尋求寫作的技巧，久而久之，思路的運轉，自然能靈活圓暢，得心應手了。八種風格雖然不同，只要作者能融會寫作的原則，契合情感的變化，而深切領悟其中訣竅的話，便如同一車兩輪的輻輳相聚，必能運轉自如了。所以學文之士，應該摹擬高尚雅正的體製，來確定寫作的習慣，順從個人情性之所近，去鍛鍊特殊的才能，學習文章的指南，除此之外，別無他途啊！

總而言之：先天的稟賦和後天的學習，每個人都不相同，再加上文章的體裁又如此繁多詭雜。辭藻之於文章，猶如肌膚之於人身，而意志情感，好比骨髓。典雅華麗的作品，如同黼黻相配，分青別白，相得而益彰。淫靡新奇的作品，如同紫色奪朱，以僞亂眞，似是而實非。後天學習旣勤，一旦凝聚成眞，可彌補先天才氣的不足。功力所至，由於薰陶漸染，切磋琢磨，無形中也會發生潛移默化的力量。

【集　評】

一、紀評：「如以『各師』句接『所凝』句，更爲簡淨。」

二、黃評：「由文辭得其情性，雖並世猶難之，況異代乎？如此裁鑒，千古無兩。」

紀評：「此亦約略大概言之，不必皆確。百世以下，何由得其性情，人與文絕不類者，況又不知其幾耶？」

三、曹評：「此入門之時要端正也，學者不可以不知。」

四、紀評：「歸到愼其先入，指出實地工夫。蓋才難勉強，而學可自爲，故篇內並衡，而結穴側注。」

【問題討論與練習】

一、試述才、氣、學、習與文學創作之關係?

二、體性篇綜合文章之風格，凡有八體，試一一陳明其特質，並指出何者與何者相對立，而各異其趣?

三、彥和論作者與作品風格之關係，有云:「吐納英華，莫非情性」，能否列舉實例，加以證明?

四、試述體性篇在我國文學風格論上，所呈現的幾種特殊意義為何?

五、彥和云:「摹體以定習，因性以練才」，試申其義?

風骨第二十八〔評一〕

【解題】

「風骨」一詞，最早見於「魏書祖瑩傳」，所謂「文章須自出機杼，成一家風骨，何能共人同生活也」；與彥和同時謝赫的「古畫品錄」裏，評曹不興的畫說：「觀其風骨，名豈虛成？」何謂「風骨」？蓋指文章的感染力也。夫感染力之來源有二：一是氣韻流動，二是內容充實。

蓋作者情志之發抒，或由內在心理之激動，或因外來物境之感發，意氣流露於字裏行間，造成文章的氣韵，而具有感染力量，如風之襲人，氣之動物。此種氣韵感染之力，彥和稱之爲「風」。作品之所以能氣韵流動，具備感染力量者，實有賴於作者思想、情感與表現之材料，以及結構而定。正如自然界之風，必須藉着實物，始能顯現其存在一樣。所以要想使文章具有特殊之氣韵與感染力，作者必須將自己的思想、情感、材料作適度之安排，使充實的內容，展布於完整的篇章之中，如同骨之持人立身者然。此種情況，彥和稱之爲「骨」。

「風骨」可說是對作品的一種美學上的要求。所以「風是化感之本源，志氣之符契」，沒有情志，和不能化感人的作品，就沒有風。故彥和云：「怊悵述情，必始乎風」，「深乎風者，述情必顯」，又說：「情之含風，猶形之包氣」，「思不環周，索莫乏氣，則無風之驗也。」「意氣駿爽，則文風生焉。」因此，內容空洞的作品沒有風，有內容而寫得不生動，不駿快爽利的也沒有風。風跟氣結合，就是對作品的美學要求，要寫得生動，有氣韵。至於對「骨」的要求，彥和云：「練於骨者，析辭必精」：析辭精練才有骨，可見文辭不精練就沒有骨。又說：「辭之待骨，猶體之樹骸」，「若瘠義肥辭，繁雜失統，則無骨之徵也。」「結言端直，則文骨成焉。」由此觀之，所謂「骨」，是對於內容充實的作品，要求它文辭精練，辭義相稱，條理密備，挺拔有力，端正勁直，這一切又需要藉助適當的材料，與周延的結構來呈現，來烘托。

「風」「骨」二者的關係，彥和以爲有了風，便「結響凝而不滯」，聲律調暢，不可轉移，免於滯澀之病。有了骨，便「捶字堅而難移」，練字堅確，不可更易，可免模稜之患。有了「風骨」，文章就「風清骨峻，篇體光華」，不僅外采明麗，而且內容充實，鎔意裁辭固然恰到好處，就是結體布局，亦妥當完善，達到「首尾圓合，條貫統序」的地步。使作者「情志」獲得適當表現，產生「化感」的作用。篇章事義得到充分發揮，允稱「藻耀而高翔，固文章之鳴鳳」了。

風骨與氣的關係，彥和以爲「情之含風，猶形之包氣。」這個「氣」，指人物的生氣或精氣，用來比喻「風」的。又說：「意氣駿爽，則文風清焉」，這個「氣」，指文章的氣勢，氣勢跟風骨有關，有風就有氣勢。所以黃叔琳評云：「氣是風骨之本」，紀評：「氣卽風骨」，雖然此二家之論不免偏頗，但其將氣與風骨加以啣接，強調文章的感染效果，卽由氣韵流動而來，確能抉微闡幽。

風骨和文采的關係，約分兩點：一像鷹隼，有風骨而乏文采，所謂「鷹隼無采，而翰飛戾天，骨勁而氣猛也。」一像翬翟，有文采而乏風骨，所謂「翬翟備色，而翾翥百步，肌豐而力沉也」。可見風骨與文采是兩回事。是以「若豐藻克贍，風骨不飛，則振采失鮮，負聲無力。」由此可知作品的文采有兩種，一種是鮮明的，一種是不鮮明的。有了風骨，作品的文采才鮮明，沒有風骨，則文采失鮮。並且由「負聲無力」看來，風骨不僅與文采有關係，與聲律也有關係。

風骨旣與文章有如此密切之關係，則如何而可使一己之作品，達到「風清骨峻」，「文明以健」的理想乎？此亦本篇所應連帶探討之重要課題，今依照彥和自己的意見，是「鎔鑄經典之範，翔集子史之術，洞曉情變，曲昭文體，然後能孚甲新意，雕畫奇辭。」所以鎔鑄經典，翔集子史，洞曉情變，曲昭文體，將作家所應具備的條件，從內修到外成，雖不說是鉅細靡遺，但對文重風骨的要點，講得已十分精闢。尤其他講風骨，目的在糾正當時某些「跨略舊規，馳騖新作」的文士，免得他們「習華隨侈，流遁忘返」。從而要求確立正當的體式，建設風清骨峻的格調；使作品達到「剛健既實，輝光乃新」的境界。這才是彥和文學創作論中的新命題、新見地。

【正文】

首段揭示文中風骨相關至切之理。以明練於骨者，析辭必精；深乎風者，述情必顯。

詩總六義，風冠其首㊀，斯乃化感之本源，志氣之符契也㊁。是以怊悵㊂述情，必始乎風；沉吟㊃鋪辭，莫先於骨〔評二〕。故辭之待骨，如體之樹骸㊄；情之含風，猶形之包氣〔評三〕。結言端直㊅，則文骨成焉；意氣駿爽㊆，則文風（原作「清」，一作「生」，依一作，並審上句「骨成」對文校改。）生焉。若辭（原作「豐」，今依郭晉稀譯註校改）藻克贍，風骨不飛，則振采失鮮，負聲無力〔評四〕㊇。是以綴慮㊈裁篇，務盈守氣，剛健既實，輝光乃新㊉。其⑪為文用，譬征鳥⑫之使翼也。故練於骨者，析辭必精；深乎風者，述情必顯。捶字堅⑬而難移，結響凝⑭而不滯，此風骨之力也。若瘠義肥辭⑮，繁雜失統⑯，則無骨之徵也。思不環周⑰，索莫（原作「課」，依楊明照校注改）⑱乏氣（原作「風」，依楊明照校注改），則無風之驗也。

二段比論文采與風骨所關孰重。先舉作家作品為證，次舉前賢文論為證，最後設喻以明風骨為文采之源。

昔潘勗錫魏㉙，思摹經典㉚，羣才韜筆㉛，乃其骨髓峻（原作「畯」，依鈴木校改）也；相如賦仙㉜，氣號凌雲，蔚為辭宗，乃其骨力遒也㉝。能鑒㉞斯要，可以定文；茲術或違，無務繁采。故魏文稱：「文以氣為主，氣之清濁有體，不可力強而致」㉟；故其論孔融，則云：「體氣高妙」；論徐幹，則云：「時有齊氣」㊱；論劉楨，則云：「有逸氣」㊲。公幹亦云：「孔氏卓卓，信含異氣，筆墨之性，殆不可勝」㊳，並重氣之旨也〔評五〕。夫翬翟㊴備色，而翾翥㊵百步，肌豐而力沉也；鷹隼㊶乏采，而翰飛戾天㊷，骨勁而氣猛也。文章才力，有似於此。若風骨乏采〔評六〕，則鷙集翰林㊸；采乏風骨，則雉竄文囿；唯藻耀而高翔㊹，固文章（原作「筆」，今依王利器新書徵上文「文章才力」之詞例校改）之鳴鳳也〔評七〕。

末段示人為文，風清骨峻，篇第光華之法。

若夫鎔鑄經典之範㊺，翔集子史之術㊻〔評八〕，洞曉情變，曲昭文體㊼，然後能孚甲㊽新意，雕畫奇辭。昭體㊾故意新而不亂，曉變㊿故辭奇而不黷(51)。若骨采未圓(52)，風辭未練(53)，而跨略舊規，馳鶩新作，雖獲巧意，危敗亦多〔評九〕；豈空結奇字，紕繆而成經乎（原作「矣」，依范注校改）(54)！周書云：「辭尚體要，弗惟好異。」(55)蓋防文濫也。然文術多門，各適所好，明者弗授，學者弗師。於是習華隨侈，流遁忘反(四六)。若能確乎正式(四七)，使文明以健〔評十〕，則風清骨峻，篇體光華。能研諸慮，何遠之有哉！

贊曰：情與氣偕，辭共體並。文明以健，珪璋乃騁(四八)。蔚彼風力(四九)，嚴此骨鯁(五〇)。才鋒峻立，符采克炳(五一)。

【註釋】

(一) **詩總六藝、風冠其首**：毛詩序：「詩有六義焉：一曰風，二曰賦，三曰比，四曰興，五曰雅，六曰頌」。風、雅、頌是詩的三種體裁，賦、比、興是詩的三種作法，合稱六義。「風」在六義中居首位，所以說：「詩總六義，風冠其首」。這裏先講「風」的來源，本於詩經。

(二) **化感之本源，志氣之符契**：毛詩序：「風，風也，敎也，風以動之，敎以化之」，又云：「上以風化下，下以風刺上，主文而譎諫，言之者無罪，聞之者足以戒」。故知風實有移風化俗的作用，因此這裏說「化感之本源」。志氣，指作者之情志。符契，符節、契約。符契在此引伸爲表徵之意，國風多出於里巷歌謠，所謂男女相與詠歌，各言其情者也，因其以吟詠情性爲主，所以這裏說「志氣之符契」。

(三) **怊悵**：卽惆悵，悵恨之意。楚辭七諫：「然怊悵而自悲」。

(四) **沉吟**：沉思吟詠的意思。

㊄ **辭之待骨，如體之樹骸**：骸，骨架；體，身體。言身體有了骨架，才能直立。以此比喻文章，亦復如此。辭不是骨，但有了骨才顯得有力。

㊅ **結言端直**：結是「連結」，言是「文辭」，「結言」就是「綴辭」的意思；「端直」端方正直，「結言端直」就是指「綴辭平穩貫一」。

㊆ **駿爽**：駿爽，就是「駿逸朗爽」的意思。

㊇ **辭藻克贍以下四句**：克贍，克，能也；贍，豐富。振是「振奮」的意思。負是「背負」的意思。「辭藻克贍，風骨不飛，則振采失鮮，負聲無力」四句，大意是：雖然辭藻很富麗，若是風調骨格荏弱，那麼作品的色彩，就不會鮮明，聲調也不會鏗鏘。

㊈ **綴慮**：是把思考的問題連綴成文，這裏指「構思」。

㊉ **剛健既實，輝光乃新**：剛健，指的「文骨」，既實，指的「文氣」，也可以說就是「文風」。所以「剛健既實」，就是說「風骨有力」；輝光乃新，就是說「辭彩煥發」。

⑪ **「其」**：代名詞，指作家的「志氣」和與志氣密切關聯的「風」、「骨」。

⑫ **征鳥**：就是「隨氣候遷移的候鳥」，指鷹隼之類的猛禽。

⑬ **捶字堅**：捶，鍊也，捶字，即鍊字。堅，在這裏是「妥貼」的意思。

⑭ **結響凝**：結，構成的意思；響，文章的聲律；凝，有嚴整的意思。

⑮ **瘠義肥辭**：瘠，貧之的意思；肥，臃腫。

⑯ **繁雜失統**：失統，沒有條理，沒有統緒。全句是說如措辭繁雜，便失去協調而不統一。

(一七) **環周**：就是周密，在這裏有「圓通」的意思，

(一八) **索莫**：原指枯寂無生氣的樣子，於此有「死氣沉沉」之意。

(一九) **潘勗錫魏**：潘勗字元茂，後漢中牟人，漢獻帝劉協册曹操爲魏公，加九錫，潘勗作「册魏公加九錫文」。

(二〇) **思摹經典**：「册魏公加九錫文」是模仿典誥的規模作的，所以說「思摹經典」。

(二一) **羣才韜筆**：羣才，指當時其他的文人。韜，音（ㄊㄠ），收藏也。韜筆，就是擱筆的意思。

(二二) **相如賦仙**：司馬相如作「大人賦」，描繪神仙生活，漢武帝劉徹讀之，飄飄然有凌雲之志。史記司馬相如列傳：「相如既奏大人之頌，天子大說，飄飄有凌雲之氣，似遊天地之間意」。

(二三) **遒**：是遒壯、遒勁的意思。指文章風力遒勁。

(二四) **鑒**：是「明察」的意思。

(二五) **魏文稱以下三句**：彥和認爲風、骨是以作家的感情意志爲基礎的，而感情意志在作品中就體現爲文氣，文氣激蕩，就成爲「風」。本段轉論文氣，道理就在這裏。范文瀾文心雕龍注云：「本篇以風爲名，而篇中多言氣。廣雅釋言：『風，氣也。』莊子齊物論：大塊噫氣，其名爲風』。……蓋氣指其未動，風指其已動。」誠爲確論。這裏的引文，是引自魏文帝曹丕「典論論文」。

(二六) **齊氣**：引文見典論論文。齊氣，是說「舒緩之氣」。論衡率性：「楚越之人處莊嶽（齊街里名）之間，經歷歲月，變爲舒緩，風俗移也。故曰齊舒緩，秦慢易，楚促急，燕戇（應作敢）投」。可證「齊氣」是「舒緩之氣」。

⑰ **逸氣**：引文見曹丕與吳質書：「公幹有逸氣，但未遒耳。」文心雕龍才略篇：「劉楨情高以會采」，因其情高，故有逸氣。逸氣，高超之氣。

⑱ **公幹亦云以下四句**：引用的原文，今已遺佚。孔氏指孔融。信含異氣，言確實含有特異之氣。

⑲ **翬翟**：翬，音（ㄏㄨㄟ），翟，音（ㄉㄧˊ），指五彩齊備的山雞。

⑳ **翾翥**：翾，音（ㄒㄩㄢ），翥，音（ㄓㄨˋ），是低飛的意思。

㉑ **鷹隼**：鷹，蒼鷹，隼，音（ㄓㄨㄣˇ），又名鶻，兩者都是兇猛的鳥名。

㉒ **翰飛戾天**：翰是高的意思。戾是「到達」的意思。全句是說高飛至天。語出詩經小雅小宛：「宛彼鳴鳩，翰飛戾天」。

㉓ **鷙集翰林**：鷙是猛鳥，卽指上文的「鷹、隼」。翰林，文翰之林，和「文囿」的意義相同，都相當於今天說的「文壇」。

㉔ **藻耀而高翔**：有文采而照耀，有風骨而高飛。

㉕ **鎔鑄經典之範**：鎔鑄猶創作，言依照經典行文的規範，從事創作。

㉖ **翔集子史之術**：翔集，鳥飛回旋而又停下，在此引申爲採擇。言採擇子史的寫作技巧。

㉗ **體**：在這裏指「體勢」，卽語調辭氣。

㉘ **孚甲**：孚是「莩」字的省文。莩甲，就是「萌芽」或「生長」的意思。後漢書章帝紀：「方春生養，萬物莩甲」。注：「莩，葉裏白皮也」。

㉙ **昭體**：就是上文說的「曲昭文體」；本書定勢篇說：「密會者以意新得巧，苟異者以失體成怪。舊

綀之才，則執正以馭奇；新學之銳，則逐奇而失正」，彥和主張，作者縱有創新的意見，也應該用平正的文體寫出來，反對追求形式上的怪異。

㊵ **曉變**：就是上文說的「洞曉情變」；本書有『通變』和『情采』兩篇。彥和主張，以經誥爲宗，來變化文體；以情性爲本，來雕琢辭藻。

㊶ **黷**：這裏可解釋爲「汎濫」的意思。

㊷ **骨采未圓**：指體現中心思想的文采尚未圓熟。

㊸ **風辭未綀**：風辭，是指體現個性傾向的辭藻。綀，洗綀的意思。

㊹ **空結奇字，紕繆成經**：空結奇字有兩種意義：一種是「定勢」篇所說的：「上字而抑下，中辭而外出」；一種是「綀字」篇所說的：「詭異」、「聯邊」、「重出」、「單複」。古人認爲經典是永垂不朽的著作，所以這裏的「經」，可以譯做「不朽的作品」。紕繆，錯誤的意思，禮大傳：「五者一物紕繆，民莫得其死」。

㊺ **周書云以下二句**：引文見書經畢命篇。蔡傳云：「趣完具而已之謂體，衆體所會之謂要」，集說引夏氏巽曰：「體則具於體而無不足，要則儉亦不至於有餘，謂辭理足而簡約也」。

㊻ **流遁忘反**：語出東京賦。流遁，指游移不定而散逸的意思。

㊼ **確乎正式**：確，確立的意思；式是體式，指語言辭藻而言；確乎正式就是確立平正的體式。

㊽ **珪璋乃騁**：珪璋，玉器之貴重者，用以比喻美好的文才。騁，馳騁，指文才馳騁。

㊾ **風力**：指體現個性傾向的風調。

(五一) **骨鯁**：指依附中心題材所建立的骨格。

(五二) **符采克炳**：符采，本來是玉石的橫紋；玉石的橫紋，是隱約顯現於玉石之中的，所以「原道」篇說：「符采複隱」。炳，是明的意思。「符采克炳」的大意，是說文章就像玉石般的內理溫潤，外采煥發，二者交互輝映。

【語　譯】

詩經總括六義，這六義就是所謂的風、雅、頌、賦、比、興，而具有諷勸作用的風體，列在六義的最前面，究其原因，實由於風體是移風易俗的根本，感格時政的泉源，吟詠情性的徵符，激發聲氣的左券啊！所以當作者內心激動，想抒暢感情的時候，一開始就必須在作品中體現出你個性傾向的風調；沈思吟詠，想鋪陳辭藻的時候，首先就應該在作品中建立起你中心題材的骨格。因爲作品的辭藻，必須依託中心題材爲骨格，才能發揮效果；好比人的肉體，必須靠着骨骼的支持，才能充分樹立。作家的情感，必須體現個性的傾向，始可表現活力，猶如人的形體，必須仰賴包藏的血氣，始可顯露精神。故綴辭屬文，端方正直，則文章的骨格自然形成；抒情寫意，駿逸朗爽，則文章的風調就相應產生了。如果一個作品，辭藻富麗，而風調骨格荏弱的話，那麼你想振奮辭采，定會失卻鮮明；負荷聲調，也必毫無氣力的。由於這個緣故，我們在聯綴思慮，翦裁篇章的時候，務必要長養精神，掌握氣勢，如此骨格既剛正雅健，則風調的輝光，始得煥然一新。於此便說明了一位作家的志氣，在作品風骨上所發生的效用，正好比鷹隼乘風展翅，撲殺小鳥一樣，因利乘便，相得益彰啊！故熟鍊文章骨格的，他對文辭的分析，必精到適宜，體會作品風調的，於情感的表達，定明潔有力。捶鍊字詞的精確，使其的當而不移；結合聲律的和諧，讓它嚴整而不呆板，這就是風調骨格配合的功效啊！但是如果事義貧乏，辭語重複，文章雜亂而毫無系統，這就是沒有骨格的象徵；至於思理不周，枯燥無味，文章死寂而缺乏生氣，這就是沒有風調的明驗啊。

過去潘勗爲魏公曹操所作的九錫册命，思理規模取法典誥，辭義雅重，令所有的才士爲之擱筆，這就是由於他的文章骨格高尙的緣故！司馬相如向漢武帝奏進的大人賦，志氣凌駕霄漢，辭采華茂，使作家一致宗仰，這也是因爲這篇賦，風調遒勁的關係啊！如能瞭解了此等行文的要領，才可決定文章的優劣，如果不能按照這些技巧去寫作，自不必專門去追求繁文縟采了。故魏文帝曹丕說：「文章以氣質爲主，而氣質的清秀混濁，各有他生就的本性，即使勉強學習，也不可能改變的。」所以他評論孔融的作品，說他「體裁氣質，高逸美妙」，評論徐幹的作品，說他「間或帶有齊人舒緩的氣質」，評論劉楨的作品，說他「有俊逸豪放的氣質」。劉楨也曾經說：「孔融的文章，卓爾不羣，確實含有特異的氣質，在他用筆布墨時，所表現的才性，似乎非一般人所能及。」這些都是重視風格的話。長尾山雉，他的羽毛雖備具五色，但只能一飛百步，因爲肌肉豐滿，而氣力下沈的關係；鷹隼鷙鳥，他的羽毛雖缺乏文采，反能高飛青空，這是由於骨骼強勁，而氣勢勇猛的緣故。一個人寫文章，他的天才功力，和這個道理是相同的。如果作品有風骨而缺乏文采，就不啻鷹隼飛集於翰墨文苑，破壞了情趣；徒有文采而缺乏風骨，就好比山雉竄入了文章園囿，足以妨害氣氛。所以文章唯有具備了鮮明的辭采，飄逸的風骨，才能像鳴鳳的雅音，成爲稀世的作品啊！

至於鎔鑄經典的義理，提鍊骨格的模式，去從事創作；詳閱子史的資料，採集寫作的技術，深切體認情境的變化，透徹明瞭文章的體要，然後才能孕育出新穎的意境，刻畫出奇妙的文辭。明瞭了文章的體要，始可命意清新，不致雜亂無章；體認情境的變化，始可遣辭瑰奇，不致泛濫無歸。如果表達中心思想的文辭，未能圓通，體現個性傾向的辭藻不够洗鍊時，祇一味的去超越舊有的規範，追求新奇的法式，雖然當時可以幸獲纖巧的意旨；但是，也必定會危側趣詭，終歸失敗。這樣看來，文章又豈只是聯綴些生冷的字詞，就算順理成章的傑作呢！尙書畢命篇說：「文章貴乎義理完具，辭句簡要，不只是愛好奇異。」此正所以防止行文濫用辭藻的意思啊！然而寫作的技巧門徑甚多，陰陽剛柔，各隨所好，運用之妙，存乎一心。所以明白這種技巧的人難以言傳，想要學習的人又沒法仿效，各在揣摩自學而已。觀察當代作家們，大多競尙浮華，隨俗浮侈，任情自放，漫無所歸。假如人人都能確立正常的體式，使文采明潔剛健，那麼想要自己的作品風調清新，骨格飄逸，篇體光華，又有什麼困難呢！

總而言之，情志與氣性偕同，辭藻和體勢並立，文章的情辭朗麗而氣體剛健，如同持有圭璋的賢德君子，便可以馳譽於文壇了。同時一面充實文章的風力，使個性傾向得以發揮，一面整飭文章的骨格，令中心題材遒勁有力，再加上高峻的才華，凌厲的筆鋒，寫出的作品，自然像美玉一般，內理溫潤，外采煥發，有交互輝映，光豔照人之妙了。

【集　評】

一、曹評：「風骨二字雖是分重，然畢竟以風爲主；風可以包骨，而骨必待乎風也。故此篇以風發端，而歸重於氣，氣屬風也。」

二、楊評：「此分風骨之異，論文之極妙者。」

三、紀評：「比論精確。」

四、黃評：「卽後所云雉竄文囿也。」

五、黃評：「氣是風骨之本。」

紀評：「氣卽風骨，更無本末，此評未是。」

六、紀評：「風骨乏采，是陪筆，開合以盡意耳。」

七、楊評：「此論發自劉子，前無古人，徐季海移以評書，張彥遠移以評畫，同此理也。」

八、黃評：「風骨又必從經典子史中出。」

九、紀評：「才鋒既雋，往往縱橫逾法，故又補此段以防其弊。」

十、楊評：「引『文明以健』尤明切。明卽風也，健卽骨也。詩有格有調，格猶骨也，調猶風也。左氏論女色曰：『美而艷』，美骨也，艷猶風也。文章風骨兼全，如女色之美艷兩致矣。」

【問題討論與練習】

一、劉彥和謂「辭藻克贍，風骨不飛，則振采失鮮，負聲無力」，其故安在？試為說明。

二、何謂風骨？並舉例說明風骨與文章寫作之關係。

三、試論「風清骨峻，篇體光華」之法。

四、彥和云：「綴慮裁篇，務盈守氣，剛健旣實，輝光乃新」，意何所指？試申其理。

通變第二十九〔評一〕

【解　題】

通變者，通即繼承，變即創新，則通變云者，繼承傳統，變化舊體，而使之推陳出新之謂。風骨篇云：「洞曉情變，曲昭文體，然後能孚甲新意，雕畫奇辭。昭體故意新而不亂，曉變故辭奇而不黷。」所謂「若無新變，不能代雄」，則文學創作，就在要求新變。但新變有好壞兩方面，「通變」篇就是研究如何祛壞從好，汰蕪存菁。這裏他講的「新意」「奇辭」就是變。「不黷」「不亂」，即防止向壞的方面變。「昭體」「曉變」就是要求向好的方面變。彥和云：「文律運周，日新其業」，可見文學的運轉，有一定的規律，所以想要「變則堪久，通則不乏」，必須按照文學發展的規律，使傳統與現代作妥善的結合。

文學發展的規律又如何呢？根據劉彥和的說法，是「九代詠歌，志合文別。黃歌斷竹，質之至也，唐歌載蜡，則廣於黃世，虞歌卿雲，則文於唐時；夏歌雕牆，縟於虞代；商周篇什，麗於夏年；至於序志述時，其揆一也。」他所謂的「黃唐淳而質，虞夏質而辨，商周麗而雅，楚漢侈而豔，魏晉淺而綺，宋初訛而新」，可以分兩方面看：一方面，是由淳質到麗雅，是向好的方面變化；一方面是由侈豔到訛新，是向壞的方面變化。桓君山云：「予見新進麗文，美而無採；及見劉揚言辭，常輒有得」。所以文學的發展，一方面求新求變，一方面還要不黷不亂，爲了達到變化舊體，推陳出新的要求，則「望今制奇，參古定法」，便成了必然的準繩。

何謂參古？「參古」又所定何法乎？彥和云：「矯訛翻淺，還宗經誥」，提出他對文學通變的基本主張，就是矯今日之淺薄，宗傳統的經誥。所以他所說的「參古」，就是宗經。宗經篇云：「文能宗經，體有六義：一則情深而不詭，二則風淸而不雜，三則事信而不誕，四則義貞而不回，五則體約而不蕪，六則文麗而不淫」，所謂「情深」、「風淸」、「事信」、「義貞」、「體約」、「文麗」六則，對一個文學作品的要求，可以說雖歷千古而不稍變，此卽「參古定法」也。至於考「聲律」，辨「章句」，尙「麗辭」，重「練字」，須隨時而更新，此卽「望今制奇」。

彥和之言通變，在求一面繼承優良傳統，一面革新時弊。所以彥和云：「設文之體有常，變文之數無方，……凡詩賦書記，名理相因，此有常之體也；文辭氣力，通變則久，此無方之數也。」「通變」之於文辭以外，作者的情志、才氣、或辭氣各有不同，定勢篇要「因情立體，卽體成勢」，情采篇要「爲情而造文」，體性篇要「因性以練才」，情志、才氣，旣沒有一定，只有講明通變，才能達成「文辭氣力，通變則久」的理想。

詳觀彥和的通變論，他肯定了文學在歷史發展過程中，有其源遠流長的一面，亦有其日新月異之一面，他所講的「通」與「變」，從繼承與革新的觀點言，可說是對立中的統一，辨證中的結合。

彥和旣然認爲繼承和創新，關係到文學作品生命的久暫，和文學創作發展的榮枯；但從歷史上來考察，每一個朝代的文學家，都面臨了一個共同問題，那就是怎樣的繼承和創新？彥和在文中批評了齊梁時代的作家，搶着模仿現代，忽略了往古傑作，是文學創作萎靡不振的原因。同時他也批評了漢代作家，互相因襲，缺乏創新精神。所以他認爲創新當然要「斟酌質文，檃括雅俗」，但決非「循環相因」「矜激一致」。另一方面是要求繼承傳統。因爲有繼承才能創新。而繼承優秀的傳統，必然要以「還宗經誥」，來矯正當代「文末氣衰」「競今疏古」的毛病。使文學作品達到「文」「質」的統一。「雅」「俗」的共賞。這樣大膽革新，力摹經典，才能使創作有「無窮之路」，「不竭之源」。

他這種扛着徵聖、宗經的大纛，向六朝重形式而輕內容的文壇宣戰，揭示了一條又新又活的創作之路，這不僅是藥治六朝文學的妙方，就今日文壇而言，也是醫療「競今疎古」的良藥。

【正文】

首段論文章設體有常，文辭作法變化無方。先說理，後引證。

夫設文之體有常㊀，變文之數無方。何以明其然耶？凡詩、賦、書、記㊁，名理相因㊂，此有常之體也；文辭氣力㊃，通變則久㊄，此無方之數也。名理有常，體必資於故實㊅；通變無方，數必酌於新聲㊆；故能騁無窮之路，飲不竭之源。然綆㊇短者銜渴㊈，足疲㊉者輟塗⑪，非文理之數盡，乃通變之術疏耳。故論文之方，譬諸草木，根幹麗土⑫而同性，臭味晞陽⑬而異品矣。

次段言九代詠歌，序志述時相同，文辭質華各別，時至近代，風末氣衰，言下有變今必本於法古之意。

是以九代⑭詠歌，志合文別（原作「財」，許改「則」，今依劉永濟校釋改）⑮。黃歌斷竹⑯，質之至也；唐歌載蜡（原作「在昔」，今依郭晉稀譯注校改）⑰，則廣於黃世；虞歌卿雲⑱，則文於唐時；夏歌雕牆⑲，縟於虞代；商、周篇什，麗於夏年；至於序志述時，其揆⑳一也。暨楚之騷文，矩式周人㉑；漢之賦頌，影寫楚世；魏之篇製（原作「策制」，今依王利器新書，徵明詩篇「江左篇製」之文例改），顧慕漢風；晉之辭章，瞻望魏采。搉（諸本作「確」，今依楊明照校注改）㉒而論之，則黃、唐淳而質，虞、夏質而辨，商、周麗而雅，楚、漢侈而豔〔評二〕，魏、晉淺而綺，宋初訛而新。從質及訛，彌近彌澹㉓，何則？競今疏古，風末（原作「味」，從一本作「末」校改）㉔氣衰也

〔評三〕。

三段言今士學文，多略漢師宋，引桓君山之說，以證斟酌質文，櫽括雅俗，方可與言通變之理。

今才穎之士，刻意學文，多略漢篇，師範宋集，雖古今備閱，然近附而遠疎矣。〔評四〕夫青生於藍，絳生於蒨，雖踰本色，不能復化。桓君山云：「予見新進麗文，美而無採；及見劉、揚言辭，常輒有得」㉕；此其驗也。故練青濯絳，㉖必歸藍蒨㉗；矯訛翻淺㉘，還宗經誥。斯斟酌乎質文之間，而櫽括乎雅俗之際，可與言通變矣。

四段列舉漢賦各家之運辭，參伍因革，遞變更新，卽通變之術。

夫誇張聲貌，則漢初已極，自茲厥後，循環相因，雖軒翥㉙出轍，而終入籠內。枚乘七發云：「通望兮東海，虹洞㉚兮蒼天」。相如上林云：「視之無端，察之無涯，日出東沼，入乎（原作「月生」，依文選上林賦原文校改）西陂」。揚雄羽（原作「校」，依文選羽獵賦原文校改）獵云：「出入日月，天與地沓㉛」。馬融廣成云：「天地虹洞，固（原作「因」，依廣成賦原文校改）無端涯，大明㉜出東，月生西陂」。張衡西京云：「日月於乎出入，象扶桑㉝與濛汜」㉞。此並廣寓極狀，而五家如一〔評五〕。諸如此類，莫不相循，參伍因革㉟，通變之數也。

末段提示通變之道，在於博覽精閱、總綱攝契

是以規略文統㊱，宜宏大體：先博覽以精閱，總綱紀而攝契㊲；然後拓衢路㊳，置關鍵㊴，長轡遠馭，從容按節，憑情以會通㊵，負氣以適變㊶，采如宛虹

，並憑情會通，負氣適變。之奮鬐㊷，光若長離之振翼㊸，廼穎脫原作「脫穎」，今依楊明照校注徵各本，及史記平原君傳乙正㊹之文矣。若乃齷齪㊺於偏解，矜激㊻乎一致㊼，此庭間之迴驟㊽，豈萬里之逸步哉！

贊曰：文律運周㊾，日新其業。變則堪原作「其」，黃校疑作「可」，今依王利器新書引吳校改正久，通則不乏。趨時必果，乘機無怯㊿。望今制奇，參古定法。

【註釋】

(一) **設文之體有常，變文之數無方**：體，指文章之體裁、體式。數，在這裏是法則的意思。本句是說文體是經常不變的，而文辭變化的技巧，卻沒有一定的公式。

(二) **詩賦書記**：文心雕龍自明詩第六，至書記第二十五，皆研討文體者，勢不能一一列舉，故約此二十篇的首尾篇目，以概其餘。

(三) **名理相因**：言各種文體的名稱與寫作理論，均歷代因襲，所以說「設文之體有常。」

(四) **氣力**：氣，氣勢；力，才力，指「文章風格」而言。

(五) **通變則久**：言文章通於古，變乎今，才能流傳久遠。

(六) **體必資於故實**：資，是憑借的意思。彥和認為文章既有固定的體裁，其寫作法則亦有不變的常格，所以對於體制方面的要求，就必須借助於古人留下來的成規，因此這裏說「體必資於故實。」就是向以前的作品學習。

⑦ **數必酌於新聲**：酌，斟酌的意思。作者認爲文辭的變化，雖沒有固定的公式，但仍須斟酌新的作品，所以說「數必酌於新聲」。

⑧ **綆**：是汲水的繩索。

⑨ **銜渴**：就是「要口渴」的意思。

⑩ **足疲**：指足力不健。

⑪ **輟塗**：就是「走到中途停頓」的意思。

⑫ **根幹麗土**：「根幹」二字複辭偏義，幹字無意義。麗，是附着的意思。「根幹麗土」，可以譯做「紮根在泥土裏」。

⑬ **臭味晞陽**：臭味，就是氣味；晞陽，是當陽，指晒太陽。

⑭ **九代**：指黃、唐、虞、夏、商、周、漢、魏、晉等朝，楚屬於周，宋、齊沒有計入。志合，指下文「敍志述時，其揆一也」說的。言敍述情志，發而爲文，乃歷代作家所暗合，這是就「通」的方面說的。

⑮ **志合文別**：文別，指下文「黃歌斷竹，質之至也；唐歌載蜡，則廣於黃世；虞歌卿雲，則文於唐時；夏歌雕牆，縟於虞代；商周篇什，麗於夏年」說的，言歷代作家於文采、辭藻的刻畫，是迥然不同的。這是就「變」的方面說的。

⑯ **黃歌斷竹**：黃指「黃帝」，斷竹，指「竹彈之謠」：「斷竹，續竹。飛土，逐宍（肉）。」原歌見於吳越春秋。

(一七) **唐歌載蜡**：禮記郊特牲說：「伊耆氏始爲蜡，祝道：『土反其宅，水歸其壑。昆蟲毋作，草木歸其澤！』」伊耆，有人說就是唐堯。載蜡，就是「始爲蜡」的意思。

(一八) **虞歌卿雲**：舜有卿雲歌，云「卿雲爛兮，糺縵縵兮，日月光華，旦復旦兮。」歌見尚書大傳虞夏傳。

(一九) **夏歌雕牆**：夏有五子之歌五首，其第二首道：「訓有之：內作色荒，外作禽荒，甘酒嗜音，峻宇雕牆，有一於此，未或不亡。」見於書經僞五子之歌。

(二〇) **揆**：道也，孟子離婁：「先聖後聖，其揆一也。」

(二一) **矩式周人**：矩式，以爲規矩；周人，指詩經而言。全句是說楚之騷文，模仿詩經三百篇來的。彥和的這種看法，在本書卷一辨騷篇講的最明白。

(二二) **搉**：是「揚搉」之意，在這裏當作「大致」的意思。

(二三) **澹**：味薄也。

(二四) **風末**：末是末尾，風颳到末尾則無氣力，猶如強弩之末，所以「風末」就是指文章感染力不強的意思。

(二五) **桓君山云以下五句**：桓君山卽桓譚，引用的原文已經遺佚。「劉、揚」指劉向、揚雄而言。本書諸子、體性、時序、才略各篇，皆以劉向、揚雄二家並擧，可證。

(二六) **練青濯絳**：急就篇注：「練者，煑縑而熟之也」。濯，在這裏是「染」的意思。本句是指從藍、蒨二草中提煉靛青、絳紫的顏料。

(二七) **藍蒨**：藍：一種可以提煉青色的草。蒨：音（ㄑㄧㄢˋ），一種可以提煉絳色的草。

㉘ **矯訛翻淺**：本句是針對上文「魏、晉淺而綺，宋初訛而新」而言；大意是說，矯正宋初的訛謬，翻轉魏、晉的淺易。

㉙ **軒翥**：高飛的意思。

㉚ **虹洞**：洞，音（ㄊㄨㄥˊ）。虹洞是雙聲連語，有相連、廣闊的意思。枚乘七發原文作「秉意乎南山，通望乎東海，虹洞兮蒼天，極慮兮崖涘」。

㉛ **大明**：卽太陽。

㉜ **沓**：是合的意思。

㉝ **扶桑**：相傳爲一種神木，指「太陽所出處」，山海經海外東經：「湯谷上有扶桑，十日所浴」。

㉞ **濛汜**：汜，音（ㄙˋ），相傳爲太陽所沒落處。

㉟ **參伍因革**：參伍，指錯綜古今；因革，指因故革新。意思是說由以上所引，知其中文字有交錯，有因襲，有變革。如有的日月並稱，有的日月對舉，卽交錯。同樣說日月出入，卽模仿。從「天地虹洞」，變爲「天與地沓」，卽變革。

㊱ **規略文統**：規劃文章的統緒，卽事先考慮全文的結構系統。

㊲ **攝契**：攝，是掌握的意思；契，本來是符契，在這裏可以譯做掌握。意思指掌握寫作要點。

㊳ **拓衢路**：指拓展思路而言。

㊴ **置關鍵**：指安排重點而言。

㊵ **憑情以會通**：彥和認爲「序志述時」，古今相同，所以說「憑情以會通」，叫人憑藉眞情實性，去

融會傳統的舊作。

㊶ **負氣以適變**：氣，在這裏指作家的才氣。是說作者依恃才氣，去適應時代變化。

㊷ **采如宛虹之奮鬐**：宛虹，弓形的虹；鬐，音（ㄑㄧˊ）。薛綜西京賦注：「鬐脊也」，本句是說，天上拱形的彩虹，正閃耀著它脊背上的七彩光芒。

㊸ **長離之振翼**：長離，鳥名，一稱「朱鳥」。張衡思玄賦：「前長離使拂羽兮」。舊注：「長離，朱鳥也。」振翼，振動羽翼。

㊹ **穎脫**：就是「露鋒芒」。在這裏可以講做「出類拔萃」。是用毛遂自薦的故事，見史記平原君列傳。

㊺ **齷齪**：齷齪，音（ㄨㄛˋ ㄔㄨㄛˋ）本爲不潔貌；在這裏解釋爲「局促」的意思。

㊻ **矜激**：矜，音（ㄐㄧㄣ），在這裏是驕傲自負的意思。

㊼ **一致**：是一得之見的意思。

㊽ **庭間之迴驟**：楚辭哀時命：「騁騏驥於中庭兮，焉能極夫遠道。」王逸注：「言騏驥壹馳千里，乃騁之中庭促狹之處，不得展足以極遠道也。」本句是指騎著駿馬在中庭迴轉。

㊾ **文律運周**：運周：迴環運轉，猶演變。全句是說文章創作的規律，在不停的演變。

㊿ **乘機無怯**：怯，多畏，顧慮不前。「乘機無怯」，就是指順應文學發展的契機，切勿裹足不前。

【語　譯】

大抵說來，文章的體裁是永久不變的，而文辭技巧的變化，卻沒有一定的法則。這話怎麼講呢？因爲不論詩、賦、書、記，只要有這種體裁，就必有其固定的寫作理則與之相應。這不就證明了文章的體裁是永恒不變的嗎？至於文采、辭藻，以及氣勢、才力的運用和表現，就需要透徹地了解傳統舊作，再加以推陳出新，如此才能流傳久遠。所以說文辭技巧的變化，是沒有一定的法則啊！既然體裁與創作的理則有一定的常格，所以關於文章的體制，就必須借助於古人留下來的成規。至於通曉傳統舊作，然後再革故鼎新，雖沒有固定的方式可循，但斟酌新的格調，卻是必須的。如此，在固有的文學領域裏，方能開拓出新的境界，這就像騎着一匹駿馬，奔馳於一望無際的原野上，行止自如，無拘無束。又如口渴的人，汲飲那永不乾涸的泉源，清涼舒暢，快然自得。然而一個不能繼承傳統的作家，就像口渴的人想取水喝，卻由於繩短井深，最後只好望水興歎。至於過分重視傳統的作家，由於忽略了推陳出新的原則，就像一個萬里的行脚，因爲路遙足疲，弄得半途而廢。這並不是由於行文的技巧運用殆盡，實在是因爲他們對於通古變今和推陳出新的技巧，運用得不够精密罷了。所以談到文學創作的方法，就好比培植花木一樣，雖然它們都是紮根在泥土裏，但經過陽光的照射，水分的滋潤以後，各種花草樹木，就變得氣味不同，品質各異了。

談到文學的通變，就讓我們上起黃帝，下至晉代，把這九代的吟咏歌謠，作一個全面性的觀察吧：他們的作品，在敍述情感方面雖然前後如一，宗旨相同；但對於文采、辭藻的刻畫，卻是迥然有別的。

例如：黃帝時代的斷竹歌，二字成句，是最質樸的；唐堯時候的蜡祭祝辭，四字一句，比黃帝時候的作品，要充實得多；虞舜時的卿雲歌，較諸唐堯時代的蜡辭，在文采上，要優美些；夏代峻宇雕牆的五子之歌，與虞代卿雲歌比起來，措辭也較爲繁縟；商、周兩代的風、雅、頌詩篇，比起夏代五子之歌，在造語方面要更加華麗些。可是，談到敍寫情志，記述時事，他們基本的原則是一致的。到了楚國屈原、宋玉的騷辭，取法於商、周的詩篇；兩漢的詞賦頌讚，是受了騷辭的影響而寫的；曹魏時代的篇章制作，是沿襲了漢賦的風格；兩晉的辭章，是仿效曹魏時代的華采。由以上大致的分析，可以發現黃帝、唐堯時代的歌謠，風格淳厚而樸實；虞舜、夏禹兩代的作品，質樸而明晰；商、周兩朝的詩歌，優美而典雅；楚漢兩期的辭賦，誇張而豔麗；魏晉時代的作品，淺薄而綺靡；劉宋初期的作家，更是用字訛謬、標新立異。這麼看來，從黃帝、唐堯時代的質樸，到宋初的訛新，可以說時代越接近，作品的韻味越覺得平淡。這是什麼緣故呢？只因爲一般的作家們，大多爭着去模仿現代的新奇，卻忽略了古代的佳作，以致弄得作品的情韻薄弱，氣勢衰微了。如今才智穎異的人們，雖然專心一致的去學習劉宋時代的作品，但是大多是舍本逐末，忽略了兩漢以前的篇章。卽令對古今文章都廣爲涉獵，然而在他們寫作態度上，卻專事迎合時代的風尙，而疏忽了傳統的繼承。現在我們將這種情形打個譬喻，例如蒨青的顏料是由藍草中提煉的；絳紫的顏料，是由蒨草中提煉的；青紫的顏色，在深度方面，固然超過了藍蒨二草，但卻不能再變化成其他的顏色了。桓君山在他的新論裏，曾經說：「我讀新進作家們的華麗作品，雖然辭藻很美，而內容卻一無可取；及至閱讀劉向、揚雄的文章時，就常有會心之得」；這便是最好的證明了。這樣看來，我們要想提煉蒨青、絳紫的顏料，必須歸本於藍蒨二草，那麼如果要想矯正時下文學訛謬淺薄的流弊，最好還是宗奉經典訓誥。同時，行文的時候，在質樸和華麗之間加以斟酌取捨，於典雅和通俗之際，作妥適的矯正，能够這樣，才有資格談論文學通變的道理啊！

然而，變今是不離法古的，我們看以誇張筆法描繪聲音形貌的作品，在漢朝初年的辭賦家，已經發展到了極點。自此以後，人們寫作，無不週而復始，互相因襲，雖有才華高超的作家想獨樹一幟，超越前人的的軌跡，但努力的結果，卻始終脫離不了傳統的樊籠。例如：枚乘七發，誇張曲江的宏大說：「放眼「一直望去，可以看見東海，水天相連，混然一色」。司馬相如的上林賦，誇張池沼的廣濶說：「放眼望去，只見渺渺茫茫，沒有止境；仔細察看，更是莽莽蒼蒼，無邊無際。早晨，太陽從東邊池沼升起；黃昏，夕陽又向西邊的陂池落下」。揚雄羽獵賦，誇張池沼的廣大說：「日月都在其中升起沉落，天與地在池沼邊緣會合」。馬融的廣成頌，誇張池沼的廣大說：「天地相連，本來就是無邊無際的，太陽從東沼出來，月亮由西池升起。」張衡西京賦，誇張昆明池的宏偉說：「日月於池中升起和沒落，就像出於扶桑，而落於濛汜一樣」。這些作品無一不是廣設寓意，極力形容的；而五家的遣詞造句，前後卻如出一轍。諸如此類的描寫手法，沒有不是互相因循，彼此模仿的。所以錯綜各家，革故鼎新，乃是通古今之變，而推陳出新的重要創作技術啊！

所以談到通變的具體原則，那就是在我們規劃文章的統緒時，應該先恢宏文章的體製，使之具有偉大規模。首先必須廣博的瀏覽，繼以精心的閱讀，綜合文章創作的規律，把握寫作的重點；然後再拓展文章思考的通道，設置全篇的警策，這樣在文學創作的坦途上，就如同握着馬的繮繩，駕輕車以遨遊遠方一般，從容不迫，按部就班地去完成理想的作品。如能順應着作者情感的發展，融合傳統的佳作，並依恃作家本身的才氣，適應時代的變化，那麼寫成的作品，必定是光彩奪目，一如天上宛曲的七彩長虹，閃耀着它脊背上的光輝，又如南方的朱雀鳥，振動它燦爛的羽毛，金碧而輝煌。寫文章能達到這種境界，這才算是出類拔萃，脫穎而出的傑作了。如果作者局限於自己的一偏之見，驕傲自負，以爲獨得古人不傳之秘；實際上，這好比騎著一匹駿馬，在窄狹的庭院中廻轉，又如何能發揮日行萬里的效果呢？

總而言之：文學創作的規律，是週而復始，不停的運行的。文學創作的事業，日新又新，不斷的進步的。一個作家若能根據古今文變的道理去從事寫作，便可使作品永垂不朽，能融會傳統的佳作，去推陳出新，在文章的內容上，就不會發生貧乏的現象了。看準時代潮流的趨向，勇往直前；把握文學發展的契機，不要猶豫不決。尤其是當我們看到當前文壇標新立異的現象時，覺得要想拯救這個風末氣衰的流弊，我想，還是參驗傳統的作品，來肯定我們今後創作的路線吧。

【集　評】

一、紀評：「齊梁間風氣綺靡，轉相神聖，文士所作，如出一手，故彥和以通變立論。於求新於俗尙之中，則小智師心，轉成纖仄，明之竟陵、公安，是其明徵。故挽其返而求之古。蓋當代之新聲，既無非濫調，則古人之舊式，轉屬新聲，復古而名以通變，蓋以此爾。」

二、黃評：「楚漢而下，尤切中。」

三、曹評：「古今一風也，通變之術，亦主風矣。」

四、紀評：「文士通病，由時近者易摹，年遠者難剽耳。」

五、紀評：「此段言前代佳篇，雖巨手不能凌越，以見漢篇之當師，非教人以因襲，宜善會之。」

【問題討論與練習】

一、何謂通變？試由「九代文學」之發展，論今後文學通變之原則。

二、請由彥和「斟酌質文、櫽括雅俗」之語，以疏證通變之要旨。

三、彥和云：「設文之體有常，通變之數無方」，何以明其然？試申其旨。

四、彥和言「通變」，今人言「傳統與現代結合」、時隔千載，不知兩者的思想、觀念、有無契處，試抒己見以明之。

定勢第三十

【解題】

「勢」為體勢的省稱，亦可稱為文勢或語勢。居今而言，乃指作品所表現的語言姿態，卽語調辭氣。所以本篇內容，在論述決定作品語言姿態的條件，故曰「定勢」。

定勢篇言作品的語言姿態，是受作家的情志決定的，可見情志影響風格，風格影響語勢。所以說「因情立體，卽體成勢」。如模經為式者，自有典實雅正之美；效騷命篇者，必歸采豔韻逸之華。文意淺切者，大抵缺乏含蓄盪漾之意；措辭明辨者，大半違背繁文縟飾之采。這也就說明了作品的風格，是多種的，作品語勢的變化，也是多樣的。如「機發矢直」，「澗曲湍回」，它始終離不開風格的局限。彥和於此把情志、風格與語勢三者的關係，緊密的扣在一起，以為「繪事圖色，文辭盡情。色糅而犬馬殊形，情交而雅俗異勢」，勢隨體轉，體由情定，其間雖然沒有顯著的界線，但大體上是不能改變的。

其次，他提出一個深曉文術的人，必須總攬各種體勢，才可以按照不同內容，選擇和它相應的體物與風格去從事寫作。不然，「若愛典而惡華，則兼通之理偏」，「若雅鄭而共篇，則總一之勢離」，在這裏說明了兩種現象，一種是兼通各體，一種是統一和諧。兼通各體者，指同一作品中，典雅與華麗可以共篇；統一和諧者，雅正與邪俗不能並存。其中道理就在於作者對於風格、語態的修養了。所以他說：「括囊雜體，功在銓別，宮商朱紫，隨勢各配」。作者具備了這種鑑定的標準，才能獲致「循體成勢，因變立功」的效驗。

另外，彥和又評介了東漢以來各家對於文勢的看法。有的指出作家對文勢好尚的片面性，有的在說明某些批評家對文勢的狹隘性，可以說都是「各照隅隙，鮮觀衢路。」

最後，他從補偏救弊的立場出發，指出當代競新好奇，脫離正道之病。所謂「近代辭人，率好詭巧。」「厭黷舊式，故穿鑿取新」，究其原因，是有一股拋棄傳統的逆流，造成大家趨近適俗，隨聲附和的風氣；以至「失體成怪」。因而彥和以極端沉痛的語氣，發挽狂扶傾的論調，說「新學之銳，逐奇而失正，勢流不反，則文體遂弊。秉茲情術，可無思耶？」要之，文有坦途，而無門戶，彼矜言文勢，拘執虛名，而不究實義，以出於己爲是，以守舊爲非者，何不幡然改圖，擇研彥和之說呢？

【正文】

首段言文章有勢，乃出自然。故云：「因情立體，即體成勢」，即皆自然之符也。

夫情致異區〔評一〕㈠，文變殊術，莫不因情立體㈡，即體成勢㈢也。勢者，乘利㈣而爲制也。如機發矢直，澗曲湍（原作「文」，依王利器新書引梅據王嘉丞按本贇改）回，自然之趣也〔評二〕。圓者規體，其勢也自轉；方者矩形，其勢也自安〔評三〕㈤；文章體勢，如斯而已。是以模經爲式者，自入典雅之懿；效騷（原作「驗」，王惟儉本作「騷」，茲據改）命篇者，必歸豔逸之華；綜意淺切者，類乏醞藉；斷辭辨約㈥者，率乖㈦繁縟，譬激水不漪，槁木無陰㈧，自然之勢也〔評四〕。是以繪事圖色〔評五〕，文辭盡情，色糅㈨而犬馬殊形，情交而雅俗異勢㈩。鎔範所擬，各有司匠(十一)，雖無嚴郛(十二)，難得踰越。

二段由總事，由人才，由好尚各方面說明勢無定格，各因其宜而取之。

然淵乎文者，並總羣勢；奇正雖反，必兼解以俱通；剛柔雖殊，必隨時而適用〔評六〕。若愛典而惡華㉓，則兼通之理偏，似夏人爭弓矢㉔，執一，不可以獨射也；若雅鄭而共篇，則總一之勢離㉕，是楚人鬻矛楯㉖，譽兩（「鬻矛楯，譽兩」原倒作「鬻矛譽楯兩」，「楯譽」二字固倒，且讀法亦異，茲依楊明照校注乙正。）難得而俱售也。是以括囊雜體㉗，功在銓別㉘，宮商朱紫㉙，隨勢各配。章、表、奏、議，則準的乎典雅㉚；賦、頌、歌、詩，則羽儀乎清麗㉛；符、檄、書、移，則楷式於明斷㉜；史、論、序、注，則師範於覈要㉝；箴、銘、碑、誄，則體制於弘深㉞；連珠、七辭，則從事於巧豔㉟；此循體而成勢，隨變而立功者也㊱。雖復契會相參㊲，質（原作「節」，茲依郭晉稀譯注校改）文互雜㊳，譬五色之錦，各以本采為地矣㊴〔評七〕。桓譚稱：㊵「文家各有所慕，或好浮華而不知實覈，或美衆多而不見要約」。陳思亦云㊶：「世之作者，或好煩文博採，深沉其旨者；或好離言辨句（原作「白」，形近致誤，茲依王利器新書徵章句、麗辭篇文校改㊷），分毫析釐者；所習不同，所務各異」。言勢殊也〔評八〕。

三段引劉楨、陸雲二家所論，知文之任勢，不

劉楨云㊸：「文之體指貴強（原句作「文之體實強弱」，句有誤，細審彥和說，此句當作「文之體指貴強」，下衍「弱」字，茲據黃季剛札記刪改。）㊹，使其辭已盡而勢有餘，天下一人耳，不可得也」。公幹所談，頗亦兼氣。然文之

必壯言慷慨。並指出尙勢不取悅澤之非是。

任勢，勢有剛柔，不必壯言慷慨，乃稱勢也㉟。又陸雲自稱㊱：「往日論文，先辭而後情，尙勢而不取悅澤㊲，及張公㊳論文，則欲宗其言」。夫情固先辭，勢實須澤，可謂先迷而後能從善矣。

末段指斥近代辭人競新好奇之弊。並開示學者執正馭奇，和意新得巧的定勢要領。

自近代㊴辭人，率好詭巧，原其爲體，訛勢㊵所變，厭黷㊶舊式，故穿鑿取新，察其訛意，似難而實無他術也，反正而已。故文反正爲乏㊷，辭反正爲奇。效奇之法，必顚倒文句，上字而抑下㊸，中辭而出外㊹，回互不常㊺，則新色耳〔評九〕。夫通衢夷坦㊻，而多行捷徑者，趨近故也；正文明白，而常務反言者，適俗故也。然密會㊼者以意新得巧，苟異㊽者以失體成怪。舊練之才㊾，則執正以馭奇；新學之銳，則逐奇而失正〔評一〇〕；勢流不反，則文體遂弊。秉茲情術，可無思耶！

贊曰：形生勢成，始末相承㊿。湍迴似規(51)，矢激如繩。因利騁節(52)，情采自凝(53)。枉轡學步，力止壽（原作「襄」，茲據王利器新書徵王惟儉本，及本書雜文篇校改）陵(54)。

【註釋】

(一) **情致異區**：情致，猶言情趣，言作者的情趣有不同的品類。

(二) **因情立體**：因循情致的不同，確立作品的體式。

(三) **卽體成勢**：是說就其體勢，以構成行文的語態。

(四) **乘利**：乘，因也；乘利，因勢利導的意思。

(五) **圓者規體以下四句**：古代科學不發達，有天圓地方之說，這裏「圓者」指「天」，「方者」指「地」。古人又誤認天體是運行的，地球是靜止的，所以說：「圓者規體，其勢也自轉；方者矩形，其勢也自安」。

(六) **斷辭辨約**：斷辭，就是修辭；辨約，明辨簡約的意思。

(七) **率乖**：率，是大抵的意思，乖，違背。

(八) **激水不漪，槁木無陰**：漪，音(一)，小水波；陰卽蔭字的省文，指樹的蔭影。本句以「激水不漪，槁木無陰」的自然現象，說明體與勢的關係，以爲勢不自成，須隨體而定，離體成勢，未之有也。此處以激水、槁木喻體，以不漪、無陰喻勢之所趨，和上文的「機發矢直，澗曲湍回」，前後呼應。

(九) **色糅**：糅，音(ㄖㄡˊ)，參雜。色糅，是顏色參雜的意思。

(十) **情交則雅體異勢**：上文云：「因情立體，卽體成勢」；「勢」雖然是「體」決定的，但歸根究柢，卻是「情」決定的，所以說：「情交而雅俗異勢」。

(十一) **鎔範所擬，各有司匠**：有些作家是「模經爲式」，有些作家是「效騷命篇」，所以說：「鎔範所擬，各有司匠」。

(十二) **郛**：城郭，城牆是隔絕內外的，又可以譯做「界限」。

(一三) **愛典而惡華二句**：典，指八體中的「典雅」，華，指八體中的「繁縟」；「典雅」與「繁縟」不是矛盾的，而是相成的，所以說：「愛典而惡華，則兼通之理偏」。

(一四) **夏人爭弓矢**：事見御覽三四七卷引胡非子：「一人曰，吾弓良，無所用矢，一人曰，吾矢善，無所用弓，羿聞之曰，非弓，何以往矢，非矢，何以中的？令合弓矢而教之射」。

(一五) **若雅鄭而共篇二句**：樂有「雅樂」與「鄭聲」，「鄭聲」是「淫邪之音」。「雅」與「淫」是對立的，所以說：「若雅鄭而共篇，則總一之勢離。」總一，猶言全篇統一之體勢。

(一六) **楚人鬻矛楯**：事見韓非子難一篇：「楚人有鬻楯與矛者，譽之曰：吾楯之堅，物莫能陷也；又譽其矛曰：吾矛之利，於物無不陷也。或曰：以子之矛，陷子之楯，何如？其人弗能應也。」楯卽盾。

(一七) **括囊雜體**：易經坤卦六四：「括囊无咎，无譽」。正義：「括，結也，囊，所以貯物」，卽包羅之意。雜體，卽各種體製。

(一八) **銓別**：選擇分辨的意思。

(一九) **宮商朱紫**：宮商，指文字的音律，朱紫，指辭采的潤色。

(二〇) **準的乎典雅**：準的，猶言標準，出晉書良吏傳序：「惇吏播其徽音，良能以爲準的。」文心雕龍章表篇說：「章式炳賁，志在典謨」；又說：「表體多包，情僞屢遷，必雅義以扇其風，清文以馳其麗」；奏啓篇說：「奏之爲筆，固以明允篤誠爲本，辨析疏通爲首」；又說：「若乃按劾之奏，……必使埋有典刑，辭有風軌」；議對篇說：「議貴節制，經典之體也」。從以上所引，可見彥和主張「章、表、奏、議，以典雅爲標準」。

㈡ **羽儀乎清麗**：羽儀，易經漸卦上九：「鴻漸于陸，其羽可用爲儀」。疏：「上九居最上極，是進處高潔，故曰鴻漸於陸也，居无位之地，是不累於位者也，處高而能不以位自累，則其羽可用爲物之儀表」。羽儀，就是「儀表」的意思。詮賦篇云：「情以物興，故義必明雅；物以情觀，故辭必巧麗；麗辭雅義，符采相勝，……此立賦之大體也」；頌贊篇云：「頌惟典雅，辭必清鑠」；明詩篇云：「四言正體，則雅潤爲本；五言流調，則清麗居宗」；從以上所引，可見彥和主張「賦、頌、歌、詩，以清麗爲法則」。

㈢ **楷式於明斷**：檄移篇中以爲「檄」之要，在於「事昭而理辨，氣盛而辭斷」；至於「移」是「與檄參伍」；可見檄、移是「楷式乎明斷」。「文心雕龍」有「書記」一篇，「書記」體中又有「符」類，「書記廣大」可以包括「符」；「符」卻是「筆劄雜名」，本不是重要體裁。書記篇云：「詳總書體，本在盡言，言以散鬱陶，託風采，故宜條暢以任氣，優柔以懌懷，文明從容，亦心聲之獻酬也」。可見「書」、「符」也應「楷式乎明斷」。楷式，法式楷模之意。

㈣ **師範於覈要**：史傳篇中未明說「史」要「覈要」，但總觀「史傳」篇的立意，要求「覈要」可見。論說篇云：「義貴圓通，辭忌枝碎」；序、注都是「論」體，附見於「論說」篇，作者也主張「要約明暢」，所以說：「史、論、序、注，則師範乎覈要」。師範，指可以師法，而爲模範的意思。

㈤ **體制於弘深**：銘箴篇云：「箴全禦過，故文資确切；銘兼褒贊，故體貴宏潤；其取事也必覈以辨，其摛文也必簡而深」；誄碑篇云：「碑實銘器，銘實碑文」，所以「碑」也要求「弘潤」；至於「誄」，大體相同，所以說：「箴、銘、碑、誄，則體制於弘深」。

㉕ **從事於巧豔**：雜文篇要求連珠「義明而詞淨，事圓而音澤」；又以爲「七發」「獨拔而偉麗矣」，「七依」「入博雅之巧」；可見作者主張「連珠、七辭，則從事於巧豔」。

㉖ **循體而成勢二句**：章、表、奏、議、賦、頌、歌、詩……等是體裁；典雅、清麗、……等屬於體式；但是典雅、清麗……等就其固定成體而言叫「體式」，就其變化不居而言叫做「體勢」。「勢」是不能離開「體裁」、「體式」而獨立的，是隨體裁體式而變化的，所以說：「循體而成勢，隨變而立功」。

㉗ **契會相參**：契會，結合的意思，「契會」之下略省「各體」二字，如賦頌歌詩和清麗契合，連珠七辭和巧豔契合。相參，就是相互交錯。契會相參，就是結合典雅、清麗……各種體式，參錯成文的意思。

㉘ **質文互雜**：質文互雜，就是樸質與華麗不同的彩色相雜糅。

㉙ **各以本采爲地**：本采原爲「本色」之意，如今用以比喻各體文章的特色。「章、表、奏、議」，以「典雅」爲「本采」，「賦、頌、歌、詩」以「清麗」爲「本采」。地是「質地」，即繪畫時打的「粉底」。全句是說各體文章，雖有交錯類似的地方，但就其主要的體勢來說，各具特色，還是不同的。

㉚ **桓譚稱**：桓譚此文，今已遺佚。或當在新論中。

㉛ **陳思亦云**：陳思王曹植此文，今已遺佚，不知所出。

㉜ **離言辨句**：離，離析；辨，明辨，就是推敲字句的意思。

(33) **劉楨云**：劉楨此文，今已遺佚，不知所出。

(34) **文之體指貴强**：指，通旨；強，強勁有力。全句是說文章的體勢、旨趣貴乎強勁有力。

(35) **不必壯言慷慨，乃稱勢也**：意思指大家誤認爲只有「壯言慷慨」才是勢，所以明白指出，「壯言慷慨」只是勢之一種。

(36) **陸雲自稱**：所引陸雲此文，見「與兄平原書」。文中「尙勢」，今本作「尙潔」，當以此文爲是。此文對原文略有刪節。

(37) **悅澤**：光澤美潤的意思。

(38) **張公**：指「張華」而言。

(39) **近代**：指劉宋。

(40) **訛勢**：通變篇云：「宋初訛而新」。「訛勢」，指以詭訛的表態技巧，所形成的體勢。

(41) **厭黷**：厭煩的意思。

(42) **文反正爲乏**：文指行文措辭言，反正爲乏，就是說行文措辭的方式，一旦與常態相反，就會顯得支離破碎。

(43) **上字而抑下**：就是說一個句子裏的字，本來應該在上面的，卻故意的拉到下面來。

(44) **中辭而出外**：就是說一個句子裏的辭彙，本來在句中的，卻把它提到句前或句後。

(45) **回互不常**：回互不常：就是指上文「顚倒文句，上字而抑下，中辭而出外」言。

(46) **夷**：平也。

㊼ **密會**：心領神會的意思。

㊽ **苟異**：苟且詭異的意思。

㊾ **舊練之才**：練是熟練、練達的意思。全句指經久磨練的才士。

㊿ **形生勢成二句**：比喻文章風格與文章態式關係的密切。

(51) **湍廻似規**：湍，音（ㄊㄨㄢ），急流的水；廻，廻旋的意思。規，用以表示圓形。

(52) **因利騁節**：因利，就是「因勢利導」的意思；騁節就是通變篇上所說的「從容按節」。

(53) **情采自凝**：是說情理和文采交融，亦卽內容和形式的統一。

(54) **壽陵**：莊子秋水篇說：「子獨不聞夫壽陵餘子之學行於邯鄲與？未得國能，又失其故行矣，直匍匐而歸耳」。指捨己之田，去芸人之田，得不償失的意思。

【語　譯】

作者情感思致的表現，雖各有不同的類型，文辭變化的式樣，也有多種的技巧，但沒有不是因循着作者的情致，而建立作品的體式，並就著體式以構成行文姿態的。所謂「勢」，是因應體式的利便，而決定寫作規模的啊！好比弓弩的機栝，一旦板動之後，箭鏃必定是沿著直線前進；山澗的流水，順著曲折的地形而下，必然會造成激瀾回旋，這都是自然的趨向啊！又如圓形是用圓規構成的形體，有自然轉動的態勢；方形是由矩尺畫成的形狀，有安靜穩定的態勢；所以文章的體裁和語言姿態的關係，就如同這類事物的道理罷了！因此，模擬經典作爲文章體式的，自然會達到辭藻典實，義理雅正的善美境界。

效法離騷以命定篇章的，終必歸於辭采耀豔，氣韵飄逸的華麗風格。意義淺顯直切的文章，大都缺少含蓄盪漾。辭句明暢，辨理簡約的作品，也多半乖違繁飾縟采。譬如激湍的流水不起漣漪，枯槁的樹木不能遮陰一樣，這都是自然的趨勢啊！所以描繪事物，最重要的是圖畫色彩，文章辭藻，也以能完全表達感情爲貴。繪畫時，由於各種色彩的雜糅配合，因此所畫的犬、馬，形狀互異；寫作時，因爲作者各種情感的交通融會，所以作品不論典雅或俚俗，各具不同的態勢。作家從事創作，當他在陶鎔鑄造心中的意象時，各有自己意匠經營的規範，此種規範雖然沒有嚴格的門戶界閾，但卻是不容易超越的。

然而一位深通文章創作技術的人，能同時融會貫通各種文體的態勢，新奇與雅正雖然相反，必須瞭解兩者的特色而兼包並用；陽剛與陰柔雖不相同，一定要順應時宜而適當的運用。如果只是愛好典雅而厭惡華麗，那麼於兼包並用之理，就發生了偏頗。這好比夏朝時，有兩個人爭論弓、矢的強弱，一人誇張自己的弓強，不須用矢，一人以爲自己的矢善，勿須用弓，各執一詞；結果證明，單獨的使用弓或矢，都是無法發射的。如果在一篇典雅的文辭中，混和著俚俗的語句，那麼全篇統一和諧的形勢，便發生支離的現象。這好像楚國有人賣矛和盾時，既然誇說自己的矛，利不可當，又宣稱盾，堅不可破，兩者兼譽，造成了矛盾自陷，結果很難將此二物同時出售啊！所以一個作者想要包羅兼顧各種的文章體制，功夫就在於銓衡、鑒別各種文體的風格，把文辭的聲調、色彩，隨著文章的態勢不同，各加適當的運用和配合。像章、表、奏、議，便要以典實雅正爲準則；賦、頌、歌、詩，以清新華麗爲儀表；符、檄、書、移，以明確果斷爲法式；史、論、序、注，以詳實扼要爲模範；箴、銘、碑、誄，以弘大精深爲體制；連珠、七辭，以做到巧辭辯說爲要務；諸如此類，都是依循文章的體裁，而形成各種的態勢，再順隨著態勢的變化，從而收到創作的功效啊。作家們雖然可以融合不同的體式，參互爲文，以質樸華麗不同的色彩，雜揉成章，但文章好比一塊五色的錦繡，總應該各以其本來的顏色，作爲主要的質地了。桓譚說：「作家們都各有自己的好尙，有的喜好虛浮華麗的作品，卻不明白樸實精覈的優點，有的贊美繁辭縟句，而不明瞭扼要簡潔的好處。」陳思王曹植也說：「近代的作家們，有的喜好文辭煩瑣，取材廣博，文義隱晦，耐人尋味的作品，有的喜愛剖判言辭，辨別字句，分析細緻，毫釐不差的作品。由於每人的習染不同，因此所專心致力的方向也有差異。」細玩他們兩位的話，可以說都在講文章語言態勢的不同啊！

劉楨說：「文章的體裁旨趣以強健有力爲最可貴，使文辭已盡，而語勢有餘，普天之下，只有一人而已，實在是不可多得啊！」公幹所說的，有點兼包文氣的意思。然文章旣擁有氣勢，而勢有陽剛與陰柔之別，所以不一定非要文辭雄壯，慷慨激昂，才算是文有氣勢啊！又陸雲也曾經說，他自己「以前評論文章的時候，往往重視辭采，而忽略了情志；崇尙語言態勢，卻不重視辭藻的潤澤，後來聽到張茂先談論文章作法，才知道自己的錯誤，就想要宗奉他的主張。」作者的情感是文章的根本，自應較文辭爲先，而表達氣勢的文辭，實必須善加潤澤，陸雲可算是一位先迷失創作的正途，而後終能改過從善的人了。

自近代以來，作家們大多喜好詭異奇巧的作品。詳加推究，造成這種體式的原因，乃由於不正確的語言態勢所形成。他們因爲輕視舊有的文章體式，故牽強附會，以求新奇。如果我們細加觀察他們運用此種訛體的本意，好像是煞費苦心，而實際上並沒有其他的技術。只不過是將文辭的順序，故意的違反常態罷了。所以文章的發展，一旦違反了常態，就成了「支離破碎」，遣辭造句違反常態的，就是「新奇」。倣效新奇的方法，必然是要顚倒行文句法；例如本來應在句首的字，卻把它安置到句尾；應在句中的辭，提到句前或句後。這種反覆無常的變化，而無一定的規則，近代作家們所謂新奇的辭采而已。就是如此而已。今人爲文，正像四通八達之道，本來是平坦易行的，但大多數的人，卻喜歡抄小路，走捷徑，究其原因，只是爲了貪圖近功啊！以此類推，詞順字正的文句，本是容易明白了解的，人們卻常愛追求反常的語法，這也是爲了迎合世俗的緣故啊！然而一個深切領會創作技術的作家，他卻能運用淸新的意境，寫出巧妙的作品。但迎合世俗，追求詭異的作者，因爲失去正常的體式，反而寫成了怪誕的文章。久經磨練的才士們，自能把握正常的寫作方法，去驅遣新奇的文辭。而那些初學銳進的作家們，卻一味的標新立異，迷失正軌。文壇上這種趨勢，就好像滔滔東下的流水，一去不返，遂造成文章體式的敗壞。抱持著這種錯誤觀念，和錯誤方法的作家們，對當前文壇的流弊，還忍心去推波助瀾，不仔細的思量思量嗎？

總而言之：文章的體裁一旦產生，它的語言態勢也因而形成，兩者因果相承，關係密切。急流湍水的迴旋好像圓規，箭發力猛的路線如同直繩。作家寫作，如能順應情感的發展，因勢利導，那就如駕輕車就熟路，一定能從容按節，使文情和辭采，水乳交融，凝合爲美麗的作品了。如果廢棄了寫作的正途，盲目的去追求時下那種錯誤的傾向，其結果必然像壽陵餘子的學步邯鄲，不但一無所成，最後連自己的長處，也喪失淨盡，這是多麼的得不償失啊！

【集評】

一、紀評：「自篇首至『自然之勢』一段，言文各有自然之勢。」

二、曹評：「勢亦主風，射矢、激湍之喻，往往見之。」

三、黃評：「行乎其不得不行，轉也；止乎其不得不止，安也。」

四、紀評：「『模經』四句是一開一闔文字。『激水』三句，乃單承『綜意』四句也。」

五、紀評：「自『繪事圖色』以下，言勢無定格，各因其宜，當隨其自然而取之。」

六、紀評：「補此層，圓足周到。」

七、紀評：「此連下『桓譚』『曹植』云云爲一段，北平先生於「本采」句下誤多一乙，遂令下四行爲贅文。」

八、紀評：「此以下，又爬梳『勢』字，以補滲漏。」

九、黃評：「此取新效奇之法。」

紀評：「法字有病，此揭其秘技，非標爲定則也。」

十、紀評：「數語切中膏肓。」

【問題討論與練習】

一、試論「體勢」之關係？以及「淵乎文者，並總羣勢」的含意。

二、試述「循體成勢；隨變立功」之理。

三、彥和斥近代辭人，厭黷舊式，穿鑿取新，情況如何？試言正末歸本之道。

情采第三十一〔評一〕

【解題】

情采篇是專講內容與形式關係的一篇文章，在彥和整個的「文術論」中，佔有相當重要的地位。通計「文術論」二十篇，除了末篇「總術」是「總會神思以至附會之旨，而丁寧鄭重以言之」，帶有結論的性質，旨在強調文術的重要不計外，其他十九篇有綱有目，極具條理。卷六神思、體性、風骨、通變、定勢等五篇為文術的五綱，卷七以下為目，綱與目間最大的區別，在具體與不具體。譬如「神思」論為文運思的情形，及培養靈感之法。「體性」論文體與性情的關係，及風格的類別。「風骨」論文章的感染力，及其來源。「通變」論文章窮變通久之理，與變今法古之術。「定勢」論表情的語態必須執正馭奇，不可失體成怪。各篇皆從大處、遠處着眼，可說籠罩文苑，涵蘊萬有，凡為文者，皆當留意。至於「情采」以下，單舉卷七之五篇為例，如「情采」言內容與形式的關係；「鎔裁」言鎔意與裁辭的方法；「聲律」言調聲協律的重要；「章句」言分章造句的要術，「麗辭」言駢散二體的配合，均具體而明確，並針對文章構成的要素，列出重點，詳加分析。最後由各點結合成全面，化為「文不滅質，博不溺心」的佳作。只要深加玩味，「文術論」二十篇的這種精神脈絡，不難得到證驗。「情采」是卷七的首篇，又是彥和重要的創作理論之一，所以我們應該寄予特別的關懷。

本篇開頭「聖賢書辭，總稱文章，非采而何？」直有以「采」為重之意，頗易滋生爭議，誤以為「采」

重於「情」。然由「水性虛而淪漪結，木體實而花萼振」，「虎豹無文，則鞹同犬羊，犀兕有皮，而色資丹漆」四例，結出「文附於質」，「質待於文」，證明優美的文辭，必須反映純眞的情感，和正確的思想。而正確的思想與純眞的情感，又有賴於優美文辭的表現。兩者相互結合，可說是文辭之本在「情」，而其用心亦在「述情」。「情」卽「質」，「采」卽「文」，質文又分指「內容」和「形式」。所以彥和說：「立文之道，其理有三：一曰形文，五色是也；二曰聲文，五音是也；三曰情文，五性是也。」形文卽色彩之美，聲文卽音樂之美，情文卽眞實之美，形、聲、情三者配合得宜，才能交織而成一篇完美的作品。

在情文並重的前提下，彥和又進一步說明了兩者的主從關係，他把文中的情采，比作經緯，認爲「經正而後緯成，理定而後辭暢」，更借用「鉛黛所以飾容，而盼倩生於淑姿」的巧比善喻，生動確切的說明了文章有適當的辭采，更能使充實的內容加以突出。但倘若內容空虛，專從辭采上下工夫，所謂「辯雕萬物」，「豔乎辯說」，則相反的會得到「言隱榮華」，「心理愈翳」的後果，使眞實的情意受到扭曲。因而文章優美的主要因素，是「情」不是「采」，是內容而不是形式的本身。

本文是劉彥和文學創作論中極端重要的一篇，因爲他在篇中樹立了「情采並重」，或「情重於采」的重要觀念。此種觀念，貫串文心雕龍全書。基於此一體認，彥和於篇末提出了文學作品的「眞」與「僞」，「要約」和「煩濫」的問題。並運用這個價値標準，對以往的文學作品進行新的評估，而提出「詩人什篇，爲情而造文」，「辭人賦頌，爲文而造情」的結論。「爲情造文」之可貴，是因爲「志思蓄憤，吟詠情性」，具有眞實的內容，所以能動人心弦。「爲文造情」之可厭，則由於「心非鬱陶，苟馳夸飾」，造成「淫麗煩濫」的現象。一種是先有感情，而後進行創作，一種是運用華辭，作無病的呻吟。歸根究柢，固可以說這是內容與形式的關係問題，但他能就此問題，突破六朝形式主義的文風，落實到情采並重方面來，這不能說不是正本清源之論。

揚雄曾說：「詩人之賦麗以則，辭人之賦麗以淫」，彥和把這兩種現象，從理論上加以闡揚，由事實上加以印證，並指出問題癥結所在，顯得更具體而透闢。

當齊梁之世，文體日趨縟麗，士子爲文，率以藻飾相高，以至文勝質衰，所謂「體情之製日疏，逐文之篇愈盛」，甚而有「志深軒冕，而汎詠皋壤；心纒幾務，而虛述人外」者，彥和對這種文壇的歪風，予以嚴正的駁斥，足以廉頑立懦，振聾發聵。

【正　文】

首段敍述文不厭采，及采必稱情之理。並舉孝、老、莊、韓之言，以證文未嘗質，與文不棄美之意。

聖賢書辭，總稱文章㊀，非采而何！夫水性虛而淪漪㊁結，木體實而花萼振㊂，文附質也㊃。虎豹無文，則鞹同犬羊；犀兕有皮，而色資丹漆㊄；質待文也㊅。若乃綜述性靈，敷寫器象，鏤心鳥跡之中，織辭魚網之上，其爲彪炳，縟采名矣㊆。故立文之道，其理有三：一曰形文，五色是也；二曰聲文，五音是也〔評二〕；三曰情文，五性是也㊇。五色雜而成黼黻，五音比而成韶夏㊈，五性（原作「情」，依王惟儉本及上下文例校改）發而爲辭章，神理之數也。孝經垂典，喪言不文㊉；故知君子常言未嘗質也。老子疾僞，故稱：「美言不信」，而五千精妙，則非棄美矣⑪。莊周云：「辯雕萬物」⑫，謂藻飾也。韓非云：「豔乎（原作「采」，依范注校改）辯說」⑬，謂綺麗也。綺麗以豔說，藻飾以辯雕，文辭之變，於斯極矣。研味孝（原作「李」，依孫詒讓札迻校改）老〔評三〕，則知文質附乎性情；詳覽莊、韓，則見華實㈣過乎淫侈。若擇源於涇渭㈤之流，按轡於邪正之路，亦可以馭文采矣。夫鉛黛所以飾容，而盼倩生於淑姿㈥；文采所以飾言，而辯麗本於情性〔評四〕。故情者，文之經，辭者，理之緯；經正而後緯成，理定而後辭暢，此立文之本源也〔評五〕。

二段說明文家數采要貴乎稱情，指出詩人為情造文，辭人為文造情，並斥後世作者遠棄風雅，近師辭賦之非。

昔詩人什篇，為情而造文；辭人賦頌，為文而造情〔評六〕。何以明其然㈦？蓋風、雅㈧之興，志思蓄憤，而吟詠情性，以諷其上，此為情而造文也；諸子之徒，心非鬱陶，苟馳夸飾，鬻聲釣世，此為文而造情也㈨〔評七〕；故為情者要約而寫眞，為文者淫麗而煩濫㈩。而後之作者，採濫忽眞(一一)，遠棄風、雅，近師辭賦，故體情之製日疏，逐文之篇愈盛。故有志深軒冕，而汎詠皋壤，心纏幾務，而虛述人外，眞宰弗存，翩其反矣(一二)〔評八〕。

三段比較情采之孰為本末，說明為文章當以述志為本。

夫桃李不言而成蹊，有實存也(一三)；男子樹蘭而不芳，無其情也(一四)。夫以草木之微，依情待實；況乎文章，述志為本！言與志反，文豈足徵？是以聯辭結采，將欲明理（原作「經」，依汪本及下文「心理愈翳」句校改），采濫辭詭，則心理愈翳(一五)。固知翠綸桂餌(一六)，反所以失魚。「言隱榮華」㉗，殆謂此也。是以衣錦褧衣，惡文太章㉘；賁象窮白，貴乎反本㉙。

夫能設模（原作「謨」，依謝校改）以位理，擬地以置心㉚，心定而後結音，理正而後摛藻㉛，使文不滅質，博不溺心，正采耀乎朱藍，間色屏於紅紫㉜，乃可謂雕琢其章，彬彬君子矣㉝。

贊曰：言以文遠㉞，誠哉斯驗。心術既形，英（原作「茲」，各本皆作「英」，茲據改）華乃贍㉟。吳錦好渝，舜英徒豔㊱。繁采寡情，味之必厭㊲。

末段揭示控情馭采之術，以照應題旨。

【註釋】

㈠ **聖賢書辭二句**：書辭，指書籍文辭。周禮考工記云：「畫繢之事雜五色，青與赤謂之文，赤與白謂之章」，所以「文章」一詞，本來就有文采的意思。說文：「文，錯畫也，象交文」，「章，樂竟為一章，從音從十，會意；十，數之終也」。所以文章是兼包文藻與聲律，二者皆屬於形式方面。

㈡ **淪漪**：水波，與漣漪同。詩經魏風伐檀：「河水清且淪漪」，毛傳：「淪，小風水成文，轉如輪也」。水性是空明的，當輕風拂過水面，必然會激起陣陣漣漪，因此這裏說「水性虛而淪漪結」。

㈢ **花萼振**：指花及花外之花被。樹木的本質是堅實的，因而能够開出繁茂的花朵，所以這裏說「木體實而花萼振」。

㈣ **文附質也**：以上所舉的兩個例子：「水性虛而淪漪結」，「木體實而花萼振」，都是用以說明：文采必須附麗於事物的本質上，這裏的「文」，是指淪漪與花萼；「質」，是指水與木。

㈤ **虎豹無文以下四句**：鞹，皮去毛謂之鞹。資，憑藉的意思。丹，指紅色的顏料，丹漆就是紅漆。

㈥ **質待文也**：本句以「虎豹無文，則鞹同犬羊，犀兕有皮，而色資丹漆」，比喻本質須待文采的裝飾。

㈦ **若乃綜述性靈以下六句**：敷，鋪陳的意思。器象，指器物形象。鳥跡，指文字而言，許愼說文解字敍云：「黃帝之史倉頡，見鳥獸蹏迒之跡，知分理之可相別異也，初造書契。」鏤心鳥跡，是比喻文章的構成，就好比工匠雕鏤藻飾一般。魚網，指紙張而言，後漢書蔡倫傳：「倫造意用樹膚麻頭及敝布魚網以爲紙。」織辭魚網，是指編織辭藻，而書於紙上。名，命名的意思。

㈧ **五色、五音、五性**：依漢書翼奉傳注，五色是指青、黃、赤、白、黑。五音是指宮、商、角、徵、羽。五性是指仁、義、禮、智、信。

㈨ **黼黻、韶夏**：黼黻，指古代禮服上繡飾的文采。韶夏，是古代的音樂。韶爲舜樂，夏爲禹樂。

㈩ **孝經垂典二句**：垂典，制作典章，垂示後代的意思。孝經喪親章：「孝子之喪親也，哭不偯，禮無容，言不文。」

(十一) **老子疾僞以下四句**：老子第十八章有「智慧出，有大僞」句，所以主張「絕聖棄智」；老子第八十一章：「信言不美，美言不信。」道德經計五千言，所以又把「五千」作爲老子一書的代稱。

⑫**莊周云二句**：莊子天道篇：「故古之王天下者，辯雖雕萬物，不自說也。」辯雕萬物，用辯說來雕塑萬物的意思。莊子是反對詭辯家辯雕萬物的，此處節取這句話，是爲了下文反對「采濫辭詭」而說的。

⑬**韓非云二句**：韓非子外儲說左上：「夫不謀治強之功，而豔乎辯說文麗之聲，是卻有術之士，而任壞屋折弓也。」豔乎辯說，以辯說爲美的意思。韓非是反對文學之士豔乎辯說的，此處摘引這句話，也是爲了下文反對「唯美主義」而提出的。

⑭**華實**：是指文采和情實。

⑮**涇渭**：二水名，一清一濁，今以涇渭表示清濁分明的意思，詩經邶風谷風：「涇以渭濁」，毛傳：「涇渭相入而清濁異」，朱傳：「涇濁渭清，然涇未屬渭之時，雖濁而未甚見，由二水既合，而清濁益分。」

⑯**鉛黛所以飾容二句**：鉛黛，鉛，粉也；黛，青黑色的顏料，古代婦女用以畫眉。盼倩，詩經衞風碩人：「巧笑倩兮，美目盼兮」，今以盼倩喻美人的眼神姿態。

⑰**昔詩人什篇以下五句**：此處「詩人」、「辭人」，乃彥和專用術語。詩人，指詩經三百篇之作者；辭人，指兩漢以後的辭賦家。什篇，卽篇什，詩章之稱，以詩雅頌十篇爲什，故詩章有篇什之稱。

⑱**風雅**：詩大序：「詩有六義焉，一曰風，二曰雅……」，彥和用此「風雅」以表詩經。劉勰文心之引書，有以部分代替全書之例，此其一證。

⑲**諸子之徒以下五句**：諸子之徒，指上文所說的「辭人」。鬱陶，指精神憤懣積聚，而未能舒暢的

狀態。禮記檀弓篇：「人喜則斯陶」，注：「陶，鬱陶也」，疏：「鬱陶者，心初悅而未暢之意」。鬻，誇耀的意思，鬻聲釣世，猶言沽名釣譽，釣者必以餌誘魚，因此以僞飾來求取世俗之名的，便稱爲「釣世」。

⑳ **爲情者要約而寫眞二句**：「爲情者」卽是上文「爲情而造文者」的省語。要約，簡要的意思。「爲文者」卽上文「爲文而造情者」的省語。

㉑ **採濫忽眞**：此句是承上文說的，大意是說，採用煩濫的筆調，忽視了眞情實性。

㉒ **故有志深軒冕以下六句**：軒，高車；冕，禮帽，古制大夫以上乘軒服冕，因此這裏借軒冕以喻功名富貴。皐壤，澤邊地也，此處指山林田園，語出莊子知北遊：「山林與，皐壤與，使我欣欣然與樂與。」幾務，又作機務，指國家樞要之政務。人外，指世俗之外。眞宰，猶言眞性、本心，莊子齊物論：「若有眞宰，而特不得其眹」，成玄英疏：「夫肢體不同，而御用各異，似有眞性，竟無宰主，眹迹攸肇，從何而有」？翩，是偏字的假借，翩其，就是偏偏的意思。詩經小雅角弓：「騂騂角弓，翩其反矣！」毛傳：「騂騂，調利也，不善紲檠巧用，則翩然而反！」

㉓ **夫桃李不言而成蹊二句**：蹊，小路，史記李廣傳：「桃李不言，下自成蹊」，師古注：「蹊，謂徑道也，言桃李以華實之故，非有所召呼，而人爭歸趣，來往不絕，其下自然成徑。」本句是說，桃李雖然不會說話，因爲結有可口的果實，樹下總是被人走成了道路。

㉔ **男子樹蘭而不芳二句**：淮南子繆稱訓：「男子樹蘭，美而不芳」，大意是說，男人栽植蘭草，花雖

美可是不芳香。

㉕**蘙**：遮掩的意思。楚辭九歎遠遊：「石嵯峨以蘙日」。

㉖**翠綸桂餌**：翠綸，青綠色的絲綫。桂餌，以肉桂爲餌。本句是說，用翡翠羽毛爲釣絲，用肉桂作香餌。彥和舉此例，以比況文辭過於修飾。

㉗**言隱榮華**：隱，遮掩的意思，言隱榮華，語出莊子齊物論：「道惡乎往而不存，言惡乎存而不可，道隱於小成，言隱於榮華。」成玄英疏：「榮華者，謂浮辯之辭，華美之言也。」本句是說，話中眞意被誇飾的辭藻遮掩了。

㉘**衣錦褧衣二句**：「衣錦」的「衣」做動詞用，穿衣的意思。褧衣，就是所謂的罩衫。詩經衞風碩人：「衣錦褧衣」，孔穎達疏引中庸：「衣錦尙絅（就是褧字），惡其文之太著。」

㉙**賁象窮白二句**：賁象，指賁卦的卦象。賁卦最後一爻上九的卦辭說：「白賁無咎」。賁，本指文飾之意；白，指沒有文飾的顏色，可見賁卦的卦象是止於沒有文飾的上九，所以說「賁象窮白」。而卦辭說：「白賁無咎」，故劉勰有「貴乎反本」之說。

㉚**設模以位理二句**：模，指模式。位，當動詞用，安排的意思。地，指質地。「設模以位理，擬地以置心」兩句，是作者把抽象的行文方法，作爲具體的事物來說明。大意是講，要設立一個寫作模式，以安排所欲表達的情理，並擬具辭采的質地，以佈置心中的意象。

㉛**心定而後結音二句**：結音，調聲協律的意思。摛藻，鋪陳辭藻的意思。

㉜**正采耀乎朱藍二句**：正采，猶言正色，指靑、黃、赤、白、黑五種顏色。間色，指兩種正色相合而

成的顏色，亦卽間雜之色，如青赤間爲紫，黃赤間爲橙。五種正色，有用藍代替青者，所以本文以朱、藍爲正色。屏，去除的意思。

㉓ **雕琢其章二句**：詩經大雅棫樸：「追琢其章，金玉其相」，雕琢其章，指雕飾辭藻，琢磨篇章。論語雍也篇：「文質彬彬，然後君子」。

㉔ **言以文遠**：語出左傳襄公二十五年引仲尼曰：「志有之，言以足志，文以足言，不言誰知其志，言之無文，行而不遠」，左傳中所說的「行」是指出使，「遠」是指遠行國外，彥和引用此語，以喩立言須有文采，方能流傳久遠。

㉕ **心術既形二句**：心術，本指運用心思的方法，在這裏是指作家的思想情感。英華，本爲精采外見之意，此處指辭采而言。贍，豐富的意思。

㉖ **吳錦好渝二句**：渝，變也，吳錦好渝，是說吳地的綢子雖然華美，卻容易變色。舜英，是一種朝開暮謝的花，學名木槿。舜英徒豔，是說舜英雖然豔麗，卻朝開暮謝。本文吳錦只說好渝，而不說它華美，舜英只說它徒豔，卻不說它朝開暮謝，這在古文的句例中，叫做「互文見義」。

㉗ **繁采寡情二句**：本句承上文而來，以「吳錦好渝」「舜英徒豔」二例，說明文章若是僅有繁縟的辭采，而無內蘊，則必令人讀之乏味，就如同吳錦之不能永久不渝，舜英之不能好景常在一般，自是「繁采寡情」，「故味之必厭」。

【語　譯】

古聖先賢的書籍、辭翰，既然總稱之爲文章，可見情感之表達，必須藉助於文采，否則的話，以此命名，又該怎麼說呢？譬如水有空明的特性，所以一經微風吹拂，即縐起美麗的波紋；樹木體質堅實，一旦陽氣發動，即綻放出絢爛的花朶，這就證明了文采必須附著於本質之上。至於虎豹，如果一旦失去了彪炳的斑紋，只賸下外面一張表皮的時候，和犬羊相較，可說毫無二致；犀兕雖然皮革堅韌，但仍須借助於丹漆的塗飾，才能保持它的鮮明和用途，可見本質雖好，尙有待於文采的潤色啊！至於人之爲文，想要敍述自己內在的性靈，描寫器物外面的形象，刻劃感情於文字之中，編織辭句於紙張之上，它勢必也需要光采煥發，才能成就其文章之功。如此，則繁文縟飾之名，便因而確立了。因此之故，我們要想確立文章的辭采，大別說來，有以下三個條件：第一，是可以目睹的，叫做形式之文，如靑、黃、赤、白、黑五色的燦爛；第二，是可以耳聞的，叫做聲律之文，如宮、商、角、徵、羽五音的鏗鏘；第三，是可以感覺的，叫做情實之文，如仁、義、禮、智、信的感發。五種色彩的雜糅配合，可以繪成禮服上的美麗圖案；五種音律的互相排比，可以奏出高雅的韶夏之樂；五種性情的感應興發，可以抒寫出沁人肺腑的文章。這三方面文采之所以形成，如果究其原因，可說皆屬於神明自然的現象，實非言語可得而明啊！現在，我們看前人對文采的看法又是如何呢？例如孝經這本書上，垂示做人的典範，認爲有喪親之痛時，與人交談，可以不必講求文采之美；但是相反的，可以知道一個才德兼備的君子，平常講話就不一定質樸無文啊！老子是個嫉恨虛僞的人，故有「信言不美，美言不信」之說，但他五千言的道德經，在遣詞造句上，卻精美絕倫，可見他也並非完全捨棄辭藻之優美了。莊周說：「用巧好博辯的言辭，雕鏤萬物的形象」，就是指當時某些人在講話時，太注重繁文縟采啊！韓非也說：「文學之士用誇張之談，豔麗之說，迷惑衆人的耳目。」這也是指斥人們措辭華美，動人聽聞啊！韓非用「華麗的錦繡」，形容當時文學之士的高談濶論；莊周以「繁文縟采」，說明用巧妙的言辭雕鏤萬物，由此看來，文章措辭的千變萬化，到了他們兩位的時候，已經是登峯造極了。如果我們玩味孝經、老子這兩部書的語意，可以知道作品的文采或質樸，一定要附著在作者的眞情實性上。詳細披覽莊周、韓非的言論，可以看出無論是措辭和內容，都嫌過分的淫靡和誇張。由此觀之，我們若要「情」「采」兩方面配合得當的話，應在行文運思的時候，預作適當的安排。好比在涇渭合流之先，選擇源頭，則涇濁渭淸，便立時可見；當車行歧路之前，控制韁繩，才能從容前進，不致迷惘。作者如此旣可以駕馭文采，使它與感情相配，恰到好處，更不會發生過與不及的毛病了。講到文章情采的配合，我們可以擧美人爲例：如鉛粉黛墨，可用來修飾容貌，但是美人的秋波流盼，笑靨動人，當是本於天生的麗質。以此類推，則文辭華采，可用來修飾言語，但巧妙的言辭，華麗的采藻，必須植根於眞情實性。故文章亦如織布，情性好比文章的經線，辭采如同情理的緯線，當女工織布時，必先把經線安置妥當，然後緯線才能穿梭而成。這樣說來，作者於臨文之際，也要首先確定文章的中心思想，然後再來運材措辭，始能暢達無阻。這就是從事文學創作時，樹立文采的大本大源啊！

從前詩經三百篇作者之於寫作，都是內心先有了情感，然後才創作篇什。兩漢以後的辭賦家，都是爲了要寫作文章的緣故，然後才編織情感。何以見得是這樣的呢？大抵而言，如詩經風、雅、頌三百篇的創作，由於詩人們的內心，久已蓄積了憤懣的情緒，極需有所發洩，然後就取物比興，吟詠情性，藉此來諷諫君上的得失。這就是爲了情感的發洩，才創造篇什的證明啊！至於兩漢以後的辭賦家們，內心原本沒有蓄積已久的苦悶，只是隨便賣弄，誇張修飾，用來沽名釣譽，博取世人的愛好，這就是爲了寫作才造作情感的事實啊！因此之故，凡爲情感的激動而寫作的，其作品往往精要簡約，而且抒寫眞實。受文章的驅使來寫作的，常常流於淫侈綺麗，而且煩瑣詭濫。但是後代繼起的作家們，卻往往採取浮濫之作，忽略了眞情實性之文，拋棄詩經風、雅的傳統，取法近代辭賦的習尚，作爲寫作範本。所以舉目當今文壇，能體驗眞情實性的作品越來越少，追逐華辭麗句的篇章愈來愈多，譬如有些作家，明明利慾薰心，熱衷朝廷的高官厚祿，但吟詠之間，卻故意流露出山林田園的樂趣；內心往往被政事俗務所糾纏，卻虛僞的描寫出隱逸不仕的生活。如此，眞情實性全不存在，自然口是心非，適得其反了。

觀夫桃李之木，雖說默然不語，但樹下卻被行人走成明顯的蹊徑，這因爲樹上結有美好的果實啊！男子栽培蘭草，花雖美卻沒有芬芳的香味，這因爲他缺乏女性的柔和感應之情啊！試想以花草樹木這些細微的植物，尚且還要依憑情感，仰賴實質，更何況文章以抒寫情志爲本呢？如果作家的言辭和心志相反，那麼即令文采似錦，又怎能取信於讀者呢？所以聯綴辭藻，結合文采的目的，主要是在明情達理而已。如果文采淫濫，辭句詭異，那麼作者內心的感情，就愈發隱晦不明了。由此可知，這正像漁父用翡翠做釣線，肉桂當香餌去釣魚，反而失去讓魚兒上鉤的機會。莊子說：「情感的表達，往往被漂亮的措辭所隱蔽。」恐怕就是指的這種情形吧！所以當人們穿著漂亮的衣服時，往往在外面加上一件樸素的罩袍，究其原因，原來是怕它的文采太過顯明啊！易經賁卦上九的爻辭說：「白賁無咎」，意思是講，人若文飾太過，最後能返樸歸眞，保持原來面目的話，就不會遭到憂患。

作家行文，也應以此爲鑑，首先確定篇章的模式，以安排將要表達的情感；擬定辭采的質地，以佈置所要興發的心象。中心思想佈置妥當後，再來協調聲律；情理安排順暢後，再來抒發辭藻，務必使文采雖然繁縟，而不至於淹沒作品的實質；辭藻雖然博辯，而不至於陷溺其眞情，使紅紫蕪雜的間色摒棄不用，朱藍純正的辭采大放光輝。如果人們能遵循此一原則，去從事寫作，才可以稱得上是文質彬彬，有君子風範的作家了。

總而言之：言辭具有文采，始能流傳久遠，此說在我國文學發展史上，已經得到了確切的徵驗。作者之爲文，既表達了眞實的感情，美麗的辭藻，自能充分流露。例如姑蘇的錦繡雖好，但一經陽光的曝晒，極易褪色；木槿的花朶雖美，但朝開暮謝，僅能爭豔一時。人之從事創作，如果只求繁文縟采，缺乏眞實情感，讀者一經玩味，必定望而生厭，就像那姑蘇的錦繡，木槿的花朶，經不起考驗，而失去流傳的價值了。

【集　評】

一、紀評：「因情以敷采，故曰情采。齊梁文勝而質亡，故彥和痛陳其弊。」

二、曹評：「形聲之文本於情。」

三、紀評：「李當作孝，孝老猶云老易，六朝人多此生揑字法。」

四、楊評：「予嘗戲云：美人未嘗不粉黛，粉黛未必皆美人；奇才未嘗不讀書，讀書未必皆奇才。」

五、紀評：「此一篇之大旨。」

六、曹評：「詩與賦別，正在情文先後。」

黃評：「篤論。」

七、楊評：「屈原楚辭，有疾痛而自呻吟也；東方朔以下擬楚辭，強呻吟而無疾痛者也。」

八、黃評：「古今文人讀此不汗下者有幾。」

紀評：「趙怡山詩中有人之論，源出於此。」

【問題討論與練習】

一、彥和云：「文附質、質待文」，何以明其然？立文之本源又如何？

二、立文之道，其理為何？並根據平時創作心得，加以印證。

三、詩人什篇，為情而造文，辭人賦頌，為文而造情，何以明其然？對現代我國文學創作，有何重大之啓發？

四、詳答劉彥和論創作情況，及其控情馭采之術。

五、劉彥和「文不滅質，博不溺心」之說，甚切情采配合之理，試加闡發，以廣其義。

鎔裁第三十二

【解　題】

講到作文的方法，實非一二言所能盡；然撮其綱維，不外兩大原則，卽命意、修辭二者。意立而辭從之以生，辭具而意緣之以顯，二者相倚，不可或離。但命意之患有二：曰雜、曰竭。竭者不能自宣，雜者缺乏統序。修辭之患也有二：曰枯、曰繁。枯者不能求達，繁者徒事浮蕪。枯竭之弊，宜救之以博覽；繁雜之弊，宜濟之以鎔裁。舍人此篇，就在專論「鎔意」與「裁辭」之事。

「鎔」就是「鎔意」，指作品思想說的；裁就是修辭，指浮辭的剪裁說的。舍人從內容決定形式出發，強調鎔意應先於裁辭，或決定裁辭。其具體措施，卽「草創鴻筆，先標三準」，有步驟地解決「命意」、「取材」和「用辭」三個問題。所謂「履端於始，則設情以位體；擧正於中，則酌事以取類；歸餘於終，則撮辭以擧要，」然後再「舒華布實，獻替節文」。又說：「三準旣定，次討字句，」此皆是鎔意先於裁辭的明證。如人之爲文，忽略了此點，而「術不素定，委心逐辭」，其必然會遭致「異端叢至，駢贅必多」的後果。

至於「裁辭」，舍人從作品的思想內容，和語言形式的精煉與否，探討了繁略問題。他認爲「繁」「略」是隨着作者的才性所形成的兩種不同風格。「繁」「略」沒有絕對的優劣，端視其是否和鎔意配合以爲斷。所以他以爲如能「字去而意留」，則「一章刪成兩句」可以；反之，如「辭殊而義顯」，則「兩句敷爲一章」也可以。他所反對的「繁」，是「蕪穢而非贍」的「繁」，他所反對的「略」，是「短乏而非覈」的「

略」。他說：「句有可削，足見其疏；字不得減，乃知其密，」足見彥和裁辭的標準，是如何的謹嚴了。

彥和之講鎔裁，對當時文壇的風氣，也同時加以注意。例如他引張駿的評語，說「艾繁而不可刪」，「濟略而不可益」，對陸機的「綴辭尤繁」，表示不滿；文賦中「榛楛勿剪」，「庸音足曲」的理論，以爲是「其識非不鑒，乃情苦芟繁也」，都作了適度的評價。所以本文在作品的鎔裁方面，起了導向的作用。

【正文】

首段釋鎔裁名義。及申言爲文必須鎔裁的理由。

情理設位㈠，文采行乎其中。剛柔以立本㈡，變通以趨時㈢。立本有體，意或偏長㈣；趨時無方㈤，辭或繁雜。蹊要㈥所司，職在鎔裁，檃括情理㈦，矯揉文采也㈧。規範本體㈨謂之鎔，剪截浮辭㈩謂之裁。裁則蕪穢不生，鎔則綱領昭暢，譬繩墨之審分(十一)，斧斤之斲削矣。駢拇(十二)枝指，由侈於性；附贅懸肬(十三)，實侈於形。一（原作「二」，依黃注校改）意兩出，義之駢枝也；同辭重句，文之肬贅也。

二段先標三準，以論鎔意之法。

凡思緒初發，辭采苦雜，心非權衡，勢必輕重。是以草創(十四)鴻筆，先標三準(十五)：履端於始(十六)，則設情以位體(十七)；舉正於中，則酌事以取類(十八)；歸餘於終，則撮辭以舉要(十九)。然後舒華布實(二〇)，獻替節文(二一)，繩墨以外，美材既斲，故能首尾圓合，條貫統序(二二)。若術不素定，而委心逐辭(二三)，異端(二四)叢至，駢贅必多〔評一〕。

三段次討字句，以定裁辭之法。

故三準既定，次討字句。句有可削，足見其疏；字不得減，乃知其密。精論要語，極略之體；游心竄句㉕，極繁之體。謂繁與略，適（原作「隨」，依鈴木校改）分所好㉖。引而申之，則兩句敷為一章〔評二〕，約以貫之，則一章刪成兩句。思贍者善敷，才覈者善刪。善刪者字去而意留，善敷者辭殊而義（原作「意」，依嘉靖本校改）顯〔評三〕。字刪而意闕，則短乏而非覈；辭敷而言重，則蕪穢而非贍。

四段申言繁略之宜，先舉謝艾、王濟之作品，為練鎔裁而曉繁略作證。次譏二陸，以鍼時人之文弊，

昔謝艾、王濟㉗，西河㉘文士，張駿（原作「俊」，依黃注當作駿校改）以為「艾繁而不可刪，濟略而不可益」〔評四〕，若二子者，可謂練鎔裁而曉繁略矣。至如士衡才優，而綴辭尤繁㉙；士龍思劣，而雅好清省㉚。及雲之論機，亟恨其多，而稱「清新相接，不以為病」，蓋崇友于耳㉛。夫美錦製衣，修短有度，雖翫其采，不倍領袖㉜，巧猶難繁，況在乎拙。而文賦以為「榛楛勿剪㉝，庸音足曲㉞」，其識非不鑒㉟，乃情苦芟繁也㊱。

末段重申篇旨，正見鎔裁之當講。

夫百節㊲成體，共資榮衞㊳；萬趣會文，不離辭情。若情周而不繁，辭運而不濫，非夫鎔裁，何以行之乎？

贊曰：篇章戶牖，左右相瞰㊴。辭如川流，溢則汎濫㊵。權衡損益，斟酌濃

淡。芟繁剪穢，弛㈣於負擔。

【註釋】

㈠情理設位：此與情采篇所說的「設模以位理」，兩處的「位」字，由於有名詞和動詞的區別，意義頗不一致。情理是指作家的情感與思想而言。意思是說給情理安排個位置，即內容決定形式。

㈡剛柔以立本：是根據「體性」篇說的。剛，指陽剛；柔，指陰柔，是兩種不同的作品風格。「立本」就是「建立作品的基本思想」，全句是說，根據文氣的剛柔，來確立作品的思想。

㈢變通以趨時：是根據「通變」篇說的。通變篇云：「黃唐淳而質，虞夏質而辨，商周麗而雅，楚漢侈而豔，魏晉淺而綺，宋初訛而新」；彥和認爲文辭是可以隨時代變化的，時代變遷，語言自然有變化，所以說「變通以趨時」。

㈣意或偏長：意，指命意；偏，指偏頗。本句是說，命意時難免有所偏頗倚重，而導致長短失度。

㈤趨時無方：通變篇說：「變文之數無方」；又說：「文辭氣力，通變則久，此無方之數也」；「無方」就是沒有一定公式的意思。

㈥蹊要：是路徑，在這裏可以譯做「方法」；要，在這裏可以譯做「關鍵」。

㈦檃括情理：檃括，本來是矯正邪曲的器具，此處當動詞用，有「矯正」的意思。檃括情理，就是下文所說的「規範本體」。

㈧矯揉文采：矯揉，就是「矯輮」，易經說卦：「坎爲矯輮」，疏：「使曲者直爲矯，使直者曲爲輮」；矯揉文采，就是下文所說的「剪截浮辭」。

(九) **本體**：是指作品的基本思想。

(一〇) **浮辭**：就是浮泛的辭藻。

(一一) **審分**：審，察也；分，指尺度大小，在這裏可以當做「畫定去取界限」講。

(一二) **駢拇**：駢拇，是「拇指和食指相並而生」；枝指，是「五指以外枝生的小指」。本句出自莊子駢拇：「駢拇枝指，出乎性哉，而侈於德；附贅懸疣，出乎形哉，而侈於性。」

(一三) **附贅懸疣**：都是指的「肉瘤」。卽身上多餘的肌肉。

(一四) **草創**：凡事情的開始卽稱草創，語出論語憲問篇：「爲命裨諶草創之」，朱注：「創，造也；謂造爲草稿也。」

(一五) **三準**：就是下文所說的「履端於始」、「舉正於中」、「歸餘於終」的三個程序。三準都是屬於「鎔」的範圍。

(一六) **「履端於始」「舉正於中」「歸餘於終」**：是借用左傳文公元年中的成語，這裏用作「首先」、「其次」、「最後」的意思。

(一七) **設情以位體**：情，就是作品的「思想情感」，設情以位體，就是安排中心思想，作爲文章的基礎。

(一八) **酌事以取類**：事，指表達思想情感的「材料」；酌事以取類，就是依據中心思想的需要，去選取材料。

(一九) **撮辭以舉要**：辭，指表達思想內容的「辭藻」；撮辭以舉要，可以譯做撮取恰當的辭彙，去簡明扼要地表達中心思想。

（二〇）**舒華布實**：華，指辭藻；**實**，指內容思想。舒華布實，就是指舒展華麗的辭采，鋪陳充實的內容。

（二一）**獻替節文**：就是斟酌音節和文采的適當與否。

（二二）**條貫統序**：條貫，是有條有理的意思；統序，是有組織有次序的意思。

（二三）**委心逐辭**：委心的「委」，是「聽任」的意思；「委心逐辭」，是指隨心所欲的追求辭藻而無所檢束。

（二四）**異端**：在這裏是指不合於中心思想的題外雜念。

（二五）**游心竄句**：莊子駢拇：「駢於辯者……竄句游心於堅白同異之間」；釋文引司馬彪云：「竄句，謂邪說微隱，穿鑿文句也。」原指思想游移不定，辭句模糊不清，這裏借莊子的話，斷章取義，比喻思想蕪雜，辭藻華麗的作品。

（二六）**適分所好**：是說各隨作家天分之所好。

（二七）**謝艾、王濟、張駿**：都是晉代的作家，張駿字公庭，十歲能文，晉書八十六有傳，謝艾見駿子重華傳，王濟無傳。至於張駿論述謝艾、王濟的話，今不可考。

（二八）**西河**：當時郡名。今屬山西省。

（二九）**綴辭尤繁**：陸雲與兄平原書中再三提到陸機的文章文采繁縟，頗嫌其多，所以這裏說：「綴辭尤繁」。

（三〇）**雅好清省**：陸雲與兄平原書中說：「雲今意視文，乃好清省」。所以這裏說：「雅好清省」。雅，是「甚」或「十分」的意思；「清省」是「清淡簡省」的意思。

㉑ **崇友于**：陸雲與兄平原書云：「兄文章之高遠絕異，不可復稱言，然猶皆欲微多，但清新相接，不以此爲病耳」。崇是「推崇」、「敬愛」的意思；友于，相當於「兄弟」的意思，語出書經周書君臣篇。

㉒ **不倍領袖**：就是不會把衣領、袖口加倍放大做長之意。

㉓ **榛楛勿剪**：陸機文賦：「石韞玉而山輝，水懷珠而川媚；彼榛楛之勿剪，亦蒙榮於集翠」。榛，音（ㄓㄣ），榛楛，喻庸音，在這裏指文章中的廢字廢句。剪，是刪去的意思。照文賦的意思，是說珠玉之句既存，故榛楛之辭亦美。

㉔ **庸音足曲**：文賦：「放庸音以足曲」；庸音，原指不好的樂調，在這裏比喻爲不好的句子。庸音足曲，就是「狗尾續貂」的意思。

㉕ **其識非不鑒**：識是「識見」；鑒是「洞察」的意思。

㉖ **情苦芟繁**：芟，是拔去害草，這裏解釋爲「拔去」的意思。情苦芟繁，就是「不忍割愛」。

㉗ **百節**：指構成人體的骨節。百，擧多數。

㉘ **榮衞**：是我國醫學中的術語，榮，指「動脈中的血」，衞，指「靜脈中的血」，「榮衞」這裏總稱爲「血液」。

㉙ **篇章戶牖，左右相瞰**：瞰，音（ㄎㄢˋ），望的意思。全句是指把作品的首尾和長短的安排，比做房屋的門戶和窗子的配置，應該適當對稱。

㉚ **汎濫**：水向四方漫流的意思。

㉛ **弛**：是放鬆；在這裏引申爲減輕的意思。

【語　譯】

從事寫作，首以情感思理爲布局的基礎，基礎既定，則文辭藻采就自然流行其中了。作家雖具有陽剛陰柔的氣質，以確立文章的基本思想；但辭語的繼承與創新，還應該適應時代的需要。建立文章的基本思想，有其一定的體要，如果安排不當，則立意難免偏頗，以至長短失度；但辭語適應時代的需要，並無一成不變的方式，倘若運用不當，可能流於繁複雜亂。所以我們要想掌握措辭和立意的重要關鍵，其工夫就在鎔意和裁辭；也惟有鎔意，才能矯治情理的偏差，也惟有裁辭，始可糾正辭藻的繁雜啊！提鍊作品的基本思想，使其長短合度，叫做鎔意。剪截文章的浮詞濫調，使其繁簡適中，叫做裁辭。凡是通過剪截工夫的文章，便不至於產生雜亂無章的詞句；通過鎔鍊工夫的作品，其思想一定綱舉目張，明顯條暢。如此說來，「鎔意」與「裁辭」，就像木工之審定繩墨，分毫不爽；運斤斲削，勻稱無瑕了。又如同腳上駢生的拇趾，手上畸出的指頭，這是天賦的多餘；身上附生的肉塊，皮膚懸垂的肉瘤，這是形體的多餘；而文章之中，如果一種意思，兩處出現，等於是文義上的駢拇枝指；同樣的辭句，重複使用，等於是行文上的附贅懸疣啊！

太凡人之爲文，於構思之初，因爲心境未定，意緒紛歧，鋪采摛文，常苦於雜亂無章；作者於此時，如不用心衡量，斟酌取捨，在行文命意方面，勢必會輕重失當，難得其平。所以一個偉大的作家，在經營草稿之前，必先遵守以下三種構思的準則：首先，要布置適當的情意，以建立本文的思想內容；其次，是斟酌本文思想內容的需要，去搜集同類的材料；最後，是運用精簡扼要的文辭，來表達本文的思想內容。三者俱備，然後再舒布文華，表達情實，並進一步去推敲音節辭采的適當與否。經過這樣審愼的構思後，就像木工選材，凡繩墨以外的，如浮泛的情意，夾雜不清的敍事，冗長無端的辭句等，均經砍伐淨盡。美好的材料既經斲削完成，如此寫出來的文章，自能前呼後應，脈絡貫串，結構緊密，系統分明了。假使作者對鎔裁的方法，未能修養於平時；臨文之際，只是隨心所欲，驅遣文辭，那麼，我相信浮泛之情，雜亂之事，必定紛至沓來；駢枝之詞，贅疣之語，也會層出不窮了。

命意構思的三項準則，既然決定在先，進一步就應該討論遣詞造句的問題了。文章中的句子，若有可以刪削的地方，足見其結體疎闊，不够謹嚴；如果一字不得減少，可知其行文緊密，無懈可擊。文章若是議論精實，要言不繁，這是極爲簡略的體式；反之，若思想冗雜，辭藻華麗，這是極爲繁蕪的體式。而文章之要，在當繁則繁，當略則略，繁略須恰如其分，各隨作者天性之所好，並沒有一成不變的原則。原屬兩句可以說明的意念，若加以延引申述，能鋪陳成一段；本當一段可以說明的事理，如加以濃縮貫串，可刪節成兩句。一般而言，思理豐富的人，長於鋪陳；才思謹嚴的人，善於刪節。善於刪節的，雖然字句削減，而原意依然保留；善於鋪陳的，雖然辭藻不同，文義反而更加顯明。若經過字句的刪削，使原意受到虧損，那只是內容貧乏，不能說是才思謹嚴；如因辭藻的鋪陳，使言語發生重覆，那只是文字蕪雜，也不能說是內容豐富啊！

過去西晉的謝艾、王濟二人，一向被人推爲西河郡的能文之士。張駿認爲：「謝艾的作品，雖說辭藻繁縟，但不可刪節；王濟的作品，雖字句簡略，但不能增加。」如果像他說的這兩位作家，眞可稱得上是熟練鎔意裁辭的工夫，和通曉文章繁略的人了。至於陸士衡，雖然才調優美，但屬詞造句，卻過於繁縟；其弟陸士龍，才思鈍劣，而謀篇命意，卻反好清淡簡省。可是等到陸士龍評論陸士衡的時候，每每埋怨其辭句繁多，但又委婉地稱他詞清意新，前後啣接，不以繁縟爲行文的大病。這大概是崇尚兄弟之情，不便明言罷！大凡人之爲文，就如同用美麗的錦繡，裁製衣服一樣。應該長短合度，卽令是你十分喜愛那錦繡的文采，也不可以將衣領、袖口任意放大呀！天生妙才的作家，尚且難於增加文章的繁縟，何況才思拙劣的人呢！然而陸機文賦竟以爲：「叢朩粗材，不害山中的榮翠；下里巴人，有補足歌曲之妙用。」以此來比喻文章的蕪詞冗語，不必盡行刪削，其識見並非不高明，實在是因爲他本人對繁文縟采，預存著不忍割愛之心啊！

文章好比由數百根骨節，構成了人的身體一樣，若想讓他活潑生動，還須藉助血液的滋養；以此推論，將宇宙間千情萬趣，融會而成各式的作品，細加分析其中的元素，總離不開情理、辭采的綜合表現。假若想使情理周備而不致於繁蕪，辭采飛揚而不流於煩濫，除非講求鎔意裁辭的工夫，否則，又怎能行得通呢？

總而言之：組織嚴密的文章，好比房子的門窗戶牖，要左右對應，配合適當。若辭藻鋪陳浮泛，正如江河的流水，泛濫成災，不可收拾。因此在從事創作時，必須權衡時宜，措詞該增則增，該刪則刪，色彩該濃則濃，筆調該淡則淡。惟有刪除繁累，剪截蕪穢，然後作品才能減輕累贅，而清新顯豁，放出異樣的光采啊！

【集評】

一、紀評：「此一段論鎔，猶今人所謂鍊意；以下論裁，猶今人所謂鍊詞。」

二、紀評：「兼此兩層，其理乃足。」

三、黃評：「唐宋大家之文，兩句道盡。」

四、紀評：「二語精深。」

【問題討論與練習】

一、何謂鎔裁？其功用如何？並分述鎔意與裁辭之法。

二、彥和云：「草創鴻筆，先標三準」，何謂三準？三準之說在現代文學創作上，所具有之意義又如何？

三、思緒初發，辭采苦雜，鎔之裁之，有何準則？試申其旨。

四、鎔裁篇之主要內容為何？其與當前所謂「修辭」上之諸般問題，有無異同？試條陳其大要。

聲律第三十三〔評一〕

【解題】

聲者，形氣相軋而成的音響，白虎通禮樂篇云：「聲者，鳴也，」律者，有法制，度率之義。爾雅釋詁：「律，法也，」，至於「聲律」二字相屬成詞，或原於虞書舜典：「聲依永，律和聲」之語，彥和取以命名，蓋想藉着音樂上五聲六律的效用，以比況文章上聲調韵律的微妙耳。

音律之有節奏，本於人聲，人之有聲音，肇於血氣。聲不能傳於異地，留於異時，遂書之而爲文章。故文章之有聲律，譬如音樂之有節奏。或宮或商，或抑或揚，有低昂抗墜之致。練字篇云：「諷誦則績在宮商」，附會篇云：「宮商爲聲氣」，知音篇也說：「六觀宮商」，都是指文章的聲律來講的。古人言文章之聲律，亦多以音樂爲喩者，其原因蓋在乎此。

劉彥和的聲律論，是從自然的音節發展出來的，故云：「音律所始，本於人聲。」但是聲律有二：一、指宮商角徵羽五音，屬於音樂方面；一、指平上去入，屬於聲調方面。音樂上的高下疾徐，亦如文章聲律上的抑揚頓挫。音樂講和諧，文章也講和諧，所以沈約便根據四聲和雙聲疊韵的道理，制定了「四聲八病說」。彥和講文章聲律，既不完全採用八病說，也不另制一套格律，主要是提出格律的原則，如何實際的應用於文學創作上而已。因爲格律不是可以經由一個人主觀制定的，格律是自然形成的，所以經過齊梁時代的提倡聲律，一直到唐初，再由沈、宋一些大作家的努力，近體詩才醞釀成熟，正說明此一事實的眞象。

彥和對格律在文學上的運用，提出兩點原則：一、是根據「聲有飛沉」，主張飛沉交錯運用，使聲調如轆轤般的交往，像鱗片似的啣接。二、是根據「響有雙疊」，提出「雙聲隔字而每舛，叠韻離句而必睽。」范注指出這是採用八病中的「傍紐」與「小韻」，「傍紐」是句子有隔字雙聲，「小韻」是句中有隔字叠韻。爲文如違背了這幾條規定，讀起來就不能琅琅上口，有吃文之病。所以要「左礙而尋右，末滯而討前」，務期文章聲和律調，使「聲轉於吻，玲玲如振玉；辭靡於前，纍纍如貫珠。」

「和韻」是彥和聲律論的終極理想。「和」就是「異音相從」，「韻」就是「同聲相應」。彥和云：「韻氣一定，故餘聲易遣；和體抑揚，故遺響難契」。這是說押韻有一定，所以容易安排；飛沉的規律在當時尚未確立，所以難以契合。因此他說：「屬筆易巧，選和至難，綴文難精，而作韻甚易」，明確體認「選和」至難的原因，關鍵就在「和體抑揚」上。彥和早在齊梁時代，就發現了「宮商大和」的關鍵，這對而後唐代近體詩，四六文的平仄、押韻、對偶的格律來說，確有催生化成的作用。

關於用韻，彥和指出「正響」和「訛音」。「正響」卽後人所說的標準音。「訛音」卽與標準音不合的「方音」，前者用來押韻準確，後者不準。由此觀之，楚辭押韻不標準，陸機也犯同樣的毛病。所以彥和說：「詩人綜韻，率多清切；楚辭辭楚，故訛韻實繁。及張華論韻，謂士衡多楚，文賦亦稱取足不易，可謂銜靈均之餘聲，失黃鍾之正響也。」

彥和於本篇特別強調聲律在文學創作上的地位。以爲「古之佩玉，左宮右徵，以節其步，聲不失序。音以律文，其可忽哉！」同時也講到了聲律與感情的關係，和文章的聲律要通過吟誦來檢驗，以及押韻要根據標準音等，這些在一千五百年前就有的卓越識見，不僅令人欽佩，同時直到現在，對我們仍有重要的參考價值。

【正文】

首段以樂聲比況文章的聲律。其中先以樂聲比律，再論文聲外聽的內聽難易。

夫音律所始，本於人聲者也。聲含宮商㈠，肇自血氣㈡，先王因之，以制樂歌。故知器寫人聲㈢，聲非斅（原作「學」，依范注徵毛詩序引孔穎達正義說改）㈣器者也。故言語者，文章關鍵（二字原脫，依范注補），神明樞機，吐納律呂㈤，脣吻而已。古之教歌，先揆以法㈥，使疾呼中宮㈦，徐呼中徵。夫徵羽（原作「商徵」，依王利器新書徵文鏡秘府論天卷調聲引元兢說改）響高，宮商（原作「宮羽」，依王利器新書徵文鏡秘府論天卷調聲引元兢說改）聲下；抗喉矯舌㈧之差，攢脣激齒㈨之異，廉肉相準㈩，皎然可分。今操琴不調，必知改張⑪，摛（原作「摘」，依黃注引各本皆作改）文乖張⑫，而不識所調。響在彼絃，乃得克諧，聲萌我心，更失和律，其故何哉？良由外聽易為巧⑬，而（「外聽易為巧而」六字原脫，依王惟儉本及范注校補）內聽難為聰⑭也。故外聽之易，絃以手定；內聽之難，聲與心紛〔評二〕⑮；可以數求⑯，難以辭逐。

二段論聲律調諧的理則。先言失調之病，繼言調律之理。

凡聲有飛沈⑰，響有雙疊⑱，雙聲隔字而每舛，疊韻離（原作「雜」，依文鏡秘府論改）句而必睽⑲；沈則響發而斷，飛則聲颺不還〔評三〕⑳，並轆轤交往㉑，逆鱗相比㉒，迕（原作「迂」，依文鏡秘府論改）其際會㉓，則往蹇來連㉔，其為疾病，亦文家之吃也。夫吃文㉕為患，生三段申論聲律的餘義。初言宮商大和與翻迴取均之別，次言音律之是否調諧，端視作者的才識。

於好詭，逐新趣異㉖，故喉脣糺紛㉗；將欲解結，務在剛斷。左礙而尋右，末滯而討前〔評四〕，則聲轉於吻，玲玲如振玉㉘；辭靡於耳，纍纍如貫珠㉙矣。是以聲畫姸蚩㉚，寄在吟詠㉛，滋味流於下句（原作「吟詠滋味流於字句」，依文鏡秘府論改）㉜，風力（原作「氣力」，依文鏡秘府論改）窮於和韻㉝。異音相從㉞謂之和，同聲相應㉟謂之韻。韻氣一定，則餘聲易遣㊱；和體抑揚，故遺響難契㊲。屬筆易巧，選和至難，綴文難精，而作韻甚易〔評五〕，雖纖意曲變，非可縷言，然振其大綱㊳，不出茲論。

若夫宮商大和㊴，譬諸吹籥㊵；翻迴取均㊶，頗似調瑟。瑟資移柱㊷，故有時而乖貳㊸；籥含定管，故無往而不壹〔評六〕。陳思潘岳，吹籥之調也；陸機左思，瑟柱之和也。概舉而推，可以類見。又詩人綜韻㊹，率多清切；楚辭辭楚，故訛韻實繁。及張華論韻㊺，謂士衡多楚〔評七〕，文賦亦稱：「取足（原作「知楚」，依黃季剛札記徵文賦改）不易」㊻，可謂銜靈均㊼之餘聲（「餘聲」二字原倒，依楊明照校注徵下句「正響」對文乙正），失黃鍾之正響也〔評八〕㊽。凡切韻㊾之動，勢若轉圜㊿；訛音之作，甚於枘方(五一)，免乎枘方，則無大過矣〔評九〕。練才洞鑒，剖字鑽響(五二)，識疎闊略，隨音所遇〔評十〕，若長風之過籟，南郭之吹竽耳(五三)。古之佩玉，左宮右徵(五四)，以節其步，聲不失序。音以律文，其可忽哉！

贊曰：標情務遠，比音則近。吹律胸臆，調鍾脣吻㉟。聲得鹽梅㊱，響滑榆槿㊲。割棄支離㊳，宮商難隱㊴。

【註釋】

(一) **聲含宮商**：宮商，皆五音之一。五音爲宮、商、角、徵、羽，相當於簡譜中的「1.2.3.5.6.」。

(二) **肇自血氣**：肇，始。言始於天賦的血性氣質。

(三) **器寫人聲**：器，樂器。寫，譜奏。言樂器仿效人的聲音。

(四) **斅**：效也。

(五) **吐納律呂**：吐納，呼吸，指發音。律呂，指聲韵。

(六) **先揆以法**：揆，度量，衡量。全句是說先用音律之法加以測量。語出韓非子外儲說右上。

(七) **疾呼中宮**：疾，激揚之聲；中，合乎的意思。疾呼中宮，就是放寬音量，猛力而呼，即合於宮聲。

(八) **抗喉矯舌**：抗，亢、張、高。矯，舉、直。抗喉矯舌，是指喉聲上揚，轉舌發音。

(九) **攢脣激齒**：攢，簇聚；激，急動。攢脣激齒，是說蹙脣爲聲，發齒爲音。

(十) **廉肉相準**：廉，廉稜，音尖銳。肉，肥滿，音圓合。廉稜，此處是比喻聲音的或稜瘦尖銳，或肥滿圓潤。準，平、度。相準，言各自合於音律。

(十一) **操琴不調，必知改張**：語出漢書董仲舒傳：「竊譬之琴瑟不調，甚者必解而更張之，乃可鼓也。」

在此謂琴瑟不調，必改絃而更張之。張，張琴瑟以施弦。

(十二) **摛文乖張**：摛文，鋪采作文。乖張，音韻違異不調。

(十三) **外聽易為巧**：外，外物，言外物所發的聲音，容易判斷其巧拙。如聲律出之於弦，可以手定，故曰「易為巧」。

(十四) **內聽難為聰**：內，心聲，言內發的心聲，不形之於外，難以明辨其是非。如言為心聲，言之疾徐高下，一準乎心，然而心紛意亂，致乖其節奏，故曰「難為聰」。

(十五) **聲與心紛**：指語言與心情，紛亂而不一致。

(十六) **可以數求**：數，術、方法，指調聲諧韻之法。言可以運用調聲諧韻之法，加以推求。

(十七) **聲有飛沈**：字有平上去入四聲，分飛揚和沈抑兩類，所謂「飛沈」即清濁。黃季剛札記云：「飛謂平清，沈謂仄濁。」

(十八) **響有雙疊**：字音有雙聲疊韵，雙即雙聲，兩字同聲母，如仿佛、踟躕、蕭瑟、流連等。疊即疊韻，兩字同韻母，如徘徊、徬徨、飄颻、窈窕等。以上無論是雙聲或疊疊，都是兩字連在一起的。

(十九) **雙聲隔字而每舛二句**：雙聲疊韻，二字本相聯綴，若隔字、離句，則聲調不美。所以參和以「舛」、「睽」二辭為比，說明雙疊的戒律。必須明白此理，然後才可得轆轤交往，逆鱗相比之勢。

(二十) **沈則響發而斷二句**：而斷，即如斷。言一句中都用聲沈的字，即仄聲字，便抑而不揚，雖發出聲響，似斷而不續。如一句中都用聲揚的字，即平聲字，便高而不抑，有飛揚出去，不能回環之勢。

(二一) **轆轤交往**：轆轤，井上汲水的工具。轆轤交往，比喻聲韻的圓轉如意。

㉒ **逆鱗相比**：比喻聲律的密接排比，語見韓非子說難。

㉓ **迕其際會**：迕，有違犯、違逆、錯置之意。際會，言交往、會合、相比之關係。全句是指錯置雙聲、疊韻、飛淸、沈濁的遇合關係。

㉔ **往蹇來連**：蹇連，往來困難的意思。言抑揚不能交錯，飛沈未能諧和，皆違犯音律，造成諷誦的困難。易經蹇卦六四：「往蹇來連」。王弼注：「往則無應，來則乘剛；往來皆難，故曰往蹇來連。」

㉕ **吃文**：是說文章讀起來疙疙瘩瘩，像口吃。

㉖ **逐新趣異**：趣，同趨，趨向，崇尙的意思。全句是說文家所以有「吃文」之病者，其原因皆由於追求時髦，崇尙怪異。

㉗ **喉脣糺紛**：糺同糾。糾紛，糾結難分。指發音不和諧。

㉘ **玲玲如振玉**：玲玲，玉聲。言聲調之轉於脣吻，如敲擊玉磬般的玲玲悅耳。

㉙ **纍纍如貫珠**：纍纍，聯綴不絕。言音韻之圓潤，如成串的明珠，纍纍奪目。禮記樂記：「倨中矩，句中鉤，纍纍乎端如貫珠。」

㉚ **聲畫姸蚩**：聲畫，文章。姸蚩，美惡。揚雄法言：「言，心聲也。書，心畫也。」

㉛ **寄在吟詠**：指寄託在吟味諷詠之中。

㉜ **滋味流於下句**：此承上句「寄在吟詠」來，言情趣意味之美，流露於練字度句。

㉝ **風力窮於和韵**：言風采骨力的表現，盡在於諧聲和韵之中。

㉞ **異音相從**：指平聲和仄聲交錯運用。

㉟ **同聲相應**：指押韻，收聲相同的字互相應和。

㊱ **韻氣一定**，故餘聲易遣：指首句押的韻確定了，別的韻脚便容易安排。

㊲ **和體抑揚**，**遺響難契**：遺響，餘音。契，合。是說文中平仄相和的體勢，要講究調配，上句協調了，下句不一定協調，所以難以契合。

㊳ **振其大綱**：振猶擧，卽擧其要點。

㊴ **大和**：亦作太和。喻音律之和諧。語出易經乾卦象辭：「各正性命，保合太和，乃利貞。」

㊵ **籥**：樂器名，如笛，三孔而短小，可吹。每孔所發的音如簡譜的「1. 2. 3. 4. 5.」，均有一定。所以彥和說：「若夫宮商大和，譬諸吹籥」。

㊶ **翻迴取均**：翻迴，旋動。取均，使協調合律。

㊷ **瑟資移柱**：言鼓瑟時要靠轉動弦柱來調整弦音。

㊸ **乖貳**：貳，離。乖貳，是指弦沒有調整好，就會發生差錯的意思。

㊹ **詩人綜韻**：詩人，指詩經三百篇的作者。綜韻，綜理，有運用之意。全句是說詩經三百篇的作者運用音韻。

㊺ **張華論韻**：陸雲與兄平原書：「張公語雲云：兄文故自楚，須作文爲思昔所識文。」

㊻ **文賦亦稱取足不易**：陸機文賦：「亮功多而累寡，故取足而不易。」意思是借來說明用標準音，來完足全文不容易。因陸機文中，有楚地之方音，需要改正。

(四七) **靈均**：指屈原，戰國楚人。名平，字靈均。

(四八) **黃鍾之正響**：音律名，十二律之一，六律六呂之基本音。禮記月令：「仲冬之月，其音羽，律中黃鍾」。注：「黃鍾者，律之始」。黃鍾正響，指標準音。

(四九) **切韻**：按照反切來定音分韵。

(五〇) **轉圜**：盤中轉珠，比喻靈活不著痕迹。

(五一) **枘方**：枘，音(ㄖㄨㄟˋ)。宋玉九辯：「圓鑿而方枘兮，吾固知其鉏鋙而難入。」注：「枘，刻木耑所以入鑿。」比喻不相投合。

(五二) **剖字鑽響**：剖析字句，鑽研聲響。

(五三) **長風之過籟，南郭之吹竽**：比喻無術馭聲。籟，孔竅所發的聲音。韓非子內儲說上七術篇云：「南郭處士請爲王吹竽，宣王悅之，廩食以數百人。宣王死，湣王立，好一一聽之，處士逃。」

(五四) **左宮右徵**：禮記玉藻云：「古之君子必佩玉，右徵角，左宮羽，趨以采齊，行以肆夏。」是說佩玉發聲分爲宮徵，用來調節步伐，以比喻文章不能失去聲音節奏。

(五五) **調鍾脣吻**：即「吐納呂律，脣吻而已」的意思。調鍾，協調音律；鍾，黃鍾代音律。呂氏春秋長見篇云：「師曠欲善調鍾，以爲後世之知音者也。」

(五六) **鹽梅**：鹽味鹹，梅味酸，調味所需。書經說命：「若作和羹，爾惟鹽梅。」彥和以此喻爲調和聲律之意。

(五七) **榆槿**：禮記內則：「堇荁枌榆，免薧滫瀡以滑之。」鄭注：「謂用調和飲食也。」槿，堇之假借。

菜名。堇荁兩種菜，枌榆兩種樹，作調味品，使滑潤。

(五八) **支離**：不正，分散的樣子。指逐新趨異，舌喉糾紛。

(五九) **宮商難隱**：言音節的抑揚，可以掌握自如。

【語　譯】

音樂韻律的起源，乃是根據人類感受外物所宣發的喜怒哀樂之聲，因而形成高低清濁不同的音調啊！聲音包含宮、商、角、徵、羽五種音節，其中變化乃肇始於人的血脈氣息，與生俱來。古先聖王就因應人心所感，於是比擬其音調，來製作樂歌。由此可知，樂器是用來譜奏人們的心聲，並非人聲摹倣樂器啊！所以人類用來表情達意的語言，實卽寫作文章的關鍵，交通心靈的樞紐。至於氣息的吐納，聲調的清濁，祇在於口齒等發音部份使用的輕重不同而已。古時樂工敎人唱歌，必先用音律度量學者，使其放寬音量，猛力呼出，合於低沈的宮聲；然後再收束音量，從容徐呼，合於高亢的徵聲。徵調羽調二者，音響高揚，宮調商調二者，聲調低沈。凡人之發聲，放開喉嚨，挺直舌頭，固有彼此差別，若撮聚口脣，衝動牙齒，也自不相同。但音色方面，或因廉瘦清揚，或因肉滿沈濁，祇要與音樂比較參驗，卽可以明顯的分辨了。例如現在操弄琴瑟，若樂音不調，必然知道改絃更張；而寫作文章，如音節乖違，反而不知調聲協律。試想聲音發自那些絃索之上，彈者尙能使之諧樂合曲，聲調萌發於我們的內心，作者反而不能和諧聲律，這是什麽緣故呢？實在是因爲鑑聽外感的樂音，易於達到工巧的要求；而聽內發的心聲，卻難於發揮明辨的作用啊！鑑聽外感的樂音，所以容易臻於工巧，蓋由於絃索可以憑手來調定；而聽內發的心聲，所以難於明辨，是因爲聲調隨心志而紛亂！所以想達到文章聲調的諧和，祇可憑藉著人爲的方法去推求，難以用言辭來表現的。

大別說來，人的發聲，有飛揚的清聲與低沈的濁聲，而切音則有雙聲、疊韻。雙聲的使用，若中間以他字隔開，誦讀時就感到乖舛不順；疊韻的使用，若分置兩句，則辭氣阻礙，諷詠時便覺得滯澀不暢。句中用字若純爲陰濁的字，音響低沈，雖吐發於喉舌，卻恍若中斷；若全爲陽清的字，聲調飛揚，雖飄越於脣吻之際，卻有不能回環之勢。因此遣詞造句，必須調聲協律，求其聲韵諧和，又好像汲水的轆轤，交互往來；聲調順正，不相乖戾，好像倒生的龍鱗，緊密排比，不容觸犯。作者如果錯置了雙聲、疊韻的關係，飛清、沈濁的遇合，那麼聲韵缺乏順應，清濁多生礙難，這就犯了聲律上的禁忌，也可以說是文學創作者的「口吃」之病啊！文家所以有「口吃」之病的主要原因，乃由於愛好詭誕，標新立異，以致喉音脣韵，糾纏紛擾，不能調暢。若想解除這個癥結，務必要剛決果斷，一切都以聲律和諧爲基準。如果左句不諧，就尋求右句相應的音節；末字不調，就檢討前字有關的聲調。這樣，聲調圓轉於口吻之間，如敲擊玉磬般，聲音玲玲悅耳；辭韻流動於耳鼓之中，如成串的明珠，光輝纍纍奪目。由此可知文章的美惡，完全寄託在吟味諷詠之間，其情趣義蘊的流露，在於練字度句；而風采骨力的表現，就全賴和聲叶韻了。一句之內的文字，應以不同的聲調相間，使其平仄順適，稱之爲「和」。每句之末，押脚要以共同音紐相叶，使其節奏和悅，稱之爲「韻」。韻脚的用字，一經選定，則其他各句的韵，便容易安排。文中平仄相和的體勢如受牽拘，則全篇音響，頗難契合。寫作無韵的散文，容易運筆工巧，但聲調方面，要想抑揚和順，選字極端困難。聯綴有韻的美文，難達精妙的境界，而韻脚要想諧和一致，頗爲容易。就「和韻之道」來說，雖然其中意趣微妙，變化莫測，無法條分縷析；但如舉發其中的綱目要領，大概不會超出本文以上所討論的範圍了！

文章的音韻，如同絃管的發聲，若律呂諧和，八音順暢，那種宮商大和的自然音節，可比做簫笛的吹奏；反之，若平仄失粘，雜弄取韻，那種牽強造作的聲響，倒像是琴瑟的亂調。調整琴瑟，因爲需要移動絃柱，如果張弛無度，音質有時會出差錯；吹奏簫管，因爲管孔固定，大小相同，所以吹出來的旋律，無不一致。陳思、潘岳二人的作品雅正，好比吹奏簫管，韻調純出自然；陸機、左思二人的文筆，內雜方音，像是鼓弄瑟柱，和聲難免牽強。現在僅畧舉以上二例，如果就此加以推論，其大致情形，是可以想見了的！又綜合三百篇詩人用韻的條理，大抵多明淨警切；而楚辭由於作者使用楚語，所以音韻訛誤的地方實在指不勝屈。及至張華評論爲文之用韻，認爲陸機文中多楚地聲調，文賦也自稱「想要用雅正之音、來完足全文，頗爲不易」，可說是承受了屈原的流風餘韻，失去了音律裏的中聲正響啊！大凡文中聲韻使用的轉換情形，要像盤中轉珠，靈活不著痕跡，才能順適脣吻，耐人尋味，而謬訛方音的出現，往往詰詘聱牙，較之方枘納於圓鑿之中，還更感扞格不入。作者果眞能避免枘鑿不合的缺點，那麼文章聲律方面，就不會有太大的毛病了。文才練達的作家們鑒察精微，深切明白這個道理，故能剖析字句，鑽研聲響；而學識粗疏的人，卻忽略其中的精妙，祇會順從行文的遇合，隨便安排音韻，這就好像長風吹動萬物的孔竅，南郭在齊王的面前吹竽，因爲缺乏駕御音律的能力，而顯得散漫無所歸依了。古時的君子，必定佩帶玉飾，行走之間，使它左發宮聲，右鳴徵音，用來調節步伐，不失次序。由此可知，用聲律以調節文章的氣韻，又怎能忽略而不在意呢？

總而言之：吟詠性情，必重音律，標舉情感，務求高遠，排比音韻，要力求叶和。清濁高下的音節。有賴胸臆吹發；宮商隽徵羽的聲調，端靠脣吻調利。調聲得當，則抑揚有致，好像鹽梅糝入羹湯，混然一體；音韻流利，則詠歎生情，不啻榆槿調和飲食，美味可口。故和聲諧韵，正是文章音律美的主要因素。文章用韻，如能除去支離不正之病，則宮商大和的正響，自然會騰躍出現了。

【集　評】

一、曹評：「聲律以風狀，知風則律調矣。」

紀評：「卽沈休文『與陸厥書』而暢之，後世近體，遂從此定制。齊梁文格卑靡，惟此學獨有千古，鍾記室以私憾排之，未爲公論也。」

二、曹評：「外聽，風聲也；內聽，風骨也。」

三、黃評：「論聲病，詳盡於沈隱侯。」

四、紀評：「妙參活法。」

五、紀評：「句末韵脚，有譜可憑；句內聲病，涉筆易犯；非精究音學者不知，故往往閱之斐然，而誦之拗格。彥和特抽出另言，以此之故。」

六、紀評：「此又深入一層，言宮商雖和，又有自然、勉強之分。」

七、楊評：「偉長饒齊氣，士衡多楚聲。」

八、紀評：「此一段又言韵，不可參以方音。」

九、紀評：「此喻確。」

十、紀評：「言自然也。」

【問題討論與練習】

一、試評文心雕龍聲律說之得失。

二、試論彥和聲律調協之理為何。

三、試依彥和論聲律調諧之理，闡明「聲」「響」「和」「韵」之為用。

四、聲律篇云：「異音相從謂之和，同聲相應謂之韻。」何謂和韻？試就所知而詳述之。並說明「選和至難，而作韻甚易」之故。

章句第三十四

【解　題】

「章」「句」二字，初皆指文字稽、止、停、頓的識別，後乃推展爲篇籍、文辭、段落、界畫的稱謂。「章句」成詞，本謂分析古籍之章節句讀，如漢書藝文志六藝略，於易載有施孟、梁丘章句，於書有歐陽、大小夏侯章句，於春秋有公羊、穀梁章句，彥和此處以「章句」名篇，主要在討論文學創作的裁章造句，和漢儒專務章句訓詁之分析者不同。

本篇首先將章句名稱和作用詮釋以後，繼而說明四個重要課題：一、是字句章篇的內在關係，二、是句子的字數，三、是換韵問題，四、是虛字用法。

在字句章篇的內在關係方面，彥和云：「人之立言，因字而生句，積句而爲章，積章而成篇。篇之彪炳，章無疵也；章之明靡，句無玷也；句之清英，字不妄也；振本而末從，知一而萬畢矣」。字句爲本，篇章爲末，字句既是篇章的根本，因此下字、造句，應特別講求。至於裁章謀篇，兩者亦有不同，章指段落，是就一篇中股股相貫，句句接續，所謂「章總一義，須意窮而成體。」者是也。篇指的是一篇中的提、反、虛、實、挑、繳、結。而分章合句的目的，主要在「控引情理，送迎際會」，按照情理的安排，或控、或引、或送、或迎，譬如「舞容廻環，而有綴兆之位；歌聲靡曼，而有抗墜之節」。其次他認爲章句和全篇的關係，千變萬化，應怎樣處理，沒有一成不變之法；不過，有個共同一致的要求，那就是要求詞句搭配得當，順理成章，使內在的思想感情如血脈貫注，使文章的首尾能結成一體。這也就是他說的：「啓行之辭，逆萌中篇之意；絕筆之言，追媵前句之旨，故能外文綺交，內義脈注，跗蕚相銜，首尾一體」，顯然他把一篇作品，當成一個有機的整體，又像一個幾何圖形，字是點，句是線，章是面，篇是體，連點而成線，連線而成面，再連各種不同的面而構成一個整體的架構，如此以身使臂，以臂使指，血肉相連，聲氣相通。或縱，或收、或開、或合、或控、或引、或起、或伏、無不會之於心，應之於手，則作品便天衣無縫，完美而無瑕疵了。

由於「因字而生句」，「積句而爲章」，所以其次他又講了字數。此處講字數，雖是就駢文立說，但已注意到人類聲帶的彈性。所以字數一定要不多不少，讀來才能不急不緩，合乎天籟之自然。他主張四字、六字句，說「四字密而不促，六字裕而非緩」，又說：「或變之以三、五，蓋應機之權節也，」可見在「四」「六」句型之間，還有「三」、「五」句型的變化，使文章的句法，有奇有偶，有整齊處，亦有不整齊處。雖然後來的駢文發展爲「四六」，證實了他超越時空的看法，但倘就古文而言，句子的長短，又是隨着作者的感情、氣勢、音節改變的，不能局限於一定的字數。所以他在根據詩歌的句式，暢述了歷代句子字數的轉化以後，接着有「情數運周，隨時代用」，說明作者表達思想的方法，具有多樣性，而章句的結構，爲了要求完備，已經隨着時代的需要，新的句式逐漸取代舊的句式了。由此可見彥和所持的文學理論是毋固毋我，中和隨時的進步態度了。

換韵和使用虛字，他也是以折衷各家，取其至當的態度來講的。譬如講換韵，換韵的價值在節制文章的辭采和氣勢，使它能達到宮商和諧的至境。但在彥和之前，文家可分兩派：一、是賈誼枚乘，主張「兩韵輒易」，一、是劉歆桓譚，主張「百句不遷」。彥和權衡兩派之優劣，認爲「兩韵輒易」，則「聲韵微躁」，「百句不遷」，又嫌「脣吻告勞」，因此他希望能取長補短，折中兩派之間，這樣可免過或不及之弊。

至於虛字用法，彥和實乃我國有系統的研究虛字的第一位學者。他把虛字分爲三大類：卽語首助詞，所謂「發端之首唱」，語中助詞，所謂「劄句之舊體」，語尾助詞，所謂「送末之常科」，因爲限於篇幅，彥和於此或有不能暢所欲言之處，而清朝紀曉嵐竟然說他「卑之無甚高論」，回溯一千五百年前，彥和華路藍縷，爲文言虛字創造了一條使用的坦途，已具有難能可貴，不可磨滅的價值在；更何況此篇重點在講章句，虛字用法不過文末附及，自不必以今臆古，過分苛求了。但他說虛字「據事似閑，在用實切」，如果作者應用得好，在輔助文句語氣的功用上，實爲切要。這種看法，直到現在，對我們的寫作，還具有啓發的意義。

【正文】

首段解釋章句名義及其用途，並說明字、句、章、篇四者的關係。

夫設情有宅㈠，置言有位；宅情曰章，位言曰句。故章者，明也；句者，局也。局言者，聯字以分疆；明情者，總義以包體。區畛㈡相異，而衢路㈢交通矣。夫人之立言，因字而生句，積句而爲（原作「成」，依汪本、佘本，張之象本，兩京本改）章，積章而成篇。篇之彪炳㈣，章無疵也；章之明靡㈤，句無玷也；句之清英㈥，字不妄㈦也；振本而末從㈧，知一而萬畢矣。

二段論章法。以爲篇有大小，調有緩急，須彼此配合，才能達到外文綺交，內義脈注的境界。

夫裁文匠筆㈨，篇有小大；離章合句，調有緩急〔評一〕；隨變適會，莫見定準。句司數字，待相接以爲用；章總一義，須意窮而成體。其控引情理㈩，送迎際會(一一)，譬舞容(一二)迴環，而有綴兆(一三)之位；歌聲靡曼，而有抗墜之節也(一四)。尋詩人擬喻，雖斷章取義(一五)，然章句在篇，如繭之抽緒，原始要終(一六)，體必鱗次。啓行㉗之辭，逆萌中篇之意；絕筆之言，追媵㉘前句之旨；故能外文綺交，內義脈注，跗萼㉙相銜，首尾一體〔評二〕。若辭失其朋，則羈旅㉚而無友，事乖其次，則飄寓㉛而不安。是以搜句忌於顛倒，裁章貴於順序，斯固情趣之指歸㉜，文筆之同致㉝也。

三段論句法數。先比較字數之多寡，後尋討其源流。

若夫章句（原作「筆句」，依劉永濟校釋改）無常，而字數有條（原作「字有條數」依李師曰剛斠詮徵上下文義移正。）〔評三〕，四字密而不促，六字裕（原作「格」依楊明照校注徵說文及廣雅釋詁改）而非緩。或變之以三五，蓋應機之權節也。至於詩頌大體，以四言爲正，唯祈父肇禋㉞，以二言爲句。尋二言肇於黃世，竹彈之謠㉟是也；三言興於虞時，元首之詩㊱是也；四言廣於夏年，洛汭之歌㊲是也；五言見於周代，行露之章㊳是也。六言七言，雜出詩騷，而兩（原無「兩」字依梅六次本補）體之篇，成於西漢。情數運周，隨時代用矣。

四段論句末押韻及其換韻的原則。

若乃改韻從調，所以節文辭氣〔評四〕。賈誼㊴枚乘㊵，兩韻輒易；劉歆㊶桓譚㊷，百句不遷；亦各有其志也。昔魏武論賦，嫌於積韻㊸，而善於貿（原作「資」依玉海改）代㊹。陸雲亦稱：「四言轉句，以四句爲佳。」觀彼制韻，志同枚賈。然兩韻輒易，則聲韻微躁；百句不遷，則脣吻告勞；妙才激揚，雖觸思利貞㊺，曷若折之中和，庶保无咎。

（末段論句末語助詞，並指出其重要性。）

又詩人以兮字入於句限，楚辭用之，字出於句外。（原無「於」字，依張之象本補）尋兮字承（原作「成」，依張之象本改）句，乃語助餘聲。舜詠南風㊱，用之久矣，而魏武弗好，豈不以無益文義耶〔評五〕！至於「夫惟蓋故」者，發端之首唱；「之而於以」者，乃劄句㊲之舊體；「乎哉矣也」者（「者」字原缺，依徐校及上文句法增補），亦送末之常科。據事似閑，在用實切。巧者迴運，彌縫文體，將令數句之外，得一字之助矣。外字難謬㊳，況章句歟！

贊曰：斷章有檢㊴，積句不恆。理資配主㊵，辭忌失朋㊶。環情革（原作「草」，依徐校本改）調㊷，宛轉相騰㊸。離同合（原作「合同」，依王惟儉本乙正）異，以盡厥能。

【註釋】

㈠ **設情有宅**：設，鋪陳。宅，處所。言安頓情理有它的處所。

㈡ **區畛**：區域界限。

㈢ **衢路**：衢，音（ㄑㄩˊ），四通之路。衢路，四通八達之路。

㈣ **彪炳**：文采煥發。

㈤ **明靡**：明白細膩的意思。

㈥ **清英**：清逸挺拔的意思。

（七）**不妄**：精當的意思。

（八）**振本而末從**：振，振作、奮起的意思。本，指字句。末，指篇章。全句是說如果能鍊字精當，造句清英，則篇章自然容易明靡彪炳。

（九）**裁文匠筆**：裁，剪裁。匠，經營。文，指有韻的文。筆，指無韻的筆。

（一〇）**控引情理**：控，控制。引，引申。

（一一）**送迎際會**：送，送往。迎，迎來。際會，交通融會的意思。

（一二）**舞容**：舞蹈的隊形。

（一三）**綴兆**：樂舞的位置。舞時表行列的叫綴，表進退範圍的叫兆。言舞容迴旋，有一定的行列和進退範圍。禮記樂記：「行其綴兆」。

（一四）**抗墜之節**：高低抑揚的節奏。

（一五）**斷章取義**：是說詩經三百篇的作者在比喻時，只截取書中片段或數句以供應用，不復顧及全文或作者的本意。

（一六）**原始要終**：原，推求。始，指文章的開端。要終，總括全篇的結束。

（一七）**啓行**：指文章的開頭，意思是說從開頭到結尾。

（一八）**追媵**：媵，送的意思。追媵，指照應或承接的意思。

（一九）**跗萼**：跗，花萼之房。萼，花瓣外部的托，多爲綠色。跗萼，比喻文字上下銜接，要密不可分。

（二〇）**羈旅**：旅人寄居於外，在此比喻游詞不定之作。

(二一) 飄寓：客居無定的意思。

(二二) 指歸：指向歸趣的意思。

(二三) 同致：共同一致的要求。

(二四) 祈父肇禋：詩經小雅祈父：「祈父！予王之爪牙。」詩經周頌維清：「肇禋，迄用有成，維周之禎。」此兩首詩中之「祈父」、「肇禋」，都是二言爲句的，故彥和有此說。祈父爲官名，掌兵甲之事。肇禋，開始祭祀的意思。

(二五) 竹彈之謠：竹彈之謠，就是本書通變篇所謂的「黃歌斷竹」，吳越春秋云：「古者人民樸質，飢食鳥獸，渴飲霧露，死者以白茅投於中野，孝子不忍見父母爲禽獸所食，故作彈以守之，絕鳥獸之害，故歌曰：『斷竹，續竹。飛土，逐宍。』」

(二六) 元首之詩：書經虞書皐陶謨：「帝庸歌曰：股肱喜哉！元首起哉！百工熙哉！」哉，是助詞，喜、起、熙爲韻，所以稱三言。

(二七) 洛汭之歌：卽夏書五子之歌。書序：「太康失邦，昆弟五人須於洛汭。」作歌以道其事，歌以四句爲主，故曰「四言廣於夏年。」

(二八) 行露之章：指詩經召南行露篇。詩凡二章。其首曰：「誰謂雀無角，何以穿我屋？誰謂女無家，何以速我獄？雖速我獄，室家不足。」除了後二句爲四言外，前四句皆爲五言。次章亦同，故曰「五言見於周代。」

(二九) 賈誼：漢雒陽人，誦詩書，能屬文。文帝召爲博士，超遷至太中大夫，請改正朔，易朝服，制法度，與禮樂，帝欲任為公卿。絳、灌等忌而毀之，出為長沙王太傅；後為梁懷王太傅，年三十三卒，世稱賈長沙，亦稱賈太傅，又稱賈生。賈誼有鵩鳥賦，皆兩韻四句換韻。

⑳ **枚乘**：漢淮陰人，字叔，善屬文，景帝時為吳王濞郎中。濞怨望謀逆，乘諫不納，去而事梁孝王，作七發以寓諷諫，孝王之客皆善辭賦，而乘尤高。武帝時，年已老，以蒲輪徵之，卒於道。枚乘兩韻四句一換的賦，今已不可見。

㉑ **劉歆**：劉向子，字子駿。後名秀，字穎叔，與向領校秘書，集校六藝羣書，別為七略，經籍目錄之學自歆始。歆有遂初賦，四句一轉韻。

㉒ **桓譚**：東漢相人，字君山，好音樂，偏習五經，能文章。光武朝，官給事中。時帝欲以讖書決疑，譚力言讖之不可信，帝怒，出為六安郡丞，道卒。著新論二十九篇。譚有仙賦，但非百句不遷。

㉓ **積韻**：一韻到底的意思。

㉔ **貿代**：變化，指轉韻。

㉕ **觸思利貞**：指思想的觸發，暢通自如。利貞，易經中語。

㉖ **南風**：孔子家語載：「舜彈五弦之琴，造南風之詩，其詩曰：南風之薰兮，可以解吾民之慍兮；南風之時兮，可以阜吾民之財兮。」

㉗ **劄句**：劄，刺入。劄句，插入句中的意思。

㉘ **外字難謬**：外字，指實詞以外的虛字。謬，謬誤。

㉙ **斷章有檢**：檢，法度。是說裁篇分章有一定的法度。與下「理資配主」句相應。

㊵ **理資配主**：理，情理。主，主旨。是說情理的陳述，端賴配合全文的主旨。

㊶ **辭忌失朋**：朋，比附的意思。是說辭句的綴屬，切忌失去朋比相依，孤立無援的關係。

㊷ **環情革調**：環，廻環、圍繞。革，改。革調，卽篇中改韻從調的意思。全句是說廻環自己的情感，在音節方面作適當的變化。

㊸ **宛轉相騰**：情辭委婉靈活，而互相騰踴的意思。

【語譯】

一個作家想要鋪陳自己的感情，必須給它一個固定的處所，想要安排自己的言辭，必須給它一個適當的位置，使那感情有固定處所的叫章，使那言辭有適當位置的叫句。章就是顯明情理的意思；句就是局限言辭的意思。所謂局限言辭，就是聯結幾個字構成一個意思，而前後字句的此疆彼界，分得非常清楚；所謂顯明情理，就是總括各個不同的意思，而造成一個整體的段落。章、句這兩個詞，在形式上雖然區域界限，各不相同，但從內容結構上看，卻是縱橫交錯，脈絡貫通了。

一個人從事寫作，建立言辭時，必須經由每個單字的組合，而產生一個句子。再累積各個不同的句子，而構成一個段落。又積聚若干個段落，而完成一篇文章。一篇文章之所以文彩煥發，那是由於每個段落都沒有瑕疵；如果每一個段落明潔細致，那是由於每一句話都沒有缺點；如果每一個句子都淸順流利，那是由於每一個字，下的都非常精當。由此看來，篇章是文章的末節，而字句才是根本。這好比一顆樹，當我們振動了樹的根幹時，他的枝葉也跟着動搖；同樣的，字句和章篇也有密不可分的關係，如不能奠定字句的基礎，那麼篇章也難以完美。所以我們了解了這個文章組織的原理原則以後，一切創作上的問題，都可以迎刃而解了。

剪裁有韻的文或經營無韻的筆，篇章有長有短；分別段落，結合字句，作者的語氣聲調，有遲有速，總要隨着篇幅的大小，適應音調的緩急，去變化融會，所以這是很不容易找到一定準則的。一個句子管轄幾個字，必須適當的結合，才能發揮它的效用；段落是綜合一個完整的思想，必須使作者的情意，充分完備，才能構成整體。至於控制作者感情的發展，上下句間的送往迎來，交通融會，密切配合，就好像舞蹈的隊形，雖然迴環旋轉，而進退行止，都有它固定的位置；又好像唱歌時的聲調，固然細微柔和，但高亢低沉，都合乎自然的音節啊！觀詩經三百篇的作者，他們利用比喻的手法從事寫作，有時雖然截斷篇章，以取合文義的需要，但是字句段落，在全篇架構中的位置，如同剝繭抽絲，既需推究文章的開端，又要總括全篇的結束。從頭到尾，就像魚身上的鱗片一樣，結構是緊密的。至於文章的開頭，要預先埋伏線索，暗示中段的文意。文章的結束，要檢討過脈，回應前文的要旨。這樣一來，一篇傑出的作品，從外在的文辭上看，則綺麗交錯；從內在的思想上看，則脈絡貫注，好比美麗的花朵，花瓣承於萼，萼承於跗，彼此密切相接，首尾連貫，就結合而成爲一個整體了。相反的，如果辭句的聯屬，失去了朋比相附的關係，那麼就像寄居在外的旅客，孤立而無助。如果對事理的敍述，違背了層次，也像漂泊在外的遊子，忐忑而難以心安。由此看來，搜求字句，切忌顚倒錯亂；裁定篇章，必須注意先後的層次。以上所說的本來就是所有作家情趣的指向歸趣，不論是有韻的文和無韻的筆，共同一致的要求啊！

至於離章合句，可長可短，可少可多，隨作家的感情來決定；雖沒有不變的常規，但聯結數字以成句子，卻有一定的科條可循。大抵說來，四字成句的，緊密而不急促，六字成句的，寬裕而不緩慢。在四、六兩種句法之間，也可以用三字句或五字句，加以變化，這乃是作者適應時機的需要，作權宜的節度啊！我們再看詩經中風、雅、頌行文的體制，大致是以四字句法爲正體。唯有小雅祈父，周頌維清兩篇的開始，所謂「祈父」「肇禋」，是以二字爲句的。如再進一步研究，可知二言成句的詩，開始於黃帝時代的竹彈歌謠。三言成句的詩，與起於虞舜時代，書經虞書元首之詩便是。以四言成句的詩，增廣於夏朝，五子之歌便是。以五言成句的詩，出現於周代，詩經召南所記載的行露之詩便是。六言、七言的詩句，間或出現於詩經、楚騷。至於六、七言詩正式的成立，是在西漢。由於作家表達情理方式的複雜，章句運用的要求日益完備。所以隨着時代的需要，新的句型已經逐漸取代舊的句法了。

至於行文時，爲了順從語調的自然發展，而想變換音節，這是可以節制文章的辭藻和氣勢的。例如賈誼、枚乘的作品，四句兩韵之後就要換韻。劉歆、桓譚的作品，通常是一韻到底，韻腳永久不改。可見音韻的變化，是隨作者的情趣、觀念的不同，而各有區別的。從前魏武帝曹操，評論辭賦的用韻時，不喜歡一韻到底的作品，而喜歡韻腳有變化的。陸雲也主張四句兩韻就該轉換。這樣看來，陸雲對制定韻腳的主張，和枚乘、賈誼是相同的。然而四句兩韻就變換的話，誦讀起來，聲音感覺太過急促；如果一韻到底，由於發音部位的開合相同，也似乎枯燥無味。所以一個文思巧妙的作家，雖然他的文情激揚發越，思想情意的觸發，是暢通無阻的，但如果能在「百句不遷」和「兩韻輒易」之中，採取中庸之道，也許文章更能鏗鏘有節，不至於有過或不及之病了。

又詩經三百篇作家，把「兮」字放在句中，後來楚辭裏應用了它。兮字只是語助詞，在句中並不含有任何意思，細加研究它承接一個句子時候、所發生的作用，也只是補助發展未完的語氣而已。「兮」字最早出現於虞舜時代歌詠的南風之詩。這樣看來，它的使用，可說是由來已久。但魏武帝曹操卻不喜歡它，莫非是因爲它對文章本身的意義沒有幫助嗎？至於「夫、惟、蓋、故」這幾個虛字，是引發辭端，在句首使用的語氣詞。「之、而、於、以」這幾個虛字，是挿在句子之中，久已應用的體式，「乎、哉、矣、也」這幾個虛字，則是句末送氣時，所用的語助詞，這是永久不變的科條。在論述事理時，這些字好像閒散無用，但如果詳加研究，就知道它們在語氣的運用上，實在是切合需要的。一個文思巧妙的作家，如果能够靈活運用這些語助詞，就能發生牽引補合文辭的功效，可使寥寥數句以外的感情，因爲得到一個語氣詞的幫助，得以充分表達。試想連語助詞的運用，尚且不容我們發生謬誤，更何況章句本身呢？

總而言之，裁篇分章有一定的法度，聯字造句沒有永久不變的原則。情理的敍述，必須配合文章主旨，辭句的聯繫，切忌孤立無助，而失去調和性。廻環我們的感情，變化適當的語氣，委婉轉折，相互騰躍，如此分別相同的旨趣而構成段落，結合不同的文字造成句子，務使章句明靡，下字精當，這樣才算是善盡分章造句的功能啊！

【集　評】

一、紀評：「此一段論章法」。

二、紀評：「與鎔裁篇一段參看。」

三、紀評：「此一段論句法，然但考字數，無所發明，殊無可采。」

四、紀評：「此因句法而類及押韻及語助，論押韻特精，論語助亦無高論。」

五、黃評：「宋祖謂：『語助，助得甚事。』亦未就文體論耳。」

【問題討論與練習】

一、「振本而末從，知一而萬畢」，本末所指何事？並言其知一而能萬畢之理。

二、試述字、句、章、篇四者之關係，並由個人寫作經驗，說明章句在篇之狀況。

三、彥和言文章結構，有所謂「外文綺交，內義脈注，跗萼相銜，首尾一體」，試申證之。

四、章句篇之論章法，有所謂「控引情理，送迎際會」，又曰「啓行之辭，逆萌中篇之意；絶筆之言，追媵前句之旨」，試申述其義。

五、彥和論虛字，有云：「據事似閑，在用實切」，何故？試根據自己寫作經驗，加以證明。

六、試由字數、押韻、虛字三方面，說明造句之特色，及應行注意之點。

麗辭第三十五〔評一〕

【解　題】

麗辭就是對偶的辭句。世間事物，森羅萬象，其中對比寄情，襯托得神者甚多，如對天而有地，對陰而有陽，對山而有川，對男而有女，對左而有右，對上而有下，莫不皆有對偶。所以彥和以爲「造化賦形，支體必雙，神理爲用，事不孤立，」故對偶是客觀存在的反映，是自然規律的體現。因此在古代文學作品中，出現駢偶的詞句，是很自然的事。彥和云：「心生文辭，運裁百慮，高下相須，自然成對。」並舉臯陶贊，益陳謨，易之文繫，詩人偶章，說明他們「奇偶適變，不勞經營」的情況，這是彥和第一個重要的論點。

先秦作家，發言成文，或駢或散，皆率然爲對，兩漢以後，作家才漸重駢麗。時至魏晉，陳思王以曠世逸才，高唱駢儷於前，鄴下七子之徒，奮而附和於後。其後，陸機、潘岳喜而效之。迨衣冠南渡，文風益加豔麗。齊梁以下，聲律大興，尤足助成斯美。作家更剖毫析釐，刻意求工，但對偶是否工巧，要看他能否妙合自然，眞實地表達作者的感情。所以說「契機者入巧，浮假者無功」，這是在本篇中彥和第二個重要的論點。

其次，偶句引人詬病的非止一端，彥和曾根據當時的作品，列出四種文弊，一曰重出。如張華詩稱：「遊鴈比翼翔，歸鴻知接翮，」劉琨詩云：「宣尼悲獲麟，西狩泣孔丘」。鴈與鴻，比翼與接翮，宣尼與孔丘，悲獲麟與泣西狩，皆辭複意重，所以彥和說：「若斯重出，卽對句之駢枝也。」二曰不均。所謂「兩言相配，而優劣不均」，如「驥在左驂，駑爲右服」，無論如何是不能協調的。三曰孤立，所謂「事或孤立，莫與相偶」，如「夔之一足，踸踔而行」，這種只有上聯而無下聯，就成了獨脚之獸，有寸步難行之苦。四曰冗俗，所謂「氣無奇類，文乏異采」，只是「碌碌麗辭」，必令讀者爲之頭暈目眩，昏昏欲睡了。在當時崇尚駢偶的時代，他還能秉持原則，補救文弊，這可說是他第三個重要的論點。

至於他把駢偶的體例加以分類：如從用事不用事說，分言對、事對；從命意的正反說，分正對、反對。在這裏他認爲「言對爲易，事對爲難」，因爲「言對」是偶辭胸臆，所以爲易；「事對」爲徵人資學，所以爲難。「反對爲優，正對爲劣」，「反對」的特點，是「理殊趣合」，語約而義豐；「正對」的特點，是「事異義同」，文腴而理貧。這是從造語之精煉與否，來衡量駢偶優劣的，可說獨具隻眼，是彥和的第四個重要論點。

文章對偶貴乎自然，福至心靈，脫口而出，如大匠運斤，無斧鑿之痕，故彥和於本篇一再申言此意。如言：「高下相須，自然成對」，「豈營麗辭，率然對爾」，「奇偶適變，不勞經營」，文末復云：「必使理圓事密，聯璧其章，迭用奇偶，節以雜佩，乃其貴耳」。這種當偶則偶，當奇則奇，駢中有散，散中有駢的客觀看法，對於我們實際從事文學創作的人來說，他的論點和態度，實在具有很大的啓發作用。

【正　文】

首段言文辭之儷偶，皆出乎自然。

造化賦形㊀，支體必雙，神理爲用，事不孤立㊁。夫心生文辭，運裁百慮㊂，高下相須，自然成對。

二段論我國麗辭偶句發

唐虞之世，辭未極文，而皐陶贊云㊃：「罪疑惟輕，功疑惟重。」益陳謨云展之源流。其中由三代到魏晉，言簡意賅，足見大略。

三段論麗辭之法式，先言四對之例，後詳各對的難易優劣。

⑤：「滿招損，謙受益。」豈營麗辭，率然對爾⑥。易之文繫⑦，聖人之妙思也。序乾四德，則句句相銜⑧；龍虎類感，則字字相儷⑨；乾坤易簡，則宛轉相承⑩；日月往來，則隔行懸合⑪；雖句字或殊，而偶意一也。至於詩人偶章⑫，大夫聯辭⑬，奇偶適變，不勞經營。自揚馬張蔡⑭，崇盛麗辭，如宋畫⑮吳冶⑯，刻形鏤法⑰，麗句與深采並流，偶意共逸韻俱發。至魏晉羣才，析句彌密，聯字合趣，剖毫析釐。然契機⑱者入巧，浮假⑲者無功（詳二）。

故麗辭之體，凡有四對：言對為易，事對為難；反對為優，正對為劣（評三）。言對者，雙比空辭⑳者也；事對者，並舉人驗者也；反對者，理殊趣合者也；正對者，事異義同者也。長卿上林賦云：「修容乎禮園，翺翔乎書圃㉑。」此言對之類也；宋玉神女賦云：「毛嬙鄣袂㉒，不足程式㉓；西施掩面，比之無色。」此事對之類也；仲宣登樓賦（「賦」字原無依鈴木補）云：「鍾儀幽而楚奏，莊舄顯而越吟㉔。」此反對之類也；孟陽㉕七哀云：「漢祖想枌榆，光武思白水㉖。」此正對之類也。凡偶辭胸臆，言對所以為易也；徵人資（原作「之」，音誤，依李師曰剛斠詮改）學，事對所以為難也；幽顯同志，反對所以為優也；並貴共心，正對所以為劣也。又以言對（二字原無，依紀說補），事四段明麗辭之病，並揭示運用之法，以爲要迭用奇偶，節以雜佩，乃其貴耳。

對，各有反正，指類而求，萬條自昭然矣。

張華詩稱：「遊鴈比翼翔，歸鴻知接翮㉗。」劉琨詩言：「宣尼悲獲麟，西狩泣孔丘㉘。」若斯重出，卽對句之駢枝也〔評四〕。是以言對爲美，貴在精巧；事對所先，務在允當。若兩言（原作「事」，依紀說改）相配，而優劣不均，是驥在左驂，駑爲右服也㉙〔評五〕。若夫事或孤立，莫與相偶，是夔之一足㉚，趻踔而行也㉛〔評六〕。若氣無奇類，文乏異采，碌碌麗辭，則昏睡耳目〔評七〕。必使理圓事密，聯璧其章。迭用奇偶，節以雜佩㉜，乃其貴耳。類此而思，理斯（原作「自」，據楊明照校注徵各本，及章表篇「事斯見也」語法校改）見也〔評八〕。

贊曰：體植必兩，辭動有配。左提右挈，精末（原作「味」，今據劉永濟校釋當作字改）兼載。炳爍聯華㉝，鏡靜含態㉞。玉潤雙流，如彼珩珮㉟。

【註釋】

㊀ **造化賦形**：造化，創造化育的天地，指自然界。淮南子原道訓：「與造化者俱。」注：「天地，一曰道也。」賦形，賦予人物形體。全句是說天地創造，化育萬物，所賦予人的形體。

㊁ **事不孤立**：指事物當成雙配對。如高下，功罪、輕重、滿謙、損益等，是其例。

㊂ **運裁百慮**：言對各種念頭加以運思裁斷。

㈣**皋陶讚**：引文見書經大禹謨篇，皋陶曰：「罪疑惟輕，功疑惟重。」言罪狀可疑的，從輕處罰；功勞可疑的，從厚給賞。

㈤**益陳謨**：引文見書經大禹謨篇。益贊禹曰：「滿招損，謙受益。」

㈥**率然對爾**：語出自然，應答天成。指麗句之形，是自然對偶，並非有意造作。

㈦**易之文繫**：指易經裏的文言和繫辭。相傳爲孔子作，所以下句說「聖人之妙思」。

㈧**序乾四德，則句句相銜**：指易經乾卦文言，解釋元、亨、利、貞四德云：「元者，善之長也；亨者，嘉之會也；利者，義之和也；貞者，事之幹也。君子體仁足以長人，嘉會足以合禮，利物足以和義，貞固足以幹事」文中。「君子」一辭除外，以上八句，構成四對，每句銜接無間，故曰「句句相銜」。

㈨**龍虎類感，則字字相儷**：易經乾卦文言釋九五爻辭說：「同聲相應，同氣相求，水流濕，火就燥，雲從龍，風從虎，聖人作而萬物覩。」除末句之外，其中聲氣、應求、水火、濕燥、雲風、龍虎，……等字詞，都是各從其類，上下文句，字字匹對。

㈩**乾坤易簡，則宛轉相承**：易經繫辭上：「乾道成男，坤道成女，乾知大始，坤作成物，乾以易知，坤以簡能；易則易知，簡則易從；易知則有親，易從則有功；有親則可久，有功則可大；可久則賢人之德，可大則賢人之業。」全段文字都以乾、坤作主體，敍述乾的易知和坤的簡能，句法委婉曲折，互相承接。

⑪**日月往來，則隔行懸合**：易經繫辭下：「日往則月來，月往則日來；日月相推，而明生焉。寒往則暑來，暑往則寒來，寒暑相推，而歲成焉。」日月對寒暑，隔開行次，遙相應合，所以叫「隔行懸

合。」

㉒ **詩人偶章**：詩人，指詩經三百篇的作者。偶章，指詩經中對偶的章句。如關雎兩言：「參差荇菜」葛覃兩言：「葛之覃兮」，此偶章也。如卷耳：「陟彼崔嵬，陟彼高崗」，此偶句也。

㉓ **大夫聯詞**：指左傳、國語中所記列國大夫朝聘、應對的言辭。如左傳成公九年：「季文子謂范文子曰：德則不競，尋盟何爲？范文子曰：勤以撫之，寬人結之，堅強以御之，明神以要之，柔服而伐貳，德之次也。」此處「勤以撫之」以下四句，構成兩對。

㉔ **揚馬張蔡**：指揚雄、司馬相如、張衡、蔡邕。以上四人，皆有意崇尚對偶行文。

㉕ **宋畫**：莊子田子方篇，有一段故事，說宋元君想要畫一幅山川形勢圖，許多畫師都應徵而來，爭獻所能。其中有一位後到的畫師，意態舒閒的直入畫舍，解衣箕坐，既不爭先，也無忌憚。元君見到他的神采，不禁說：「這才是眞正的畫家啊！」宋畫，在此比喩文章，如宋人作畫般得心應手，巧妙非凡。

㉖ **吳冶**：吳越春秋闔閭內傳記載：「干將作劍，采五山之鐵精，六合之金英，候天伺地，陰陽同光，百神臨觀，天氣下降。」吳冶的意思，和宋畫相同。

㉗ **刻形鏤法**：刻形，刻畫形象；鏤法，雕鏤法則。這裏特加意修飾提煉，來比喩寫作。

㉘ **契機**：指切合情意的辭藻。

㉙ **浮假**：指虛浮不堪使用的辭藻。

㉚ **雙比空辭**：指對偶不用典實，一空依傍，全由直寫的意思。

㉑ **修容乎禮園，翺翔乎書圃**：語出司馬相如上林賦，郭璞上林賦注說：「禮，所以整威儀，自脩飾也。」「尚書，所以疏通知遠者，故遊涉之。」修容，修飾；翺翔，飛翔，在此借作「涉獵」解。全句是說在禮義中修養心性，在詩書裏進德修業。

㉒ **毛嬙鄣袂**：毛嬙，古美女名，事見莊子齊物論：「毛嬙、麗姬，人之所美也。」

㉓ **不足程式**：不足比量，言比不上神女之貌美。

㉔ **鍾儀幽而楚奏，莊舄顯而越吟**：語出王粲登樓賦。鍾儀原是楚國的伶人，當他被晉國囚禁的期間，晉侯曾要他操琴奏樂，他便奏楚樂以對。事見左傳成公九年。莊舄，舄，音(ㄒㄧˋ)，本是越人，在楚作官，平時都用楚語，當他生病的時候，呻吟起來仍然發出越聲。事見史記陳軫傳。

㉕ **孟陽**：張載，字孟陽，晉安平人。父收，官蜀郡太守。載性閑雅，博學善屬文，太康初，至蜀省父，道經劍閣，因著銘作誡，益州刺史張敏表上其文，武帝遣使鐫之於劍閣山。起家佐著作郎，累官中書侍郎。

㉖ **漢祖想枌榆，光武思白水**：語見孟陽七哀詩；漢祖指漢高祖，枌榆，音(ㄈㄣˊ ㄩˊ)，是豐邑(今江蘇省豐縣的里名，也是漢高祖的出生地，高祖得位後，曾詔御史修建枌榆。白水指南陽白水縣，今陝西省白水縣南，是光武起兵討新莽的發祥地。

㉗ **遊鴈比翼翔，歸鴻知接翮**：語見張華雜詩。羽莖謂之翮，比翼、接翮。都是並翅而飛的意思。

㉘ **宣尼悲獲麟，西狩泣孔丘**：語見劉琨重贈盧諶詩。春秋魯哀公十四年春：「西狩獲麟。」公羊傳

說：「西狩獲麟，孔子曰：『吾道窮矣！』」所以後世有悲麟、泣道的說法。劉琨詩卽用此事。

㉙ **驥在左驂，駑爲右服**：驥，良馬。駑，劣馬。一車駕三馬曰驂，在中者爲服，在左者爲左驂，而駕轅者爲服馬，服馬之外爲騑馬，騑亦名驂。全句是說驥駑並駕，一定造成不相稱的形勢。

㉚ **夔之一足**：夔，音（ㄎㄨㄟˊ），山海經大荒東經說：「有獸狀如牛，蒼身而無角，一足，名曰夔。」又，虞舜的樂正，也叫夔，相傳一足，魯哀公曾問孔子，但孔子認爲不是一足。（事見韓非子及呂氏春秋）。這裡應該是指獨脚獸而言。

㉛ **趻踔而行**：趻，音（ㄔㄣˇ）。踔，音（ㄓㄨㄛˊ）。趻踔，跳躑而行的樣子。莊子秋水篇：「吾以一足趻踔而行。」在此是借用，指句子有上聯，沒有下聯，如人之跛足，跳躑而行。

㉜ **節以雜佩**：雜佩，指女子所佩的玉飾，如珩、璜、璩、瑀之類，是用來飾度行止，兼爲裝飾的。於此用來說明句子有對稱的，也有不對稱的。所謂「迭用奇偶」之意。

㉝ **炳爍聯華**：指並開的花朶，光彩照耀。

㉞ **鏡靜含態**：靜，依漢書揚雄傳上：「稍暗暗而靚深」注，引師古曰：「靚卽靜字」。靚，妝飾也。全句是說鏡子清明，含容物態，一顰一笑，皆相對成雙。與上句「炳爍聯華」，並指對偶而言。

㉟ **珩珮**：珩，佩上玉。珮，玉珮。珩珮，成雙的玉珮。

【語　譯】

天地造化萬物時，所賦予人物的形貌，四體必然是相對稱的，神明自然的妙理，表現其作用時，必定是剛柔互濟，凡事都不會孤立的。人之從事寫作，也是同樣的道理。當我們內心有一個意念呈現時，便產生代表這個意念的文辭，再經過多方的運思和裁奪，由天高而地厚，遠山而近水，無論陰陽平仄、皆相須相成，自然而然就產生了對偶的文字。

唐堯虞舜的時代，用辭造語尚未特別講究文采，但是根據書經大禹謨的記載：臯陶在輔佐帝舜時曾說：「罪疑爲輕，功疑惟重。」益向大禹陳述謀略時也說：「滿招損，謙受益。」這那裏是刻意營求的駢麗辭采呢？可說是語出天成，自然對偶而已。又如周易的文言、繫辭，皆先聖孔子所作，其中含有奧妙的思維。在文言中，敍述乾卦所代表的元、亨、利、貞四德時，其上下行文，皆句句銜接。同樣在乾文言九五爻中，敍述龍虎風雲，同類感應的現象時，也是前後文句，字字匹對。在繫辭上，敍述乾的易知，和坤的簡能時，句法委婉曲折，彼此相承。易繫辭下說明日月寒暑，廻環往復的規律時，句法則隔開行次，遙相呼應。雖然這些句子的形式，長短或有不同，然而對偶的用意，卻完全是一致啊！至於詩經三百篇中有對偶的章句，和左傳、國語裏，記載列國大夫朝聘應對的言辭，或單句散行，或偶句駢麗，都是隨機應變，並非刻意安排的。自兩漢揚雄、司馬相如、張衡、蔡邕以後，始崇尚駢辭儷句，他們的作品，就像宋人畫圖，吳人冶劍，刻繪圖樣，雕鏤法式，無不苦心經營，巧妙非凡。駢麗的辭句，與濃豔的文采一起流露；對偶的意思，和飄逸的韻律同時發揚。時至魏晉，一般文人才士們，對於句子的分析更加精密，處處講求聯字排比，合趣成雙，剖判分析，毫釐不爽。然而駢辭麗語的運用，只有切合情意，妙造自然的，才算心靈手巧；否則，空洞浮泛，故意造作的，便毫無功效之可言了。

故對偶的體式，大別可分爲言對、事對、反對、正對四種。言對比較容易，事對略爲困難，反對優異，正對拙劣。所謂「言對」，是指上下聯兩相排比的詞句，都一空依傍，不用典故。所謂「事對」，是指上下聯並列對舉，都有人地事物，可資徵驗。所謂「反對」，是說事理雖然不同，而旨趣卻彼此暗合的聯語。所謂「正對」，是說材料雖然有別，而意義卻完全一樣的聯語。司馬長卿上林賦說：「修容乎禮園，翱翔乎書圃。」這是「言對」的例子。宋玉神女賦說：「毛嬙鄣袂，不足程式；西施掩面，比之無色。」這是「事對」的例子。王仲宣登樓賦說：「鍾儀幽而楚奏，莊舃顯而越吟。」這是「反對」的例子。張孟陽七哀詩說：「漢祖想枌榆，光武思白水。」這是「正對」的例子。大別說來，像上林賦那樣駢偶的句子，全從作者胸中自然發出，這是「言對」所以簡單容易的道理。像神女賦那樣的駢偶，處處要徵引人事，藉助學問，這是「事對」所以困難的原因。像登樓賦那樣的匹儷，文中幽囚顯達，遭遇雖然有別，但懷念故國的心志卻是相同的，這是「反對」所以優異的道理。像七哀詩那樣的排比，二人都貴爲天子，並表示共同的心意，這是「正對」所以拙劣的道理。進一步說，言對、事對也各有正反之分，我們只要根據行文的需要，選擇最恰當的事類，那麼卽令是寫作的條理綱目多至萬種，就此類推，自然不待煩言，便一清二楚了。

張華雜詩稱：「遊鴈比翼翔，歸鴻知接翮。」劉琨的詩說：「宣尼悲獲麟，西狩泣孔丘。」像這樣相同的意思，重複出現，這就是對句的駢拇枝指啊！所以言對要想作得美，就必須注意對仗的精巧，事對要想作得好，其先決條件，要把典故安排允當。如果言對的兩聯，搭配不精，一個巧妙，一個拙劣，就患了排比不均的毛病。這好比駕車，把千里馬放在左驂，劣馬置於右服，無論如何是配合不來的喲！至於事對，如果典故流於孤立，沒有跟它相稱的例類相匹配，這如同夔獸，只有一隻脚，前後不穩，只好跳着走了？如果辭氣沒有瑰奇的材料，互相偶對，文句缺乏特殊的色采，可資點染，只是東拼西湊，勉強騈麗，使人讀了，便只有頭暈目眩，昏昏入睡了。所以辭要騈麗，必須做到說理圓融，運材嚴密，安章佈局，有如珠聯璧合。並順應實際的需要，該單句者就單句，該偶句者就偶句，使其奇偶相生，作適當調節，這才是最爲可貴的。如果能據此類推，加以聯想，那麼文章對偶的道理，就淸晰可見了。

總而言之：天生的肢體，一定是兩兩相對；文辭的運用，也同樣是匹儷相配的。上下聯語，要像左手提物，右手相扶一樣，配合得恰到好處，內容與形式，尤應兼籌並顧。這樣辭采華茂，如同並開的花朵，相互輝映。聯語配合的勻稱，就像美女對鏡梳妝，一顰一笑，莫不畢現。啊！麗辭就如那成雙的美玉，溫潤流動，珩珮的和鳴，聲韵感人啊！

【集　評】

一、紀評：「騈偶於文家爲下格，然其體則千古不能廢。其在六代，尤爲時尙，故別作一篇論之。」

二、紀評：「精論不磨。」

三、黃評：「丁卯，浣花詩格之卑，只爲正對多也。」

四、黃評：「重出之病。」

五、黃評：「不均之病。」

六、黃評：「孤立之病。」

七、黃評：「庸冗之病。」

八、紀評：「張華一段，申反對正對；『是以』以下，申言對事對；『若氣無』以下，就四對推入一層，言對偶雖合法，而無骨采亦不可，北平先生以四病並列，失其旨矣。」

【問題討論與練習】

一、文心言麗辭之體，凡有四對，試舉例說明言對何以為易？事對何以為難？反對何以為優？正對何以為劣之故。

二、舍人對於麗辭之體，以為「凡有四對」，此四對為何？並舉例以說明之。

比興第三十六

【解　題】

在本篇裏，彥和從縱橫兩方面來談「比」「興」的修辭特點、要求、源流及其興衰之迹。比興雖然各具特色，但本同末異，也有其類似的旨趣。

比者，擬也，借擬他類，譬喩此理，言近指遠，情附於物，可說是修辭上的象徵法。興者，興也，寄託外物，興發內感，先比後賦，物動夫情，可說是修辭中的聯想法。故彥和於本篇開宗明義便說：「比者，附也。興者，起也。附理者，切類以指事；起情者，依微以擬議。起情故興體以立，附理故比例以生」。意思是說比附事物之理者，就是切合物類，以明事實眞象；觸發胸中之情者，就是依託細微的事物，以表達內心情感。所以用聯想法引起情感，故興體以立，用象徵的手法比附事理，故比例以生。將比興二者的特點，解釋得至爲顯豁。陳啓源毛詩稽古篇有云：「興比皆喩，而體不同。興者興會所至，非卽非離，言在此，意在彼，其詞微，其旨遠。比者，一正一喩，兩相譬況，其詞決，其旨顯。」陳氏對比興二者的不同，不但講得言簡意賅，鞭辟入裏，並強調美、刺都是比興。同歸殊途，精神一貫，亦可見其本同末異的旨趣。

三百篇之後，能體兼比興的作品，惟屈原離騷而已。辨騷篇云：「虬龍以喩君子，雲蜺以譬讒邪，比興之義也」，時至兩漢，由於辭賦鋪陳誇張，直比事類，雖間有興義的句子，但隱於「紛紜雜遝」之辭，逐漸發展到「日用乎比，月忘乎興，習小而棄大，所以文謝於周人也。」所以彥和說：「楚襄信讒，而三閭忠烈，依詩製騷，諷兼比興，炎漢雖盛，而辭人夸毗，諷刺道喪，故興義銷亡。」興義銷亡，比體雲構，雖令衛道者扼腕，但這種情勢，也可以說是「時運交移，質文代變」，不得不然的結果。黃季剛先生札記於此頗有深入的解說。他說：「自漢以來，詞人鮮用興義，固緣詩道下衰，亦由文詞之作，趣以喻人，苟覽者恍惚難明，則感動之功不顯。用比忘興，勢使之然，雖相如子雲，末如之何也。然自昔名篇，亦或兼有比興，及時世貿遷，而解者祇益紛紜，一卷之詩，不勝異說，九原不作，煙墨無言，是以解嗣宗之詩，則首致譏禪代；箋杜陵之作，則篇篇繫念朝廷。雖當時未必不託物以發端，而後世則不能離言而求象。由此以觀，用比者歷久而不傷晦昧，用興者說絕而立致辨爭。當其覽古，知興義之難明，及其自爲，亦遂疏興義而希用，此興之所以寖微寖滅也。雖然微子悲殷，實興懷於禾黍；屈平哀郢，亦假助於江山；興之於辭，又焉能遽廢乎！」

彥和論漢人用比之法，雖取類不常，然大體言之，可分四種。即「或喻於聲，或方於貌，或擬於心，或譬於事。」舉例云：「宋玉高唐云：纖條悲鳴，聲似竽籟，此比聲之類也。枚乘菟園云：猋猋紛紛，若塵埃之間白雲，此比貌之類也。賈生鵩鳥云：禍之與福，何異糾纆，此以物比理者也。王褒洞簫云：優柔溫潤，如慈父之畜子也，此以聲比心者也。馬融長笛云：繁縟絡繹，范蔡之說也，此以響比辯者也。張衡南都云：起鄭舞，繭曳緒，此以物比容者也。」由於前述四種的交互運用，遂衍生爲後述的六類。

古人作文每喜用比，祇因爲比具有「山窮水盡疑無路，柳暗花明又一村」的妙趣，觸類旁通，益增讀者的了解。彥和曰：「且何謂比？蓋寫物以附意，颺言以切事者也。故金錫以喻明德，珪璋以譬秀民，螟蛉以類教誨，蜩螗以寫號呼，澣衣以擬心憂，卷席以方志固。凡斯切象，皆比義也。至如麻衣如雪，兩驂如舞，若斯之類，皆比類者也。」所謂「比義」，就是以具體比抽象；所謂「比類」，就是以具體比具體。故知此乃兩種事物之結合，由此事物類化至彼事物，兩兩相比，義理自明，因而可省卻多少嘵舌之苦。這正如彥和於文末贊語上說的「詩人比興，觸物圓覽，物雖胡越，合則肝膽。」此之謂也。

【正 文】

首段迭論比興之法，反覆相陳，以釋比興之義。

詩文弘奧㈠，包韞六義㈡，毛公述傳，獨標興體㈢，豈不以風通而賦同㈣，比顯而興隱㈤哉！故比者，附也；興者，起也。附理者切類以指事㈥，起情者依微以擬議。起情故興體以立，附理故比例以生。比則蓄憤以斥言㈦，興則環譬以寄（原作「記」，依張之象本改）諷㈧〔評一〕。蓋隨時之義不一，故詩人之志有二也㈨。

次段先論興比的關係，次言興亡比傳之由。並寄無限感慨。

觀夫興之託諭，婉而成章，稱名也小，取類也大㈩。關雎有別⑪，故后妃方德；尸鳩貞一⑫，故夫人象義。義取其貞，無疑（原作「從」，茲依范注改）於夷禽⑬；德貴其別，不嫌於鷙鳥⑭；明而未融⑮，故發注而後見也。且何謂為比？蓋寫物以附意，颺言⑯以切事者也。故金錫⑰以喻明德，珪璋⑱以譬秀民，螟蛉以類教誨⑲，蜩螗以寫號呼⑳，澣衣以擬心憂㉑，卷席（原作「席卷」，依楊明照校汪徵汪本、佘本、張之象本、兩京本乙正）以方志固㉒，凡斯切象，皆比義也。至如麻衣如雪㉓，兩驂如舞㉔，若斯之類，皆比類者也。楚襄信讒，而三閭㉕忠烈，依詩製騷，諷兼比興〔評二〕。炎漢雖盛，而辭人夸毗㉖，諷（原作「詩」，依王利器新書徵譚校改）刺道喪，故興義銷亡〔評三〕。於是賦頌先鳴，故比體雲三段專論比的類別。因興亡比傳，故暢述比體，並評其得失。

構㉗，紛紜雜遝㉘，倍（原作「信」，依范注改）舊章矣㉙。

夫比之爲義，取類不常〔評四〕：或喻於聲，或方於貌，或擬於心，或譬於事。宋玉高唐云：「纖條悲鳴，聲似竽籟」㉚，此比聲之類也；枚乘菟園云：「猋猋（原作「焱焱」，形近致誤，玆依周振甫校注並枚乘菟園賦上下文義改。）紛紛，若塵埃之間白雲㉛」，此（「此」下原有「則」字，依上下文例刪）比貌之類也；賈生鵩鳥（原作「賦」，依顧校及上下文例改）云：「禍之與福，何異糾纆」㉜，此以物比理者也；王褒洞簫云：「優柔溫潤，如慈父之畜子也」，此以心比聲者也；馬融長笛云：「繁縟絡繹，范蔡之說㉝也」，此以辯比響者也；張衡南都云：「起鄭舞，蠒曳緒」㉞，此以物比容者也（「物」「容」二字原倒，依范注當作字乙正）。若斯之類，辭賦所先，日用乎比，月忘乎興，習小而棄大，所以文謝於周人也。

末段言比之爲用雖廣，要以切至爲貴。

至於揚班㉟之倫，曹劉㊱以下，圖狀山川㊲，影寫雲物，莫不織（原作「纖」，依黃季剛札記及范注當作字改）綜比義，以敷其華，驚聽回視，資此効績。又安仁螢賦㊳云：「流金在沙」㊴，季鷹雜詩㊵云：「青條若總翠」㊶，皆其義者也。故比類雖繁，以切至爲貴，若刻鵠類鶩㊷，則無所取焉〔評五〕。

贊曰：詩人比興，觸物圓覽。物雖胡越㊸，合則肝膽。擬容取心，斷辭必敢，攢雜詠歌，如川之渙㊹。

【註釋】

㊀ **弘奧**：弘深奧妙。

㊁ **包韞六義**：韞，音（ㄩㄣˋ），蘊含。六義，指詩經風、雅、頌三種體裁，賦、比、興三種作法。

㊂ **毛公述傳，獨標興體**：漢書藝文志有毛詩故訓傳三十卷，稱毛公之學，不詳其名。三國時，陸璣始稱毛亨作故訓傳。獨標興體，指毛傳在每首詩下，於賦、比兩體都不注明，只註明興體。如周南關雎注：「興也」，卽其例。

㊃ **風通而賦同**：通，疏通，風與雅、頌並稱，指詩體；風與賦、比並稱，指作用，故曰通。同，是指賦與比的鋪敍手法，同具有贊揚、諷刺的雙重用途，故曰同。

㊄ **比顯而興隱**：是說比喻明顯，興義隱微。

㊅ **切類以指事**：切，切合。類，事物的種類。指事，表明事實的眞象。如詩經衛風碩人：「手如柔荑」，用柔荑比美人的玉手，因兩者有相切合類似之處，故曰「切類以指事」。

㊆ **蓄憤以斥言**：蓄憤，積憤。斥言，激切的言辭。

㊇ **環譬以寄諷**：環譬，迴環譬喻。寄諷，寄託諷諭。

㊈ **詩人之志有二**：二，指比、興。言詩人表情之方式有比、興二體。

㊉ **稱名也小，取類也大**：言稱述的物名很小，如雎鳩、尸鳩；用來類比的意義很大，如后妃方德，夫

人象義。語出易經繫辭下。

(二一)**關雎有別**：關雎，詩經周南首篇篇名。周南關雎傳說：「雎鳩，王雎也，鳥摯而有別。」此言關雎雌雄有別，以方后妃悅樂君子之德操，情感和諧。

(二二)**尸鳩貞一**：尸鳩卽鳲鳩，今名布穀鳥。詩經召南鵲巢：「維鵲有巢，維鳩居之，之子于歸，百兩御之。」詩人藉尸鳩居有鵲巢，以方夫人于歸，有堅貞專一之德。

(二三)**無疑于夷禽**：疑，疑惑，顧慮的意思。夷禽卽鳲鳩。

(二四)**鷙鳥**：凶猛的鳥類，如鷹、鶚之類。在此指雎、鳩。

(二五)**明而未融**：融，大明。言原詩寓義難明，故須注釋。

(二六)**颺言**：颺同揚，指發爲言辭。

(二七)**金錫**：金、錫，是兩種最純美的金屬。詩經衞風淇奧：「瞻彼淇奧，綠竹如簀，有匪君子，如金如錫，如圭如璧。」

(二八)**珪璋**：珪璋，是兩種最精粹的玉石。詩經大雅卷阿：「顒顒卬卬，如圭如璋，令聞令望。豈弟君子，四方爲綱。」

(二九)**螟蛉以類教誨**：螟蛉，是蛾的幼蟲。詩小雅小宛：「螟蛉有子，蜾蠃負之，教誨爾子，式穀似之。」全句是說詩人藉螟蛉來比喻教誨。

(三十)**蜩螗以寫號呼**　蜩螗，是蟬的一種。詩經大雅蕩：「文王曰咨，咨女殷商，如蜩如螗，如沸如羹」。全句是說詩人藉蜩螗的鳴噪，比喻飲酒歡呼叫喊之聲。

㉒ **澣衣以擬心憂**：澣，音（ㄏㄨㄢˇ），同浣，洗滌之意。詩經邶風柏舟：「心之憂矣，如匪澣衣。」全句是藉穿著不潔的垢衣，比況內心的煩憂。

㉓ **卷席以方志固**：卷同捲，席同蓆。詩經邶風柏舟。「我心匪石，不可轉也，我心匪席，不可卷也。」全句是說用「我心匪席，不可卷也」，表示心志堅定不移：

㉔ **麻衣如雪**：是說麻衣像雪一樣潔白。詩經曹風蜉蝣：「蜉蝣掘閱，麻衣如雪。」

㉕ **兩驂如舞**：是說在外的兩匹驂馬，在中間的兩匹服馬，步調和諧，像舞步一般，合乎節拍，意思是指駕駛技術高明。詩經鄭風大叔于田：「大叔于田，乘乘馬，執轡如組，兩驂如舞。」

㉖ **三閭**：卽三閭大夫，官名，掌王族屈、昭、景三姓。屈原，曾擔任此職。王逸章句離騷序說：「屈原與楚同姓，仕於懷王，爲三閭大夫。」

㉗ **辭人夸毗**：夸毗，柔媚無骨氣。此處指漢代辭賦家，以阿諛諂媚爲能事，辭雖侈麗，而骨氣荏弱。

㉘ **雲構**：作品如風起雲湧，喻創作之盛多。

㉙ **雜遝**：衆多雜亂的樣子。

㉚ **倍舊章矣**：倍卽背。指不用興體，違背詩人溫柔敦厚的本來法則。

㉛ **竽籟**：竽，笙類。籟，指簫。皆樂器名。

㉜ **焱焱紛紛二句**：焱焱，狀鳥之高飛而且快速。紛紛，衆多紛紜的意思。兩句狀鳥類紛紛高飛，像塵埃和雲霧的混而難分。

㉝ **糾纆**：糾亦作糺，三股繩。纆音（ㄇㄛˋ），六股繩。糾纆，是指如兩股糾纏的繩，互相關聯。

㉝ **繁縟絡繹二句**：繁縟，衆多，絡繹不絕。兩句是指笛音豐富繁雜，絡繹無窮。像戰國策士范睢、蔡澤的遊說。范睢遊說秦昭王，蔡澤代范睢爲相，事見史記范睢蔡澤列傳。

㉞ **起鄭舞，璽曳緒**：璽，繭的俗字。兩句是說跳起鄭國的舞姿，如白鶴飛翔，璽吐絲緒，連續不斷。

㉟ **揚班**：揚，指揚雄。班，指班固。

㊱ **曹劉**：曹，指曹植。劉，指劉楨。

㊲ **圖狀山川**：形容山光水色。

㊳ **安仁螢賦**：潘岳字安仁，中牟人，生年不詳，卒於晉永康元年，才名冠世，美姿容，善爲哀誄之文，所作悼亡詩三首，爲世傳誦。螢賦，卽螢火賦，見古文苑。

㊴ **流金在沙**：是說像金星流動在沙洲之上。

㊵ **季鷹雜詩**：張翰字季鷹，晉吳郡人。雜詩見昭明文選。

㊶ **青條若總翠**：是說青綠的枝條，好像聚集的翡翠。

㊷ **刻鵠類鶩**：鵠，鳥名，似雁而大，俗稱天鵝。鶩，鴨子。全句是說本欲刻畫天鵝，最後竟成了鴨子。是說學的不像，比喻不切，益見其醜。

㊸ **物雖胡越**：胡指北胡。越指南越。胡越，比喻兩個絕不相同的事物，如天南地北，遠不相涉。

㊹ **渙**：水流很盛的樣子。

【語　譯】

詩經三百篇的文辭弘深奧妙，包涵了風、雅、頌、賦、比、興六種義法。相傳魯人毛亨作詩經故訓傳三十卷，書中特別標明「興」的體裁，難道不是有鑑於「風」通於興，能廣被教化；而「賦」同乎比，兼備贊揚、諷刺的作用；「比」是借外物比擬事理，所以文辭顯明易見，而「興」卻是假託外物，來抒發內情，所以寓意比較晦澀難明嗎！所謂「比」，就是依附、比附的意思；所謂「興」，就是興起、發起的意思。比附事理之法，是要運用貼切的物類，以表明事實的眞象。興發內情之法，是要依附細微的外物，來擬構內在蓄積的情感。因爲有假託外物，來抒發內情的聯想法，所以才建立了「興」的體裁；因爲有借用外物，比擬事理的象徵法，所以才產生了「比」的體式。「比」就是把積壓於胸中的憤慨，發而爲激切的言辭；「興」就是運用迴環譬況的方式，來寄託諷諫的意旨。大概由於抒寫時的情境不一致，所以詩人表達的方式，有此兩種不同的手法吧！

觀此興體的寄託諷諭。是利用委婉的文辭，以構成含意深長的篇章。它所稱述的事物，雖然極爲細小，但所隱含的事理，卻非常深遠。例如：詩經周南關雎篇，是取雎鳩和鳴於沙洲，雌雄有別；以此比喻后妃的美德。又如：召南鵲巢篇取鳲鳩竊居鵲巢，而能均養其子的特性，以象徵夫人來嫁諸侯，而有堅貞專一的高義。義既然只取其堅貞專一，那就不必顧慮是低下的鳲鳩；德既貴在幽閒有別，那就不須嫌棄牠是鷙鳥。寓意雖够顯露，可惜尙未到達圓融的境界，所以必須藉著前賢的注釋，才能完全瞭解詩中的眞義。再看，什麼是「比」呢？大抵而言，是抒寫事物來比附心意，或誇張言辭來切合事類，這種寫法就叫做「比」。例如：詩經用「如金如錫」，來比喻光明的品德；用「如圭如璋」，來譬況傑出的人才；用「螟蛉有子，蜾蠃負之」，來象徵聖王的教誨萬民；用「如蜩如螗」，來描寫君臣歡飲的呼叫；用「如匪澣衣」，來擬度內心的煩憂，用「我心非席，不可卷也」，來比方意志的堅定。凡是這種切合事物的象徵寫法，都合乎以具體的事物，比抽象的道理之類啊！至於像「麻衣如雪」「兩驂如舞」這一類寫作的手法，都可以納入以具體的事物，比具體的事物，聯類相比之類啊！楚襄王誤信奸佞的讒言，使三閭大夫屈原，滿懷忠貞、剛烈的情志，抑鬱不申。自放逐後，遂依附詩經的意旨，製作離騷。文中於諷諫時政以外，還兼用了比興的手法。到了以火德而王的漢朝，雖然文運鼎盛，但當時辭賦家的作品，多以阿諛諂媚爲能事，詞雖華麗而風骨荏弱，致令諷諫譏刺的作用，淪喪殆盡，所以「興」體的詩義，跟著銷聲匿跡了；而鋪采摛文的「賦」體，和歌功頌德的「頌」體，便在有漢一代率先競鳴。以比爲體的作品，風起雲湧，十分繁多；但連篇累牘，如出一轍。似此，已大背詩人溫柔敦厚的傳統法則了。

談到比體的寫作方法，它取材的範圍沒有一定：有的比喻聲音，有的比方形貌，有的象徵心理，有的取譬事物。像宋玉高唐賦：「纖條悲鳴，聲似竽籟。」是說「風吹細枝時，所發出的聲響，哀傷悲切。就好像笙簫和鳴一般。」這是比喻聲響的例子。枚乘菟園賦：「猋猋紛紛，若塵埃之間白雲。」是說「衆鳥高飛的時候，那種快速的情況，就像飛揚的塵埃，錯雜於白雲之中。」這是比喻狀貌的例子。賈誼鵩鳥賦：「禍之與福，何異糾纆？」是說「災禍和幸福的相倚相恃，和兩股糾合的繩索有何不同呢？」這是用具體的事物，比方抽象事理的例子。王褒洞簫賦：「優柔溫潤，如慈父之畜子也。」是說「洞簫吹出的聲音，柔和溫潤，好像慈父的教養其子女。」這是用情感來比擬聲音的例子。馬融長笛賦「繁縟絡繹，范蔡之說也。」是說「長笛的聲音，多采多姿，絡繹不絕，就像范睢、蔡澤兩位辯士的高談闊論。」這是用辯才來比喻聲響的例子。張衡南都賦：「起鄭舞，蠒曳緒。」是說「跳起鄭國的舞蹈，那步伐的蹁躚，就像蠶吐絲緒般的層層相連。」這是用物象來比喻容態的例子。諸如以上所說的各種事例，都是辭賦家率先倡導的。在日常寫作中，因爲慣用了「比」的修辭技巧，久而久之，「興」體的作法就被遺忘了。這種只求熟習「比」體的小技，拋棄了「興」體重大功用的態度，正所以說明兩漢文學，何以會比周代衰退的原因了。

至於揚雄、班固這一般人，和曹植、劉楨以後的作家們，在圖繪山川風土，描述雲霞景物時，沒有不採用比類的手法，錯綜排列，雜聚堆砌，來鋪陳華麗的辭藻；只求聳人聽聞，引人注視，想借助這種技巧，以收文章的功效。又如潘安仁在螢賦中寫的「飄飄熲熲，若流金之在沙」，來說明螢火蟲之在空中，飄忽不定，閃閃發光，恍如金星流動於沙洲之上。張翰在雜詩中寫的「青條若總翠」，說青綠色的枝條，看起來好像聚集的翡翠，這些都屬於比的義法啊！所以「比」的種類固然繁多，但要以切合事實，表情恰當爲可貴。如果像刻畫天鵝，結果卻類似野鴨，那就弄巧成拙，一無可取了。

總而言之：詩經三百篇的作者，運用比興的手法，表情達意，他們對外界景物的接觸，都是體察入微，圓徧周到的。因爲外在的景物和內心的情感，雖然像南越北胡一般，遠不相涉；但是如果作者能以比興的手法，作適當的牽合，那就像人體內部的肝膽，休戚相關，密不可分了。寫作時，如果用比擬形容的方式，則必須注意合乎常情。而修飾文辭時，要大膽果決而不模稜兩可，具備了以上所說的條件，那麼作者在積聚聯想的事物，吟咏詩歌的時候；則靈感就像泉湧水流，自然取之不盡，用之不竭了。

【集評】

一、黃評：「朱子傳詩，謂有不取義之興，未爲知言。」

二、紀評：「以上評論興比，以下言興亡而比傳，興義亦不全亡，但詩中偶用，賦頌無聞耳。」

三、曹評：「興近於風，比近於賦，興義銷亡，故風氣愈下。」

四、黃評：「非特興義銷亡，卽比體亦與三百篇中之比差別。大抵是賦中之比，循聲逐影，擬諸形容，如『鶴鳴』之陳誨，『鴟鴞』之諷諭也。」

紀評：「以下暢論比義。」

五、紀評：「亦有太切，轉成滯相者。言不一端，要各有當，文無定體，要歸於是。」

【問題討論與練習】

一、「比類雖繁，以切至爲貴」，義何所指？並申述比體在文學創作上之特色。

二、試述比興之定義？及其在實際創作時，運用方式有何不同？

三、試述比興二體之定義、用法，及其彼此消長之情形如何？

四、試析述劉勰對比興、夸飾所賦予之美學意義。

夸飾第三十七

【解題】

誇飾，講的是誇張修飾的創作技巧。「誇而有節，飾而不誣」，乃誇飾的理想境界；要「飾窮其要」，不要「誇過其理」，是誇飾的基本要求。劉勰以爲在文學創作中不能不講究誇飾，所以說「文辭所被，誇飾恒存」。但誇飾必須是爲了突出現狀，表達眞實，這樣才能把作者的感情，眞實的傳達給讀者，而發生共鳴。所以說：「壯辭可得喻其眞」。怎樣的誇張才算「飾而不誣」？怎樣的誇張又是「誇而過理」？劉勰本着宗經的主張，認爲詩經、書經在這方面提供了良好的範例，是「飾而不誣」，值得繼承的傳統。漢賦濫用誇張的手法，虛張聲勢，是「誇而過理」的作品，應當引以爲戒。

就「誇張」而言，受兩個條件的限制：一、主觀上須符合所要表達的情意；二、客觀上須不致誤爲事實。像說鴞音變好，荼味成飴，因爲詩人讚美學宮，從而讚美在學宮樹上發出的鴞音；詩人讚美周原，從而讚美周原上的苦菜。不如此，即不足以顯出他對學宮及周原的熱愛。這樣的誇張，正是符合詩人所要表達的情意，不致引起誤會，並符合以上兩個條件。再看辭賦家，說在西都有比目魚，這確有誤爲事實的缺點。又西京賦：「海若游於玄渚」。用海神來誇張西京的池沼和海中三神山。羽獵賦中的「鞭宓妃」，「困玄冥」，誇張獵者有驅使鬼神的權力。這種寫法是從離騷的驅使神靈來的。不過屈原當時要上天下地，到處去求美女，這樣寫是必要的。現在羽獵賦也如法炮製的話，就有劉勰所指責的「詭濫愈甚」的感覺。

「誇飾」與「比興」不同，「比」者以彼物比此物，以彼事比此事，其同異之質，多寡之量，大小之形，差距不遠。至於「飾」之爲義，所飾之辭，其質量不妨過實，正如王充論衡藝增篇上說的：「譽人不增其美，所聞者不快意；毀人不益其惡，則聽者不愜於心。聞一增以爲十，見百益以爲千。」汪中釋三九也曾經說：「辭不過其意則不鬯，是以有形容焉。」所以誇飾之文，意在動人耳目，不必盡合邏輯。假如讀書者，能不以文害辭，不以辭害志，可說是得到「誇飾」的三昧了。

黃季剛札記講到「飾」詞的時候，指出：「文有飾詞，可以傳難言之意；文有飾詞，可以省不急之文；文有飾詞，可以摹難傳之狀；文有飾詞，可以得言外之情。古文有飾，擬議形容，所以求簡，非以求繁；降及後世，誇張之文，連篇積卷，非以求簡，只以增繁。仲任所譏，彥和所諧，固宜在此而不在彼也。」像「嵩高極天」，正是傳難言之意，摹難傳之狀；像「河不容舠」，正是得言外之情，會思表之旨。

劉勰在本文裏，提出「形器易寫，壯辭喻眞」，其意就在教我們通過描繪，來寫具體的事物；通過誇張，來寫形而上之道，以及抽象的情意。又教我們「酌詩書之曠旨，剪揚馬之甚泰，使誇而不誣，飾而有節」，他這種看法，在文學創作上來講，可以說是一項嶄新的貢獻，是突過前人的卓越成就。已經接觸到透過形象的誇張，來傳難寫之意，達難顯之情了。

首段論文辭所被，夸飾恒存。並舉詩書雅言爲例，明夸辭無害於義。

【正文】

夫形而上者謂之道，形而下者謂之器㊀。神道難摹，精言不能追其極；形器易寫，壯辭㊁可得喻㊂其眞；才非短長，理自難易耳。故自天地以降，豫㊃入聲貌，文辭所被，夸飾㊄恒存。雖詩、書雅言㊅，風俗（原作「格」，據顧廣圻校及黃丕烈引馮本正）訓世㊆，事必宜廣，文亦過焉〔許一〕。是以言峻則嵩高極天〔八〕，論狹則河不容舠〔九〕，說多則子孫千億〔一〇〕，稱少則民靡孑遺〔一一〕；襄陵擧滔天之目〔一二〕，倒戈立漂杵之論〔一三〕；辭雖已甚，其義無害也。且夫鴞音之醜，豈有泮林而變好〔一四〕？荼味之苦，寧以周原而成飴〔一五〕？並意深褒讚，故義成矯飾〔一六〕。大聖〔一七〕所錄，以垂憲章〔一八〕；孟軻所云：「說詩者不以文害辭，不以辭害意」也〔一九〕。

二段述兩漢辭賦家運用夸飾的得失。其中初言濫用之失，再論善用之得。

自宋玉、景差，夸飾始盛〔二〇〕。相如憑風〔二一〕，詭濫愈甚，故上林之館，奔星與宛虹〔二二〕入軒；從禽〔二三〕之盛，飛廉與焦明〔二四〕（原作「鷦鵬」，依『上林賦』校改）俱獲。及揚雄甘泉，酌其餘波，語瓌奇，則假珍於玉樹〔二五〕；言峻極，則顛墜於鬼神〔二六〕。至東都之比目〔二七〕，西京之海若〔二八〕，驗理則理無可（原作「不」，依紀昀校改）驗，窮飾則飾猶未窮矣。又子雲校獵（原作「羽獵」，一作校獵，依一作校改），鞭宓妃以饟屈原〔二九〕；張衡羽獵，困玄冥於朔野〔三〇〕，孌〔三一〕彼洛神，既非魑魅〔三二〕（原作「罔兩」，據王利器新書校改），惟此水師，亦非魍魎（原作「魑魅」，今從王惟儉本校改）〔三三〕；而虛用濫形〔三四〕，不其疎乎！此欲夸飾其威，而忘其（黃校云，下有闕字，今按王利器新書增「忘」字）事義暌刺也〔三五〕。至如氣貌山海〔三六〕，體勢宮殿〔三七〕，嵯峨揭業〔三八〕，熠燿焜煌〔三九〕之狀，光采煒煒〔四〇〕而欲然〔四一〕，聲貌岌岌〔四二〕其將動矣。莫不因夸以成狀，沿飾而得奇也。於是後進之才，獎氣挾聲，軒翥㊸而欲奮飛，騰躑㊹（原作「擲」，爲躑之俗體，今據楊明照校注改）而羞跼步㊺〔評二〕，辭入煒燁，春藻不能程其豔㊻；言在萎絕㊼，寒谷未足成其凋；談歡則字與笑並，論慼則聲共泣偕；信可以發蘊而飛滯，披瞽而駭聾矣。

然飾窮其要，則心聲㊽鋒起；夸過其理，則名實兩乖。若能酌詩書之曠旨㊾，翦揚馬之甚泰㊿，使夸而有節，飾而不誣，亦可謂之懿也〔評三〕。

末段揭出作意，來針砭時弊，提示爲文夸飾的正法。

贊曰：夸飾在用，文豈循檢(51)。言必鵬運(52)，氣靡鴻漸(53)。倒海探珠，傾崑取琰(54)。曠而不溢(55)，奢而無玷(56)。

【註　釋】

㈠ **形而上者之謂道，形而下者之謂器**：兩句語出易經繫辭上。「道」與「器」相對而言，道，指超越形象以外，而不具體之物，所以說「精言不能追其極」；器，指局限於形象以內，而爲具體之物，所以言「壯辭可以喻其眞」。

㈡ **壯辭**：猶言壯語，壯屬盛大的辭氣，卽指夸張的話。

㈢ **喻**：曉喻的意思。

㈣ **豫**：預先具備。爾雅釋言：「豫，早也。」

㈤ 夸飾：誇張修飾的意思。

㈥ **雅言**：即正言。論語述而篇：「子所雅言，詩書執禮，皆雅言也。」

㈦ **風俗訓世**：風，風敎。俗，習俗。風俗卽敎化世俗的意思。訓世，訓導世人。

㈧ **嵩高極天**：語出詩經大雅崧高：「崧高維嶽，駿極於天。」傳曰：「崧，高貌，山大而高曰崧。嶽，四嶽也。駿，大；極，至也。」

㈨ **河不容舠**：語出詩經鄘風河廣：「誰謂河廣，曾不容刀。」箋曰：「不容刀喻狹，小船曰刀。」釋文：「刀如字，字書作舠，說文作⿰舟周，並刀字。」故知「刀」乃「舠」字的省寫。

(一〇) **子孫千億**：語出詩經大雅假樂：「干祿百福，子孫千億。」箋曰：「十萬曰億。」此形容子孫衆多之意。

(一一) **民靡孑遺**：語出詩經大雅雲漢：「周餘黎民，靡有孑遺。」箋曰：「黎，衆也。周之衆民多有死亡者矣，今其餘無有孑遺者，言又飢病也。」是說飢民餓死的一個也不剩，乃極盡之詞。

(一二) **襄陵舉滔天之目**：書經堯典：「帝曰：咨，四岳，湯湯洪水方割，蕩蕩懷山襄陵，浩浩滔天。」傳曰：「襄，上也。」襄陵，指水勢漫上山陵。舉，記錄之意。滔天之目，指「浩浩滔天」之品目。

(一三) **倒戈立漂杵之論**：書經僞武成：「罔有敵于我師，前徒倒戈，攻于後以北，血流漂杵。」

(一四) **鴞音之醜，豈有泮林而變好**：詩經魯頌泮水：「翩彼飛鴞，集於泮林，食我桑黮，懷我好音。」箋云：「懷，歸也，言鴞恆惡鳴，今來止於泮水之木上，食其桑黮，爲此之故，改其鳴，歸就我以善音，喻人感於恩則化也。」彥和以爲詩經所言，乃文字誇飾使然，並非集於泮林，則其音能有所改變。泮林，指學宮旁邊的樹林。

（五）**荼味之苦，寧以周原而成飴**：兩句就詩經大雅綿「周原膴膴，堇荼如飴」而言。箋云：「廣平曰原，周之原地，在岐山之南，膴膴然肥美，其所生菜，雖有性苦者，甘如飴也。」飴，糖漿的意思。

（六）**矯飾**：虛僞的誇飾，後漢書章帝紀：「俗吏矯飾外貌，似是而非。」

（七）**大聖**：指孔子而言。

（八）**憲章**：指法度禮文。晉書張華傳：「晉史及儀禮憲章，並屬於華，多所損益。」

（九）**說詩者不以文害辭，不以辭害意**：語出孟子萬章篇，胡毓寰本義云：「合文而成字，集字而成辭。字僅有獨立之義，辭則含有作者之志情意焉。不以文害辭，謂勿據一字之義，而害全句之意也。不以辭害意，謂勿據一句之意，而害全文之旨也。」

（一〇）**自宋玉、景差，夸飾始盛**：史記屈原列傳：「屈原既死之後，楚有宋玉、唐勒、景差之徒者，皆好辭而以賦見稱。」揚雄法言吾子篇：「或問：『景差、唐勒、宋玉、枚乘之賦也益乎？』曰：『必也淫。』『淫則奈何？』曰：『詩人之賦麗以則，辭人之賦麗以淫。』」故知宋玉、景差行文誇飾的盛況。

（一一）**憑風**：憑，憑藉；風，風氣。指憑藉着宋玉、景差等誇飾的風氣。

（一二）**奔星與宛虹**：奔星，卽流星。文選上林賦：「於是乎離宮別館，彌山跨谷……奔星更於閨闥，宛虹拖於楯軒。」李善注：「奔，流星也。行疾，故曰奔。」如淳云：「宛虹，屈曲之虹也。」

（一三）**從禽**：田獵時，追逐禽獸曰從禽。易經屯卦六三象辭：「卽鹿无虞，以從禽也，君子舍之，往吝窮也。」

㉔ **飛廉與焦明**：飛廉，傳說中的神鳥，鳥身鹿頭。焦明，亦爲神鳥，狀似鳳凰。上林賦：「椎飛廉……掩焦明。」

㉕ **玉樹**：揚雄甘泉賦：「翠玉樹之青葱兮。」李善注：「漢武帝故事曰：上起神屋，前庭植玉樹，珊瑚爲枝，碧玉爲葉。」

㉖ **顛墜於鬼神**：揚雄甘泉賦：「鬼魅不能自逮兮，半長途而下顚。」李善注：「逮，及也，爾雅曰，顚，隕也。」

㉗ **比目**：班固西都賦：「揄文竿，出比目。」李善注：「說文曰：揄，引也。」爾雅曰：「東方有比目魚焉，不比不行，其名謂之鰈。」此說見於班氏西都賦，彥和云東都，或因爲對偶的需要，而故意更改原文？

㉘ **海若**：海神名，張衡西京賦：「海若游於玄渚。」

㉙ **鞭宓妃以饟屈原**：鞭，鞭撻。宓妃，洛水之神。饟，卽餉字，款待的意思。揚雄校獵賦：「鞭洛水之宓妃，餉屈原與彭胥。」

㉚ **困玄冥於朔野**：玄冥，水神名，卽水官。朔野，指朔北的原野。嚴可均輯全後漢文中，有張衡羽獵賦殘文，殘文中無本篇所用的事。

㉛ **孌**：美好的樣子。詩經邶風泉水：「孌彼諸姬。」毛傳：「孌，好貌。」

㉜ **魑魅**：亦作螭魅，一曰山神，一曰山鬼，一曰山澤之怪也。

㉝ **魍魎**：說文作蛧蜽。左傳宣公二年：「故民入川澤山林，不逢不若，魑魅罔兩，莫能逢之。」注：

「罔兩，水神。」釋文引說文云：「罔兩，山川之精物也。」此處引說文之解釋較爲恰當。

(三四) **虛用濫形**：指憑空運用，濫事形容。

(三五) **睽剌**：違背的意思。

(三六) **氣貌山海**：指描寫山海的氣勢狀貌。

(三七) **體勢宮殿**：指刻畫宮殿的體態形勢。

(三八) **嵯峨揭業**：嵯峨，山勢險峻突兀的樣子。揭業，一作岌爚，山高貌。王延壽魯靈光殿賦云：「飛陛揭業。」

(三九) **熠燿焜煌**：熠燿，亦作燿爚，光明閃爍的意思。景福殿賦云：「光明熠燿。」焜煌，照耀貌。天臺山賦：「暾日炯晃於綺疏。」焜煌亦作炯晃。

(四〇) **煒煒**：光彩鮮明貌。

(四一) **然**：同燃字。

(四二) **岌岌**：山極高的樣子。

(四三) **軒翥**：高飛高舉之意。

(四四) **騰擲**：跳躍的意思。

(四五) **跼步**：跼，跼促之意。跼步，指不能放開脚步，向前邁進。

(四六) **春藻不能程其豔**：春藻，指春天的花朵。程，較量的意思。本句是說，春天的花朵也不能跟它一較豔麗。

(四七) **萎絕**：凋萎淒絕的意思。楚辭離騷：「雖萎絕其亦何傷兮。」王逸注：「萎，病也；絕，落也。」

㊽ **心聲**：指思想言語。揚雄法言問神篇云：「言，心聲也，書，心畫也。」李軌注：「聲發成言，畫紙成書，書有文質，言有史實，二者之來，皆由於心。」

㊾ **曠旨**：深遠的意旨。

㊿ **甚泰**：過甚的意思。

(51) **循檢**：遵守成規的意思。循，遵循；檢，法式。

(52) **鵬運**：莊子逍遙遊：「北冥有魚，其名爲鯤，化而爲鳥，其名爲鵬，海運，則將徙於南冥。」鵬運，指鵬鳥的高飛運行。

(53) **氣靡鴻漸**：鴻漸，大進的意思。易經漸卦初六爻辭：「鴻漸于干。」注：「鴻，水鳥也，適進之義，始於下而升者也，故以鴻爲喩。」氣靡鴻漸，指文章的氣勢弘偉，勝似鴻雁的翱翔。

(54) **傾崑取琰**：崑，指崑山；琰，寶玉之謂，呂氏春秋重己篇云：「人不愛崑山之玉，江漢之珠，而愛己之一蒼璧小璣。」本句是說，傾覆崑山，而挖掘下面埋藏的寶玉。

(55) **曠而不溢**：曠，廣大。溢，水滿而外流，此處用以比喩辭釆誇張過甚。

(56) **奢而無玷**：奢，比喩辭藻的繁縟。玷，玉上的污點。本句是說，辭采雖然華麗，卻沒有任何瑕疵。

【語　譯】

凡是超越形象以外，而沒有實質的，就叫做「道」，局限於形象之內，而有實質可觀的，就叫做「器」。神明無方之道，是難以描摹的，即令使用精微要妙的語言，也不能詳細述說它的究竟。至於有形體可見的器物，便容易說明描寫，只要用些誇飾的文辭，就可以得知它的眞相了。這不是由於作家的才能，短於論道，長於寫器的緣故，而是因爲神道幽微，不是筆墨所能體察；形器顯明，容易爲耳目得知，所以在情理上，自然有難易的分別了。故自開天闢地以來，一切事物早已具備了聲音和像貌，凡利用文辭來描述它們的時候，誇張修飾的手法，便經常被人使用著。縱然是詩經、書經的雅正之言，當文中講述教化風俗，訓導世人的時候，爲了擴大某種事理的眞相，措辭往往有過甚其實的現象。例如講到嵩嶽的高峻，就說它高聳雲天，描述河川的狹窄，便說它連小舟也容不下；稱人福祿衆多，就說子孫千千萬萬，形容人口稀少，就說人民死亡殆盡；寫洪水暴漲，則用「浩浩滔天」的詞彙；寫殷軍敗退，便用「血流漂杵」的論調；這些形容雖然過分的誇大，可是對於作者所要表達的意義，並沒有什麼妨害啊！除此之外，像貓頭鷹的叫聲本就難聽，哪會因牠棲息在學堂附近的樹林，吃那樹上的果實，叫聲就變得悅耳了呢？荼菜的味道是苦澀的，怎會因爲它生長在岐山肥沃的原野上，澀味就變得甘甜了呢？這都是詩人爲了褒美學宮感化的力量，頌讚太王恩澤的浩蕩，在取義時，就不免有些矯枉誇張了。大聖孔子刪定詩、書，其目的在於垂示法度，爲後世典範；所以我們對「夸飾」所應持有的態度，正應當如同孟子所說的：「講解詩經的人，不可執著一個字義的解釋，而妨害了整句的意思，也不可因執著整句的意思，而妨害了全詩的主旨啊」。

自從宋玉、景差這些作家出現以後，誇張增飾的手法才興盛起來，到了司馬相如，更因爲承襲了這種風氣，使得辭賦的詭誕淫濫，越發嚴重了。譬如司馬相如上林賦，寫苑中館閣的高峻，就說疾奔的流星和彎曲的彩虹，都投入了窗戶；寫捕獲禽獸之多，便說奇怪的飛廉和美麗的焦明，都被捉到了。等到揚雄作甘泉賦，也沿襲了司馬相如的流風餘韻，形容苑囿的瑰麗奇偉。就假借珍異的玉樹靑葱，極言它的貴重罕見；描述臺觀的險峻，就說連鬼神看了都會心驚膽跳，不能攀登而上。至於班固西都賦中，感歎比目魚的出行，張衡西京賦裏，敍述海若神的出遊等事；如果眞的要徵驗事理的話，則無理可以徵驗，說他們極盡誇飾之能事，可是也不應該誇張到這種地步啊！另外，像揚雄的校獵賦中說，鞭撻洛水之神宓妃，來款待屈原；張衡的羽獵賦記載，圍困水師玄冥於朔北的原野。說到美麗的洛神，牠並非山妖；而嚴正的水師，也不是水怪。但是作家們竟然憑空運用，亂事形容，豈不是太荒唐了嗎？揚、張二人所以會這樣，正是由於他們一心想要誇大天子狩獵的聲威，而忘記所說的事類和義理相違背啊！至於描述山海的氣象狀貌，刻劃宮殿的體態形勢，或是用「嵯峨」、「揭業」，形容險峻，或是用「熠爚」、「焜煌」，描繪瑰麗，用辭誇張，形容過甚，致使文章光采鮮明，一如火之燃燒，聲貌逼眞，給人有一種靈活走動之動態感。總之，這些例子，都是因爲誇張而成的狀態，依循增飾而獲得的這般奇偉啊！於是有才華的後進作家們，更助長了這種誇飾的風氣，憑借這種增飾的聲勢，想要遠擧高飛，放浪形骸於青雲之外，而認爲小心翼翼，故步自封於舊有形式範圍內是可恥的，他們講究的是：文辭的刻劃要鮮明，卽使是春天的花朶，也不能和它較量豔麗；描摹摧敗景象的語句，卽使是寒冬的山谷，也不足比況它的蕭條；講到歡欣愉悅的時候，幾乎每一個字眼裏都含著喜笑；論及憂戚哀傷的感情，每一個音節都帶著哭泣。像這樣，確實能發抒一個人隱藏著的情感，飛舞起那沈滯的筆墨。其描寫的生動，好像連瞎子都能掀開眼瞼如見其形，聾子的耳朵如聞其聲了。

然而文章的增飾如果盡合體要，那麼思想和語言，就會互相交錯，如衆蜂飛起，顯得特別突出。假如誇張不合情理，那麼名義和實際，便會兩相乖離了。故作者在遣辭造句的時候，倘若能斟酌採用詩、書中曠古不及的旨趣，窮除子雲、相如過甚誇大的文辭藻采，使誇張而有所節制，增飾而不傷害實質，這就可稱得上理想的作品了。

總而言之：誇張增飾的手法，在行文措辭上，固然有它運用的必要，不過文章的寫作，哪裏可以依循一定的法式呢？作品的遣辭，要能筆墨齊飛，宛如大鵬的運行；文章的氣勢，要如風捲雲奔，若鴻雁般的翺翔。夸飾的寫作技巧是這麼要緊，而作者要搜尋適當的字眼去表達，就好像翻倒滄海去探尋明珠，傾覆崑山去挖掘美玉一般的困難。可是作者對夸飾的體認，仍須多下功夫，然後才能做到：事義雖然廣大，而不至於泛濫成災；辭藻雖然華麗，卻沒有任何瑕疵的要求。

【集　評】

一、紀評：「先以六經說入，分兩層鈎剔，語自斟酌，非劉子玄惑經之比。」

二、黃評：「昌黎詩句多如此。」

三、紀評：「文質相扶，點染在所不免。若字字摭實，有同史筆，實有難於措筆之時。彥和不廢夸飾，但欲去泰去甚，持平之論也。」

【問題討論與練習】

一、劉勰云：「文辭所被，夸飾恒存」，則夸飾與文學創作之關係至為密切，能否舉例以徵其實？

二、試論兩漢辭賦家為文誇飾之得失。

三、「誇飾」與「比、興」同為修辭所必須，三者有何不同？

四、彥和言創作不廢誇飾，原因何在？誇飾之正法又如何？

事類第三十八

【解題】

事類又叫事義，就是典故，也就是今人所謂之「材料」，所謂「據事以類義，援古以證今」，這是充實作品，修飾文辭的一法。

彥和於本篇講爲文運材，先從「易經」、「書經」用事運典的例子，說明「事類」在文學創作上的作用，所謂「昔文王繇易，剖判爻位，既濟九三，遠引高宗之伐，明夷六五，近書箕子之貞。」此略舉人事，以徵義之例。至於「胤征羲和，陳政典之訓；盤庚誥民，敍遲任之言。」此全引成辭，以明理之例。人之爲文，抒情論事，不比修史之可以據事實書，卽足成篇；所以從事文學創作，想要課虛無以責有，叩寂寞而求音，非取資於事類不可。是以古人寫作，於此無不再三留意。

至於其他的例子，如王粲的七哀詩，寫他生活在亂世的心情，說：「南登霸陵岸，回首望長安。悟彼下泉人，喟然傷心肝。」作者的思想感情並沒有明白說出，只說登霸陵岸，望長安，同時想到詩經曹風下泉的作者而悲傷。這裏借古喻今，就是用事。因爲霸陵是漢文帝陵墓，下泉是懷念明王；亂極思治，這裏就是表達他那亂極思治，懷念明王的意思。這個意思通過用事來表達，便顯得非常突出。有時候，我們要說明一個道理，用許多話，說得不一定能使人信服。如果此時能引用權威性的文字，來作爲立論根據，那就比較具有說服力。在秦漢時代的子書裏，往往引經據典來作證，就是爲了這個目的。至於說明一個道理的時候，要是只講道理，沒有具體的事實做例證，便顯得文章空洞。此時如能引事實爲證，就比專講抽象的理論來得有效。由此可知作者的「多識前言往行」，在文學創作上的重要性爲如何了。

運用材料想要得心應手，有兩個條件必須注意：第一要有學問，彥和說：「文章由學，能在天資。」所以他在本文中用了大量的篇幅，來討論「才」「學」與「運材」的關係。他認爲一個作者必須才力宏富，學問淵博，文章才能寫得好。而「才」是先天產物，「學」爲後天所得，雖然「屬意立文，心與筆謀，才爲盟主，學爲輔佐」，但是「將贍才力，務在博見」，而才力固由天賦，也非一成不變，而是可以通過學習的歷程，豐富起來的，所以對於爲文用「事」而言，當然要依靠廣博的「學問」，但這又不完全是「學的問題」。因此第二點，便是要選擇精確。所謂「綜學在博，取事貴約，校練務精，捃理須覈」，我們在充實見聞，多識前言往行之餘，固應窮源溯流，知所抉擇；但亦當衡情酌理，得適其要。這樣，在運材的時候，才不至發生謬誤。所以對材料之選用，又要依靠作者的才力與識見。

因此，祇有「才」和「學」的互相配合，才能「衆美輻輳，表裏發揮」，達到推陳出新，運化無迹的功效。彥和云：「山木爲良臣所度，經書爲文士所擇，木美而定於斧斤，事美而制於刀筆，研思之士，無慚匠石矣。」這對於爲文用事，貴具匠心的看法，可以說具有啓發性的意義。

【正文】

首段釋事類在文章上的功用

事類者，蓋文章之外，據事以類義，援古以證今者也。

次段舉例爲

昔文王繇易㈠，剖判爻位㈡，既濟九三㈢，遠引高宗之伐，明夷六五㈣，近證；先舉經典，以見「君子多識前言往行」，有包於文。後舉兩漢辭家，以見舒華布實，因書立功。

書箕子之貞；斯略舉人事，以徵義者也。至若胤征羲和⑤，陳政典之訓；盤庚誥民，敍遲任之言⑥；此全引成辭⑦，以明理者也。然則明理引乎成辭，徵義舉乎人事，迺聖賢之鴻謨⑧，經籍之通矩⑨也。大畜之象：「君子以多識前言往行」⑩，亦有包於文矣。觀夫屈宋屬篇⑪，號依詩人⑫，雖引古事，而莫取舊辭。唯賈誼鵩賦，始用鶡冠之說⑬；相如上林，撮引李斯之書⑭；此萬分之一會也⑮。及揚雄百官箴⑯，頗酌於詩書；劉歆遂初賦⑰，歷敍於紀傳；漸漸綜採⑱矣。至於崔班張蔡⑲，遂捃摭⑳經史，華實布濩㉑，因書立功㉒，皆後人之範式㉓也。

三段論才學與用事的關係。

夫薑桂因（原作「同」。玆據王利器新書引韓詩外傳七校改）地㉔，辛在本性，文章由學，能在天資。才自內發，學以外成㉕，有學飽而才餒，有才富而學貧〔評一〕。學貧者，迍邅於事義㉖，才餒者，劬勞於辭情㉗；此內外之殊分㉘也。是以屬意立文，心與筆謀㉙，才爲盟主，學爲輔佐；主佐合德㉚，文采必霸㉛，才學褊狹，雖美少功〔評二〕。夫以子雲之才，而自奏不學㉜〔評三〕，及觀書石室，乃成鴻采㉝。表裏相資，古今一也。故魏武稱「張子之文爲拙㉞，然學問膚淺，所見不博，專拾掇崔杜㉟小文，四段言魏晉辭家用事的謬誤：其中先言陳思信賦妄書之謬。次言陸機引事不精之謬。末言葛洪用事失實之謬。

所作不可悉難，難便不知所出。」〔評四〕斯則寡聞之病也。夫經典沈深㊱，載籍浩瀚㊲，實羣言之奧區㊳，而才思之神皋㊴也。揚班以下，莫不取資，任力耕耨，縱意漁獵，操刀能割㊵，必裂膏腴㊶。是以將贍才力，務在博見，狐腋非一皮能溫㊷，雞蹠㊸必數千而飽矣。是以綜學㊹在博，取事貴約，校練㊺務精，捃理須覈㊻〔評五〕，衆美輻輳㊼，表裏發揮。劉劭㊽趙都賦云：「公子之客，叱勁楚令歃盟㊾；管庫隸臣，呵強秦使鼓缶。」㊿用事如斯，可稱理得而義要矣。故事得其要，雖小成績，譬寸轄制輪(51)，尺樞運關也(52)。或微言美事，置於閑散，是綴金翠於足脛(53)，靚粉黛於胸臆也(54)。

凡用舊合機(55)，不啻自其口出，引事乖謬(56)，雖千載而爲瑕〔評六〕。陳思，羣才之英也(57)。報孔璋(58)書云：「葛天氏之樂(59)，千人唱，萬人和，聽者因以蔑韶夏(60)矣。」此引事之實謬也。按葛天之歌，唱和三人而已。相如上林云：「奏陶唐之舞(61)，聽葛天之歌，千人唱，萬人和。」〔評七〕唱和千萬人，乃相如推之，原作「接入」，玆依崇文本改 然而濫侈葛天，推三成萬者，信賦妄書，致斯謬也。陸機(62)園葵詩(63)云：「庇足同一智，生理各萬原作「合異」，依陸機本集改端。」(64)夫葵能衞足，事譏鮑莊，葛藟庇根（六五），辭自樂豫；若譬葛爲葵，則引事爲謬；若謂庇勝衞，則改事失貞；斯又不精之患。夫以子建明練，士衡沈密，而不免於謬；曹洪（原作「曹仁」，依范文瀾注改）之謬高唐（六六），又曷足以嘲哉！

夫山木爲良匠所度，經書爲文士所擇，木美而定於斧斤，事美而制於刀筆（六七），研思之士，無慚匠石矣。

贊曰：經籍深富，辭理遐亘（六八）。皜（六九）如江海，鬱若崐鄧（七〇）。文梓（七一）共採，瓊珠交贈。用人若己（七二），古來無懵（七三）。

末段總束上文，並設譬以明爲文用事，貴有匠心。

【註釋】

㊀ **文王繇易**：繇，音（ㄓㄡˋ），卦兆的占辭。繇，抽也，抽出吉凶也，有闡發的意思。史記太史公自序：「文王囚而演周易。」「繇易」即「演易」，由八卦相重疊而成六十四卦，並爲卦兆作占辭。全句是說周文王解釋易卦的意義。

㊁ **剖判爻位**：爻，構成八卦的橫畫。「⚊」爲陽爻，「⚋」爲陰爻。剖判爻位，是說分析六爻的位置，判斷其吉凶禍福。

㊂ **旣濟九三**：易經旣濟：「九三，高宗伐鬼方，三年克之。」旣濟，爲易經第六十三卦，其卦是䷾，

六二象文明中正之德，九三象既濟之時，以剛居剛，和高宗伐鬼方以中興殷道的事蹟類似，所以文王在寫爻辭的時候，就引用這件事。

㈣ **明夷六五**：易經明夷：「六五，箕子之明夷，利貞。」明夷，爲易經第三十二卦，卦象是䷣，明而被傷，指商紂無道，箕子諫不聽，所以最高一橫象君位，而爲陰爻，象商紂之昏，箕子處其下，居至闇之地，近至闇之君，而能正其志。故利貞，有利於守正，爲箕子之象。

㈤ **胤征羲和**：胤征，書經篇名。羲和，指羲氏、和氏，他們是掌管天地四時的官吏。胤征羲和是說書經夏書胤征篇上記載，夏朝仲康時代，羲氏、和氏因沈湎酒色，廢弛職責，胤侯受王命前往征伐的事。

㈥ **盤庚誥民，敍遲任之言**：盤庚，書經商書篇名。盤庚，是商代二十八主中第十七主。盤庚篇記述盤庚自奄遷殷的事。因臣民多怨，故引任遲的話告誡臣民說：「人惟求舊，器非求舊，惟新。」遲任，是上古賢人名。句中人字，指官吏。

㈦ **成辭**：猶「成說」、「成語」、「成論」、「定論」之意，指社會上口習耳聞，衆所熟知的文辭。

㈧ **鴻謨**：謨同謀。計劃，謨略。

㈨ **通矩**：猶言「通則」、「通法」，謂共同具有的準則。

㈩ **大畜之象二句**：易經大畜：「象曰：君子以多識前言往行，以畜其德。」大畜，爲易經第二十五卦。前言，指成辭，是語典。往行，指人事，是事典。前言、往行，都包括在爲文時運用的材料中。

⑪ **屈宋屬篇**：屈，屈原。宋，宋玉。屬篇，指他們所作的辭賦。

(一二)**號依詩人**：號，號稱。依，依附。詩人，詩經三百篇的作者。

(一三)**賈誼鵩賦二句**：鵩，音（ㄏㄜˊ）。賈誼，西漢文帝時人，爲長沙王太傅，自悲不遇，長沙卑溼，有鵩鳥飛入誼舍，止於坐隅，鵩，不祥之鳥。益自傷悼，以爲壽不得長，乃爲賦以自廣。賦見昭明文選卷二鳥獸。漢書藝文志有鶡冠子一篇。作者鶡冠子，相傳楚人，居深山，以鶡爲冠，故名。按賈誼鵩鳥賦中，多用鶡冠子語。

(一四)**相如上林二句**：司馬相如上林賦：「建翠華之旗，樹靈鼉之鼓。」李斯諫逐客書：「建翠鳳之旗，樹靈鼉之鼓。」故彥和有此說。

(一五)**萬分之一會**：比喻賦中引用前人的話，是很少見的，在此不過偶而相同罷了。

(一六)**揚雄百官箴**：漢書揚雄傳，載揚雄作十二州牧箴，二十五官箴，不得說「揚雄百官箴」。「百官箴」之「百」，疑是「州」之誤。

(一七)**劉歆遂初賦**：劉歆集中有遂初賦，賦中感往寓意，都是紀傳中事。遂初賦序略云：「歆以論議見排擯，志意不得，之官（出任五原太守）。經歷故晉之域，感今思古，遂作斯賦，以歎往事而寄己意。」

(一八)**綜採**：綜合採取。

(一九)**崔班張蔡**：崔，崔駰，東漢章帝時安平人，字亭伯，年十三，通易、春秋，博學有才，善屬文，少與班固、傅毅齊名。班，班固，東漢安陵人，彪子，字孟堅，九歲能屬文，及長，博貫載籍，明帝時爲郎，典校祕書，續父所著漢書，積思二十餘年，時人比之遷、董。張，張衡，東漢西鄂人，字平子，少善屬文，尋入京師，觀太學，遂通五經，貫六藝。蔡，蔡邕，東漢陳留人，字伯喈，建寧中，拜郎中，奏求正定五經文字，自書於碑，使工鐫刻，立於太學門外，後學咸來取正，此卽著名的熹平石經。

⑳ **捃摭**：音（ㄐㄩㄣˋ　ㄓˊ），說文：「捃，拾也。」字亦作攟、作捃。又：「拓，拾也。」字或作摭。捃摭，猶言蒐集。

㉑ **華實布濩**：華實，指文章的辭藻和內容。布濩，也作布擭，流散遍布的意思。

㉒ **因書立功**：是說因爲本於經典，所以才能建立寫作的功績。

㉓ **範式**：模範法式。

㉔ **薑桂因地**：因，依。是說生薑和肉桂同樣是依附土地而生。語見韓詩外傳七。

㉕ **學以外成**：言學養要靠外在的努力，才能有所成就。

㉖ **迍邅於事義**：迍邅，音（ㄊㄨㄣˊ　ㄓㄢ），難行不進的樣子。引申爲阻礙。全句是說在選用材料時，常遭遇困難。

㉗ **劬勞於辭情**：劬，勞苦。劬勞，用力甚苦。全句是說在修辭抒情時，不勝勞苦。

㉘ **殊分**：差別。

㉙ **心與筆謀**：心手相應，心手合一的意思。

㉚ **主佐合德**：君主和輔佐大臣能和同其德。比喻才學合一。

㉛ **文采必霸**：是說文章的辭采必能稱霸文壇。

(三二) **自奏不學**：奏，爲。爲通謂。進言的意思。揚雄答劉歆書云：「雄爲郎之歲，自奏少不得學，而心好沈博絕麗之文。」

(三三) **鴻采**：鴻文。

(三四) **魏武稱張子之文爲拙**：范注：「魏武語未知所出，然字疑衍。魏武語止『難便不知所出』句。」張子，指張衡。

(三五) **崔杜**：指崔駰、杜篤。

(三六) **沈深**：沈厚精深。

(三七) **浩瀚**：廣大衆多。

(三八) **奧區**：猶密藏、寶庫之意。

(三九) **神皐**：猶神境，聖地之意。

(四〇) **操刀能割**：操，持。左傳襄公三十一年：「猶未能操刀而使割也。」

(四一) **必裂膏腴**：列，或作裂，分解。膏腴，豬腹下的肥美者，比喻美好的部分。全句是說，運用得當，必會有美好的功效。

(四二) **狐腋非一皮能溫**：狐腋，指狐腋下的毛皮。愼子：「千金之裘，非一狐之腋。」全句是說，狐裘必須集衆腋而成，並非一小塊皮毛就能保暖禦寒。

(四三) **雞蹠**：蹠，音（ㄓˊ），雞足踵。雞蹠，卽雞爪。

(四四) **綜學**：綜，總。綜學，卽綜覽學術。

(四五) **校練**：校，考校文字。練，陶練詞句。

(四六) **捃理須覈**：捃，搜拾。捃理，即蒐集整理。覈，實在。全句是說，在取用成語或典故時，必須切合實際。

(四七) **輻輳**：會聚之意，其情形就像輪中車輻，會聚在車轂上。漢書叔孫通傳：「四方輻輳」注：「輳，聚也，言如車輻之聚於轂也。字或作湊。」

(四八) **劉劭**：三國魏邯鄲人，字孔才。文帝時爲散騎侍郎，明帝時爲陳留太守，後遷散騎常侍，正始中，賜爵關內侯。嘗奉詔作趙都賦，明帝美之。嚴可均全三國文有輯本。

(四九) **公子之客，叱勁楚令歃盟**：公子，指平原君趙勝。公子之客，指毛遂。叱，呵叱。勁楚，指強勁的楚懷王。歃，音(ㄕㄚˋ)，古時盟者以血塗口旁以示信，稱爲歃血。歃盟，歃血爲盟的意思。全句是說，趙公子平原君的門下客毛遂，曾按劍呵叱強大的楚懷王，迫使他歃血結盟。事見史記平原君虞卿列傳第十六。

(五〇) **管庫隸臣，呵強秦使鼓缶**：管庫，管理倉庫。隸臣，卑下之臣。管庫隸臣，在此指藺相如，因爲他曾爲宦者令繆賢的舍人。呵強秦使鼓缶，史記藺相如傳：「趙王與秦王會澠池，秦王酒酣，令趙王鼓瑟，藺相如奉缶請秦王擊缶，以相娛樂，秦王不肯，相如曰：『五步之內，相如請得以頸血濺大王矣。』秦王不懌，爲一擊缶。」風俗通義：「缶者，瓦器，所以盛酒，秦人鼓之以節歌也。」秦王，秦昭王。

(五一) **寸轄制輪**：轄，車軸頭上的鍵。淮南子繆稱訓：「夫車之所以能轉千里者，以其要在三寸之轄。」

喻寸轄雖小，足以制車輪的動止。有以小制大之意。

㉒ **尺樞運關**：樞，門臼，門扇所由開閉，主運轉的功能。運關，轉動大門。文子：「五寸之關，能制開闔，所居要也。」

㉓ **綴金翠於足脛**：綴，繫。脛，指從膝下到腳跟的部分。金翠應綴於頭上身上，今竟置於腳跟膝部，表示安排失當。

㉔ **靚粉黛於胸臆**：靚，音(ㄐㄧㄥˋ)，指搽油抹粉。粉黛應染潤於面部眉毛，現在竟飾於胸間，也是表示安排失當的意思。

㉕ **用舊合機**：用舊，引用典故成辭。合機，合於時機。

㉖ **乖謬**：荒謬違理。

㉗ **陳思，羣才之英也**：陳思，三國魏武帝曹操第三子，文帝曹丕弟，名植，字子建，十歲能屬文，甚爲武帝所愛。文帝立，忌其才，初封植爲東阿王，不久改封陳王，卒後諡思，世稱陳思王。植才思儁捷，詞藻富麗，世人目爲繡虎。謝靈運嘗言：「天下才共一石，子建獨得八斗。」

㉘ **孔璋**：建安七子陳琳字。琳，廣陵人，避亂冀州，袁紹徵之，使典密事，曾爲袁紹草討曹檄，紹死，曹操愛其才，辟爲軍謀祭酒，掌理記室。

㉙ **葛天氏之樂**：呂氏春秋古樂：「昔葛天氏之樂，三人操牛尾以歌八闋。」

㉚ **蔑韶夏**：蔑，輕視。韶，舜樂。夏，禹樂。

㉛ **奏陶唐之舞**：昭明文選上林賦李善注引如淳說：「陶唐，唐堯氏也。陶唐之舞，舞咸池也。」

(六二) **陸機**：晉吳郡人，字士衡，祖遜，父抗，世仕吳。機閉門勤學，作辨亡論二篇，以述吳之興亡。太康末，與弟雲俱入洛，進見太常張華，華說：「伐吳之役，利獲二俊。」後拜大將軍，授河北大都督，軍敗，被譖遇害。有陸平原集。見晉書卷五十四。

(六三) **園葵詩**：陸機園葵詩共二首，文選錄其第一首。園葵，卽蜀葵，學名向日葵。

(六四) **庇足同一智，生理各萬端**：左傳成公十七年：「齊靈公刖鮑牽。仲尼曰：『鮑莊子之知，不如葵；葵猶能衛其足。』」又文公七年：「宋昭公將去羣公子，樂豫曰：『不可。公族，公室之枝葉也；若去之，則本根無所庇陰矣。葛藟猶能庇其本根，故君子以爲庇，況國君乎！』依照陸詩原意，要用「葛藟庇根」的典故，如果用「葵能衛足」，該作「衛足」，不該作「庇足」。今陸氏改「衛」爲「庇」，所以下文說：「若謂庇勝衛，則改事失眞。」

(六五) **葛藟庇根**：葛與藟，都是蔓生草。請參前註。

(六六) **曹洪之謬高唐**：文選有陳琳爲曹洪與魏文帝書。書云：「蓋聞過高唐者，效王豹之謳。」李善注引孟子淳于髡曰：「昔者王豹處淇，而西河善謳，綿駒處高唐。而齊女善歌。」陳琳的信，用「高唐」，則當作「效綿駒之歌」，今用「王豹之謳」，是將「綿駒」誤作「王豹」了。

(六七) **制於刀筆**：制，裁斷。刀筆，古代簡牘用的筆，筆所以記事，刀所以削誤。

(六八) **遐亙**：綿延長遠。亙，音（ㄍㄥˋ），延袤之意。

(六九) **皜**：音（ㄏㄠˋ），水勢廣大貌，比喻廣大。

(七十) **鬱若崐鄧**：鬱，盛也。崐，崐侖山，山中出玉。書經胤征：「火炎崑岡。」鄧，鄧林，淮南子地形訓：「夸父棄其策，是爲鄧林。」按畢沅山海經校注，謂鄧林卽桃林。

(七一) **文梓**：有文理的梓木，猶言美材，指上文經籍、辭理說的。吳越春秋卷九：「越王乃使木工三千人入山伐木，……天生神木一雙，……陽爲文梓，陰爲楩柟。」

(七二) **用人若己**：卽用人之言，若自己出。語出書經仲虺之誥。

(七三) **無懵**：言無不瞭若指掌的意思。

【語譯】

所謂事類，就是在從事創作時，除了注意文辭、章法以外，還要「引據各種事物，來比類義理，援用往古舊聞，來證驗當今實況」的一種寫作技巧啊！

從前周文王推演八卦爲六十四卦，並且爲周易卦兆作占辭，剖析六爻位置，判斷吉凶變化。當他作離下坎上的「既濟」卦時，因爲卦象有水火相交，事無不濟的意義，恰與殷高宗征伐鬼方，以中興殷道的事蹟相類似，所以書寫九三爻辭時，就引了古代的這件事作比況。另外，離下坤上的明夷卦，有「日入地中，闇主在上，明臣在下，不能顯示明智」的現象，因此，文王寫作六五爻辭時，便根據殷賢臣箕子事奉庸君紂王，堅守忠貞美德的事，來類推卦意。這些都是約略舉出古人的事跡，來徵驗文章內容的例子啊！至於書經夏書胤征篇記載，在夏朝仲康的時代，掌管天地四時的官吏羲氏、和氏，因爲沈湎於酒，廢弛職責，胤侯接受王命前往征伐時，就曾經陳述夏后的政典：「先時者殺無赦，不及時者殺無赦」的明訓，來告誡大衆。又根據商書盤庚篇的記載，商朝自成湯以來，屢次遷徙都邑，最後盤庚想從奄遷到亳的殷治，人民因眷戀故居，不想移徙，轉相嗟怨，盤庚在詔告羣民的時候，也曾敍述古代賢人遲任的話，說「人惟求舊，器非求舊，惟新」的名言，來解說遷亳的道理。這些就是完全引用前賢的文辭，來闡明事理的例子啊！既然這樣，要闡明事理，就必須引用前賢的文辭，要徵驗事義，就必須舉出古人的事跡，這不但是聖君賢相的偉大謀略，也是經典古籍的共同規範啊！早在乾下艮上的大畜卦象辭中，就曾經說過：「君子以多識前言往行，以畜其德。」所謂君子應多記識前代的言辭，前賢的行爲，使多聞多見，以畜積己德者，這不是說明「成辭古事，已經包括於文章之中」的啓示嗎。如果我們仔細觀察屈原、宋玉所寫的楚辭，他們號稱是依附詩經三百篇作者的旨意，雖說已經能夠引用古人的事義，但並未採取舊有的成辭。惟有漢文帝時，長沙王太傅賈誼，在他所作的鵩鳥賦中，才開始引用楚國的隱者鶡冠子世兵篇中的說辭。到了孝武帝，司馬相如作上林賦，卽取用李斯諫逐客書中「建翠鳳之旗，樹靈鼉之鼓」的句子，而成「建翠華之旗，樹靈鼉之鼓」二語，但這些不過是萬分之一的巧合罷了。等到漢成帝時，揚雄作十二州牧箴、二十五官箴，頗能酌取詩經、書經的敎訓，來規勸吏治；劉歆作遂初賦，賦中的感往寓意，列敍了紀傳的史實。到這時，文章寫作的風氣，已經逐漸能綜合採用古代的事義了。至於像崔駰、班固、張衡、蔡邕諸人的作品，便蒐集了經典史籍上的成語典故，不但辭采義理具備，且影響深遠。因爲他們能援用經典，所以才建立了寫作的功績，這些足可作爲後世作家的模範和法式啊！

生薑肉桂都是依附土地而生，但所以有辛辣的滋味，是因爲本性如此。從事文學創作也是一樣，文章的寫作，可以由學習得到進步，但他的潛能，卻本於天賦。所以才能發自內在，學養成於外來。仔細觀察，有的人雖然學養豐富，但天才荏弱，有的人盡管天賦優異，而學養貧乏。學養貧乏的，常常在緝事比義時受到阻礙；天才荏弱的，也往往在修辭抒情時，不勝煩勞；這就是內發的天才和外成的學養，對寫作影響的最大不同啊！所以當一個作者有意寫作文章的時候，要使內心的想像力，能和筆下的字句，謀求合作的話，天才就像會盟的盟主，學養如同輔佐的大臣，假若兩者合作無間，那麽作品必定稱霸文壇。如果天賦偏枯，學養狹隘，作者雖有美好的構想，也難獲顯著的功效了！揚雄答劉歆書中說：「雄爲郎之歲，自奏少不得學。」依照揚子雲的高才，尚且自稱學習淺薄，等到他奉詔閱讀石室所藏的往代典籍以後，方才寫出鴻文巨著，而大放異采。可見外成的學養和內發的天才相互爲用，是古往今來一致的道理啊！所以魏武帝譏諷「張衡爲文笨拙，學問不深厚，見識不廣博，只是專門拾取崔駰、杜篤小品文中的牙慧，對於他作品中所引用的事義，也不可完全質難，若要細加質難，連他自己也不知道句意的出處。」這就是犯了孤陋寡聞的毛病了！

說到經典，其內容是非常沈厚精深的，諸子百家的書籍也廣博衆多。實可稱得上是一切文章精華聚合而成的寶庫，同時也是傑出作家文思的神聖境地啊！因此揚雄、班固以後的作者，沒有不採取應用的。他們在經書中盡力的去筆耕墨耘，在古籍裏縱情的泛覽博涉，就如同在肥沃的土地上耕種，在廣大的沼澤中漁獵。等到寫作技巧純熟以後，就像庖丁解牛，必能分解出肥美的鮮肉一樣。所以要想充實自己的才學能力，一定要博學多識。這好比狐裘，必須集衆腋而成，並非一皮就能保溫禦寒！又像雞爪，必得數千而後才會吃飽的啊！所以綜覽學問，在於能廣泛吸收，而取用事義，貴能簡約適當。考校文字，陶練詞句，務求精到；捃拾成語，摭取典故，必須覈實；能使衆多的優點，集中會合，如此，外在的學養，內在的天賦，方能發揮效用，合作無間啊！劉劭趙都賦有「公子之客，叱勁楚令歃盟」的句子，便是引用「趙公子平原君的門下客毛遂，按劍呵叱強大的楚王，迫使其歃血結盟」；又「管庫隸臣，呵強秦使鼓缶。」這是引用曾經做過趙國管庫宦者謬賢的舍人藺相如，隨趙王會秦王於澠池，喝令秦王擊缶以娛趙王的事情。劉劭用典能如此恰到好處，眞可稱得上是情理得當，而事義切要了。所以引用典故能得要領的話，雖屬小事，也可成就大功，譬如刹車的鐵轄，長僅一寸，卻可控制車輪的行止；運轉的門臼，不過一尺，但能控制門戶的開闢啊！有些人寫作，如果把精微的言詞，漂亮的事理，散置在無關緊要的地方，這就好比把金釵翠玉掛在腳上，脂粉眉黛擦於胸口，是同樣的不適當的！

凡引用典故成辭，能恰合時機，就好像自己脫口而出一樣的自然。假若引事錯誤，違背義理，卽令是作品流傳千古，也終究是有瑕疵的。像陳思王曹植，可稱得上是才俊中的傑出人物了，但是他在報陳孔璋的書中卻說：「葛天氏之樂，千人唱，萬人和，聽者因以蔑韶夏矣。」這是講古代帝王葛天氏的樂章，千人演唱，萬人附和，後世的聽衆便因而蔑視舜韶禹夏的雅樂了。這實在是引用古事的謬誤啊！因爲葛天氏的樂歌，演唱附和的，不過三個人而已！司馬相如上林賦說：「奏陶唐之舞，聽葛天之歌，千人唱，萬人和。」是說演奏唐堯時的舞曲，聽古帝葛天氏的樂歌，千人演唱、萬人附和。所謂「千人唱，萬人和」，不過是司馬相如爲了誇張上林苑張樂的盛況，所推想的語句。然而陳思王由於過分誇大葛天氏的樂歌，才把三人推廣而成萬人，偏偏他又不查原書，誤信上林賦的說法，隨便亂寫，才會導致這樣的錯誤啊！另外陸機的園葵詩說：「庇足同一智，生理各萬端。」是說向日葵尚能庇護自己的腳根，和人一樣有自衞的智慧，但人和物養生的道理，卻千頭萬緒，各不相同。我們仔細研究他引事的出處：是從過去孔子引用向日葵護根的事來的，當時孔子譏諷鮑莊子居亂世不能危行言孫，因此受到齊靈公刖浞之刑。孔子是這樣說的：「鮑莊子之知，不如葵，葵猶能衞其足。」另外，宋昭公將去除諸公子，樂豫認爲公族是公室的枝葉，來勸戒昭公，他說：「葛藟猶能庇其本根，故君子以爲庇，況國君乎！」但是陸機園葵詩寫的是「庇足」兩個字，假若說他把「庇護本根」的葛藟，當成向日葵，那不是用錯典故了嗎？如若說他以爲用「庇」字，比用「衞」字好，那豈不是改寫故典，而失其本眞了？這又是爲文用詞，不够精實的毛病。以曹子建的明智練達，陸士衡的深沈縝密，尙且不免於錯誤，那麼陳琳爲曹洪與魏文帝書中說：「蓋聞過高唐者，效王豹之謳。」錯把處於齊國高唐的綿駒，說成處於衞國淇水的王豹，這更是不值得識者一笑的了！

生長山上的木材，是良匠所要度量的，聖賢著述的經典，也是文士選擇的對象。木材質料既然精美，就需要快利的斧斤去砍伐；同樣地，書中美妙的事理，也正等待著生花妙筆來運用！像這樣，能够研究創作技巧，構思寫作內容的才學之士，一旦操觚爲文，將不會輸給運斤成風，伐木爲材的匠石了！

總而言之：古聖先賢諸子百家的典籍，內容精深，辭理豐富，不僅傳播遙遠，而且影響悠久。如長江大海的光明浩瀚；像崐山鄧林的蘊藏豐盛！經典中如文梓楩柟般的妙辭，足供採用；像瓊玉珠寶般的妙句，交相饋贈。假若引用別人的文辭，就像出自一己的手筆，流利自然，不著痕迹；那麼自古以來的作品，便沒有懵懂不明的掛慮了。

【集評】

一、紀評：「確有此二種人。」

二、紀評。「此一段言學欲博。」

三、黃評：「才稟天授，非人力所能爲，故以下專論博學。」

四、楊評：「宋人所謂用則不差，問則不知。」

五、黃評：「徒博而校練不精，其取事捃理不能約覈，無當也，吾見其人矣。」

紀評：「此一段言擇欲精。」

六、紀評：「此一段以曹陸爲鑒，言用事宜審。」

七、紀評：「千人萬人，自指漢時之歌舞者，不過借陶唐葛天點綴其事，非卽指上二事也。子建固誤，彥和亦未詳考也。」

【問題討論與練習】

一、何謂事類？試由「徵義」與「明理」兩方面，說明其在文學創作上之功用。

二、彥和云：「主佐合德、文采必霸」，義何所指？並舉例以徵其說。

三、試論「才」「學」與「用事」之關係如何？

四、彥和云：「凡用舊合機，不啻自其口出，引事乖謬，雖千載而為瑕」，試申其旨。

練字第三十九

【解　題】

「練字」主要是從字形上來談文字的選擇和運用。蓋文章雖以情志爲主，而情志所託，實惟字句，欲求情志抒寫透闢，必得運用音義順穩的文字去加以表達，故文家用字需要揀擇，乃爲必然之事。

本篇承「章句」而來，所謂「夫人之立言，因字而生句，積句而爲章，積章而成篇。篇之彪炳，章無疵也；章之明靡，句無玷也；句之淸英，字不妄也。振本而末從，知一而萬畢矣。」是知用字貴能不妄，牽一髮而全身動，一字之不當，可累及全篇。所以劉勰說：「一字詭異，則羣句震驚，三人弗識，則將成字妖矣。」又說：「心旣託聲於言，言亦寄形於字，諷誦則績在宮商，臨文則能歸字形矣。」文字之揀擇與作品之美惡，兩者關係的密切，於此可得一確證。

爲文用字必須揀擇，使其臻於不妄，此爲練字命篇之意義所在。其理旣知之矣，然用字不妄，豈易言哉？故劉勰在本文開宗明義，講過文字的創造和統一，對我國古代政治文教的重要作用後，隨卽提出有關文字的揀擇和運用問題。在運用方面，他批評了前漢作家用字太深，太怪，令人難懂，所謂「豈直才懸，抑亦字隱」。又批評後漢作家隨便書寫，文字不合規範，所謂「複文隱訓，臧否亦半」。於是提出用字簡易的主張，要當代和後世的人都能看得懂。例如他說：「後世所同曉者，雖難斯易，時所共廢，雖易斯難，趣舍之間，不可不察。」又說：「該舊而知新，亦可以屬文。」不然，用上一個詭異的字，便影響讀者對上下文義的理解，所謂「三人弗識，將成字妖」了。這對作者而言，或可說是逞才，但對讀者來說，就成了虛言。

至於揀擇方面，他認爲綴字屬篇必須注意下列四個原則：即「一避詭異，二省聯邊，三權重出，四調單複」。避詭異，主要在於不用冷僻的字；以免「兩字詭異，大疵美篇」。省聯邊，是指少用偏旁相同的字，否則，三接四接，就成了偏旁相同的字典了。權重出，是說一個字的出現，要權衡得宜，切不可一再重復。不過「富於萬篇，貧於一字」，如覺得「兩字俱要」，也就不必忌諱，則「寧可相犯」。調單複，是劉勰提示揀字的第四個要點，本條是說關於字形的肥瘠，有時影響文章的美觀，所以作者務必使文字筆畫的繁簡，配合得當，讓讀之者悅目會心。以上四條，由於時過境遷，居今而言，也許沒有六朝時代那樣必要，但是只要想讓自己的作品如精金美玉，傳誦千古，有些地方，還有它值得參考的價值。所以劉勰說：「凡此四條，雖文不必有，而體非不無；若値而莫悟，則非精解」，其折中務本之見，可說放之四海而皆準了。

作家之有文字，如梓匠之有利器，器不求其多，惟求其精。而文章者，言語之最精者也，精言必得美字去表達，所以除劉勰所提的練字以外，同時尚有沈休文的「爲文當從三易」之說，以及北朝顏之推家訓文章篇，也論及文字的鍾練。知此事之在當時，久爲識者所重視。惟相較之下，雖各有所長，而以劉勰此篇所言，最能識大體，掌關鍵，籠照古今，知所折中了。

【正文】

首段敍述文字源流。

夫爻（原作「文」，形誤，據劉永濟校釋改）象列而結繩移㊀，鳥跡㊁明而書契㊂作，斯乃言語之體貌㊃，而文章之宅宇㊄也。蒼頡造之，鬼哭粟飛㊅；黃帝用之，官治民察。先王聲教㊆，書必同文；輶軒之使㊇，紀言殊俗，所以一字體㊈，總異音㊉。周禮保氏二段敍述文字對文章的影響。其中先言西漢文士精於小學，故文多瑋字；次言東漢以後，疏於小學，故字尚簡易。

⑪，掌教六書。秦滅舊章⑫，以吏爲師。及（紀本註乃「字」）李斯刪籀而秦篆興⑬，程邈造隸而古文廢⑭。

漢初草律⑮，明著厥法，太史教試，學童八體（「教試」原倒在「學童」下，於文法不合，茲徵漢志小學家序乙正。又「八體」原作「六體」，乃淺人據今本漢志之誤字而改，茲據王先謙漢書補注引李賡云，徵說文敍訂正）；又吏民上書，字謬輒劾；是以馬字缺畫，而石建懼死⑯，雖云性慎，亦時重文也。至孝武之世，則相如課篇⑰。及宣平（「宣平」二字原作「宣成」，茲據范注徵說文敍及漢志改）二帝，徵集小學，張敞以正讀傳業⑱，揚雄以奇字纂訓⑲，並貫練雅頡⑳（「頡」原作「頌」，形誤，茲據李師曰剛斠詮徵上下文例校改。），總閱音義，鴻筆之徒，莫不洞曉。且多賦京苑㉑，假借形聲㉒，是以前漢小學，率多瑋字㉓，非獨制異，乃共曉難也。暨乎後漢，小學轉疎，複文隱訓㉔，臧否亦（「亦」原作「大」，形誤，茲據范注改）半㉕。及魏代綴藻㉖，則字有常檢㉗，追觀漢作，翻成阻奧㉘。故陳思稱：「揚馬之作㉙，趣幽旨深，讀者非師傳不能析其辭，非博學不能綜其理」。豈直才懸㉚，抑亦字隱〔評一〕。自晉來用字，率從簡易，時並習易，人誰取難。今一字詭異，則羣句震驚，三人弗識，則將成字妖矣。後世所同曉者，雖難斯易〔評二〕，時所共廢，雖易斯難，趣舍之間㉛，不可不察。

三段標舉練字揀擇之法，初言文家當通曉古今文字，繼而說明四種避忌。

夫爾雅者，孔徒之所纂，而詩書之襟帶㉜也；倉頡者㉝，李斯之所輯，而鳥籀㉞之遺體也；雅以淵源詁訓，頡以苑囿㉟奇文，異體相資，如左右肩股，該舊㊱而知新，亦可以屬文。若夫義訓古今，興廢殊用，字形單複，妍媸㊲異體，心既託聲於言，言亦寄形於字，諷誦則績在宮商，臨文則能歸字形矣。是以綴字屬篇，必須揀（「揀」原作「練」，茲據王利器新書引廣博物志二十九改）擇：一避詭異，二省聯邊，三權重出，四調單複〔評三〕。詭異者，字體瓌怪㊳者也。曹攄㊴詩稱：「豈不願斯遊，褊心惡呶㊵。」兩字詭異，大疵美篇，況乃過此，其可觀乎！聯邊者，半字同文者也〔評四〕。狀貌山川，古今咸用，施於常文，則齟齬㊶爲瑕，如不獲免，可至三接，三接之外，其字林乎！重出者，同字相犯者也。詩騷適會㊷，而近世忌同，若兩字俱要，則寧在相犯〔評五〕。故善爲文者，富於萬篇，貧於一字〔評六〕，一字非少，相避爲難也。單複者，字形肥瘠㊸者也。瘠字累句，則纖疎㊹而行劣；肥字積文，則黯黕㊺〔評七〕而篇闇㊻，善酌字者，參伍單複，磊落如珠矣。凡此四條，雖文不必有，而體非（「非」原作「例」，字誤，據范注改）不無。若值而莫悟，則非精解。

末段論後代

至於經典隱曖㊼，方冊紛綸㊽，簡蠹帛裂㊾，三寫易字㊿，或以音訛，或以文士沿訛習奇之弊。

文變。子思㉛弟子，於穆不似（「似」原作「祀」，茲依孫詒讓札迻，王利器新書校改），音訛之異也。晉之史記，三豕渡河㉜，文變之謬也。尚書大傳有「別風淮雨，」帝王世紀云「列風淫雨」㉝。「別」「列」「淮」「淫」，字似潛移。「淫」「列」義當而不奇，「淮」「別」理乖而新異。傅毅制誄，已用「淮雨」㉞，元長作序，亦用「別風」（二句八字原無，據盧文弨所見宋本補），固知愛奇之心，古今一也（評八）。史之闕文，聖人所愼，若依義棄奇，則可與正文字矣。

贊曰：篆隸相鎔㉟，蒼雅品訓㊱。古今殊跡，妍媸異分。字靡易（「易」原作「異」，音誤，現據黃侃文心雕龍札記校改）流㊲，文阻難運㊳。聲畫㊴昭精，墨采㊵騰奮。

【註釋】

㊀ **爻象列而結繩移**：指在最古的時候，伏羲氏觀察萬物的形象而畫八卦，以陰陽二爻象徵宇宙間的一切現象後，結繩記事的制度就改變了。易經繫辭下：「上古結繩而治，後世聖人易之以書契，百官以治，萬民以察。」

㊁ **鳥跡**：相傳黃帝的史官倉頡，見鳥獸蹄爪的痕跡，因而啓發了他的靈感，創造文字。事出許愼說文解字敍。

㊂ **書契**：指文字。

(四) **言語之體貌**：體貌，指形體外貌。這裏指文字是言語的符號。

(五) **文章之宅宇**：宅宇，基礎。謂文字是文章的基礎。

(六) **鬼哭粟飛**：是說倉頡造字以後，發生鬼在夜間哭泣，粟由空中飛下的怪現象。淮南子本經訓：「昔者倉頡作書而天雨粟，鬼夜哭。」

(七) **聲敎**：指政令敎化。

(八) **輶軒之使**：輶軒，是古代天子使臣乘坐的一種輕便車輛。輶軒之使，指天子的使臣。

(九) **一字體**：一，統一。是說統一文字的形體。

(一〇) **總異音**：總，綜合。異音，音的異讀。是說總滙各地不同的方言。

(一一) **周禮保氏**：周禮，書名。記載周代的禮儀制度。保氏，官名。周禮地官保氏：「保氏掌諫王惡，而養國子以道，乃敎以六藝。……五曰六書。」根據鄭衆的解釋，六書是象形、會意、轉注、處事、假借、諧聲（說文解字序作形聲）。

(一二) **秦滅舊章**：舊章，舊有的典籍。據史記秦始皇本紀三十四年的記載，李斯曾下令，把秦紀以下的史書，民間收藏的詩書，以及諸子百家的著作，全部燒掉。

(一三) **李斯刪籀而秦篆興**：李斯，始皇帝丞相。曾從荀卿學。始皇統一天下，李斯奏請統一文字，凡與秦文不同的完全廢除。同時選取史籀大篆，加以省改，成蒼頡篇七章，爲秦人通用的小篆。

(一四) **程邈造隸而古文廢**：秦時爲了官司刑獄行文的方便，簡化大小篆的筆劃而成隸書，從此古文大篆就不再通行了。根據說文敍上的記載，秦始皇曾命令下杜人程邈作隸書。說文能字段注：「初有隸書，以趣約易，而古文由此絕矣。」

㉕ **草律**：草擬法律。漢書藝文志載：「太史試學童能諷書九千字以上，乃得爲史，又以六體試之，課最者以爲尙書、御史、史書令史。吏民上書，字或不正，輒舉劾。」六體，指古文：奇字、篆書、左書、繆篆、鳥蟲書。但六體是亡新時所訂，漢初仍沿用秦之八體（大篆、小篆、刻符、蟲書、摹印、署書、殳書、隸書）。

㉖ **石建懼死**：石建，漢郎中令，因在奏摺中把「馬」字少寫一劃，就很恐懼，擔心會獲死罪。事見漢書石奮傳。

㉗ **相如譔篇**：指司馬相如撰「凡將篇」而言。司馬相如字長卿，漢成都人，善於作賦，爲漢代的詞宗。漢書藝文志：「武帝時，司馬相如作凡將篇，無復字。」

㉘ **張敞以正讀傳業**：張敞，漢平陽人（今山西省臨汾縣南），宣帝時爲京兆尹，元帝時病卒。正讀，標準音讀。傳業，傳授課業。事見說文解字敍。

㉙ **揚雄以奇字纂訓**：揚雄，漢成都人，字子雲，長於詞賦，善於屬文。有甘泉、河東、長楊、校獵四賦，太玄、法言、方言等書。奇字，指稀罕難見的字。訓纂，指訓纂篇。漢書藝文志：「至元始中，徵天下通小學者以百數，各令記字於庭中，揚雄取其有用者，以作訓纂篇。」

㉚ **貫練雅頡**：貫練，貫通熟練；雅，爾雅，書名；頡，蒼頡篇，亦書名。全句是說他們都透徹瞭解爾雅和蒼頡兩部字書。

㉛ **多賦京苑**：作了許多描寫京都和苑囿的賦。

㉒ **假借形聲**：假借，憑藉。是說憑藉我國文字形聲的特性，排比成文。

㉓ **瑋字**：奇偉罕見的字。

㉔ **複文隱訓**：後漢小學轉疏，今文家只根據簡易隸書來解釋字義，如，馬頭人，是把兩文重起來，解釋「長」字，或將人、十兩文相重，以解釋「斗」字。這種重兩文而爲一字，就叫「複文」。隱訓，是指詭僻的義訓，如「蟲」字訓爲「屈中」。

㉕ **臧否亦半**：是說後漢的小學家，造詣各有不同，好壞各佔一半的意思。

㉖ **綴藻**：綴是連的意思。藻是辭藻。綴藻就是從事文章的寫作。

㉗ **常檢**：一定的法則。

㉘ **翻成阻奧**：「翻」就是「反」的意思。奧，深奧。全句是說反而變成深奧難解。

㉙ **陳思稱揚馬之作**：陳思指曹植。魏武帝的第三子，文帝的弟弟，字子建，死後謚思，所以稱陳思王。有曹子建集。「揚馬」就是「揚雄」和「司馬相如」。陳思王曹植的話無考。

㉚ **豈直才懸**：直，僅的意思。懸，遠的意思。全句是說，那裏僅是才學上的懸殊。

㉛ **趣舍之間**：趣舍是進退之意。此處指對於字的採取或捨棄。

㉜ **襟帶**：本指衣襟和腰帶，此處形容關係密切。

㉝ **倉頡者**：指倉頡篇。是李斯所編輯的。說文解字敍：「斯作倉頡篇……皆取史籀大篆或頗省改，所謂小篆者也。」

㉞ **鳥籀**：指古文大篆而言。

(三五) **苑囿**：事物薈萃之處。

(三六) **該舊**：該，包括之意。舊，指前文所說的鳥、籀、古文、大篆。

(三七) **姸媸**：姸是美好之意。媸是醜惡之意。

(三八) **瓌怪**：瓌通瑰。珍貴奇特的意思。

(三九) **曹攄**：曹攄，晉朝人，字顏遠，少有孝行，好學，文章寫得很好。文選載有他的「思友人」「感舊」兩首五言詩。

(四〇) **褊心惡訩呶**：褊心，心胸狹小，性子急躁。訩，喧擾的聲音。呶，說話喋喋不休的樣子。這裏指「訩呶」二字形狀怪異。

(四一) **齟齬**：本指齒不齊，在此借喻文字形狀不和諧，或不美觀。

(四二) **詩騷適會**：詩，詩經。騷，楚辭。是說詩經、楚辭爲了適應當時情境的需要，用字不嫌重出。

(四三) **字形肥瘠**：肥瘠是胖瘦的意思。筆劃多，看起來有「胖」的感覺，所以叫「肥」；筆劃少，有「瘦」的感覺，所以稱「瘠」。

(四四) **纖疎**：細少稀疏。

(四五) **黯黕**：黯，音（ㄢˋ）；黕，音（ㄉㄢˇ）。兩字都是深黑色的意思。

(四六) **闇**：隱晦不明。

(四七) **隱曖**：隱晦奧秘，指字義不明，由於傳抄致誤。

(四八) **方册紛綸**：方是版，册是簡，都是指書籍的而言。紛綸，是繁亂的意思。

(四九)**簡蠹帛裂**：蠹，音（ㄉㄨˋ），一種蛀蝕書籍的蟲，又叫蠹魚。此處蠹作動詞。是說簡冊被蠹蝕了，縑帛也腐裂了。

(五〇)**三寫易字**：是說書籍經過後人三次抄寫後，就會產生錯誤。抱朴子遐覽篇：「故諺曰：『書三寫，魚成魯，帝成虎。』」

(五一)**子思**：孔子孫，名伋，字子思。跟隨曾子讀書，後世稱爲述聖，漢書藝文志載有子思子二十三篇。

(五二)**三豕渡河**：呂氏春秋察傳篇載，子夏到晉國去，路過衞國，見衞人讀晉史，有「晉師三豕涉河」一句，便告訴那人，不是「三豕」，而是「己亥」，到晉之後，子夏向晉人求證，果然是「己亥」。因「己」與「三」，「亥」與「豕」，篆文字形近似，容易寫錯的緣故。

(五三)**尙書大傳有別風淮雨以下二句**：尙書大傳，書名，舊題漢伏生撰。書中云：「久矣，天之無別風淮雨，意者中國有聖人乎？」鄭康成注「淮」是暴風雨之名，但以後其他的書都是「烈風淫雨」。帝王世紀，書名，晉皇甫謐撰。

(五四)**傅毅制誄，已用淮雨**：古文苑載傅毅靖王興誄有「白日幽光，淮雨杳冥」句。傅毅，後漢人，字武仲，博學能文。與班固、賈逵共典校書。

(五五)**篆隸相鎔**：鎔貫小篆和隸書的演變。

(五六)**蒼雅品訓**：品，分別。訓，義訓，解釋。是說要分別瞭解蒼頡和爾雅的詁訓。

(五七)**字靡易流**：靡，磨礪之意；易流，易於流傳。全句是說作家之於文字，經過磨練的工夫，才容易流傳。

(七八) **文阻難運**：言文辭阻奧，難於用來達意抒情。

(七九) **聲畫**：揚雄法言問神：「言，心聲也；書，心畫也。」

(八〇) **墨采**：指文字的光采。意思包括避免文字的詭異、聯邊、重出、單複，如此文字自然光采煥發。

【語譯】

自從伏羲畫八卦，以陰陽二爻的錯綜排列，象徵宇宙間的現象後，結繩記事的制度就改變了。後來，黃帝史官倉頡，觀獸蹄鳥跡之道，而創造了文字。文字不但是言語的符號，也是文章賴以產生的基礎。傳說倉頡造字的時候，鬼在夜間哭泣，粟由空中飄落。文字造成後，黃帝用來教化百姓，因而百官庶政得以治理，萬民事務將以明察。古先聖王非常重視文字教育，命令用統一的文字書寫。周秦時代，採風的官員時常坐着輕車，到各地蒐集方言和不同的習俗，爲的就是劃一文字的形體，統一字音的異讀。周禮上記載保氏掌管教育國子六書的事。秦時燒毀了舊有典籍，規定只有官吏才能教民習法。爲了統一文字，命令李斯擷取史籀大篆加以省改，發明了小篆；程邈因獄訟繁興，更造隸書，古文遂被廢棄。

漢朝初年，蕭何草擬法律，明定文字之法，要太史教導學童，練習大篆、小篆、刻符、蟲書、摹印、署書、殳書、隸書等八種字體，並且以這個做爲考試的項目。不僅如此，如果官吏、人民上書，文字書寫錯誤，立即加以彈劾。所以石建因爲書寫「馬」字，缺了一筆，害怕招致死罪；雖然這是由於他個性謹愼，但也足以證明當時重視文字的程度爲如何了！到了孝武帝時，司馬相如譔凡將篇。到宣、平二帝時，又徵求精於小學的專家學者從事研究。最有名的如張敞以標準讀音而傳習受業，揚雄集稀罕少見的奇字作訓纂篇。他們不但貫通熟練爾雅、蒼頡兩部字書，而且能夠整理校閱文字的聲音與意義。這個時候，凡是寫文章的大作家，沒有不洞徹明白小學的。而且他們的作品大多是鋪陳京都苑囿的富麗堂皇。憑藉我國文字形聲的特性，排比成文。所以西漢小學，常有瑰瑋的奇字，這不獨是文章制作的怪異，而且字詞訓義方面的古奧，也非淺學之士，所易共曉的啊。到了東漢，小學漸被忽視，文人們有的將獨體之文強行拆開，以便用兩個字去說明，如馬頭人爲長，人持十爲斗之類；也有望文生訓，詭僻難解的，如蟲者屈中，苛者止句之類；他們之間，有精通小學的，也有疎於小學的，實在是優劣參半。時至魏代，文人寫作，用字往往有一定的法度，回頭來閱讀漢人的作品時，反而覺得深奥難解。所以陳思王曹植稱：「揚雄、司馬相如的作品，趣味幽隱，義旨艱深；讀者如果沒有師傅的傳授，不能解析他們的文辭；沒有廣博的學問，不能綜合他說的道理。」這不但是才學上的懸殊，也是用字隱僻的緣故吧！自晉朝以來，文人寫作用字，大抵趣向於簡單容易。當時的人都習慣於簡易，還有誰會取用艱深的文字呢？當今之世，只要用一個詭異的字，就使人對好幾個句子感到震驚，而一個字要是有三個人不認識，就被認爲是造字的妖怪了。凡後人所共同明白的文字，卽使是困難，也以爲明白易知；如爲廢棄不用的，就是容易，也變成艱澀難懂了。所以我們現在行文措詞，在文字的取捨上，不可不加以明辨考察。

說到爾雅一書，那是經孔子的門徒所編纂，而爲研究詩書不可或缺的重要著作，就像衣服與襟帶一般，是分不開的。倉頡篇是李斯所編輯，他是古文大篆遺留的形體。爾雅是訓詁的淵源，倉頡乃奇文的苑囿。大篆、小篆、古文、奇字等字體雖異，而相互爲用，就像左右肩股，彼此輔助。我們要能夠貫通往古來今字形的變遷，才能進而推知近世義訓的用法。這樣對文字的演變一淸二楚，寫作時自然能夠得心應手，運用自如了。至於同一個字的字義，因爲時代的變遷，而有古今的不同，或興或廢，在不同時期，有其特殊用法；而同一意義的字，字形也有獨體、合體的差別，且形體不同，有醜有美。我們內在的情感，既是藉着言語的聲音來表達，而語言更要藉着字形來體現。誦讀的功效，在表現抑揚頓挫，合於自然的音節；而寫作的能事，在藉着字形的難易姸媸，來發抒胸中的感懷。所以寫作時，遣詞用字必須加以選擇。綜其注意之要點，不外以下四個原則。第一：避免用詭異的字，第二：少用偏旁相同的字，第三：重出的字要權衡得宜，第四：單複的字要配合恰當。所謂「詭異」，就是指瑰瑋奇怪，不常見的生冷字體。曹攄的詩說：「豈不願斯遊？褊心惡哅呶。」就因爲用了「哅呶」兩個生冷的字，來形容喧囂的聲音，使得美好的詩篇，出了很大的毛病，何況是用得比這更過分的，又怎能值得人們欣賞呢？所謂「聯邊」，就是連用幾個偏旁相同的文字。雖然古往今來，描寫山川的文章，都喜歡經常應用，可是，這種情形用到通常文字，就覺得齟齬不通，非常不相稱；如果行文時萬一不能避免，勉強可以三字連用，如果超過三字以上，那不就成了字典了嗎？所謂「重出」，就是指同樣的字重複出現，使彼此相犯。詩經、楚辭爲了適應當時的情境，用字不嫌重出；但是，到了近代，崇尚駢儷，就忌諱用相同的字；然而如果兩個字都是非用不可，那就寧可讓他們相犯，不要勉強避免。所以善於寫作的人，往往可以長篇大論，寫出千言萬語的文章來，然而對於一個字的取捨斟酌，卻往往感到不易下筆。這並非缺少那個適用的字，而是要避免彼此重出，有相當的困難。所謂「單複」，就是指文字筆畫的多寡。如果一連幾句用的都是筆畫少，間隔大的字，就會使人產生纖細空疏的感覺。如果一篇文章都用些筆畫多而密的字，很容易使人感覺全文黑暗沈重，隱晦無光。所以善於推敲文字的人，對於單體瘠字和複體肥字，總是參伍錯綜，就如盤中的珠玉，是磊落有致的。像以上四個問題，雖然不是每篇文章都一定會碰到的，然而在原則上講，他們卻都有存在的可能性。如果寫作時碰到這四個問題，而不曉得如何解決，那就不能說是眞正了解練字的道理了。

至於說到經典，含義隱微奧秘，書籍的流傳，浩瀚繁雜，由於簡策被蠹蟲蛀蝕，帛書日久破裂，書籍經過三次抄寫以後，文字便發生了改易的現象，有的因爲聲音的相似而訛誤，有的由於字形相近而誤寫。例如子思的弟子孟仲子把「於穆不已」的「已」寫作「似」，這是由於聲音相近而產生的錯誤啊！春秋時晉國的史記載晉師「己亥渡河」，而「己亥」二字卻誤作「三豕」，這是字形訛變的謬誤啊！尚書大傳有「別風淮雨」一詞，帝王世紀卻作「列風淫雨」。「別」與「列」，「淮」與「淫」，都是因爲字形相似，而漸被移用。用「淫、列」二字，意義恰當，尙不太奇詭；用「淮、別」兩字，就違背常理而顯得怪異。然而傅毅制作的靖王輿誄，就已經用「淮雨」兩字，王元長作序也用了「別風」一詞。由此可知作家愛好新奇的心理，是古今相同的。聖人對史書可疑的地方，是相當謹愼的，他們寧可讓史書闕文，也不願輕下斷語。如果我們寫作時，遣詞用字能根據文章的內容，選擇最恰當的字眼；而不一味的去標新立異，那就可以說是了解練字的道理了。

總而言之：要融貫篆、隸的演變，了解蒼、雅的訓詁。文字有古今形體的不同，也有好壞美醜的分別。文字經過磨練，方才容易流傳，爲文阻奧不順，就難以表意達情。了解練字之道，曉得每一個字的聲音，和筆畫的清楚純正，作品才有可能光芒四射，生動活潑。

【集評】

一、紀評：「胸富卷軸，觸手紛綸，自然瑰麗，方爲巨作。若尋檢而成，格格然着於句中，狀同鑲嵌，則不如竟用易字。文之工拙，原不在字之奇否。沈休文三易之說，未可非也。若才本膚淺，而務於炫博以文拙，則風更下矣。」

二、黃評：「六經之文，有三尺童子胥知者，有師儒宿老所未習者，豈有一定之難易哉？緣於世所共曉與共廢耳」。

三、紀評：「此論當知」。

四、紀評：「此則無甚關係」。

五、紀評：「複字病小，累句病大，故寧相犯」。

六、紀評：「『富於』二句，甘苦之言。」

七、紀評：「此尤無關係。」

八、紀評：「此補出承訛一層，爲明知而愛奇故用者言。今人文字，動稱夏五月爲夏五，亦『淮雨』之類矣。」

【問題討論與練習】

一、綴字屬篇，須揀擇何事？請道其詳。

二、練字篇論綴字屬篇，凡有四忌，請條陳其概略。

三、試述文字對文章之影響如何？「晉來用字，率從簡易」，又是何故。

四、劉勰云：「若依義棄奇，則可與正文字矣」。試申其旨。

隱秀第四十

【解　題】

根據黃注紀評，知道本篇自「瀾表方圓」，至「朔風動秋草」前，當有「始正而末奇……此閨房之悲極也」，四百零一字，係經後人所補。現在把後人所補的這段文字加魚尾括弧，以便與劉勰原文分別。黃侃札記，根據張戒歲寒堂詩話引劉勰之言云：「情在詞外曰隱，狀溢目前曰秀。」知原篇在南宋時尚未亡佚，當亡於元時。紀評謂其「詞句不類舍人」，黃氏札記復舉張戒之語，不見文中，證爲贋品，劉永濟文心雕龍校釋更檢文中措詞之失當，證明是後人僞託。因此本篇在文心雕龍中是一篇殘闕不全的文章。因此這裏的注釋與語譯，也就僅限於他殘存的部分。

根據殘存的文字看來，「隱」指含蓄，「秀」指精警。陸機文賦說：「石韞玉而山輝，水懷珠而川媚。」是「隱」；「立片言而居要，乃一篇之警策。」是「秀」。歐陽修六一詩話引梅堯臣說：「狀難寫之景，如在目前；含不盡之意，見於言外。」前者是「壯溢目前曰秀」，後者是「情在詞外曰隱」。「若溫庭筠『鷄聲茅店月，人迹板橋霜。』賈島『怪禽啼曠野，落日恐行人。』則道路辛苦，羈愁旅思，豈不見於言外乎？」再如本篇補文中舉的「陳思之黃雀，公幹之青松」，「朔風動秋草，邊馬有歸心」，用少年救雀來比喻救人患難，用亭亭青松來比喻人有節操，用邊馬有歸心，來比喻客子思鄉，在現代修辭學上來說都是比喻，作家用比喻來寄託本意，這就是含蓄，是我國文學創作上經常運用的藝術手法。

就秀而言，精警的修辭方法約有三種：一、是把自己明白的事理，用極簡練的話表達出來，如論語衞靈公：「工欲善其事，必先利其器。」長歌行：「少壯不努力，老大徒傷悲。」二、是將表面上兩兩無關的事物，濃縮成一句。如管子君臣：「牆有耳，伏寇在側。」史記白起王翦傳贊：「尺有所短，寸有所長。」三、是話似反常，而含意警策。如文子符言：「善游者溺，善騎者墮。」韓愈原道：「不塞不流，不止不行。」在行文造語中，秀和隱往往彼此結合著，如李商隱登樂遊原：「夕陽無限好，只是近黃昏。」祖詠望終南殘雪：「林表明霽色，城中增暮寒。」都是點明全篇詩意的秀句，又寓意深長，耐人尋味。

隱秀一詞，原意在狀景物的深美，彥和以之喻文旨含蓄與造語生動的寫作妙境。故「隱」指文章的情理內蘊，餘味無窮；「秀」指辭句的精采外揚，要言破的。故范文瀾文心雕龍注說：「隱秀之文，猶嵐翠之於山，秀句自然得之，不可勉強而至；隱句亦自然得之，不可搖曳而成。此本文章之妙境，學問至，自能偶遇，非可力於做作。」所謂「文章本天成，妙手偶得之。」「盡日覓不得，有時還自來。」正是彥和寫作隱秀，文出自然的微旨。至於宋梅堯臣言「狀難寫之景，如在目前。含不盡之意，見於言外；」雖然文工辭麗，傳誦千古，但細玩「狀」「含」二字，即是有意爲之，仍非自然的情致。與彥和「隱秀」之旨，似同實異，不容混然雷同，此又不可不辨。

首段釋「隱秀」的界義及其爲用。

【正　文】

夫心術之動㊀遠矣，文情之變深矣，源奧而派生㊁，根盛而穎峻㊂，是以文之英蕤㊃，有隱有秀。「隱秀」二字原倒，依吟窗雜錄三七乙正 隱也者，文外之重旨㊄者也；秀也者，篇中之獨拔㊅者也〔評一〕。隱以複意爲工㊆，秀以卓絕爲巧，斯乃舊章之懿績㊇，

才情之嘉會也㈨

夫隱之爲體，義生（原作「主」，依汪本、佘本、張之象本，兩京本改）文外㈩，祕響旁（原作「傍」，依楊明照校注拾遺校改）通㈠，伏采潛發㈡，譬爻象之變互體㈢，川瀆之韞珠玉也㈣。故互體變爻，而化成四象；珠玉潛水，而瀾表方圓㈤。（始正而末奇，內明而外潤，使翫之者無窮，味之者不厭矣。彼波起辭間，是謂之秀。纖手麗音（纖麗字闕），宛乎逸態，若遠山之浮烟靄，孌女之靚容華。然烟靄天成，不勞於粧點；容華格定，無待於裁鎔（評二）；深淺而各奇，穠（原作「嬝」字書無嬝字，應是「穠」字之誤）纖而俱妙，若揮之則有餘，而攬之則不足矣。

二段言「隱」的特質及其「妙境」，並敍「秀」的旨趣及其姿態。

夫立意之士，務欲造奇，每馳心於玄默之表；工辭之人，必欲臻美，恆溺思於佳麗之鄉。嘔心吐膽，不足語窮；煅歲煉年，奚能喻苦？故能藏穎詞間，昏迷於庸目；露鋒文外，驚絕乎妙心。使醞藉者蓄隱而意愉，英銳者抱秀而心悅，譬諸裁雲製霞，不讓乎天工；斲卉刻葩，有同乎神匠矣。若篇中乏隱，等宿儒之無學，或一叩而語窮；句間鮮秀，如巨室之少珍，若百詰而色沮；斯並不足於才思，而亦有媿於文辭矣。

三段敍述古來文士刻意鎔隱鑄秀之苦。

將欲徵隱，聊可指篇（評三）：古詩之離別，樂府之長城，詞怨旨深，而復兼

四段列舉古

乎比興；陳思之黃雀，公幹之青松，格剛才勁，而並長於諷諭；叔夜之（闕二字），嗣宗之詠懷，境玄思澹，而獨得乎優閑；士衡之（闕二字），彭澤之（闕二字，以上四句功甫本闕八字，一本增入「疎放豪逸」四字）心密語澄，而俱適乎（下闕二字，一本有「壯采」二字）？如欲辨秀，亦惟摘句〔評四〕：「常恐秋節至，涼飈奪炎熱。」意悽而詞婉，此匹婦之無聊也；「臨河濯長纓，念子悵悠悠。」志高而言壯，此丈夫之不遂也；「東西安所之，徘徊以旁皇。」心孤而情懼，此閨房之悲極也⑯〔評五〕）；「朔風動秋草⑰，邊馬有歸心⑱。」氣寒而事傷⑲，此羈旅之怨曲也。

詩中的隱篇秀句。以呼應上下兩段文字。

凡文集勝篇⑳，不盈十一㉑，篇章秀句，裁可百二；並思合而自逢㉒，非研慮之所課（原作「求」，依楊明照校注拾遺改）也㉓〔評六〕，或有晦塞爲深㉔，雖奧非隱，雕削取巧㉕，雖美非秀矣〔評七〕。故自然會妙㉖，譬卉木之耀英華㉗；潤色取美㉘，譬繒帛之染朱綠。朱綠染繒，深而繁鮮㉙；英華耀樹，淺而煒燁㉚，隱秀（原作「秀句」，依紀說及上下文義改）所以照文苑，蓋以此也。

贊曰：文隱深蔚（原作「深文隱蔚」，依漢書張湯傳及上下文改）㉛，餘味曲包㉜。辭生互體㉝，有似變爻。言之秀矣，萬慮一交㉞。動心驚耳，逸響笙匏㉟。

末段重言隱秀之旨，並強調惟有自然會妙之隱秀，方足照耀文苑，足動人心弦。

【註　釋】

㈠ **心術之動**：原指人類運用心思的方法及態度，此處引申為心靈活動。故「心術之動」者，言作家為文運思的心靈活動。語出莊子天道篇。

㈡ **源奧而派生**：源奧，源頭深遠。派，分支流派。全句是說水源深奧，水力充足，就會產生許多的分支流派。

㈢ **根盛而穎峻**：穎，禾末，見說文禾部。穎峻，枝葉峻茂。全句是說禾苗的根部發達，禾端的花實就會長得峻茂壯碩。

㈣ **文之英蕤**：蕤，花草下垂的樣子。英蕤是指文章的精義和辭采。

㈤ **重旨**：范注：「重旨者，辭約而義富，含味無窮，陸士衡云：『文外曲致』，此隱之謂也。」指在文字之外，所含的那份重複曲折的意旨。

㈥ **獨拔**：指篇中突出挺拔的雋語。即陸士衡於文賦中所說的「一篇之警策」是也。

㈦ **隱以複意為工**：複意，猶言複重的意思。一、指字面的意義，二、指言外的意義。全句在說「隱」是以寓意含蓄，有餘不盡為工緻。

㈧ **懿績**：懿，美好。懿績就是美好的成績。

㈨ **嘉會**：嘉，美。會，聚會。「嘉會」就是最理想的會合。語出易經乾卦。

㈩ **義生文外**：言文章的義旨，常蘊藉於文字以外。

㈠㈠祕響旁通：旁通，猶言曲盡。全句是說文章裏祕而不宣的心聲，可由筆觸旁敲側擊，而曲盡其變化。

㈠㈡伏采潛發：言隱藏不露的辭采，得藉委婉的詞句，發揮於無形。

㈠㈢爻象之變互體：一個卦有六畫，稱六爻；每爻有解釋的話，稱爻象。爻，有奇數「—」叫陽爻。偶畫「--」叫陰爻，卦中的每一爻，都代表它對天下事物的形狀或變動，所象徵的意義。互體之說，始於漢人京房，他把一個兩體六爻的卦，合二、三、四爻爲一卦，又合三、四、五爻爲一卦，如大過（卦名）䷛，二、三、四爻俱陽爻，合爲乾卦，三、四、五爻，也是陽爻，合爲乾卦，這樣一來，每個卦都有六爻，分上下二體，把兩個卦的上下二體交互相比，找出其中倒數的第四爻不同，即變互體。於是就有四體，因此每個卦都兼有三卦或四卦的意義。左傳莊公二十二年杜注：「易之爲書，六爻皆有變體，又有互體，聖人隨其義而論之。」疏：「二至四，三至五，兩體交互，各成一卦，先儒謂之互體，聖人隨其義而論之，或取互體，言其取義無常也。」根據以上各點，可知互體變爻之特性有二：一、是卦體隱曲不彰，二、是卦義牽連廻環。此正所謂「祕響旁通，伏采潛發也。」用來比況文字含蓄的意思。贊曰：「辭生互體，有似變爻。」正回應本文，意思亦同。

㈠㈣川瀆之韞珠玉：川，河川。瀆，小渠。韞，藏的意思。

㈠㈤瀾表方圓：瀾，波瀾。表，呈現。是說波瀾的呈現，非方卽圓，都屬自然的現象。

㈠㈥自「始正而末奇」到「朔風動秋草」的「朔」字：黃注紀評都以爲是明人僞造，不可信，范注本刪去。今特補之於此，以見明本面目，注釋譯文均從略，用符黃注紀評不可信之說。

㈠㈦朔風動秋草：朔風，北風。全句是說北風吹動深秋的衰草。詩見昭明文選王讚（字正長）「雜詩」。

⑱ 邊馬有歸心：邊，邊塞。馬，馬上。全句是指騎在馬上的征人，身在邊塞，不禁觸景生情，引起思歸的鄉愁。

⑲ 氣寒而事傷：氣寒，指「朔風動秋草」。「事傷」指「邊馬有歸心」。

⑳ 文集勝篇：勝篇，佳作。言文集中，合乎「隱秀」條件的傑出篇章。

㉑ 不盈十一：盈，滿。全句是說不滿十分之一。

㉒ 並思合而自逢：並，指上文勝篇，秀句而言；「思合而自逢」，是說這些作品都是文思偶合天機，佳句出乎自然。

㉓ 非研慮之所課：課，有責求的意思。全句是說並非完全仰賴深研苦慮，所可求得的。

㉔ 晦塞為深：以文句晦塞生硬為深奧玄妙。這就是常人所謂之「以艱澀文飾淺陋」者是也。

㉕ 雕削取巧：言常人把雕琢刻削的文句，當成生動靈巧。

㉖ 自然會妙：指文辭自然，妙合天機。

㉗ 譬卉木之耀英華：言文章美妙天成，如花草樹木之開放奇葩異采。

㉘ 潤色取美：言語句經潤飾之後，而產生美麗的辭藻。

㉙ 深而繁鮮：顏色深濃，而繁縟鮮豔。

㉚ 淺而煒燁：光澤淺淡，而盛美鮮明。

㉛ 文隱深蔚：指文章含蓄而義旨幽隱，辭采深密而鬱茂的作品。

㉜ 餘味曲包：曲包，盡包，全都含蓄其中。言有餘不盡的韻味，都委婉包含在字裏行間。

㉝ **辭生互體**：文辭內在的本義，和外在的纖旨，互為體用，相得益彰。

㉞ **萬慮一交**：交，合。言作家萬種才情，和自然音籟的偶一交會，如同電光石火，而產生佳作。即上文「思合而自逢，非研慮之所課也」的意思。

㉟ **逸響笙匏**：是說文章的諧和，好像演奏十三管的笙匏樂器，有音韻飄逸，不同凡響的效果。

【語　譯】

從事寫作的時候，心靈運思的活動，是悠遠難測的，而文章本身感情韻致的變化，也是深奧難明的。這好比流水，發端的源泉祕奧，因而滋生許多分支流派；又好像一顆稻禾，由於禾苗根柢旺盛，花實必能長得高峻壯碩。因此，文章表現於外的精華，也含有「隱」和「秀」兩大特色。所謂「隱」是指在文辭以外，含有曲折重複的意旨。所謂「秀」，是指篇章當中，最突出動人的文句。「隱」以情意含蓄，有餘不盡為工緻。「秀」以吐辭卓異，造語生動為巧妙。這都是古來作品中所留下的優良成績，也是作者才華情感最理想的會合啊。

說到「隱」的特色，主要是作者的意旨，常蘊藉於文字以外，作者把祕而不宣的心聲，藉旁敲側擊的手法，去溝通領會，曲盡其變化。使隱藏不露的辭采，借著委婉的詞句，發揮於無形。這好比爻象的二至四，三至五，交互二體，各成卦象。又如同韞藏著珍珠美玉的河川，崖岸潤澤，永不乾枯。所以易經卦象，由於六爻互體變化的關係，而成實、假、義、用四種不同的現象。河川由於珍珠美玉的潛匿水中，水面波瀾即呈現非圓即方的形狀。這些都是自然的景觀啊。

晉朝王讚雜詩云：「朔風動秋草，邊馬有歸心。」意思是說，當北風吹拂着深秋的衰草時，遠在邊塞草原，騎在馬上的征人，觸發了他思歸的鄉愁。這兩句詩，寫氣候的嚴寒，與戍役的勞苦，對羈留在外，行旅哀怨的心曲，可說寫得淋漓盡致了！

大致說來，文集中傑出的篇章，不滿十分之一。至於每篇文章中，特出秀異的詞句，也不過百分之一、二，這些都是文思偶爾會合天機，自然遭逢，並非光靠著苦思焦慮所能求得的啊！有的作者把文句的晦塞生硬當作精深，但這只是文句的艱深難懂，並不是文義的委婉隱曲。又有的作者用雕琢刻削的手法，來擷取纖巧的文辭，但這只是堆砌的華美，並不是自然的秀逸挺拔啊！所以文成自然，妙合天機的作品，就好像花草樹木，自然顯耀出它的奇葩異彩；但若潤飾詞句，而刻意的來博取華美，就好比在絲綢上渲染朱紅碧綠的色彩，雖然顏色深濃，而繁縟鮮豔，但終屬做作。至於奇花異采之顯耀於花草樹木，光澤雖然淺淡，然而卻不失其盛美鮮明。隱秀之所以能光照文壇，就是這個緣故啊！

總而言之，文義含蓄而意旨幽隱，辭采美盛鬱茂，所包涵的韻味，深婉多致，有餘不盡。文辭內在的本義，和外在的纖旨，層層開展，體用兼備，其寓意託情有似乎卦爻的兩體，互爲變化。文字的卓異挺秀，乃是作者萬種才情和自然天籟的偶而會合。這種契合天機的心聲，足以令人驚心動魄，就好像笙匏合奏，音韻飄逸，散發出不同的凡響。

【集　評】

一、黃評：「陸平原云：『一篇之警策』，其秀之謂乎？」

二、紀評：「純任自然，彥和之宗旨，即千古之定論。」

三、紀評：「此轉挂漏，且隱亦不止於詩。」

四、紀評：「此亦更仆難數。」

五、黃評：「隱秀篇自『始正而末奇』至『朔風動秋草』朔字，元至正乙未刻於嘉禾者即闕此，此後諸刻仍之，胡孝轅，朱郁儀皆不見完書。錢功甫得阮華山宋槧鈔本補，後歸虞山，而傳錄於外甚少。康熙庚辰，何心友從吳興賈人得一舊本，適有鈔補隱秀篇全文。辛巳，義門過隱湖，從汲古閣架上見馮己蒼所傳功甫本，訖其闕字以歸。如「疏放」「豪逸」四字，顯然爲不學者以意增加也。

紀評：「此一頁詞殊不類，究屬可疑。『嘔心吐膽，』似摭玉溪李賀小傳『嘔出心肝』語，『煅歲煉年』，似摭六一詩話周朴『月鍛季煉』語。稱淵明爲彭澤，乃唐人語，六朝但有徵士之稱，不稱其官也。稱班姬爲匹婦，亦摭鍾嶸詩品語。此書成於齊代，不應述梁代之說也。且隱秀三段皆論詩而不論文，亦非此書之體。似乎明人僞託，不如從元本缺之。」

紀氏又云：「癸巳三月，以永樂大典所收舊本校勘，凡阮本所補悉無之，然後知其眞出僞撰。」

鈴木虎雄「校勘記」：「何義門文集卷九載有『跋文心雕龍』三則，叔琳括約其前後文以作此記。義門名焯；心友，焯之弟；虞山，言錢謙益也；馮己蒼名舒；錢功甫名允治，明末常熟人，即稱阮華山常本者。」

六、紀評：「精微之論。」

七、紀評：「此秀句乃泛稱佳篇，非本題之秀字。」

【問題討論與練習】

一、何謂隱秀？隱秀之於文學創作，有何重大價值？試舉例以明之。

二、彥和云：「或有晦塞為深，雖奧非隱，雕削取巧，雖美非秀」，意何所指，試申其要。

三、彥和論文以「自然」為宗，可否依據隱秀篇文，以徵其實？

指瑕第四十一〔評一〕

【解題】

綜觀文學創作方法，大別可分兩方面：一方面是積極的研究寫作技巧，一方面是消極的避免創作錯誤。指瑕篇的內容，就是在講從事創作時，常犯的毛病，並應引爲炯戒，盡量避免的。或有將此篇列入彥和的批評論者，自屬考慮欠周，犯了顧名思義之過。

瑕者，玉之病也。引申指一切事物的缺失。「指瑕」者，卽指斥文章之毛病缺失。彥和云：「古來文士，異世爭驅，或逸才以爽迅，或精思以纖密，而慮動難圓，鮮無瑕病，」一般人對於事情的看法，往往當局者迷，旁觀者清；對於文章之創作，除了患眼高手低的病外，更容易主觀用事。故在寫作之前，應屏除成見；寫作之時，須落筆踏實；成篇以後，尙應潤飾修改。必如此庶可免於斯累。

彥和所擧文章的毛病，由作者所處時代的不同，分爲古今兩類，於古代擧陳思「武帝誄」「明帝頌」，說他們犯了比尊於微，措詞失體之病。引左思「七諷」，說他犯了論孝反道，立言違理之病。稱潘岳悲內兄，傷弱子，犯了稱卑如尊，用辭傷義之病。述崔瑗之誄李公，向秀之賦嵇生，犯了儗人僭濫，不倫不類之病。至於近代辭人，彥和以爲「晉末篇章，依希其旨」，有音義依希之病。「比語求蚩，反音取瑕」，有聲音犯忌之病。「掠人美辭，以爲己力」，有爲文剽竊之病。「謬於研求，率意而斷」，有注書謬解之病。

黃侃著文心雕龍札記，認爲文章之病，不止以上幾種，他說：「竊謂文章之瑕，大分五族，而注謬之瑕不與焉。一曰體瑕，二曰事瑕，三曰語瑕，四曰字瑕，五曰剿襲之瑕。體瑕者，王朗『雜箴』，乃置巾履；

陳思『文誄』，旨言自陳是也。事瑕者，相如沭葛天之歌，千唱萬和；曹洪謬高唐之事，不記綿駒是也。語瑕者，陳思之聖體浮輕，潘岳之將反如疑是也。字瑕者，詭異則若哅吹，依稀則若賞撫是也。勦襲之瑕者，蘇綽擬周書而作大誥，揚雄擬易而作太玄是也。總之，古人之瑕，不可不知；己文之瑕，不可不檢。元遺山詩云：『撼樹蚍蜉自覺狂，書生技癢愛論量；老來留得詩千首，卻被何人較短長。』今人欲斥前瑕者，豈可不知斯旨哉！」

現在歸納各說，則文章的毛病，約可分爲以下四種：一、內容上的毛病。二、體裁上的毛病。三、用事上的毛病。四、語文上的毛病。

內容上的毛病，又可分爲失當、浮夸、牴牾、庸腐、繁雜、剽襲等之不同。就失當而言，指事理失當，不識大體，或敍事失實，不合情理。這也就是文史通義古文十弊中所指的「剜肉補瘡」，「八面求圓」之類。就浮夸而言，指高自標榜，無端影附，卽古文十弊中所指的「私署頭銜」、「不達時勢」與「同里銘旌」之類。就牴牾而言，指前後矛盾，二理不同，卽史通浮詞篇，所指的「今之記事，或隔卷異篇，遽相矛盾；或連行接句，頓成乖角」之類。就繁雜而言，指委巷瑣言，聚而編之，其事非要，其言不經。卽史通書事篇所指的「王隱，何法盛之徒，所撰晉史」之類。就庸腐而言：指多烘手筆，翻來覆去，皆陳腔濫調。卽唐順之答茅鹿門論文書，所謂「文中不過是這幾句婆子舌頭語，索其所謂眞精神與千古不可磨滅之見，絕無有也」之類。就勦襲而言：指雜鈔陳編，以爲己力，卽古文十弊中所謂「削足適履」之類。

體裁上的毛病：文史通義「古文十弊」指出「誤學邯鄲」，使文體破碎。汪琬「跋王于一遺集」，言文體糅雜，小說與史傳不分。這都是由於不懂文體，以至弊端叢生。都屬於這一類的毛病。

用事上的毛病：史通浮詞篇引漢書酷吏傳說：「嚴延年精悍敏捷，雖子貢，冉有通於政事，不能絕也。」指出「夫以編名酷吏，列號屠伯，而輒比孔門達者，豈其倫哉！」這個例子也可以補充本篇論比擬不倫，以及誤用典故的毛病。

語文上的毛病：這又可以分爲一、用詞不當，如明帝頌則云「聖體浮輕，」傷內弟稱爲「感口澤」。二、用生難字詞，如唐徐彥伯以「鳳閣」爲「鵷閣」，「龍門」爲「虬戶」；誠如宋朝歐陽修對宋祁修「唐書」善用古字，表示不滿，於是嬉用「宵寐匪禎，札闥洪庥」八個字，來代替「夜夢不祥，開門大吉」之意，都屬這一事類的顯例。三、用雅語：卽文史通義古文十弊中所指的「優伶演劇」，講文人寫用嫗媼婢，發言「原本『論語』『孝經』，出入『毛詩』『內則』，與其文而失實，何如質以傳眞也」之例。

民國以還，張鴻來以爲今人作文，也有類似古人行文的毛病的地方，於是作今文十弊。以後林語堂又發表今文八弊，彥和云：「丹青初炳而後渝，文章歲久而彌光，若能櫽括於一朝，可以無慚於千載也。」所以本篇所論，對從事文學創作的人來說，無疑地是耳提面命，諄諄告誡，須知「斯言一玷，千載弗化」，如果能「令章靡疚，亦善之亞。」

【正文】

首段引管仲之言，論爲文當愼避瑕病。

管仲有言：「無翼而飛者聲也；無根而固者情也。」㊀然則聲不假翼，其飛甚易；情不待根，其固匪難；以之垂文，可不愼歟！古來文才，異世爭驅；或逸才以爽迅㊁，或精思以纖密，而慮動難圓㊂，鮮無瑕病。

次段舉陳思、左思、潘岳、崔瑗等四條，以徵

陳思之文，群才之俊也，而武帝誄云：「尊靈永蟄㊃。」明帝頌云：「聖體浮輕㊄。」浮輕有似於胡蝶，永蟄頗疑於昆蟲，施之尊極，豈其當乎！左思七諷

古人文瑕之例。

⑥說「孝而不從」，反道若斯，餘不足觀矣。潘岳爲才⑦，善於哀文，然悲內兄⑧，則云「感口澤」⑨，傷弱子，則云「心如疑⑩。」禮文在尊極，而施之下流⑪，辭雖足哀，義斯替矣。若夫君子擬人，必於其倫⑫，而崔瑗之誄李公⑬，比行於黃虞⑭，向秀之賦嵇生⑮，方罪於李斯⑯：與其失也，雖寧僭無濫⑰，然高厚之詩，不類甚矣⑱。凡巧言易標⑲，拙辭難隱⑳，斯言之玷，實深白圭㉑，繁例難載，故略舉四條㉒。

三段言立文免瑕之本，在於字以訓正，義以理宜，而晉末以及宋來，近代辭人，往往輕薄無行，招人咎尤。

若夫立文之道，惟字與義。字以訓正㉓，義以理宣，而晉末篇章，依希其旨㉔，始有賞際奇至㉕之言，終有撫叩卽酬（原作「無」依王利器新書引鈴木云當作校改）之語㉖，每單舉一字，指以爲情。夫賞訓錫賚㉗，豈關心解㉘；撫訓執握㉙，何預情理（評二）；雅頌未聞，漢魏莫用㉚，懸領似如可辯㉛，課文了不成義㉜（評三），斯實情訛㉝之所變，文澆㉞之致弊。而宋來才英，未之或改，舊染成俗，非一朝也。近代辭人㉟，率多猜忌㊱，至乃比語求蚩㊲，反音取瑕㊳，雖不屑於古㊴，而有擇於今㊵焉。又製同他文㊶，理宜刪革㊷，若掠人美辭，以爲己力，寶玉大弓㊸，終非其有。全寫則揭篋㊹，傍采則探囊㊺，然世遠者太輕，時同者爲尤矣㊻（評四）。

四段言注解謬誤，亦文瑕之一，並舉薛綜注西京賦，應劭釋周禮為戒。

若夫注解為書，所以明正事理〔評五〕，然謬於研求，或率意而斷(47)。西京賦稱「中黃、育、獲」之儔〔原作「疇」，今依王利器新書徵日本刊本，及文選西京賦改正〕(48)，而薛綜謬注，謂之「閹尹」，是不聞執雕虎之人也。又周禮井賦(49)舊有「疋馬(50)」；而應劭(51)釋疋，或量首數蹄(52)，斯豈辯物之要哉！原夫古之正名，車兩而馬疋(53)，疋兩稱目(54)，以並耦為用。蓋車貳佐乘(55)，馬儷驂服(56)，服乘不隻，故名號必雙(57)，名號一正，則雖單為疋矣。疋夫疋婦，亦配義矣。夫車馬小義，而歷代莫悟；辭賦近事(58)，而千里致差(59)；況鑽灼經典，能不謬哉！夫辯疋〔原作「言」，今據范註依一作字訂正〕而數首〔原作「筌」，依鍾本梁本梅六次本改〕蹄(60)，選勇而驅閹尹(61)，失理太甚，故舉以為戒。

末段言文章為不朽之盛業，應力加修改，勿遺憾千古。

丹青初炳而後渝(62)，文章歲久而彌光，若能隱括於一朝(63)，可以無慚於千載也。

贊曰：羿氏舛射(64)，東野敗駕(65)。雖有儁才(66)，謬則多謝(67)。斯言一玷，千載弗化〔評六〕。令章靡疚，亦善之亞(68)。

【註釋】

(一)**管仲有言**以下三句：見於管子戒篇：「管仲復於桓公曰：『無翼而飛者，聲也；無根而固者，情也』」彥和引此，蓋以無翼而飛，無根而固，比喻文字可傳久遠，容易打動讀者，被人記識，也就是後文所謂「文章歲久而彌光，若能櫽括一朝，可以無慚於千載」之意。

㈡ **或逸才以爽迅**：逸才，美才。後漢書蔡邕傳：「伯喈曠世逸才，多識漢事。」爽迅，爽朗敏捷。雲笈七籤：「落筆迅速，畫蹤高古。」

㈢ **慮動難圓**：慮，思慮。圓，圓密。即思慮運行，難以圓通的意思。

㈣ **武帝誄云「尊靈永蟄」**：尊靈，至尊者的靈魂。蟄，音（ㄓˊ），冬天蟲類潛藏地下，伏而不動。用此比喻人死亡下葬，如同蟲蟄土中一般。曹子建集武帝誄云：「幽闥一扃，尊靈永蟄。」

㈤ **明帝頌云「聖體浮輕」**：明帝，魏明帝曹叡。聖體，指明帝。這是贊美魏明帝曹叡的。曹子建集冬至獻襪頌云：「翱翔萬域，聖體浮輕。」

㈥ **左思七諷**：左思七諷，文已殘佚，說「孝而不從」的話無考，似即論語「子曰無違」之旨。

㈦ **潘岳爲才**：潘岳，晉中牟人，字安仁，少以才穎見稱鄉里，號奇童。文辭豔麗，尤長於哀誄。

㈧ **悲內兄**：內兄，妻兄。潘岳悲內兄文，今已無考。

㈨ **口澤**：口液的潤澤。禮記玉藻：「父沒而不能讀父之書，手澤存焉爾；母沒而杯圈不能飲焉，口澤之氣存焉爾。」由此觀之，「口澤」一詞，是用於悼念母親的，今用來悲內兄，頗爲不倫。

㈩ **心如疑**：潘岳金鹿哀辭：「嗟我金鹿，天資特挺；鬒髮凝膚，蛾眉蠐領；柔情和泰，朗心聰警。嗚呼上天，胡忍我門；良嬪短世，令子夭昏。既披我幹，又翦我根，槐如瘣木，枯荄獨存。捐子中野，遵我歸路；將反如疑，迴首長顧。」按禮記檀弓上：「孔子觀送葬者曰：『善者爲喪乎……其往也如慕，其反也如疑。』」可見「如疑」一詞用來指父母之喪。今潘岳用來哀悼自己的孩子金鹿，所以彥和於下文說他「義斯替矣。」

㈡ **下流**：品位居下的人。在此別於長輩而言。論語陽貨：「惡居下流而訕上者。」疏：「謂人居下位而謗毀在上，所以惡之也。」

㈢ **君子擬人，必於其倫**：擬，比喻。語見禮記曲禮下。倫，情況相當或情形相等。

㈣ **崔瑗之誄李公**：崔瑗，東漢安平人，駰子，字子玉。好學，從賈逵質正大義，善章草，高於文辭。後舉茂才，遷汲令，從政有迹，遷濟北相，以事徵詣廷尉，卒。所著賦、碑、銘、箴、草書勢等，凡五十七篇。案：李公疑係李固，東漢南鄭人，字子堅，狀貌奇特，少好學，千里尋師，遂究墳籍，舉孝廉，辟司空掾不就，陽嘉初，公卿舉對策，順帝多所採納。沖帝時，爲太尉，後被梁冀所害。著有奏議、表、教令、對策，凡十一篇。

㈤ **比行於黃虞**：黃，黃帝。虞，虞舜。是說崔瑗誄李公，用他來和黃帝、虞舜相比，可謂不倫。

㈥ **向秀之賦嵇生**：向秀，晉，河內懷人，字子期，官至散騎常侍，好老莊學，注莊子，爲之隱解，發明奇趣，振發玄風。秀與嵇康、呂安善。康被誅，乃作「思舊賦」以哀之。嵇生，嵇康，三國魏銍人。其先本上虞人，姓奚，避仇徙於銍，改姓嵇，字叔夜。豐姿俊逸，早孤，善談理，能屬文，尤好老莊，著養生論。居常與山濤、阮籍、阮咸、王戎、向秀、劉伶爲竹林之遊，世稱竹林七賢。後以事爲鍾會所恨，景元中，譖之於司馬昭，假他事害之，太學生三千人上書求赦，不許。臨刑神色自若，有嵇中散集傳世。

(一六) **方罪於李斯**：李斯，楚上蔡人，從荀卿學帝王術，秦始皇既定天下，斯為丞相，定郡縣制，下禁書令，變籀文為小篆。始皇死，與宦者令趙高，矯詔廢太子扶蘇而立二世，仍為相，趙高居中用事，誣斯子由與盜通，腰斬咸陽市。「方罪」，比方其罪，等於李斯。案李斯由於貪戀權位，被趙高所害；嵇康由於不願阿附司馬氏，雖同為被害的人，但二人品格高下，斷然不同，不能相比。

(一七) **與其失也，寧僭無濫**：與其，猶言假使。僭，音（ㄐㄧㄢˋ），「寧僭」，指寧可如李公誄的失於褒賞僭越。無，通毋，禁止之詞。濫，失實。「無濫」，絕不可如向秀思舊賦，把嵇康比得太壞，與事實不符。左傳襄公二十六年「蔡聲子曰：『善為國者，賞不僭而刑不濫。若不幸而過，寧僭無濫。』」

(一八) **高厚之詩，不類甚矣**：高厚之詩，不知內容為何，大概有不禮之處。左傳襄公十六年傳：「歌詩必類，齊高厚之詩不類。」此處是指高厚的詩，比擬得不恰當。

(一九) **巧言易標**：巧言，巧妙的言辭。標，舉出，表現。

(二〇) **拙辭難隱**：拙辭，拙劣的文辭。隱，隱藏。

(二一) **斯言之玷，實深白圭**：玷，玉器上的瑕疵。引申為缺點。白圭：上尖下方的白玉。詩經大雅抑：「白圭之玷，尚可磨也；斯言之玷，不可為也。」全句是說玉上有斑點，尚可磨去；話說錯了，便永遠不可磨滅了。

(二二) **略舉四條**：是指陳思比尊於微，一也；左思反道，二也；潘岳稱卑如尊，三也；崔、向僭濫，四也。

㉓ **字以訓正**：訓，訓詁，解釋。是說文字經由訓詁解釋，才能表達正確的意思。

㉔ **依希其旨**：希通稀。「依希」，猶髣髴、模糊之意。言選字結義，其旨多疑似不明。

㉕ **賞際奇至**：至猶致。是說在欣賞品評之際，有一種奇特的情致。晉書文苑傳顧愷之傳：「嘗爲箏賦，成，謂人曰，吾賦之比嵇康琴，不賞者必以後來相遺，識者亦當以高奇見賞。」

㉖ **終有撫叩酬之語**：撫叩，猶擊節歎賞。酬卽酬酢，主人勸酒曰酬，客酌主人叫酢，指應對。范注：「此節所論，未得確解。」近人劉申叔札記云：「撫叩酬酢，或卽如言語篇『顧司空未知名，詣王丞相，丞相小極，對之疲睡。顧思所以叩會之。因謂同坐曰：『昔每聞元公（顧榮）道公協贊中宗，保全江表，體小不安，令人喘息。』丞相因覺，謂顧曰：『此子珪璋特達，機警有鋒。』』單舉一字，指以爲情，或卽如排調篇「庾園客詣孫盛，値行，見齊莊在外，尙幼而有神意。庾試之曰：『孫安國何在？』卽答曰：『庾稺恭家。』庾大笑曰：『諸孫大盛，有兒如此。』又答曰：『未若諸庾之翼翼。』還語人曰：『我故勝，得重喚奴父名。』」」所引也是半屬揣測。揣摸彥和之意，似指晉末作品中濫用「賞、撫」二字，皆由於不明原義，造成瑕疵。

㉗ **賞訓錫賚**：賞，賜有功的人。錫與賜通。賚，音（ㄌㄞˋ），賜的意思。是說賞字，解釋爲賜予的意思。

㉘ **豈關心解**：心解，心領神會。意思是說賞字，訓爲賜予的意思，和心領神會的鑑賞，有什麼相關呢？

㉙ **撫訓執握**：撫，持。執，執持。握，掌握。是說撫字的解釋爲「執持掌握」。

(二〇) **雅頌未聞，漢魏莫用**：雅頌指詩經。這兩句接上文「豈關心解，何預情理」，以爲詩經中向來沒有如此用法，漢魏作品，每不依據經典爲文，遂多瑕疵。

(二一) **懸領似如可辯**：領，理。辯，明。全句是說架空無據之理，依希髣髴，好像可以辯解。

(二二) **課文了不成義**：課文，考核其文。言考核其文字，就完全不合乎義訓。

(二三) **情訛**：指過於愛好新奇的毛病。

(二四) **文澆**：澆，薄。指文風澆薄的意思。

(二五) **近代辭人**：近代，指晉代以後宋、齊、梁各代的辭人。辭人卽詞人，稱能文辭的人，含有貶責意。揚雄法言吾子篇：「詩人之賦麗以則，詞人之賦麗以淫。」

(二六) **猜忌**：猜疑忌刻，此處指文人相輕。

(二七) **比語求蚩**：比語，聲韻諧比的語言。蚩，音（ㄔ），輕侮的意思。是說用諧音字受到嗤笑。顏氏家訓文章篇：「梁世費旭詩云：『不知是耶非？』殷澐詩云：『飄揚雲母舟』，簡文云：『旭既不識其父，澐又飄揚其母。』」案耶和爺諧音，雲母的母同於母親的母。這就是比語求嗤之例。

(二八) **反音取瑕**：反音，反切，以二字拼合一字之音。取瑕，言在反切上出了瑕疵。文鏡秘府論五：「翻語病者，正言是佳詞，反語則深累是也。如鮑明遠詩云：『雞鳴關吏起，伐鼓早通晨。』伐鼓，正言是佳詞，反語則不祥，是其病也。崔氏曰：『伐鼓反語腐骨，是病。』又『何僧智者，嘗於任昉坐賦詩，而言其詩不類。』任云：『卿詩可謂高厚。』何大怒曰：『遂以我爲狗號。』（高厚切狗，厚高切號。）任逐後解釋，遂不相領。」這就是反音取瑕的例子。

㊴ **不屑於古**：言古人不計較此事。

㊵ **有擇於今**：言今人應注意避忌。

㊶ **製同他文**：製，指作品，全句是說自己的作品，與他人的文章有相同之處。

㊷ **理應刪革**：照理應該刪節或更改。

㊸ **寶玉大弓**：春秋定公八年：「盜竊寶玉大弓」。杜注：「盜謂陽虎也。寶玉，夏后氏之璜（半圓形之璧曰璜）。大弓，封父之繁弱（弓名）。」這些皆非陽虎所應有，故春秋大書特書，謂之「盜竊」。彥和引「寶玉大弓」，喻抄襲他人的美辭。

㊹ **全寫則揭篋**：篋，音（ㄑㄧㄝˋ），小箱子。揭篋，打開箱子。莊子胠篋篇：「將爲胠篋探囊發匱之盜而爲守備，……然而巨盜至，則負匱揭篋，擔囊而趨。」彥和引此，比喻照抄他人美辭者。全句是說爲文如完全照抄，就好像搬運箱篋的大盜。

㊺ **傍采則探囊**：傍采，從傍採擷，比喻部分抄襲。探囊，探囊取物。是說部分抄襲的，就像探囊取物的小偷。

㊻ **世遠者太輕，時同者爲尤**：指竊取古書文辭的，是輕薄無行；掠取時人之說的，將招人怨尤。暗示作文章的人，能自抒其懷抱，不稍鈔襲，方可免去瑕疵。

㊼ **謬於研求，率意而斷**：是說爲古籍作注解，未加探討其來源，作錯誤的引證。又或輕率遽下斷語，有違本意，且貽誤後學。故宜加審愼。

㊽ **中黃育獲之儔**：指中黃伯、夏育、烏獲等三人，都是古代的勇士。西京賦原文是「迺使中黃之士，

育獲之儔。」李善注：「尸子曰『中黃伯曰，余左執泰行之獶，而右搏雕虎。』戰國策范雎說秦王曰：『烏獲之力焉而死，夏育之勇焉而死。』」李善注文選，借用薛綜注，未見有「闒尹」之說，當爲李善刪去。儔，作輩、類解。

(四九) **周禮井賦**：井賦，謂古代井田制，一井的貢賦。周禮地官小司徒：「乃經土地，而井牧其田野，九夫爲井，四井爲邑，四邑爲丘，四丘爲甸，四甸爲縣，四縣爲都，以任地事，而令其貢賦，凡稅斂之事。」是說將田地畫成井字形，按井收賦稅。

(五〇) **疋馬**：疋同匹，即一匹馬。

(五一) **應劭**：應劭，東漢汝南人，字仲遠，博學多聞，靈帝時，舉孝廉，拜太山太守，黃巾犯境，劭大破之。獻帝立，拜爲袁紹軍謀校尉，時始遷都於許，舊章湮沒，書記罕存，劭乃綴集所聞，著漢官儀，及禮儀故事，凡朝庭制度，百官典式，多劭所立；又撰風俗通，以辯物類名號。

(五二) **量首數蹄**：量首，指丈量馬身的長度。數蹄，計算馬的足蹄。案今本風俗通中，已沒有量首數蹄的話。

(五三) **車兩而馬疋**：兩同輛。是說車稱「輛」，馬稱「疋」。

(五四) **疋兩稱目**：是說「疋」和「兩」的稱謂名目。

(五五) **車貳佐乘**：禮記少儀「乘貳車則式，佐車則否。貳車者，諸侯七乘，上大夫五乘，下大夫三乘。」鄭注：「貳車，佐車，皆副車也。朝祀之副曰貳車；戎獵之副曰佐。」故車貳，指朝祀用的副車，佐乘，指戎獵用的副車。

(七六) **馬儷驂服**：儷，羅列駢駕之意。馬儷，謂馬羅列駢駕。驂，駕三馬。謂一轅之車，三馬駕之。古時天子駕六馬，諸侯與卿同駕四馬，大夫駕三馬，士駕二，庶人駕一。驂，駕車時居外的馬，在中央夾轅的稱服。是說駕車居外的驂馬，和居中的服馬，兩者相配，所以稱儷。

(七七) **名號必雙**：是說「輀」和「疋」的名稱，都是成雙的。

(七八) **近事**：淺近、平常的事。

(七九) **千里致差**：差以毫釐而謬以千里。

(八〇) **辯疋而數首蹄**：指應劭風俗通釋「疋」之誤。

(八一) **選勇而驅閹尹**：指薛綜注張衡西京賦「中黃育獲」之謬。

(八二) **丹青初炳而後渝**：丹與青，皆礦質顏料。在此喻圖畫及其彩色。炳，明著。渝，變汚。是說圖畫始成，色彩鮮明，時間一久，就變了色彩。

(八三) **檃括於一朝**：檃，音（ㄧㄣˇ），校正枉屈的工具，指校正。括通栝，音（ㄍㄨㄟˋ），正方的工具。檃栝，皆矯制邪曲之器，有矯正之意。檃括於一朝，是說作文時，須詳加修改，以糾正其瑕疵。荀子性惡：「拘木必將待檃栝烝矯然後直」。

(八四) **羿氏舛射**：史記夏本紀正義及御覽八十二，引帝王世紀云：「帝羿有窮氏與吳賀北遊，賀使羿射雀左目，誤中右目，羿俯首而媿，終身不忘。」彥和引此，所以喻智者千慮，必有一失，爲文不可不愼的意思。

(八五) **東野敗駕**：莊子達生篇：「東野稷以御見莊公，進退中繩，左右旋中規；莊公以爲文弗過也，使之鉤百而反。顏闔遇之，入見曰：『稷之馬將敗。』公密而不應。少焉，果敗而反。公曰：『子何以知之？』曰：『其馬力竭也，而猶求焉，故曰敗。』」彥和引此，所以喻人雖有材能，無如運用不當，亦必有瑕之意。

㊅**儁才**：儁與俊同。儁才又作儁材，指絕異的才華。

㊆**謬則多謝**：謝，慚，不足，不安的意思。是說作文如很多錯誤，心中殊慚愧不安。

㊇**令章靡疚，亦善之亞**：令章，好文章，靡疚，心中無所慚愧。亦善之亞，謂雖非上好的作品，然亦可列於次等了。

【語　譯】

管仲曾經說過：「沒有羽翼而能飛揚的是聲音；沒有本根而能鞏固的是情感。」然聲音不須憑藉羽翼，它的飛揚本就很容易；情感不必依賴本根，它的堅固也並不困難。由此觀之，我們要想將自己的聲音與情感，寫成文章，流傳後世，能不慎重嗎？自古以來的文人才士，各在他們不同的時代，競爭角逐於文壇之上：有的才華俊逸，以爽朗敏捷見勝；有的思理精妙，以纖巧細密擅長。然而由於思維的活動，不容易周密圓通；所以作者行文，很少沒有毛病的。

陳思王曹植的文章，可說是衆多才士中的傑出者。而他作的魏武帝誄卻說：「至尊的英靈永遠蟄伏」。明帝頌也有：「聖明的玉體，飄浮輕盈」。飄浮輕盈好比形容蝴蝶，永遠蟄伏宛如比擬昆蟲，把這種字眼，施用於至尊的君父身上，難道不是文壇的笑柄嗎？再如左思的七諷，談論孝道時，竟以爲子女可以不必順從父母的心意。其違反正道如此之甚，其他的文章也就可以此類推，不值得欣賞了。至於潘岳的才華，本來擅長哀祭之文，然而在悲悼他大舅子的文章中卻說：「感覺他生前口液的潤澤，還依然存在」，於傷慟幼子金鹿夭亡的哀辭裏說：「心中疑惑著他的魂魄將再回來」。這出自禮記的兩句話語，本是孝子用於悼念尊親的口氣，而潘岳卻把它施之於平輩或子女身上，措辭雖足以表露哀傷的感情，但較之原意，卻完全走樣了！像某些才德出衆的君子，比擬人品必定要恰合他的身分地位，可是崔瑗的李公誄，把他的德行比做黃帝、虞舜般的偉大；向秀的思舊賦，把嵇康的罪過，視同秦相李斯的被殺；要是文有差錯，不能避免的話，寧願如李公誄的褒賞，失之僭越，也不能像思舊賦的貶責，過度泛濫。不過，兩方面的缺陷，均如同齊高厚之詩，都是非常不合道理的。凡巧妙的文辭，容易表露出優美，拙劣的文句，難以隱藏醜陋，這種言辭上的缺點，實在比白玉的瑕疵還要嚴重，關於這方面的實例，相當的繁多，不勝記載，現在僅約略的舉出上述四例，以見一斑。

至於談論到文字創作的方法，簡單地說，只是文字的用法和義理的表達兩者而已。文字經由訓詁，才能表達正確的意思，義理由於切乎事情，始能獲得充分的宣揚。但晉末文士們的作品，其選字結義，多用髣髴疑似的辭句，令人摸不清它的主旨，開始有所謂「賞際奇至」的言辭，最後又有「撫叩卽酬」的話語。在主客問答時，往往於複詞中單舉其片言隻字，來指事或形容當時的情形。事實上「賞」這個字的解釋，爲錫賜、賚予的意思，和心神解悟有什麼相關呢？「撫」這個字的解釋，爲執持掌握的意思，對情趣事理有何干係呢？而此所謂賞撫云云，只不過在賣弄一時的小慧，逞辭辯說而已。既沒有雅頌可爲根據，漢魏文章又從來沒有使用過的先例，如果懸想領會那些杜撰的詞語，似乎還可以辯說曲解，如實際考求文辭，就畢竟不成義理了，這實在是由於人情詐僞之變所引起，文德澆薄之弊所造成的。但是自從劉宋以來，富有才華的文士，相沿不改，以訛傳訛，薰陶漸染，已成文壇的風尙，不是一朝一夕的事兒了。晚近時代的作者，大多喜好猜疑忌刻，甚至於用聲韻諧比的詞語，來吹求對方的嵩惡，假借反切的字音，來挑剔文中的瑕疵；既不登大雅，又易招致嫌怨；雖然古人不屑那麼做，但今人卻習慣了這種歪風陋俗。又假若自己的作品與他人的文章有相同之處，照理應該加以删節或更改；否則，掠取他人美好的辭句，當成是自己的功力，那就無異於陽虎竊取夏后氏的寶玉，封父的大弓，終究不是自己所應該擁有的。全部仿寫的，如同連箱帶篋一起搬運的大盜，從旁攫取的，就像探囊取物的小偷，然而竊取遠代古人的文辭，固然是事屬輕薄無行，但和同代作家的作品雷同，更是自招怨尤了。

至於注解古籍而成的著作，於其名物之辯正，義理之闡述，貴在正確無誤，以免模稜兩可，迷惘後學。但有的人卻往往偏於一曲，以厚誣古人，或不加考慮，驟下斷語。像張衡西京賦中說：「中黃之士，育獲之疇。」本意是講中黃伯、夏育，烏獲等三人，乃古代的勇士。但三國時吳人薛綜卻誤把「中黃」注爲中黃門，主管宦豎的官長。這是由於他不知道中黃伯是位徒手搏虎的勇士啊！又如周禮地官小司徒關於井田賦稅的敍述，原有「疋馬」一詞，本指一匹馬的意思，而應劭解釋「疋」字，或丈量馬身的長度，或計算馬的足蹄，這難道是辨正名物的要領嗎？細考古代辨定事物的名稱，是車必兩輛而稱兩，馬由牝牡相配而稱疋，所稱的「疋」與「兩」的名目，都是以相並成雙而定其效用的。因爲朝祀有正車、貳車之分，戎獵也分正車、佐車、輓車。馬也必須成雙，因而有驂馬與服馬的區別，所說的「乘」「服」都不是單數，因而它的名號必是象徵成對而表雙數的。名稱按照實際情形，一經辨定，那麼即使是單車獨馬也必須稱「疋」了。平常稱一夫一妻爲疋夫疋婦，也是以夫婦爲配偶，雖是單身而仍稱疋，這就是取其陰陽相配，匹配成雙的意思。所以車稱兩，馬稱疋，可以說都是些卑微易曉的道理，而歷代文士卻不能悟解；如張衡的辭賦，本來事屬淺近，而薛綜作注，竟發生差之毫釐，謬以千里的錯誤，何況經典辭義隱奧，若不精究詳審，細心推求，能保管沒有毛病嗎！像解釋「疋」字，而去計算馬身馬蹄的長度數量，選勇取士，卻拿禁中的太監來應命充數，違背義理的情形實在太嚴重了，所以列舉出來，作爲鑑戒。

文章乃經國的大業，不朽的盛事，固不能和繪畫等量齊觀，但是繪畫時所用的顏料，最初光采炳煥，後來卻逐漸褪色；然而文章的流傳，歲月經過得越久，光彩卻越是清新。作者假若於從事創作時，能細審文意，無偏無頗，檢括名物，有本有元，這樣勤奮致力於一時的話，即令是千年萬世，也可以問心無愧了。

總而言之，有窮國國君后羿雖然善射，但因一時的疏忽，卻犯了無可彌補的差錯，善於駕車的東野稷，平生也有覆駕之時。文士們雖有俊逸的才華，假若於選字造語方面有所謬誤的話，便會貽誤後來，內心不勝羞慚。文章一有瑕疵，就永遠不能改變。所以我們寫作文章，最低限度要使它沒有令人歉疚遺憾之處，這雖不能說是盡善盡美，但也可說是退而求其次了。

【集　評】

一、紀評：「文字之瑕，殊不勝指。此標舉數篇以示戒，毋以掛漏爲疑。」

二、曹評：「此段駁得不是。」

三、紀評：「此種繁多。」

四、黃評：「嘗疑韓昌黎云：『惟古於詞必己出，降而不能乃剽竊，後皆指前公抄襲。』所謂必己出者，將如何，非必杜撰之比也。然不杜撰，恐又入於相襲矣。昌黎謂樊紹述『文從字順』，果可信乎？」

五、紀評：「此條無與文章，殊爲汗漫。」

六、紀評：「指瑕原爲巨手言之。」

【問題討論與練習】

一、試述古人文瑕之例為何？

二、彥和云：「古來文才，異世爭驅，或逸才以爽迅，或精思以纖密，而慮動難圓，鮮無瑕病」，試舉例以徵其說之可信。

三、彥和云：「立文之道，惟字與義」，試申其旨。

養氣第四十二

【解題】

養氣者，保愛精神之謂。此由彥和開篇就引用「昔王充著述，制養氣之篇」一語，可以得其旨趣。案仲任於論衡自紀篇中所說「髮白齒落」者，乃血氣衰老的象徵；「不娛懼徂」者，爲志氣蕭索的表現。他所以著「養性」之書，目的是「閉明塞聰，服藥引導」，以求「愛精自保，性命可延」而已。彥和即基於此一認識，以爲生理的血氣，和心理之志氣相關聯，血氣健旺，則志氣清明。而心理之志氣，又和作品的文氣相關聯，志氣清明，則文氣流暢。所以作者欲求志氣清明，文氣流暢，首須保愛精神，使一己的血氣健旺，這就是彥和養氣篇寫作的動機了。

雖然「養氣」一詞，推本窮源，始於孟子。但孟子所講的養氣工夫，是著重「持志」「正心」之說，偏重於內，同時又非專爲論文而設，和彥和取義於「守靜」「致虛」「節宣」「適會」之理大不相同。彥和之言養氣，重在使精神勿過於多用，多用則氣衰。精神疲乏之時，應「煩而即捨」，心意爽快時，要「舒懷命筆」，這與王充的說法，不但接近，而且皆偏乎外。

彥和於本篇首先強調養氣的重要性，其次分論古來作家行文養氣之多異：其中有因時代的古今而異，有因人們年齡少壯而異，有因身體的強弱而異，故爲文如不善於養氣，所謂「既喧之以歲序，又煎之以日時」，久而久之，則爲文傷命，用思困神，便非無稽之談了。最後，他採取道家攝生的精義，來暢論養氣的方法，說道：「吐納文藝，務在節宣，清和其心，調暢其氣，煩而卽捨，勿使壅滯，意得則舒懷以命筆，理伏則投筆以卷懷。逍遙以針勞，談笑以藥勸，常弄閑於才鋒，賈餘於文勇。」他自己以爲，這雖然不是「胎息之萬術」，但卻堅信是「衞氣之一方」，可見其高論鴻裁之一斑。

清朝紀曉嵐說：「此非惟養氣，實亦涵養文機。神思篇虛靜之說，可以參觀。」案神思篇云：「神居胸臆，而志氣統其關鍵」，又云：「方其搦翰，氣倍辭前」復云：「養心秉術，無務苦慮，含章司契，不必勞情」。彼篇以「虛靜」爲主，務令「慮明氣靜」，自然神旺而思敏。本篇則要作者「率志委和」，「優柔適會」，及「清和其心，調暢其氣」，究其所以，也就是要藉此以達「虛靜」的目的。所以後人多視本篇爲「神思」之餘義。明文章非強作而能也。

不過，我們細繹篇中，一則曰「鑽礪過分」，再則曰「爭光鬻采」，三則曰「慚鳧企鶴」，四則曰「瀝辭鐫思」，其鍼砭當世文士，苦思求工，以鬻聲名，釣利祿之意，更見諸文辭之外。對「爲文造情」的作者而言，不啻是一記當頭棒喝啊！

【正　文】

首段論養氣與文學創作的關係，以總攝全篇大旨。

昔王充著述，制養氣之篇，驗己而作，豈虛造哉㊀！夫耳目鼻口，生之役也㊁；心慮言辭，神之用也。率志委和㊂，則理融而情暢；鑽礪㊃過分，則神疲而氣衰；此性情之數也㊄。

二段言古今才士行文養

夫三皇辭質，心絕於道華㊅；帝世始文，言貴於敷奏㊆；三代春秋，雖沿世氣的不同情形。

三段明不養氣之害。初言養氣因年歲資質有異，以明養氣之旨。次擧古人體驗，以明爲文傷命，用思困神之理，呼應首段。

末段揭示養氣之法。在於清和其心，調暢其氣，做適當的節宣。

彌縟，並適分胸臆，非牽課才外也(八)。戰代技原作「枝」，鈴木云，岡本作技，從之校改詐(九)，攻奇飾說；漢世迄今，辭務日新，爭光鬻(一〇)采，慮亦竭矣。故淳言以比澆辭，文質懸乎千載；率志以方竭情，勞逸差於萬里；古人所以餘裕，後進所以莫遑(一一)也。

凡童少鑒淺而志盛，長艾(一二)識堅而氣衰，志盛者思銳以勝勞，氣衰者慮密以傷神，斯實中人之常資，歲時之大較也。若夫器分有限，智用無涯(一三)；或慚鳧企鶴，瀝辭鐫思(一四)；於是精氣內銷，有似尾閭(一五)之波；神志外傷，同乎牛山之木(一六)；怛惕(一七)之成原作「盛」，依一作成校改疾，亦可推矣。至如仲任(一八)置硯以綜述，叔原作「敬」，依孫無撓校改通(一九)懷筆以專業，既暄(二〇)之以歲序，又煎之以日時，是以曹公懼爲文之傷命(二一)，陸雲歎用思之困神(二二)，非虛談也。

夫學業在勤，原有「功庸弗怠」四字，依馮本與元刻校刪故有錐股自厲原有「和熊以苦之人」六字，依馮本與元刻校刪(二三)；至原作「志」依紀校改於文也，則申寫鬱滯，故宜從容率情，優柔適會〔評一〕(二四)。若銷鑠精膽(二五)，蹙迫和氣，秉牘(二六)以驅齡，灑翰(二七)以伐性，豈聖賢之素心(二八)，會文之直理(二九)哉！且夫思有利鈍，時有通塞，沐則心覆，且或反常(三〇)；神之方昏，再三愈黷(三一)。是以吐納文藝，務在節宣(三二)，清和其心，調暢其氣，煩而即捨，勿使壅滯〔評二〕，意得則舒懷以命筆，理伏則投筆以卷懷，逍遙以針勞，談笑以藥勸㉝，常弄閑於才鋒，賈餘於文勇㉞，使刃發如新㉟，腠（原作「湊」，依鈴木校改）理㊱無滯，雖非胎息㊲之萬（原作「邁」，依顧校改）術，斯亦衞氣之一方也。

贊曰：紛哉萬象，勞矣千想。玄神宜寶，素氣資養。水停以鑒㊳，火靜而朗。無擾文慮，鬱此精爽㊴。

【註釋】

㈠ **昔王充著述以下四句**：王充論衡自紀篇裏說，因爲「髮白齒落，日月踰邁」，加之「貧無供養，志不娛快」，於是作養性之書凡十六篇，以爲「養氣自守，適食則酒；閉明塞聰，愛精自保；適輔服藥引導，庶冀性命可延，斯須不老」。這是王充根據自己的體驗而作，自然不是憑空揑造的呵！

㈡ **耳目鼻口，生之役也**：兩句出呂氏春秋貴生篇，役，役使的意思。

㈢ **率志委和**：率，本爲遵循之意，在這裏解釋爲順從的意思。率志，就是指順其心意。委和，出莊子知北遊，在這裏委，隨也；委和，就是指任其自然。彥和論文以順其自然爲原則，本篇大意，正植基於此。蓋精神寓於形體之中，如作者用思過度，勢必心神昏迷。故下文有「逍遙以針勞，談笑以藥勸」，期使形神安閒，用之不竭，發而常新，遊刃有餘也。

㈣ **鑽礪**：礪，磨礪的意思。鑽礪，是指鑽研磨礪。

(五)數：術也，法也。因此，數有法則、規律之意。

(六)**三皇辭質，心絕於道華**：三皇，各家之說不同，此處我們採用司馬貞三皇本紀的說法，以爲卽庖犧氏、女媧氏、神農氏。道，稱道，言辭之謂，道華，指言辭華美。

(七)**敷奏**：敷陳奏進的意思。

(八)**三代春秋以下四句**：三代，就是指夏、商、周三朝。適分胸臆，指文章不矯揉造作，只是恰如其分地把心裏的話照實說出來。課，稅課，引申爲索取之意。牽課才外，是說牽強地尋求才力以外的辭藻。

(九)**技詐**：詐僞的技倆。

(十)**鬻**：誇耀賣弄的意思。

(十一)**莫遑**：閒暇的意思，莫遑，就是不暇。

(十二)**長艾**：「艾，老也」，長艾，指年紀大的人。

(十三)**器分有限，智用無涯**：莊子養生主：「吾生也有涯，而知也無涯」，「器分有限，智用無涯」兩句出於莊子。器分，指器識才分。智用，指智慧運用。涯，水邊，引申爲邊際之意。

(十四)**慚鳧企鶴，瀝辭鐫思**：莊子駢拇：「鳧脛雖短，續之則憂；鶴脛雖長，斷之則悲」，慚鳧企鶴，大意是說一般人都嫌自己才識淺薄，而羡慕他人才智高深，如同鳧鳥慚愧自己的脛短，而企望於鶴之長足也。瀝，漉也，引申爲洗鍊之意。鐫，刻也，瀝辭鐫思，是指洗鍊文辭，刻畫情意。

(十五)**尾閭**：莊子秋水：「天下之水，莫大於海，萬川歸之，不知何時止而不盈；尾閭泄之，不知何時已而不虛」，文選養生論注引司馬彪云：「尾閭，水之從海水出者也」，尾閭，是莊子設想的大海出口處。

（一六）**牛山之木**：孟子告子篇：「牛山之木嘗美矣，以其郊於大國也，斧斤伐之……牛羊又從而牧之，是以若彼濯濯也」，牛山，在齊都臨淄南十里。本句以牛山比喻人的精神意志。

（一七）**怛惕**：怛，傷痛；惕，驚懼。怛惕，迫促傷害的意思。

（一八）**仲任**：王充字。北堂書鈔著述篇引謝承後漢書：「王充貧無書，往市中省所賣書，一見便憶，門牆屋柱，皆施筆硯，而著論衡。」

（一九）**叔通**：後漢書曹褒傳：「褒字叔通，博雅疏通；常憾朝廷制度未備，慕叔孫通漢禮儀，晝夜研精，沈吟專思，寢則懷抱筆札，行則誦習文書，當其念至，忘所之適」。

（二〇）**暄**：同煊，乾也，這裏引申作消耗的意思。

（二一）**曹公懼為文之傷命**：曹公語未詳，不知所出。

（二二）**陸雲歎用思之困神**：陸雲與兄平原書中有「用思困人」一語。

（二三）**錐骨自勵**：戰國策秦策中載蘇秦「讀書欲睡，引錐自刺其股，血流至踵」，這是勸學的話。

（二四）**從容率情，優柔適會**：詩文可表達內心抑鬱的情懷，因之，不應該勞神苦思，而應該從容不迫地順乎情志，優游自得地隨心抒寫。

（二五）**銷鑠精膽**：銷鑠，鎔化的意思。精膽，指精氣肝膽。

（二六）**秉牘**：牘，札也，即後世的紙張。

⑰ **翰**：筆也。

⑱ **素心**：猶言本心。

⑲ 直理：猶言正理。

⑳ **沐則心覆，且或反常**：左傳僖公廿四年：「沐則心覆，心覆則圖反」，孔疏引韋昭云：「沐則低頭，故心反覆也」，圖反，大意是說當時內心的不安，是反乎常態的。

㉑ **黷**：本意爲黑色。這裏是糊塗的意思。

㉒ **吐納文藝，務在節宣**：吐納，本指道家煉氣吐納之術，在這裏解釋爲吐屬文辭，發爲文章之意。節宣，既有節制而又因勢利導的意思。

㉓ **藥勌**：藥作動詞用，治療的意思；勌，同倦字。

㉔ **賈餘於文勇**：此用左傳成公二年「賈餘餘勇」一語，「賈餘於文勇」的「餘」，是指餘暇的時間，與上文「弄閑」爲對文；「賈餘餘勇」是餘勇聯文，指剩餘的勇氣。

㉕ **刄發如新**：本句引用莊子養生主「刀刄若新發於硎」之意。

㉖ **腠理**：肌肉的脈絡，這裏譯爲文氣。

㉗ **胎息**：是道家煉氣的一種內功。漢武帝內傳：「王眞，字叔經，上黨人，習閉氣而吞之，名曰胎息」。

㉘ **水停以鑒**：莊子德充符：「人莫鑑於流水，而鑑於止水，唯止能止衆止」，本文「水停以鑒」就是用德充符的意思，是說必須等水的波紋靜止，才能像明鏡般地，照鑒自己的容貌。

㉙ **鬱此精爽**：鬱，茂也；爽，明也；精爽，精神清明的意思。

【語譯】

從前東漢王充著書立說，耗竭精力，因此寫了養性之書十六篇，這完全是根據自己的體驗而作，哪裏是憑空捏造的呢？耳、目、鼻、口是生理上所役使的器官，心、慮、言、辭乃精神上運用的工具，如果能順應情志，任其自然，那麼就義理融通，而心情舒暢；若鑽研磨礪，超過才分，便會精神疲憊，而氣力衰頹。這是感情活動上一定不易的法則啊！

在所謂庖犧、女媧、神農的三皇時代，語尚簡質，根本沒有想到文辭的華麗，到了所謂黃帝、顓頊、帝嚳、唐堯、虞舜的五帝時代，才開始注重文采，人臣的奏章已知道鋪陳排比。夏、商、周及春秋之世，雖然文采的華麗，隨著時代的發展而進步，但都是適應才分，直抒懷抱，並非借助於外面的才力，來牽強修飾的啊！戰國時代喜歡運用詭詐的技倆，所以游談的策士們，專事精研權謀，修飾說辭。從漢世到今天（南齊），辭藻更是務求翻新出奇，爭妍鬬麗，如此賣弄文采，自然是搜刮枯腸，竭盡心思了。所以將上古淳厚的言語，和後世澆薄的文辭，兩相比較，文采與質樸，其間懸隔了數千年，拿順從意志和竭盡情思相比，精神上的安適與勞苦，也相差幾萬里，因此古人著書立說能夠優游安閒，而後人從事創作卻疲累不堪啊！

一般說來，年輕人見識膚淺而精力旺盛，年長的見識精確而氣力衰頹，精力旺盛的思考敏銳，足以勝任繁劇，氣力衰頹的思慮周密，卻容易損傷精神，這乃是一般人通常的資稟，在年歲不同的條件下，大致的區別啊！至於人的器識才分是有一定限度的，而智慧的運用卻沒有窮盡，有些人痛恨自己的才智短淺，羡慕他人才識高深，就像鳧鳥以爲自己的腿太短，總企望如鶴足般的高長一樣，於是竭力洗鍊文辭，刻畫情思，因而內在的精力日漸消耗，如同大海的尾閭，晝夜不息地向外流泄，而外在的神志受到斲傷，正如牛山的樹木，四季不停地加以砍伐，其結果作者因憂傷勞瘁而成疾病，也就可想而知了。至於像王充於門牆屋壁設置筆硯，來從事寫作，曹褒終宵沈吟苦思，懷抱筆札以專研學術，這樣經年累月地消耗心思，日夜不分地煎熬肝膽，所以曹操擔憂寫文章會傷害性命，陸雲慨嘆用心思容易困頓精神，由此觀之，這都是確有其事，絕非子虛烏有的空言啊！

學業的進修，在於勤勉苦讀，所以古代就有蘇秦引錐刺股，來策勵自己的事例。至於寫作文章，自然是要抒寫內心抑鬱的感情，便應該從容不迫地加以發洩，優游自得地適應際會。假若過分的摧殘精神，挫傷中和的靈氣，那麼拿起紙筆，就好像縮短自己的年壽；揮灑筆墨，便如同戕害自己的性命，這難道是聖賢著書立說的本心，後世君子以文會友的正確道理嗎？何況人們的才思，有敏捷與遲鈍的分別，時機有通暢和阻塞的時候，比如洗頭時，由於頭部放低，心情就翻覆不安，甚至和平常完全不同。神志正當昏迷不清時，若再三思考，必定更加糊塗。所以從事創作，對於思考力的運用務必加以適當地節制，使心地始終保持清明和樂，意氣條達舒暢，感覺煩惱時就馬上停止，千萬不使它有壅塞阻滯的現象；心情高興時，便舒展懷抱，縱筆揮灑，思路不通時，便須投筆棄紙，靜心修養。以逍遙自在的情緖，來解除勞累，用言談歡笑的態度，來治療倦怠，常在安閒中運用才華，展露筆鋒，在閒暇裏鼓起勇氣，從事創作。如此，一旦下筆爲文，其文氣的流暢，就像新磨的刀刃，毫無阻礙。以上所述，雖不是導引文思的萬應靈丹，確也是保養文氣的辦法之一啊！

總而言之，天地間萬象紛紜，應接不暇；作者千思萬想，精疲神勞。所以玄妙的心神，應該寶愛，本然的元氣，更須養護。正如河中的流水，只有在靜止的時候，才能明鑒事物，又像點燃的燈火，只有在穩定的情況下，才可朗照周遭。作者務必謹慎修養，千萬不要擾亂了文章的情思，讓這份蓬勃的神志，清明爽朗，永遠保持不衰。

【集　評】

一、黃評：「學宜苦而行文須樂。」

二、紀評：「此非惟養氣，實亦涵養文機。神思篇虛靜之說，可以參觀。彼疲困躁擾之餘，烏有清思逸致哉！」

【問題討論與練習】

一、試由「率志委和，則理融而情暢；鑽礪過分，則神疲而氣衰」，論養氣與文學創作的關係如何？

二、何為行文養氣之法？並述其在文學創作上的價值？

三、孟子言善養浩然之氣，曹丕言文以氣為主，彥和著養氣之篇，三家所謂之「養氣」，有何異同？

附會第四十三〔評一〕

【解題】

附會，即附辭會義的意思。其作用在消極方面，可使文章純粹，無複雜矛盾之病。在積極方面，可使讀者印象清明，不致模稜兩可，茫無頭緒，發揮統一事類的功能。彥和云：「何謂附會？謂總文理，統首尾，定與奪，合涯際，彌綸一篇，使雜而不越者也。若築室之須基構，裁衣之待縫緝矣。」夫工師之築室，在基礎初平，間架未立之前，必先作一設計圖樣，何處建廳？何方開戶？棟需何木？窗需何材？使規模完具，然後始可揮斧運斤，造成一座理想的居所。縫匠之裁衣，亦復如此，當縫合之初，剪裁未成，必先就布匹之長短，加以統籌規劃，何者爲領？何者爲袖？腰身寬窄，體勢長短，先有成樣，而後按圖施工，自能修短合度了。爲文謀篇，又何異於此？所以在下筆之初，首先審定題旨，然後立意取材，布局架構，當先則先，當後則後，當分則分，當合則合，務期首尾圓合，條貫統序，此謀篇之功，豈容輕忽。故曾文正公日記云：「古文之道，謀篇有勢，是一段最大工夫。」，附會者，就是在講述爲文謀篇的基本法則。

本篇論「總文理，統首尾，彌綸一篇」的方法云：「凡大體文章，類多枝派，整派者依源，理枝者循幹。是以附辭會義，務總綱領，驅萬塗於同歸，貞百慮於一致，使衆理雖繁，而無倒置之乖；羣言雖多，而無棼絲之亂；扶陽而出條，順陰而藏跡，首尾周密，表裏一體，此附會之術也。」這段話特別強調「意在筆先」，亦即謀篇必先「立意」之意。因爲一個體大思精的作品，大抵分枝別派，頭緒紛繁。要想齊一流派，必先討源；清理枝條，必循根幹，所以附麗文辭，會合事義，務必先總攬全文的中心思想，然後依據中心思想去鋪陳文辭。對於事理之應顯明者，就率然直陳；應含蓄者，就婉約曲折。使全文首尾照顧周密，表裏凝結一體，此卽附辭會義，謀篇布局的基本認識。

謀篇布局既定，其次究用何術去確立主題，以發展篇旨乎？彥和在此沒有明言，鎔裁篇對此頗有詳盡的發揮。他說：「草創鴻筆，先標三準，履端於始，則設情以位體；舉正於中，則酌事以取類；歸餘於終，則撮辭以擧要。然後舒華布實，獻替節文。繩墨以外，美材既斲，故能首尾圓合，條貫統序。若術不素定，而委心逐辭，異端叢至，駢贅必多。」這一段話剛好補成此篇所說「衆理雖繁，而無倒置之乖；羣言雖多，而無棼絲之亂」的意思。討論如何而能「首尾周密，表裏一體」？如何而能「去留隨心，修短在手」之術。

至於謀篇布局之後，裁章分段之法又如何乎？附會篇於此提示「定與奪，合涯際，使雜而不越」，定與奪者，指文字之取舍，當增則增，當損則損。合涯際者，指結合上下文句的辭氣和段落，前呼後應，天衣無縫。雜而不越者，指言辭雖多，思理雖富，但均能「外文綺交，內義脈注」，而不跨越全文的主旨。在此彥和更進一步的說：「夫畫者謹髮而易貌，射者儀毫而失牆，銳精細巧，必疏體統，故宜詘寸以信尺，枉尺以直尋，棄偏善之巧，學具美之績。此命篇之經略也」。特別強調裁章分段，應注意全文的整體性。不可以只看到毫髮的細微，而忽視容貌之大體；一個銳精於形式技巧的人，往往會疏忽整體的統一性和連貫性。所以他勸告作者要放棄一偏之善的小技巧，學習整體完美的大修養。這就是裁章分段的大經大法。但是「文變無方，意見浮雜」，再加上每一位作者的「才分不同，思緒各異」，所以一般人在分段的時候，會發生兩種現象，一種是「製首以通尾」，一種是「尺接以寸附」，前者指才思敏捷的，能從頭到尾，作通盤的考慮；後者指行文遲緩的，但求分段連接，作零星的輳湊。所以篇末贊語云：「原始要終，疏條布葉。道味相附，懸緒自接。」就是強調「離章合句」，要注意和整體架構的關係。

分段附辭既明，又究用何法安排義脈，來開拓章句乎？本文於此也沒有進一步的說明。而章句篇卻云：「句司數字，待相接以爲用；章總一義，須意窮而成體。其控引情理，送迎際會，譬舞容廻環，而有綴兆之位，歌聲靡曼，而有抗墜之節也。尋詩人擬喻，雖斷章取義，然章句在篇，如繭之抽緒，原始要終，體必鱗次。啓行之辭，逆萌中篇之意；絕筆之言，追媵前句之旨。故能外文綺交，內義脈注，跗萼相銜，首尾一體。」揣摩彥和安排義脈之法，實端賴乎章句。蓋「人之立言，因字而生句，積句而爲章。」如果章句不明，未有能與於文章之事者。所以下字造句，實在是安排義脈的基本關鍵。彥和云：「會詞切理，如引轡以揮鞭。克終底績，寄深寫送，若首唱榮華，而媵句憔悴，則遺勢鬱湮，餘風不暢。」統觀章句篇文，二說實相表裏。

本篇辭簡意賅，籠罩多方，思理至精。除上述各點以外，對「才童學文，宜正體製」，必須了解文章的組織成分，是以「情志爲神明，事義爲骨鯁，辭采爲肌膚，宮商爲聲氣」，又強調爲文應首尾相援，否則，如臂之無肉，欲行難進。無一不是文章的指南，摛藻的秘寶啊！

【正文】

首段言附會之意義及功用。

何謂附會㊀？謂總文理㊁，統首尾，定與奪㊂，合涯際㊃，彌綸㊄一篇，使雜而不越㊅者也。若築室之須基構，裁衣之待縫緝矣。夫才童（原作「量」，依王利器新書徵御覽五八八引，及文心雕龍體性篇「童子雕琢」，辨騷篇「童蒙者拾其香草」，養氣篇「童少鑒淺而志盛」，文意相同之例校改）學文〔評二〕，宜正體製㊆：必以情志爲神明，事義爲骨鯁㊇（原作「髓」，依楊明照校注引御覽五八五校改），辭采爲肌膚，宮商㊈爲聲氣；然後品藻玄黃㊉，摛振金玉⑪，獻可替否⑫，以裁厥中⑬，斯綴思之恒數⑭也。

二段述附會（即謀篇布局）之方法。

凡大體文章，類⑮多枝派，整派者依源，理枝者循幹，是以附辭會義，務總綱領〔評三〕，驅萬塗於同歸，貞百慮於一致⑯，使衆理雖繁，而無倒置之乖，羣言雖多，而無棼絲⑰之亂；扶陽而出條，順陰而藏跡⑱〔評四〕，首尾周密，表裏一體，此附會之術也。

三段揭示臨文之通病。其中先言謀篇之病，繼言命意之病，再言才分之病。

夫畫者謹髮而易貌，射者儀毫而失牆⑲，銳精⑳細巧，必疏體統〔評五〕。故宜詘寸以信尺㉑，枉尺以直尋，棄偏善之巧，學具㉒美之績，此命篇之經略也㉓。夫文變無（原作「多」，依王利器新書徵各本與御覽五八五、以及文心雕龍明詩、諧讔、書記、通變各篇文例校改）方㉔，意見浮雜㉕，約㉖則義孤，博則辭叛㉗，率故多尤㉘，需爲事賊㉙。且才分不同，思緒各異，或製首以通尾㉚，或尺接以寸附㉛，然通製者蓋寡，接附者甚衆㉜。若統緒失宗㉝，辭味必亂；義脈不流㉞，則偏枯文體〔評六〕。

四段言附會之要歸。一需文識，二需事證。

夫能玄（原作「懸」，音近致誤，依郭晉稀譯註校改）識腠（原作「湊」，依郭晉稀譯注引鈴木說校改）理㉟，然後節文自會，如膠之粘木，石之合玉㊱（此四字原誤爲「豆之合黃」，今依王利器新書引謝抄本、及御覽改正。）矣。是以駟牡異力，而六轡如琴㊲；並駕齊驅，而一轂統輻㊳；馭文之法，有似於此。去留隨心，修短在手，齊其步驟，總轡而已。故善附者異旨如肝膽㊴，拙會者同音如胡越㊵，改章難於造篇，易字艱於代句，此已然之驗也。昔張湯擬奏而再却〔四一〕，虞松草表而屢譴〔四二〕，並事理（原作「理事」，依鈴木徵御覽校改）之不明，而詞旨之失調也。及兒寬更草，鍾會易字，而漢武歎奇，晉景稱善者，乃理得而事明，心敏而辭當也〔評七〕。以此而觀，則知附會巧拙，相去遠哉？

若夫絕筆斷章〔四三〕，譬乘舟以振楫〔四四〕；會詞切理〔四五〕，如引轡以揮鞭。克終底績〔四六〕，寄深寫送（原作「遠」，依范注校改）〔四七〕。若首唱榮華，而媵句憔悴，則遺勢鬱湮，餘風不暢。此周易所謂「臀無膚，其行次且」〔四八〕也〔評八〕。惟首尾相援，則附會之體，固亦無以加於此矣。

末段論爲文當首尾相應之理。

贊曰：篇統間關〔四九〕，情數稠疊〔五〇〕。原始要終，疏條布葉。道味相附〔五一〕，懸緒自接〔五二〕。如樂之和，心聲克協〔五三〕。

【註釋】

㈠ 附會：卽下文「附辭會義」。附辭的意思，是使文辭前後聯貫；會義的意思，是使各段大意合乎全文主旨。晉書左思傳：「傅辭會義，抑多精致。」傅、附同類通用。

㈡ 總文理：總，聚束；文理，卽文章的辭采義理。全句是說總束文章的辭采和義理。

(三)定與奪：定指保留，奪指刪削。指全句是草稿擬定之後，潤色時欲「保留或刪削」而言。

(四)合涯際：涯，水邊；際，兩牆會合之處。所以「涯際」在此指前後段落承接處。全句是說草稿擬定後，前後段落之間，文意或不相承，潤色時加以彌縫而言。

(五)彌綸：綜理、包舉的意思。

(六)雜而不越：此卽下文所說「衆理雖繁，而無倒置之乖；羣言雖多，而無棼絲之亂」的意思。「雜」是指「繁縟的文辭」和「豐富的文意」，「越」是指「越出全文的主旨」。

(七)宜正體製：指下文「必以情志爲神明，事義爲骨鯁，辭采爲肌膚，宮商爲聲氣」說的；所謂「宜正體製」，就是說「必須先明正其體裁格式，認淸「情志」、「事義」、「辭采」、「宮商」四者在文章中所居的地位。

(八)骨鯁：卽骨幹。

(九)宮商：指聲律而言。

(一〇)品藻玄黃：指雕琢辭藻。漢書揚雄傳：「稱述品藻」，顏師古注：「品藻者，定其差品及文質。」

(一一)摛振金玉：此句是借樂器演奏，比喻寫作時推敲聲律，語出孟子萬章下。

(一二)獻可替否：本爲獻善去不善之意，此處指裁正文辭之可否，語見左傳昭公二十年晏子對齊侯語。

(一三)以裁厥中：厥，其；裁，剪裁。指文章的剪裁，恰到好處。

(一四)綴思恒數：綴思卽構思；恒數，永久不變的法則。

(一五)類：大抵的意思。

(六) **貞百慮於一致**：釋名釋言語：「貞，定也」，正的意思。百慮，各種想法。全句是說端正一切想法，使各段大意與全文主旨相符。語出易經繫辭下。

(七) **棼絲**：棼爲紛的通假字，猶紛亂如絲之意。左傳隱公四年：「猶治絲而棼之也」。

(八) **扶陽而出條，順陰而藏跡**：扶陽而出條，是指詞意之見於文者；順陰而藏跡，是指詞意之不必見於文者。二句用以比喻說明：文章中應該顯豁的，使它更顯豁；應該含蓄的，使它更含蓄。有華實並茂，隱顯合宜之意。

(九) **畫者謹髮而易貌，射者儀毫而失牆**：呂氏春秋處方：「今夫射者儀毫而失牆，畫者謹髮而易貌，言審本也」；注：「儀，望也。」淮南子說林訓：「畫者謹毛而失貌，射者儀小而遺大」；注：「謹悉微毛，留意於小，則失其大貌，儀望小處而射之，故耐（能）中，事各有宜。」易貌：卽失貌，本句是說繪畫的人，由於過分注意每根細髮的逼眞，反而忽略了整體的面貌；射箭的人，只描準不差毫釐的靶心，反而顧不到射的整個靶子。以此借喻謀篇之始，應先規畫大體，明立骨幹。若謹知細小，而忽視全面，必有倒置棼亂之失。

(十) **銳精**：在這裏兼有動詞的作用，是「專門深入研究」的意思。

(十一) **詘寸以信尺**：詘，絕止的意思。文子：「老子曰：屈守而伸尺，小枉而大直，聖人爲之」，大意是說，要捨寸短而求尺長，以顧全大體。

(十二) **具**：是「俱」字的省寫，全部的意思。

(十三) **命篇之經略**：命篇，卽謀篇；經略，卽經營安排之意。

㉔ **文變無方**：指文辭變化的技巧，沒有一定的規則。

㉕ **意見浮雜**：是說情志見解紛紜繁雜。

㉖ **約**：指辭藻簡約。

㉗ **博則辭叛**：博指文采繁縟；辭叛，指措辭前後矛盾。

㉘ **率故多尤**：率，草率；尤，悔。全句是說行文草率，不精心思考，故多悔憾。

㉙ **需爲事賊**：需，遲疑，賊，害。全句是說若意見浮雜，遲疑不決，也會妨害文事，所以說「需爲事賊」，語出左傳哀公十四年傳。

㉚ **製首以通尾**：指從篇首到篇尾，作通盤打算的意思。

㉛ **尺接以寸附**：是說從章節從字句兩方面，來連接比附的意思。

㉜ **通製者蓋寡二句**：「通製」卽上文「製首以通尾」；「接附」卽上文「尺接以寸附」。

㉝ **統緒失宗**：指「造句安章的次序」失去主宰。

㉞ **義脈不流**：指文情文理的脈絡不能貫通流暢。

㉟ **玄識腠理**：「玄識」卽妙解之意；「腠理」卽紋理之意，指深切認識文章的組織條理。

㊱ **石之合玉**：言石和玉合在一起，像璞玉。以喻文章骨肉亭勻，配合得當。

㊲ **駟牡異力，六轡如琴**：詩經小雅車：「四牡騑騑，六轡如琴」；陳奐疏：「如琴，言調和也。六轡以馭四馬，喻御衆之有禮法」。古代四匹馬駕的車子用六條韁繩，所以叫「六轡」。本句是說駕車的四匹雄馬，步調一致，像琴音般的和諧。

㊳ **一轂統輻**：老子第十一章：「三十輻共一轂」，所以說：「一轂統輻」。統輻，綰統輻軸的意思。

㊴ **善附者異旨如肝膽**：莊子德充符：「自其異者視之，肝膽楚越也」；成玄英疏：「……肝膽生本同一體也，楚越迢遞，相去數千……」；本文用『德充符』意。大意是說，「善於敷飾辭藻的人，能夠使不同的文義，像肝和膽一樣密切接合」。

㊵ **拙會者同音如胡越**：本句是說拙於會合事義的人，會把相同的情調，處理得像胡、越一樣，南北遙隔，關係疏遠」。

㊶ **張湯擬奏而再却**：事見漢書兒寬傳：「時張湯爲廷尉，……會廷尉有疑奏，已再見卻矣，掾史莫知所爲。寬爲言其意；掾史因使寬爲奏。奏成，卽時得可。異日，湯見，上（漢武）問曰：『前奏非俗吏所及，誰爲之者？』湯言倪寬。上曰：『吾固聞之久矣。』」

㊷ **虞松草表而屢譴**：事見三國志魏志鍾會傳注引世語：「司馬景王命中書令虞松作表，再呈，輒不可意，命松更定，松思竭不能改，心存之，形於顏色。會察其有憂，問松，松以實對。會取視，爲定五字。松悅服，以呈景王。王曰，不當爾耶！」彥和在此連舉兩事，蓋以此證明善附善會的情形。

㊸ **絶筆斷章**：指文章的收筆結尾。

㊹ **振楫**：卽行舟打槳，喻結尾有力。

㊺ **會詞切理**：指聯屬文辭，切合情理。

㊻ **克終底績**：尙書虞書：「乃言底可績」；馬注：「底，定也」。『禹貢』：「覃懷底績」，更直以「底績」連文。底績是「致於有成」的意思。全句是說能在結尾時，收到闢合全文的功效。

㊼ **寄深寫送**：世說新語文學篇注，引王珣評伏滔的「北征賦」，以爲：「寫送之致，似爲未盡」；寫送，寄託深遠，令人回味無窮。

㊽ **臀無膚，其行次且**：引文見易經夬卦九四。臀，音(ㄊㄨㄣˊ)，即「臀部」；次且，音(ㄘ ㄐㄩ)，即今字「趑趄」，是「前進困難貌」。意思是指屁股上沒有肌肉，行走困難，以喻文章結尾不好，影響全局。

㊾ **篇統間關**：詩經小雅車舝：「間關車之舝兮」；間關，毛傳以爲「設舝也」；陳奐疏以爲「以舝設車軸間，爲間關」；朱熹集傳以爲「設舝聲也」；各家注解不同。這裏用「間關」指「車舝」，即「車轂」，意義極明白。「篇統間關」，就是說「篇章統一於中心思想，猶如車輻統一於車轂」。

㊿ **情數稠疊**：是說文情頭緒複雜繁多。

(五一) **道味相附**：指辭藻情理，互相依附。

(五二) **懸緒自接**：是說紛雜的思緒，自然銜接如一。

(五三) **心聲克協**：法言問神篇：「言，心聲也」。「心聲克協」，是說作品的辭氣文理一定能夠調協。心，指情理；聲，指文辭。

【語　譯】

什麼叫做附會呢？就是指總攬文章的辭采與義理，統貫篇章的開頭與結尾，確定文稿的增加或刪削，彌縫前後段落的承接和辭氣，並綜合全篇的形式與內容，使之言辭雖多，思理或繁，卻能脈絡一貫，不踰越主題的一種寫作方法。此種爲文之道，好比建築房屋一樣，必須先紮下穩固的基礎，又如同裁製衣服，須依靠細心的縫合。然而學愼初習，一個富有才思的童子，學習寫作之時，應先明正其體裁格式，如果將作品比況於人的軀體構造的話，那麼，情感意志在文章中的地位，就好比一個人的精神，事理資料就如同一個人的骨幹，辭藻文采就好像一個人的肌肉皮膚，而聲調音節更如同一個人的聲音氣息，一篇文章如能具備「情志」「事義」「辭采」「宮商」四個條件。然後再潤之以丹采，推敲其聲律，存其精醇，祛其糟粕，截長補短，使文章能恰到好處。這才是爲文構思永久不變的法則啊！

凡體大思精的作品，大抵枝條流派，頭緒紛繁。如樹木之盤根錯節，江河之源遠流長；學者如欲整齊其流派，必先討源而後溯流，欲清理其枝條，則須循根始能得其幹，如此，綱擧目張，有條不紊。所以作者附麗辭藻，會合事義，務必總攬本文的中心思想，然後再依照中心思想去鋪陳文辭，於是一時之間，文思泉湧，靈感彷彿在萬條道路上奔馳，但最後的歸屬卻是相同的；思慮在千頭萬緒中進行，而最後的旨趣仍是一致的；如此一來，理論雖然繁複，卻無本末倒置的乖戾，言辭雖然滋多，卻無絲緒紛擾的紊亂；於是有些事理應當彰明之處，只須快語直陳，詳明剴切，猶如冬春之交，大地始生萬物時，欲扶助陽氣而吹出的條風；有辭情應當含蓄之處，就應婉約曲折，耐人尋味，猶如人於日光之下，畏惡身影，順處陰闇而休藏形跡。這樣從開頭到結尾，照顧周密，前後相應；形式與內容，表裏一致，完整無瑕，這才是附麗辭采，會合文義的方法啊！

這就像畫工之描繪人像；如果僅注意毛髮的細節，反而容易忽略整體的面貌；又像射手之選射鵠的，如果只注視毫釐的準確，便容易遺漏靶子的整個輪廓，至於作者之謀篇安章，亦復如此。如果只是聚精會神，專門研討字句的技巧，必定會疏忽文章的總體和統序。所以附會之術，就在告訴我們，要遺小就大，捨短取長，拋棄偏頗的零星技巧，學習整體的完美績效，這就是裁章謀篇的大經大法啊！行文之時，辭句變化無端，沒有一定的法則，加以情意見解又過於繁雜。文字如簡約，則顯得義理單薄；內容如廣博，又覺得辭語雜亂，倘使輕率成篇，則多有失誤，遲疑寡斷，又足以敗壞文事。而且作者的才性天分既不相同，思想意緒也各有差異。思想敏捷的，從開頭到結尾，能作通盤打算，一氣呵成；遲緩的，由章節到字句，只求片斷連接，零星幫湊。然而能通盤打算，一氣呵成的較少；作片段連接，零星幫湊的卻很多。假若在安章造句時，失去主旨，辭語意味必定混亂，義理脈絡絕難流暢，那麼文章的整個體製，必會發生周轉失靈的現象。

若作者眞能妙解文章的組織條理，然後其聲調色彩，與情志義理，自然可以融會貫通，猶如膠漆之黏著木板，石頭中蘊藏美玉，自能密切配合，乃爲必然之勢了。所以四匹雄馬共駕一車，雖各自用力不同，但由於六條韁轡控制在手，遂能使其步調勻稱，如琴瑟般的和諧；兩輛車子，聯鑣共道，齊頭並進，那也是因爲用了一根轉軸，遂能統綰三十個橫輻，使車輪旋轉劃一，如鸞鳳般的應和。作者控馭文章的方法，便和這種道理極爲類似。對情理的去取，要胸有成竹，隨心所欲；於篇幅的長短，須得心應手，並能齊一事義辭采的步調。這種情形猶如御者的駕車攬轡一樣，要在如何控制寫作技術罷了。所以善於附麗辭采的人，能使不同的旨趣，處理得如肝膽之相親，融成一片。不善於會合事義的人，每每將相同的情調，安排得如胡越之疏遠，兩不諧和。修改文章較之於實際創作尤爲困難，更換一字比之於調換一句還要艱苦，此乃古人早已證實的經驗啊！譬如過去漢武帝時候的廷尉張湯，撰寫奏章，一再被退回，曹魏時候的中書令虞松，起草表章，而屢遭譴責，都是因爲對事理的敍述不明白，於文詞意旨尚欠妥當的緣故！後來兒寬替張湯更正草稿，鍾會爲虞松改換文字，於是漢武帝贊歎兒寬是天下奇才，晉景王稱許鍾會爲當代才士。這是由於文章說理得宜，而敍事明暢，作者的心思敏慧，且措辭得當的緣故啊。由此可知，附麗辭采，會合事義的手法，是精巧或笨拙，其間的差異眞是相去太遠了。

至於文章的分段結尾，譬如駕駛舟船的收槳整楫，更需要聚精會神，全力貫注；融會文詞，使切當事理，宛如控引韁轡，揮鞭策馬，必須因機取勢，斟酌得宜。如此，才能達到創作的績效，寄意遙深，令人玩味無窮了。假若在文章開頭時，意茂詞盛，生動活潑；而結尾卻萎靡不振，有氣無力，那麼未盡的氣勢，便抑鬱不申，無法展開；其流風韻致，也就難以順暢了。這就是周易夬卦上說的「臀部瘦削的人，走起路來，必定趦趄不前，難以快速啊。」所以人之行文，也能首尾銜接，前呼後應的話；那麼附麗辭采，會合事義的大體要領，自然就天衣無縫，沒有比這更好的了。

總而言之：文章的情理雖繁，而鎔裁成篇，必須有統一的主題，就像車輪統制於車轄一樣。會合事義，必須窮研其初始，推究其根源，會通其終末，然後扼要地作一總結。附麗辭采時，就像扶疏其枝條，舒布其花葉一樣。如此，文章的情理與神韻，才能互相依附，原來紛亂的思緒，便自然結合爲一體。作品內在的事義，和外在的辭采，調配得宜，就如同音樂般的和諧一致了。

【集評】

一、紀評：「附會者，首尾一貫，使通篇相附而會於一，即後來所謂章法也。」

二、紀評：「此三行可節。」

三、紀評：「此爲命意布局時言。」

四、楊評：「二語雖出呂氏春秋，移以論文，殆可哭鬼舞神矣。」

五、紀評：「此所謂有句無篇。」

六、紀評：「此爲行文時言。」

七、楊評：「此事亦可引止見止。」

八、紀評：「此言收束亦不可苟，詩家以結句爲難，卽是此意。」

【問題討論與練習】

一、何謂附會？附會在寫作上之價值如何？

二、附會篇論綴思之恒數，內容如何，可得聞諸？

三、何謂附會？其術如何？所謂「善附者異旨如肝膽，拙會者同音如胡越」，意何所指？試申其說。

總術第四十四〔評一〕

【解　題】

「總術」者，總論文術之應當講求，可說是創作論的前言。因爲全書的序言放在書末，所以創作論的前言也殿於全論之末，並非別有所謂文術也。篇末云：「文體多術，共相彌綸，一物攜貳，莫不解體，所以列在一篇，備總情變」，由此觀之，彥和當初撰寫本文的目的，就意在提挈綱維，指陳樞要，所以由神思以至附會之旨，而丁寧鄭重言之。

自篇首至「知言之選難備」，言文體衆多，所謂「人之常言，有文有筆」，顏延年以爲「筆之爲體，言之文也；經典則言而非筆，傳記則筆而非言」，析文體爲「文」「筆」「言」三種，這種三分法，劉勰認爲沒有甚麼意義：原因是文學價値不在於它是「言」還是「筆」，而在於作品是否掌握了創作的基本原理。所以他本乎徵聖、宗經的主張，提出另外一種分類法，卽認爲經書都是「文」，只有說話是「言」，寫成文字的，有韵是「文」，無韵是「筆」，「文」和「筆」總稱爲「文」，這樣以來，經書旣是「文」，則彥和論文「宗經」，就有了穩固的立說基礎。所以他說：「常道曰經，述經曰傳，經傳之體，出言入筆，筆爲言使，可強可弱。」可見經傳之體，雖是發之於口的「言」，更是記之於書的「筆」，「筆」旣爲「言」所驅使，其語勢可以爲質樸，亦可以爲文采，因此他又說：「六經以典奧爲不刊，非以言筆爲優劣也」。這不僅化解了時人「文」「筆」「言」三分的支離，同時也趁勢肯定了六經在文學創作上的領導地位。

彥和批評當代作家，只是競新尙麗，多欲從事文字的雕琢，不肯鑽研創作的技術，因而對作品好壞不分，致令「落落之玉，或亂乎石；碌碌之石，時似乎玉。精者要約，匱者亦尠；博者該贍，蕪者亦繁；辯者昭晳，淺者亦露；奧者複隱，詭者亦曲。」有的內容華茂而聲調枯燥，有的理論拙劣而文辭潤澤，所以從事文學創作，其情形就像開音樂演奏會，所謂「不以規矩不能成方圓，不以六律不能正五音」。魏文帝曹丕比篇章於音樂，是有道理的。於是他強調從事文學創作，必須「圓鑒區域，大判條例」，先期研究創作技術。然後才能「控制情源，制勝文苑，」臨機應變，寫出富有藝術價值的作品來。

不過有的人不研究創作方法，也可以寫出好的文章來。其原因何在？劉勰把這種情形比成「博塞之邀遇」，「借巧儻來」，是偶然的巧合，不是經常的大法。一個深通創作原理的人，如「善弈之文，術有恒數」，不但是「按部整伍，」還要「以待情會，因時順機」，這樣才能「動不失正」，才能寫出「視之則錦繪，聽之則絲簧，味之則甘腴，佩之則芬芳」的作品。

最後，他特別補充說明，文學創作的基本方法很多，彼此互相依存，而一篇作品，就是一個有機的整體，其中任何一部分如果發生了問題，便很可能牽一髮而動全身，使整個的結構解體。所以文心雕龍自卷六神思以下，而體性、而風骨、而通變、而定勢……全部十九篇，就像三十支條輻，共同結合成一個車轂，合者共利，分者同害。所以列在一篇，備總情變。由此觀之，思維活動雖沒有一成不變的模式，但創作的理則，卻是萬古長存的。

【正　文】

首段辨正時人對文章分類之說，並提出己見。

今之常言，有文有筆㊀〔評二〕，以爲無韻者筆也，有韻者文也。夫文以足言㊁，理兼詩書，別目兩名，自近代耳。顏延年㊂以爲：「筆之爲體，言之文也；經典則言而非筆，傳記則筆而非言。」請奪彼矛，還攻其楯矣。何者？易之文言，豈非言文；若筆果〔原作「不」，依黃侃札記改〕言文，不得云經典非筆矣。將以立論，未見其論立也。予以爲：「發口爲言，屬翰④曰筆〔原作「屬筆曰翰」，翰筆二字互倒，茲依李師曰剛斠詮根據文理、辭例校改〕，常道曰經，述經曰傳。經傳之體，出言入筆，筆爲言使，可強可弱⑤。六經〔「六經」原作「分經」，茲據黃侃札記改〕以典奧爲不刊⑥，非以言筆爲優劣也。」昔陸氏文賦，號爲曲盡⑦，然汎論纖悉⑧，而實體未該⑨。故知九變之貫匪窮⑩，知言之選難備矣⑪。

二段論當代作家棄本術與崇末節，研術未精，故有優劣疑似之作。

凡精慮造文，各競新麗，多欲練辭，莫肯研術〔評三〕。落落⑫之玉，或亂乎石；碌碌⑬之石，時似乎玉。精者要約⑭，匱者亦勦；博者該贍⑮，蕪者亦繁；辯者昭晳⑯，淺者亦露；奧者複隱⑰，詭者亦曲〔「曲」原作「典」，形誤，今據楊明照校注，王利器新書校改。〕⑱。或義華而聲悴⑲，或理拙而文澤⑳。知夫調鍾未易，張琴實難。伶人告和，不必盡窕櫬〔原有「榜」字，依嘉靖本刪〕之中㉑；動角揮羽〔原作「動用揮扇」，茲依潘師重規「講壇一得」文，引說苑善說及蔡邕琴賦說，改正。〕㉒，何必窮初終之韻；魏文比篇章於音樂㉓，蓋有徵矣。

三段明爲文必須曉術。其中先言棄術之失，繼

夫不截盤根㉔，無以驗利器；不剖奕〔「奕」原作「文」，字壞而誤，茲據范注改。〕奧㉕，無以辨通才。才之能通，必資曉術，自非圓鑒區域㉖，大判條例㉗，豈能控引情源㉘，制勝文

言操術之得。

苑哉〔評四〕！是以執術馭篇㉙，似善弈之窮數㉚；棄術任心㉛，如博塞之邀遇㉜。故博塞之文，借巧儻來㉝，雖前驅有功，而後援難繼，少既無以相接，多亦不知所刪，乃多少之並惑，何妍蚩之能制乎！若夫善弈之文，則術有恒數㉞，按部整伍，以待情會，因時順機，動不失正。數逢其極，機入其巧，則義味騰躍而生，辭氣叢雜而至。視之則錦繪㉟，聽之則絲簧㊱，味之則甘腴㊲，佩之則芬芳㊳〔評五〕，斷章㊴之功，於斯盛矣。

末段申論本篇寫作之由，並總結篇旨，並強調文體多術。

夫驥足雖駿，纆牽㊵忌長，以萬分一累，且廢千里。況文體多術㊶，共相彌綸㊷，一物攜貳㊸，莫不解體。所以列在一篇，備總情變，譬三十之輻，共成一轂㊹，雖未足觀，亦鄙夫之見也。

贊曰：文場筆苑，有術有門。務先大體，鑑必窮源。乘一總萬㊺，舉要治繁㊻。思無定契㊼，理有恒存㊽。

【註釋】

㊀ **有文有筆**：文，指有韻的韻文；筆，指無韻的散文而言。

㊁ **文以足言**：爲文的目的在補充言語的不足。左傳襄公二十五年：「仲尼曰：志有之，言以足志，文

以足言。」

㊂ **顏延年**：顏延之字延年，南朝宋臨沂人，少孤貧，好讀書，文章冠絕當世，與謝靈運齊名，其說未知所出，想當爲「庭誥」的逸文。

㊃ **屬翰**：翰，筆毫。「屬翰」就是提筆爲文的意思。

㊄ **可強可弱**：強弱猶言質文。意思是說語勢可強而爲質樸，亦可弱而爲文采。

㊅ **不刊**：不可磨滅。

㊆ **曲盡**：指文筆曲折，理論完備之意。

㊇ **汎論纖悉**：纖，細小。悉，詳盡。是說廣泛議論文章作法的利弊，頗爲詳盡。

㊈ **實體未該**：該，完備。是說在文章的體類方面，卻還不十分完備。

㊉ **九變之貫匪窮**：九變，多變之意。貫，不變的常理。劉永濟校釋云：「貫字之義，孟康訓爲道，師古訓爲事，皆非也。荀子天論有『不知貫，不能應變』之文，楊倞注曰：『貫，條貫也。』條貫卽一貫；一貫者，不變之常理，與九變對文，意甚分明。舍人所謂『九變之貫』，猶言萬變之宗也。」

(一一) **知言之選難備**：知言，深識理解文章奧妙的言論。此承上句說，言文體變化無窮，卽令是深識文義的人，也難以知道得完備。

(一二) **落落**：堅實、光明的樣子。全句是說明亮堅實的寶玉。

(一三) **碌碌**：綠色，溫潤之意。全句是說碧綠溫潤的頑石。

(一四) **精者要約**：精練的作品，扼要簡約。

(一五) **該贍**：該備豐富。

(一六) **昭晳**：清楚明白。

(一七) **奧者複隱**：深奧的作品，其義複重含蓄。

(一八) **詭者亦曲**：詭譎的作品，也邪僻隱晦。

(一九) **義華而聲悴**：內容充實華茂，而聲調卻枯燥乏味。

(二〇) **理拙而文澤**：理論拙劣，而文辭卻十分潤澤。

(二一) **伶人告和，不必盡窕㮒之中**：這二句承上「調鍾未易」句來，伶人，樂人；窕，細，㮒，寬大適中，恰到好處。左傳昭公二十一年：「鍾小者不窕，大者不㮒，則和於物。」全句言伶人說樂音已經和諧了，實際上並未調好，其鍾聲未必盡合乎輕細寬大的標準。比喻文家不講文術，雖不善謀篇。但有時也間或可取。

(二二) **動角揮羽**：此句承上「張琴實難」句來，語出說苑善說：「雍門子周引琴而鼓之，徐動宮徵，微揮羽角，切終而成曲，孟嘗君涕浪汗增欷而就之，曰：先生之鼓琴，令文立若破國亡邑之人也。」指轉動琴柱，使琴弦發出五音相諧的聲調。

(二三) **魏文比篇章於音樂**：魏文帝曹丕典論論文說：「文以氣爲主，氣之清濁有體，不可力強而致，譬諸音樂，曲度雖均，節奏同檢，至於引氣不齊，巧拙有素，雖在父兄，不能移其子弟。」

(二四) **不截盤根**：截，割。盤根，盤根錯節，由木理的複雜，比喻事情的繁難。後漢書虞詡傳說：「志不求易，事不避難，臣之職也，不遇盤根錯節，何以別利器乎？」

㉕**窔奧**：比喻幽深奧秘的地方。班固答賓戲：「守窔奧之熒燭，未仰天庭而覩白日也。」文選六臣注銑曰：「言其幽深之小光。」

㉖**圓鑒區域**：言完滿觀察文章的各種體勢。卽序志篇中所謂之「論文敍筆，則囿別區分」，指卷二到卷五，二十篇中所包括的各種文體。

㉗**大判條例**：判，分別、分析的意思。全句是說，擧要治繁，全盤瞭解文章的一切作法。

㉘**控引情源**：指卷六到卷九，由神思到附會，講各種文章作法的篇目。控，控制、駕馭。引，牽引。全句是指控制情理的發展。

㉙**執術馭篇**：掌握寫作技術，去從事寫作。

㉚**善弈之窮數**：弈，圍棋。數，技藝。全句是說，善於下圍棋的人，窮究下棋的技術。

㉛**任心**：任意。

㉜**博塞之邀遇**：博塞，賭博的意思。說文：「博，局戲也，六箸十二棋也，又行棋相塞曰博塞。」邀遇，猶言僥倖而遇之意。比喻不懂文術的作者，從事寫作，如同賭博的人碰運氣。

㉝**借巧儻來**：借巧，碰巧；儻來，偶然得到。新方言釋言：「吳楚皆謂不意得之者爲儻來。」

㉞**術有恒數**：術，卽文術，指布局、運思、謀篇、安章、遣辭、造句等寫作技巧。恒數，永久不變的方法。

㉟**錦繪**：錦繡、彩繪，比喻文章的辭采。

㊱**絲簧**：琴瑟笙竽等樂器，比喻文章的聲律。

㊲ **甘腴**：甘美的意思。比喻文章的事義。

㊳ **芬芳**：芳香的意思。比喻文章的情志。

㊴ **斷章**：裁章謀篇。

㊵ **纆牽**：纆，繩索。纆牽是指纆繩。

㊶ **文體多術**：如情志、風骨、事義、辭采、音律、章句等，彼此互相影響，如一有乖違，全篇皆受其害。

㊷ **彌綸**：彌縫補足，缺一不可的意思。

㊸ **攜貳**：攜爲儶的假借，儶是離的意思。貳，卽離，別異的意思。「攜貳」卽別異不相親附。

㊹ **三十之輻，共成一轂**：輻，車輪中的直木。轂，容納軸的叫轂。一個輪子周廻的輻共有三十根。老子說：「三十輻共一轂。」比喻總結寫作的各種文術，相輔相成。

㊺ **乘一總萬**：乘，治、駕馭。全句是說駕馭此一中心思想，以總聚萬千的情理。

㊻ **舉要治繁**：言標舉其綱要，去整理繁目細節。

㊼ **思無定契**：言思維活動，沒有固定不變的模式。

㊽ **理有恒存**：理，創作的理則。是說創作的理則，是永遠存在的。

【語　譯】

現在的人一談到文章體裁的時候，經常有文、筆的區分，認爲沒有韻的散文屬於筆，有韻的韻文屬於文。其實文采、辭藻是用來補充語言不足的，按理應該兼包有詩經書經，至於分別標目爲文筆兩種名稱，只是近代才開始罷了。顏延年認爲：「筆是有文采的體裁，經典只是敍事說理的言，而不是筆；傳記是有文采的筆，而不是單純的言」。這種說法，義界十分籠統。我們就拿顏先生所肯定的，來駁他所否定的，如同「以子之矛，攻子之楯」，立刻可以發現那是矛楯自陷的！這是甚麼緣故呢？因爲如果「經典是言而非筆」的話，易經乾坤兩卦的「文言」，造語整齊，音韻鏗鏘，難道不是言而有文嗎？如果照顏氏的說法，「言而有文飾的是筆」，那麼就不能說經典不是筆了，所以我知道他本來是想建立自己的理論的，可是這樣以來，他的理論不見得就能成立了。我認爲一個作家將他的思想情意發表於口舌之外的便是言，把言語用文字聯屬成文的就叫做筆。永久不變的思想稱爲經典，解釋經義的著作叫做傳記。所以經典、傳記這兩種體裁，是發乎言辭，加以文字記載的作品。筆爲言辭所驅使，他的語勢可強而爲質樸，可弱而爲文采。六經以典雅深奧，成爲我國百世不刊的寶典。它的優劣價值，是不可以拿言、筆來衡量的啊！過去陸機作文賦，被當時文壇譽爲委曲婉轉，道盡了文章創作的妙諦；然而如細加觀察，他對寫作的利弊方面，可說是廣泛議論，精密研究，但在文章體類方面，卻還不十分完備。由此可知文章的內容和形式眞是千變萬化，故知想要窮究那萬變不離其宗的道理，即令是具有深解文章奧妙的學者，也難以知道得完備啊！

凡從事寫作，應先了解寫作的技巧。一個精思熟慮的人，在創作時，沒有不是爭奇鬬豔，但多數的人都想洗鍊自己的文辭，而不肯研究創作的技巧，由於不深究創作技術，往往在寫作方面，發生了不穩定的現象，弄得好壞不分。有的如光明堅實的寶玉，卻被那些頑石弄得混雜不分；有時碧綠溫潤的頑石，也很像美麗的寶玉。精審的作品扼要簡約，但才識貧乏的作品，也是內容很短；博洽之士的作品，賅備詳贍，駁雜之徒的文章，也頭緒紛繁；長於辯論的文章，措辭明晰，但思想淺薄的，也平淡露骨；思想深奧的作品，繁複含蓄；見解奇詭的，也邪僻不正。有的作品內容華茂，而音調卻枯燥乏味；有的作品理論拙劣，但文辭卻十分漂亮。由此可知，從事文學創作，就像開音樂演奏會一樣，在各種樂器的合奏聲裏，調和鐘聲並不容易，更定琴絃更難工穩。所以一旦樂工發出五音相諧的報告時，聽衆就不必去追究樂器發聲，是否全部都洪細適中了；美妙的琴音，動人心弦，聽的人又何必一定去追究他是否由始至終，音階絲毫不爽呢？所以魏文帝曹丕典論論文，把文學創作比作音樂。在這裏可說是獲得了足够的證驗了！

談到文學創作必須研究創作技術，關於這兩方面的關係，我們可以作個比方：譬如我們不截斷樹木的盤根錯節，就無法證明刀刃的鋒利；不分析寫作的深奧道理，就無法辨別作家通達的才識。才識之是否能够通達，必須借助於創作技術的了解；如果不能全盤洞察各種文章體裁，清楚辨析一切創作技巧，我們又那裏可以控制感情的發展，而制勝於文壇之上呢？所以把握到寫作技巧的人，在從事寫作時，就好像善於下圍棋的棋士，研究下棋技術一樣；如果放棄下棋技術而任意從事，就如同賭博的人碰運氣了。因此，以碰運氣的方式來作文章，就是借着巧合和偶然得來的意念，這又好像打仗，雖然先頭部隊建立了功勳，而後邊的援助就難以持續。篇幅少了無法接補，多了又不曉得怎樣剪裁，這樣篇幅和內容兩方面都已經深感困惑了，至於文辭的好壞，又如何能運用自如呢？至於通曉創作技術的人，於從事創作時，其布局、運思、謀篇、遣辭、造句，都有一定的理則，按照佈局來整齊行伍，以等待作者感情的融會，再順應時機的發展，使物我感應，控馭得體，而不失其正常的軌道。這樣，作家把創作技術運用到最高峯，把事理作巧妙的安排，那麼文章的思想情趣，在字裏行間自然會騰躍而生，文辭氣勢必能紛至沓來，湧現筆端。閱讀其辭藻，如同錦繡彩繪；靜聽其聲韻，如同琴瑟笙簧；品嘗其事義，甘甜肥美；體會其情志，芬馨芳香。裁章謀篇的功效，到了這個地步，可說是盛大完備了！

千里馬固然跑得快，但就怕繮繩太長，消耗馬的腳力；如果繮繩過長，就可能由於這個萬分之一的牽累，使馬不能日行千里。更何況寫作文章的方法很多，內在的情理與外在的辭采，要互相彌縫，只要其中任何一部分稍欠調和，整個文章將陷於土崩瓦解，支離破碎的境地。所以我就把有關文學創作的技術，全部安排在以下各篇之中，以備從事寫作的人，能總攬感情的變化，加以靈活運用。這譬如三十根輻條，湊合成一個車轂，相輔相成，然後這個車輪，才能運轉自如一樣。以上所說各點，雖然卑之無甚高論，不足作大家寫作的參考，但是，也可以說是我個人向讀者提供的一點淺見罷了。

總而言之，在文學的領域裏，無論是有韻的文或無韻的筆，都有他們寫作的方法和門徑，大致說來，務必先要樹立文章的中心思想，觀察文情，必須窮源追本。這樣文章的體裁與作法雖多，只要把握着這個一成不變的最高原則，就可以總攬千頭萬緒的感情，標舉綱要，整紛理繁了。所以人們的思維活動雖沒有固定不變的模式，但寫作文章的理則，卻是萬古長存的。

【集　評】

一、紀評：「此篇文有訛誤，語多難解。郭象云：『自不害其宏旨，皆可略之。』」

二、紀評：「此一段辨明文筆，其言汗漫，未喻其命意之本。」

三、紀評：「此一段剖析得失，疑似分明。然與前後二段不甚相屬，亦未喻其意。」

四、紀評：「大旨主於意在筆先，以法馭題。」

五、黃評：「四者兼之爲難。可視可聽而不可味，尤不可嗅者，品之下也。」

【問題討論與練習】

一、文筆之分，異議頗多，孰是孰非？試論證之。

二、「才之能通，必資曉術」，而「執術馭篇」之情形如何？

三、何為「圓鑒區域，大判條例」？能否循此以闡明文心雕龍全書之內容大要？

時序第四十五

【解　題】

本篇論述「時運交移」與「質文代變」的關係，所以叫做「時序」。全文內容大別可分兩方面：一、論十代文學產生的變化，所謂：「蔚映十代，辭采九變」。二、是推求文學演變的原因。所謂「文變染乎世情，與廢繫乎時序，原始以要終，雖百世可知也。」

先看十代九變的情形：一、唐虞詩歌由質樸到心樂聲泰；二、三代從詠功頌德到刺淫譏過，是一變；三，春秋戰國由暐燁奇意，出乎縱橫詭俗，是二變；四，西漢祖述楚辭，創立漢賦，三變；五，東漢漸靡儒風，招集淺陋，四變。六，建安志深筆長，慷慨多氣，五變；七，正始篇體輕淡，六變；八，西晉結藻清英，流韻綺靡，七變；九，東晉玄風大扇，辭意夷泰，八變；十，宋代英采雲搆，九變。劉勰在「通變」裏有另一種分法：所謂「黃唐淳而質，虞夏質而辨，商周麗而雅，楚漢侈而豔，魏晉淺而綺，宋初訛而新。」分成六個時期，五種變化。將兩說對照觀之，六期五變比較概括，十代九變比較細密。所謂十代，亦不局限於時代，還照顧到文學演變，所以夏商周三代合爲一代，三國時代的建安，與正始分爲兩代。同時，指出在劃分的十代中，有的一代之內又蘊有很多變化，像西漢「雖世漸百齡，辭人九變」；東漢從「漸靡儒風」到「招集淺陋」。他把歷代文學的演變，歸納爲「文變染乎世情，與廢繫乎時序」。他說的世情，包括學術風氣的趨向，如「中朝貴玄，江左稱盛，因談餘氣，流成文體。」因爲這種清談風氣影響創作，所以說「文變染乎世情」。那末後漢的「漸靡儒風」，戰國的「縱橫詭俗」，亦均爲影響文變的世情。

對於「文變染乎世情」，他提出：「屈平聯藻於日月，宋玉交彩於風雲。觀其豔說，則籠罩雅頌，故知曄燁之奇意，出乎縱橫之詭俗也。」縱橫詭俗，是戰國時代的世情。把這種敷張的手法，運用到創作上去，有助於構成楚辭的豔說奇辭，這不僅是文學的演變，更說明了文學的發展，必須注意到傳統的繼承，和時代的結合。到了後漢，「中興之後，羣才稍改前轍，華實所附，斟酌經辭，蓋歷政講聚，故漸靡儒風者也。」結果，「磊落鴻儒，才不時乏，而文章之選，存而不論。」這說明東漢文壇受儒家思想的影響。學術雖盛，而辭人寥落。這又是受世情影響的明證。到了東晉，「江左篇制，溺乎玄風」，受清談風氣的影響，「是以世極迍邅，而辭意夷泰，詩必柱下之旨歸，賦乃漆園之義疏。」作品與時代脫節，更每下愈況了。爲什麼同樣是「文變染乎世情」，有的促進了創作，有的對創作不利呢？因爲「幽厲昏而板蕩怒，平王微而黍離哀。故知歌謠文理，與世推移，風動於上，而波震於下者。」作品要反映時代，有了幽厲昏而平王微的時代，始有板蕩怒而黍離哀的作品，這像風動波震一樣。可是東晉以後，時代極亂，而作品卻「辭意夷泰」，不能反映時代，所以不足取法了。至於東漢「漸靡儒風」的作品，由於「華實所附」，皆「斟酌經辭」，以至牀上施牀、屋上架屋，千篇一律，無甚發明，更不可能眞切地反映時代，所以也寫不出好作品來。

本篇也提到了文學的發展是與前代作家的作品分不開的。例如他認爲屈宋騷辭受了縱橫家的影響，所以說：「觀其豔說，則籠罩雅頌，故知曄燁之奇意，出乎縱橫之詭俗也。」又認爲兩漢辭賦受了屈原的影響，所謂「爰自漢室，迄至成、哀，雖世漸百齡，辭人九變，而大抵所歸，祖述楚辭，靈均餘影，於是乎在。」

彥和運用高度的概括力，在不到一千六百字的論文內，將二帝三王以迄南齊文學演變的趨勢和進程，作了簡單扼要的論述，對後代研究這段文學發展史的人而言，可說，是執簡馭繁，極具參考價值的。

本篇以「時運交移」「質文代變」兩方面的關係爲焦點，從政風說到學風，又從學風講到文風，將政治、學術與文學，緊密的扣在一起，論述雖未及全面，但卻能鑿周識圓，明顯的點出我國文學發展的規律。序志篇云：「崇替於時序」，由時代背景來批評文學的盛衰，在文心雕龍的批評論中，本篇給我們提供了在進行批評時，要注意的外緣關係，對作品的重大影響。

【正文】

首段言時代運會的推移，影響文風的變化，作全篇的總冒。

時運交移，質文代變㊀，古今情理，如可言乎？

二段先言唐虞歌謠，心樂聲泰。繼言夏、商、周三代由歌功頌德，轉爲刺淫譏過，此文之一變。

昔在陶唐，德盛化鈞，野老吐「何力」之談㊁，郊童含「不識」之歌㊂。有虞繼作，政阜民暇㊃，「薰風」詠（原作「詩」，依范注校改）於元后㊄，「爛雲」歌於列臣㊅。盡其美者何㊆？乃心樂而聲泰也。至大禹敷土㊇，「九序」詠功㊈，成湯聖敬㊉，「猗歟」作頌⑪。逮姬文⑫之德盛，周南勤而不怨⑬；大王⑭之化淳，邠風樂而不淫⑮。幽、厲昏而板蕩怒⑯，平王微而黍離哀⑰。故知歌謠文理，與世推移，風動於上，而波震於下者也（原無「也」字，依范注增補）。

三段言先秦時代的文學，以爲諸子百家的作品，皆出於縱橫之詭俗，此文之二變。

春秋以後，角戰⑱英雄，六經泥蟠⑲，百家飇駭⑳。方是時也，韓、魏力政㉑，燕、趙任權㉒；五蠹六蝨，嚴於秦令㉓；唯齊、楚兩國，頗有文學。齊開莊衢之第㉔，楚廣蘭臺之宮㉕，孟軻賓館㉖，荀卿宰邑㉗，故稷下扇其清風㉘，蘭。

陵鬱其茂俗(二九)，鄒子以談天飛譽，騶奭以雕龍馳響(三〇)，屈平聯藻於日月(三一)，宋玉交彩於風雲(三二)。觀其豔說，則籠罩雅頌，故知暐燁之奇意，出乎縱橫之詭俗也。

四段言西漢辭賦，大抵祖述楚騷，子與先秦諸子大異其趣，此文之三變。

爰至有漢，運接燔書(三三)，高祖尚武，戲儒簡學(三四)，雖禮律草創(三五)，詩、書未遑，然大風、鴻鵠之歌(三六)，亦天縱之英作也。施及孝惠，迄於文、景，經術頗興(三七)，而辭人勿用，賈誼抑而鄒、枚沉(三八)，亦可知已。逮孝武崇儒，潤色鴻業(三九)，禮樂爭輝，辭藻競騖：柏梁展朝讌之詩(四〇)，金堤製恤民之詠(四一)，徵枚乘以蒲輪(四二)，申主父以鼎食(四三)，擢公孫之對策(四四)，歎兒寬之擬奏(四五)，買臣負薪而衣錦(四六)，相如滌器而被繡(四七)，於是史遷、壽王(四八)之徒，嚴、終、枚皐(四九)之屬，應對固無方，篇章亦不匱，遺風餘采，莫與比盛。越昭及宣，實繼武績(五〇)，馳騁石渠(五一)，暇豫文會(五二)，集雕篆之軼材(五三)，發綺縠之高喻(五四)，於是王褒之倫，底祿(五五)待詔。自元暨成，降意圖籍(五六)，美玉屑之譚(五七)，清金馬之路(五八)，子雲銳思於千首(五九)，子政讎校於六藝(六〇)，亦已美矣。爰自漢室，迄至成、哀，雖世漸百齡，辭人九變(六一)，而大抵所歸，祖述楚辭(六二)，靈均餘影，於是乎在。

五段言東漢

自哀、平陵替(六三)，光武中興，深懷圖讖(六四)，頗略文華，然杜篤獻誄以免刑，稍改西京之風，作品漸染經生習氣。靈帝以後，逐利之徒，文如俳優，此文之四變。

(六五)，班彪參奏以補令(六六)，雖非旁求，亦不遐棄。及明章（原作「帝」，依范注校改）疊耀，崇愛儒術，肄禮璧堂(六七)，講文虎觀(六八)，孟堅珥筆於國史(六九)，賈逵給札於瑞頌(七〇)；東平擅其懿文(七一)，沛王振其通論(七二)；帝則藩儀(七三)，輝光相照矣。自和、安已下，迄至順、桓，則有班、傅、三崔(七四)，王、馬、張、蔡(七五)，磊落鴻儒(七六)，才不時乏，而文章之選，存而不論。然中興之後，羣才稍改前轍，華實所附，斟酌經辭，蓋歷政講聚(七七)，故漸靡(七八)儒風者也。降及靈帝，時好辭製，造羲皇之書，開鴻都之賦，而樂松之徒，招集淺陋，故楊賜號爲驩兜(七九)，蔡邕比之俳優(八〇)，其餘風遺文，蓋蔑如(八一)也。

六段盲漢末建安時代的文學，由於風衰俗怨，故慷慨多氣，此文之五變。

自獻帝播遷(八二)，文學蓬轉(八三)，建安之末，區宇方輯(八四)。魏武以相王之尊，雅愛詩章；文帝以副君(八五)之重，妙善辭賦；陳思以公子之豪，下筆琳瑯；並體貌(八六)英逸，故俊才雲蒸(八七)。仲宣委質於漢南(八八)，孔璋歸命於河北(八九)，偉長從宦於青土(九〇)，公幹徇質於海隅(九一)；德璉綜其斐然之思(九二)；元瑜展其翩翩之樂(九三)；文蔚、休伯(九四)之儔，于叔德祖(九五)之侶，傲（鈴木云，岡本作「俊」）雅觴豆之前，雍容衽席之上(九六)，灑筆以成酣歌，和墨以藉(九七)談笑。觀其時文，雅好慷慨，良由世積亂離，風衰俗怨，七段言魏之正始文壇，由於玄風瀰盛，故篇倡輕澹，此文之六變。

八段言西晉雖講求文事，並結藻清英，流韻綺靡，但因運涉季世，人未盡才，此文之七變。

九段言東晉偏安江左，獨以玄風大倡，故世極迍邅，而辭意舒泰，此文之八變。

並志深而筆長，故梗概(九八)而多氣也。

至明帝纂戎(九九)，制詩度曲，徵篇章之士，置崇文之觀(一〇〇)，何、劉(一〇一)群才，迭相照耀。少主相仍(一〇二)，唯高貴英雅，顧盼含（原作「合」，依岡本校改）章(一〇三)，動言成論。於時正始餘風，篇體輕澹，而嵇、阮、應、繆(一〇四)，並馳文路矣。

逮晉宣始基(一〇五)，景文克構(一〇六)，並跡沉儒雅(一〇七)，而務深方術(一〇八)。至武帝惟新，承平受命，而膠序(一〇九)篇章，弗簡皇慮(一一〇)。降及懷、愍，綴旒(一一一)而已。然晉雖不文，人才實盛：茂先搖筆而散珠，太冲動墨而橫錦，岳、湛曜聯璧之華(一一二)，機、雲標二俊之采(一一三)，應、傅、三張(一一四)之徒，孫、摯、成公(一一五)之屬，並結藻清英，流韻綺靡。前史(一一六)以為運涉季世，人未盡才，誠哉斯談，可為歎息。

元皇中興，披文建學(一一七)，劉、刁禮吏而寵榮(一一八)，景純文敏而優擢(一一九)。逮明帝秉哲(一二〇)，雅好文會，升儲御極(一二一)，孳孳講蓺，練情於誥策，振采於辭賦，庾以筆才愈（原作「逾」，依范注校改）親(一二二)，溫以文思益厚(一二三)，揄揚(一二四)風流，亦彼時之漢武也。及成、康促齡，穆、哀短祚(一二五)。簡文勃興，淵乎清峻，微言精理，亟（原作「函」，依王惟儉本校改）滿玄席(一二六)；澹思濃采，時灑文囿。至孝武不嗣(一二七)，安恭已矣(一二八)。其文史則有袁、殷之曹，孫、干之輩㉙，雖才或淺深，珪璋㉚足用。自中朝貴玄，江左稱盛，因談餘氣，流成文體。是以世極迍邅㉛，而辭意夷泰㉜，詩必柱下㉝之旨歸，賦乃漆園㉞之義疏㉟。故知文變染乎世情，興廢繫乎時序，原始以要終㊱，雖百世可知也。

十段言劉宋列主好文，故聞名於世的文家，不可勝數，此文之九變。

自宋武愛文㊲，文帝彬雅㊳，秉文之德㊴，孝武多才㊵，英采雲搆。自明帝以下，文理替矣㊶。爾其縉紳之林，霞蔚而飆起：王、袁聯宗以龍章㊷，顏、謝重葉以鳳采㊸，何、范、張、沈㊹之徒，亦不可勝數（原脫，依范注校補）也。蓋聞之於世，故略舉大較。

暨皇齊馭寶㊺，運集休明：太祖以聖武膺籙㊻，世（原作「高」，依范注校改）祖以睿文纂業，文帝以貳離含章㊼，高（原作「中」，依范注校改）宗以上哲興運㊽，並文明自天，緝熙（原作「遐」，疑作「熙」，依疑作校改）景祚㊾。今聖歷方興，文思光被，海岳降神，才英秀發，馭飛龍於天衢，駕騏驥於萬里，經典禮章，跨周轢漢，唐虞之文，其鼎盛乎！鴻風懿采，短筆敢陳？颺言㊿讚時，請寄明哲！〔評二〕

十一段極論南齊文教鼎盛，其鴻風懿采，不敢置評，以結束全文。

贊曰：蔚映十代(51)，辭采九變。樞中(52)所動，環流無倦。質文沿時，崇替在選㉓。終古雖遠，僾（原作「曠」，汪作「暧」，依鈴本校改）㉔焉如面。

【註　釋】

㊀ **時運交移，質文代變**：時運，指時代運會，治亂盛衰言。交移，交互轉移。質文代變，言文辭的質樸或華麗，代有變化。

㊁ **野老吐何力之談**：「吐」是說出的意思；帝王世紀裏說，堯時有八九十歲的老人擊壤而歌，辭云：「日出而作，日入而息，鑿井而飲，耕田而食，帝力何有於我哉！」

㊂ **郊童含不識之歌**：「含」與上文「吐」爲對文，本爲「包含」之意；在此引申爲「吟詠」。列子仲尼篇：「堯微服游於康衢，聞兒童謠曰：『立我烝民，莫匪爾極，不識不知，順帝之則』」。

㊃ **政阜民暇**：阜，盛美的意思。指政教盛美，人民安適。

㊄ **薰風詠於元后**：薰風詩卽南風詩。禮記樂記：「舜作五弦之琴，以歌南風。」南風歌云：「南風之薰兮，可以解吾民之慍兮；南風之時兮，可以阜吾民之財兮。」元后，卽元首，指舜。

㊅ **爛雲歌於列臣**：尙書大傳：「於時俊乂百工相和而歌卿雲。帝乃倡之曰：『卿雲爛兮，糺縵縵兮，日月光華，旦復旦兮。』八伯咸進稽首曰：『明明上天，爛然星陳，日月光華，弘於一人。』」可見「卿雲」本君臣倡和之歌，所以本文說：「歌於列臣」。

㊆ **盡其美者何**：卽「其盡美者何」的倒文，大意是說：「這些歌謠爲什麽都能達到盡善盡美的境界呢？」

⑧ **大禹敷土**：敷，治理的意思，是說大禹治平洪水，分天下爲九州。

⑨ **九序詠功**：九序，指水、火、金、木、土、穀、正德、利用、厚生等九項政事，大禹對於這九項政治措施，都能按部就班的實行，因此萬民都歌頌他的功德。

⑩ **成湯聖敬**：詩經商頌長發：「湯降不遲，聖敬日躋。」箋云：「湯之下士尊賢甚疾，其聖敬之德日進。」

⑪ **猗歟作頌**：詩經商頌那篇，乃祀成湯之詩，其首句云：「猗與那與」。故彥和取「猗歟」作全詩的代稱。

⑫ **姬文**：卽周文王。

⑬ **周南勤而不怨**：詩經周南汝墳之詩。汝墳序：「婦人能閔其君子（之勤勞），猶勉之以正也」：「閔其勤勞，勉之以正」，是以雖勤勞而無怨思。

⑭ **大王**：周文王之祖，卽古公亶父，武王有天下，追尊爲大王。

⑮ **邠風樂而不淫**：邠風卽東山詩四章。詩豳風東山序：「四章樂男女之及時也」，雖言「樂及時」，卻不至於淫亂，故云「樂而不淫」。

⑯ **幽厲昏而板蕩怒**：詩經大雅板序：「凡伯刺厲王也」；蕩序：「蕩，召穆公傷周室大壞也。厲王無道，天下蕩蕩，無綱紀文章，故作是詩也」；板、蕩兩詩，都是刺「厲王」，本文說「幽、厲」，是連帶說的。

⑰ **平王微而黍離哀**：詩經王風黍離序：「黍離，閔周室之顛覆，彷徨不忍去而作是詩也」。平王東

遷，王室衰微，故作「黍離」以發抒其內心的悲哀。

⑱ **角戰**：角逐爭戰的意思。

⑲ **泥蟠**：用法言問神篇中「龍蟠於泥」語，在這裏就是說置於泥淖之中。

⑳ **飇駭**：飇，音（ㄅㄧㄠ），是說像「狂風一樣的驚人」。

㉑ **力政**：在周禮秋官，和墨子明鬼中有「力正」一辭，禮記王制和漢書五行志中有「力政」一辭，國語吳語有「力征」一辭；其實各書中的辭義都相同，本應作「力征」，意思是指以武力征伐。

㉒ **任權**：就是「運用權術」的意思。

㉓ **五蠹六蝨，嚴於秦令**：韓非子五蠹篇：以「學者、言談者、帶劍者、侍御（近習）者、商工之民」爲五蠹。商君書去彊篇：「蝨官者六：曰歲，曰食，曰玩，曰好，曰志，曰行。」蠹是「蠹魚」，「學者」與「言談者」皆文學之士；「蝨」是「蟣蝨」，「玩」與「好」皆有文彩之物；商鞅、韓非皆法家，他們的學說見重於秦。嚴於秦令者：言秦國法令嚴禁五蠹六蝨。

㉔ **齊開莊衢之第**：莊衢之第，就是「大街上的住宅」，史記孟荀列傳：「自如淳于髡以下，皆命曰列大夫，開第康莊之衢，高門大屋尊寵之」。

㉕ **楚廣蘭臺之宮**：昭明文選風賦：「楚襄王游於蘭臺之宮，宋玉、景差侍。」

㉖ **孟軻賓館**：孟子公孫丑下趙岐注：「孟子雖仕齊，處師賓之位，……寡人如就見者，若言就孟子之館相見也。」言各國諸侯視孟子爲上賓，齊王甚至親自到賓館去見他。

㉗ **荀卿宰邑**：史記孟荀列傳載：「齊人或讒荀卿，荀卿乃適楚，而春申君以爲蘭陵令」。

⑱ **稷下扇其清風**：稷，齊國城門名，稷下，言在稷門之下。史記孟荀列傳：「自騶衍與齊之稷下先生，如淳于髡、愼到、環淵、接子、田駢、騶奭之徒，各著書言治亂之事，以干世主，豈可勝道哉」。言齊國學者聚於稷下，以宣揚學術風氣，故云「稷下扇其清風」。

⑲ **蘭陵鬱其茂俗**：劉向荀子敍：「蘭陵多善爲學，蓋以孫卿也，長老至今稱之」。全句是說蘭陵令荀卿能造成濃厚的學術風氣。

⑳ **鄒子以談天飛譽，騶奭以雕龍馳響**：史記孟荀列傳：「故齊人頌曰：談天衍，雕龍奭（ㄕˋ）。」集解：「劉向別錄曰：騶衍之所言，五德終始，天地廣大，書言天事，故曰談天，騶奭修衍之文飾，若雕鏤龍文，故曰雕龍」。

㉑ **屈平聯藻於日月**：史記屈賈列傳：「推此志也，雖與日月爭光可也」；所以說「聯藻於日月」。

㉒ **宋玉交彩於風雲**：宋玉有風賦，又有高唐賦。其中寫到了「朝雲」；所以說「交彩於風雲」。

㉓ **爰自有漢，運接燔書**：說漢代之興，乃是繼承秦代焚書坑儒之後。

㉔ **戲儒簡學**：是說「戲弄儒生，簡慢學士」的意思。史記酈食其傳有：「沛公不好儒，諸客冠儒冠來者，沛公輒解其冠，溲溺其中」；又陸賈傳有：「高帝罵之曰：乃公居馬上得之，安事詩、書」。

㉕ **禮律草創**：漢書禮樂志有：「命叔孫通制禮儀，以正君臣之位；未盡備而通終」；又藝文志有：「漢興，蕭何草律」；又刑法志有：「蕭何……作律九章」；此皆「禮律草創」的證據。

㉖ **大風鴻鵠之歌**：鴻鵠歌見史記留侯世家，大風歌見高祖本紀。大風歌、鴻鵠歌均爲漢高祖所作。大風歌乃高祖還鄉時所作，其詞云：「大風起兮雲飛揚，威加海內兮歸故鄉，安得猛士兮守四方。」

鴻鵠歌乃高祖無計廢太子，爲安慰戚夫人而作，其詞曰：「鴻鵠高飛，一舉千里，羽翮已就，橫絕四海。橫絕四海，當可奈何，雖有矰繳，尚安所施。」

(三七) **施及孝惠，迄於文景，經術頗興**：施及，延及。惠帝時除挾書律；文帝時，「論語」、「孝經」、「爾雅」、「孟子」等置博士；景帝時「詩」、「春秋」、「公羊」等置博士，所以說「經術頗興」。

(三八) **賈誼抑而鄒枚沉**：鄒，枚指「鄒陽」和「枚乘」，抑是「壓抑」，沉是「沉淪」。漢書賈誼傳有「於是天子後亦疏之，不用其議，以誼爲長沙王太傅」；史記鄒陽傳有「(梁)孝王怒，下之(鄒陽)吏，將欲殺之」；又「枚乘傳」有「景帝召拜乘爲弘農都尉。乘不樂郡吏，以病去官」。

(三九) **孝武崇儒，潤色鴻業**：漢書武帝紀贊：「孝武初立，表章六經，興太學，號令文章，煥焉可述。後嗣得遵洪業。而有三代之風」；班固兩都賦序：「至於武宣之世，乃崇禮官，考文章，內設金馬、石渠之署，外與樂府、協律之事，以興廢繼絕，潤色宏業」。

(四〇) **柏梁展朝讌之詩**：古文苑卷八：「武帝元封三年，作柏梁臺，詔羣臣二千石有能爲七言詩，乃得上坐」。朝讌，就是「朝庭讌樂」。本句指漢武帝於柏梁殿裏，讌享羣臣，賦詩聯句之事。

(四一) **金堤製恤民之詠**：金堤，黃河堤；金，指堅固；恤民，憂民。漢武帝時，黃河在瓠子決口。漢書王尊傳：「河水盛溢，泛漫瓠子金堤」；又溝洫志載瓠子決河，武帝作歌，歌內有「皇謂河公兮何不仁，泛濫不止兮愁吾人」。所以本文說「恤民之詠」。大意是說，武帝爲興築黃河堤防的勞工，作體恤人民的「塞瓠子」歌。

㊷ **徵枚乘以蒲輪**：蒲輪，用蒿蒲裹車輪，使行車安穩，相當於「安車」。漢書枚乘傳：「武帝自爲太子聞乘名，及卽位，乃以安車蒲輪徵乘。」

㊸ **申主父以鼎食**：申就是「伸」字，在這裏有「重用」的意思。主父卽「主父偃」。五鼎，在這裏是說「大夫飮食用五鼎」。孟子梁惠王：「前以三鼎而後以五鼎與」；趙注：「禮，士祭三鼎，大夫祭五鼎故也」。全句是說武帝重用主父偃，使他身居顯爵。

㊹ **擢公孫之對策**：公孫卽公孫弘。漢書平津侯傳有「策奏，天子擢弘爲第一。」

㊺ **歎兒寬之擬奏**：漢書兒寬傳：「時張湯爲廷尉……會廷尉有疑奏，已再見卻矣，掾史莫知所爲。寬爲言其意，掾史因使寬爲奏……異日，湯見上，問曰：前奏非俗吏所爲，誰爲之者？」本句大意是說，兒寬所上奏章，曾得武帝之贊許。

㊻ **買臣負薪而衣錦**：漢書朱買臣傳言其家貧，常採薪樵，賣以給食。後拜會稽太守，上謂曰：「富貴不歸故鄉，如衣錦夜行」。

㊼ **相如滌器而被繡**：漢書司馬相如傳：「與庸保雜作，滌器於市中。後爲中郎將，至蜀，太守以下郊迎，縣令負弩矢先驅，蜀人以爲寵」。被繡，卽衣錦。

㊽ **史遷壽王**：史遷卽司馬遷；壽王卽吾丘壽王。

㊾ **嚴終枚皐**：嚴卽嚴安；終卽終軍，漢書皆有傳；枚皐附枚乘傳中，皆當時文學家。

㊿ **越昭及宣，實繼武績**：漢書儒林傳，言「昭帝時，舉賢良文學，增博士弟子員滿百人。」宣帝時，立各家「尙書」、「禮」、「易」、「春秋」，所以說繼承武帝功績。

(五一) **馳騁石渠**：石渠，漢宣帝甘露三年，詔諸儒講五經同異於石渠閣中，故云馳騁石渠。

(五二) **暇豫文會**：暇豫，指太平閑暇時。如漢書王褒傳：「神爵、五鳳之間，天下殷富，數有嘉應，上頗作歌詩，欲興協律之事」；便是「暇豫文會」。文會，會論文章之意。

(五三) **集雕篆之軼材**：雕篆，指雕章琢句之事。此用法言吾子篇中「童子雕蟲篆刻」語。軼材，指奔逸不凡的人材。漢書王褒傳有「益召高材劉向、張子僑、華龍、柳褒等待詔金馬門」，所以有「集雕篆之軼材」之說。

(五四) **發綺縠之高喩**：綺，文繒；縠，縐紗，此處是形容文章的綺麗高妙。王褒傳中，宣帝以爲辭賦小者「譬如女工有綺縠」。彥和以爲此乃高喩。

(五五) **底祿**：底，音（ㄓ）。底祿，就是得到爵祿的意思；左傳昭公元年：「底祿以德」；杜注：「底，致也」。

(五六) **自元暨成，降意圖籍**：漢書元帝紀贊有「元帝多材藝，善史書，少而好儒。及卽位，徵用儒生，委之以政。」；又成帝紀有「壯好經書」；所以說「降意圖籍」。

(五七) **美玉屑之譚**：玉屑，指文辭，論衡書解篇有「玉屑滿篋，不成爲寶」。

(五八) **淸金馬之路**：史記滑稽列傳：「金馬門者，官署門也。門傍有銅馬。故謂之金馬門」。漢書成帝紀有「四年春，罷中書宦官」，所以說「淸金馬之路」。

(五九) **子雲銳思於千首**：桓譚新論有「子雲曰：能讀千賦，則善爲之矣」。西京雜記也說「雄曰：讀千首賦，乃能爲之」。

(六〇)**子政校讎於六藝**：漢書藝文志有成帝「詔光祿大夫劉向，校經傳諸子詩賦」。

(六一)**世漸百齡，辭人九變**：漸，進也，上文提到景帝時辭人勿用，武帝時辭藻競騖。從武帝建元元年（西元前一四〇）到帝成綏和二年（西元前七年），爲一三四或一四〇年，擧其成數，所以說「世漸百齡」。九變是「多變」的意思，讀者不宜拘於字面。

(六二)**祖述楚辭**：宋書謝靈運傳論：「自漢及魏，……是以一世之士，各相慕習，源其飈流所始，莫不同祖風騷」。祖述，遠宗其道的意思。

(六三)**陵替**：陵是「陵遲」，替是「衰廢」。

(六四)**光武中興，深懷圖讖**：後漢光武帝紀：「宛人李通等，以圖讖說光武」。文心雕龍正緯篇亦云：「光武之世，篤信斯（讖緯）術，風化所靡，學者比肩」。正緯篇對光武篤信圖讖，多所論證，可以參考。

(六五)**杜篤獻誄以免刑**：後漢文苑杜篤傳載，杜篤被美陽縣令捕送京師，篤於獄中作大司馬吳漢誄，「帝美之，賜帛免刑」。

(六六)**班彪參奏以補令**：後漢書班彪傳：「彪爲竇融畫策事漢。及融徵還京師，光武問曰：所上章奏，誰與參之？融以彪對。召見，拜徐令」。

(六七)**肄禮璧堂**：璧堂，指辟雍明堂。辟雍，大學，環之以水，形似璧，故曰璧堂。明堂，宣明政敎的地方。通鑑漢紀：「明帝永平二年，上帥羣臣躬養三老五更於辟雍，禮畢，上自爲下說，諸儒執經問難於前，冠帶縉紳之士，圜橋門而觀聽者，以億萬計。」全句是說，明帝曾率領羣臣研習禮樂，讓他們在明堂執經問難。

(六八) **講文虎觀**：後漢書章帝紀：「建初四年冬十一月，下太常，將大夫、博士、議郎、郎官及諸生諸儒會白虎觀，講五經同異……。」章帝會令諸生大儒集會白虎觀，講論五經，並親自裁決，而作白虎奏議。

(六九) **孟堅珥筆於國史**：珥筆，本指把筆插在冠側，引申爲「執筆」之意。後漢書班固傳：「召諸校書郎，除蘭臺令史，與……陳宗、……尹敏、……孟異、共成世祖本紀，……又撰功臣、平林、新市、公孫述事，作列傳載記二十八篇」。國史，指漢書。

(七〇) **賈逵給札於瑞頌**：後漢書賈逵傳：「永明中，有神雀集宮殿官府，冠羽有五采色，帝異之，乃召見逵問之，對曰：『此胡降之徵也』，帝敕蘭臺給（賈逵）札，使作『神雀頌』」。

(七一) **東平擅其懿文**：後漢書東平王蒼傳：「蒼以天下化平，宜修禮樂；乃與公卿共議定南北郊冠冕車服制度，及光武廟登歌八佾舞數」。這是指後漢東平王昌，曾進光武中興頌。

(七二) **沛王振其通論**：後漢書沛獻王輔傳：「（輔）作『五經論』，時號之曰『沛王通論』」。

(七三) **帝則藩儀**：帝則，帝王的典則，指上文「肆禮壁堂，講文虎觀」而言。藩儀，藩王的風儀，指東平，沛獻兩王而言。

(七四) **班傅三崔**：班指班固，傅指傅毅，三崔指崔駰（字伯亭），崔瑗（字子玉），崔寔（字子眞）。

(七五) **王馬張蔡**：王指王延壽，馬指馬融，張指張衡，蔡指蔡邕。

(七六) **磊落鴻儒**：論衡超奇篇：「故夫能說一經者爲儒生，博覽古今者爲通人，採掇傳書，以上書奏記者爲文人，能精思著文，連結篇章者爲鴻儒。故儒生過俗人，通人勝儒生，文人踰通人，鴻儒超文人。」一本文「鴻儒」，卽用論衡中「鴻儒」。磊落：高大宏偉的樣子，在此指學問淵博。

(七七) **歷政講聚**：歷政講聚，卽上文說的「馳騁石渠」和「講文虎觀」。

(七八) **漸靡**：就是漸染感化的意思。

(七九) **楊賜號爲驩兜**：後漢書楊賜傳：「賜上書曰：鴻都門下，招會羣小，造作賦說，以蟲篆小技見寵於時，如驩兜共工，更相薦說」。驩兜、共工，堯時凶人，被舜放逐。在此指羣小狼狽爲奸。

(八〇) **蔡邕比之俳優**：後漢書蔡邕傳：「帝（靈帝）好學，自造羲皇篇五十章，……侍中祭酒樂松、賈護多引無行趨勢之徒，並待制鴻都門下。……邕上封事曰：下則連偶俗語，有類俳優，或竊成文，虛冒名氏」。

(八一) **蔑如**：指辭義淺薄，不足稱道。

(八二) **播遷**：卽流離遷徙的意思。

(八三) **蓬轉**：卽流徙的意思。

(八四) **輯**：是安靖的意思。

(八五) **副君**：就是太子。

(八六) **體貌**：就是敬禮，尊重的意思。

(八七) **雲蒸**：卽雲氣蒸騰的意思。

(八八) **仲宣委質於漢南**：委質：就是以身事人的意思。漢南指荆州，王粲本依荆州劉表，「委質於漢南」，在這裏是說從荆州來投靠。

（八九）**孔璋歸命於河北**：河北指冀州，陳琳本事冀州袁紹，「歸命於河北」，就是說從冀州來投誠。

（九〇）**偉長從宦於青土**：青土即北海郡，徐幹爲北海人，「從宦於青土」，就是說從北海來做官。

（九一）**公幹徇質於海隅**：徇質，獻身的意思。劉楨是東平人，海隅指東平，「徇質於海隅」，就是從海邊上來爲臣。

（九二）**德璉綜其斐然之思**：曹丕與吳質書云：「德璉常斐然有著作之意」。

（九三）**元瑜展其翩翩之樂**：曹丕與吳質書云：「元瑜書記翩翩，致足樂也。」

（九四）**文蔚休伯**：文蔚，路粹字；休伯，繁欽字。

（九五）**于叔德祖**：于叔，邯鄲淳字。德祖，楊修字。

（九六）**傲雅觴豆之前，雍容衽席之上**：傲雅爲傲岸的轉音，與下文「雍容」相對爲文。觴豆之前，指「宴會之前」，衽席之上，指「座席之上」。

（九七）**藉**：助也。

（九八）**梗概**：就是慷慨，爲了與上文避復，所以改用。

（九九）**纂戎**：纂是「纘」字的假借，繼也；纂戎，就是說在戰爭中繼承了皇位。

（一〇〇）**置崇文之觀**：三國志魏志明帝紀：「青龍四年，置崇文觀，徵善屬文者以充之」。

（一〇一）**何、劉**：指何晏、劉劭。

（一〇二）**少主相仍**：曹芳（邵陵公）、曹髦（高貴鄉公）、曹奐（陳留王）皆少主，所以說「少主相仍」。魏志高貴鄉公紀評：「才慧夙成，好問尚辭」。

㉓ **高貴英雅，顧盼含章**：含章，用易經坤卦：「含章可貞」，注：「含美而可正者也」；全句是說高貴鄉公英秀典雅，含有美好的才華。

㉔ **嵇阮應繆**：嵇是嵇康，阮是阮籍，應是應璩（字休璉）和應貞（字吉甫），繆是繆襲。皆曹魏時代的文學家。

㉕ **始基**：始基，是始立基業的意思。

㉖ **克構**：卽肯構，指能够擴大基業的意思。尙書大誥：「乃弗肯堂，矧肯構」，孔傳：「乃不肯爲堂基，況肯構立屋乎！」

㉗ **跡沉儒雅**：是說隱藏形跡於儒雅之中，沉是隱藏的意思。

㉘ **務深方術**：是說一心一意的運用權術。方術，在這裏指權術。

㉙ **膠序**：謂東膠西序，皆古代學校名。禮記王制：「周人養國老於東膠」，注：「東膠亦大學」，序卽庠序。

㉚ **弗簡皇慮**：卽不繫於帝皇的思慮。

㉛ **綴旒**：謂君王爲臣下所控制，虛居其位，沒有實權。

㉜ **岳湛曜聯璧之華**：岳指潘岳，湛指夏侯湛，晉書夏侯湛傳：「湛動有盛才，文章宏富，善構新辭而美容觀，與潘岳友善，每行止同行接，京都謂之連璧」，聯璧卽連璧。

㉝ **機雲標二俊之采**：晉書陸機傳說，張華稱陸機、陸雲爲「江南二俊」。

㉞ **應傅三張**：應是應貞（字吉甫），傅是傅玄（字休奕）及傅咸（字長虞，玄子）。三張，指張載、

張協、張亢三人。

㉕ **孫摯成公**：孫是孫楚（字子荊），摯是摯虞（字仲治），成公是成公綏（字子安）。

㉖ **前史**：前史指晉史，「晉史」家數甚多，所引不知本於何家。

㉗ **元皇中興，披文建學**：晉書元帝紀：「建武元年，……置史官，立太學，……四年，……置『周禮』、『易』、『儀禮』、『公羊』博士」。

㉘ **劉、刁禮吏而寵榮**：劉是劉隗，刁是刁協。禮吏，是遵循禮法的官吏；晉書劉隗傳：「隗字大連。……雅習文史，善求人主意，帝深器遇之。遷丞相司值，委以刑憲。」又刁協傳：「協字玄亮。……少好經籍，博聞彊記，……協在中朝，諳練舊事，凡所制度，皆稟於協焉」。

㉙ **景純文敏而優擢**：晉書郭璞傳：「璞字景純。……詞賦為中興之冠。璞『江賦』，其辭甚偉，為世所稱。後復作『南郊賦』，帝見而嘉之，以為著作佐郎」。

㉚ **秉哲**：秉承天賦才智的意思。

㉛ **升儲御極**：儲是儲君，即太子；御極，是駕馭四海，身即王位的意思。

㉜ **庾以筆才愈親**：晉書庾亮傳：「亮字元規。…明帝即位，以為中書令」。

㉝ **溫以文思益厚**：晉書溫嶠傳：「嶠字太真。……博學能屬文。明帝即位，拜侍中，機密大謀，皆所參綜，詔令文翰，亦悉豫焉」。

㉞ **揄揚**：引舉的意思。

㉟ **成康促齡，穆哀短祚**：成帝在位八年，二十二歲死；康帝在位二年，二十三歲死；穆帝在位十七

年，十九歲死；哀帝在位四年，二十五歲死；本應說「成、穆促齡，康、哀短祚」，此依時代先後爲序，所以說成「成、康促齡，穆、哀短祚」。

㊱ **亟滿玄席**：亟，是常的意思。晉書簡文紀：「……淸虛寡欲，尤善玄言。……留心典籍，不以居處爲意，凝塵滿席，湛如也」。

㊲ **孝武不嗣**：晉書孝武紀：「……（帝）字昌明，……初簡文帝見讖云：晉祚盡昌明。及帝之孕也，李太后夢神人謂之曰：汝生男，以昌明爲字。及產，東方始明，因以爲名焉。簡文後悟，乃流涕」。晉祚至孝武始旁移，所以說不嗣。

㊳ **安恭已矣**：晉書安帝紀：「帝不慧，自少及長，口不能言，雖寒暑之變，無以辨也。凡所動止，皆非己出」。恭帝立二年，爲劉裕所弒，所以說「安恭已矣」。

㊴ **袁殷之曹，孫干之輩**：袁是袁宏，殷是殷仲文，孫是孫盛，干是干寶。晉書袁宏傳：「字伯彥。…有逸才，文章絕美。……撰『後漢紀』三十卷及『竹林名士傳』三卷，詩賦誄表等雜文凡三百首，傳於世」。又殷仲文傳：「……少有才藻，……善屬文，爲世所重」。又孫盛傳：「字安國。…篤學不倦，自少至老，手不釋卷。著『魏氏春秋』、『晉陽秋』，造詩賦論難復數十篇。『晉陽秋』詞直而理正，咸稱良史焉」。又干寶傳：「字令升。……少勤學，博覽書記。……撰『搜神記』二十卷……『春秋左氏義外傳』……。」

㊵ **珪璋**：凡貴重之玉器，都叫珪璋，在此喻人品之高貴。

㊶ **迍邅**：迍邅（ㄓㄢ），「困難」的意思。

㉜ **夷泰**：寬舒安暇的意思。

㉝ **柱下**：老子爲柱下史，所以用柱下代「老子」。

㉞ **漆園**：莊子爲漆園吏，所以用漆園代「莊子」。

㉟ **義疏**：是注解的意思。

㊱ **原始要終**：語出易經繫辭，孔疏：「……原窮其事之始，……又要會其事之終末」。

㊲ **宋武愛文**：宋書武帝紀，永初三年詔：「便宜傅延胄子，陶獎童蒙，選備儒官，弘振國學，主者考詳舊典，以時施行」。

㊳ **文帝彬雅**：南史宋文帝紀元嘉十五年：「立儒學舘於北郊，命雷次宗居之」；十六年：「上好儒雅，又命丹陽尹何尚之立玄素學，著作佐郎何承天立史學，司徒參軍謝元立文學，各聚門徒，多就業者。江左風俗，於斯爲美，後言政化，稱元嘉焉」。彬雅：彬彬文雅；彬彬，狀人之有文有質。

㊴ **秉文之德**：秉文之德，大意是天賦文章德性。

㊵ **孝武多才**：南史宋孝武紀：「少機穎，神明爽發，讀書七行俱下，才藻甚美。」

㊶ **明帝以下，文理替矣**：南史明帝紀：「帝好讀書，愛文義」。明帝之後，爲後廢帝與順帝。替是衰弱的意思。

㊷ **王袁聯宗以龍章**：聯宗，聯合不同宗的兩姓而並稱；龍章，是說文才之盛，像龍一樣的多文鱗。劉宋時代王姓和袁姓的文學家極多，所以說「王、袁聯宗以龍章」。

㊸ **顏謝重葉以鳳采**：重葉，指好幾代；鳳采，是說像鳳一樣有文采。顏、謝兩家世世代代有文學家，

所以說：「顏、謝重葉以鳳采」

(44) **何范張沈**：何是何承天、何長瑜；范是范泰、范曄；張是張敷、張望；沈是沈懷文、沈懷遠。

(45) **皇齊馭寶**：皇齊，好像淸人稱皇淸、大淸一樣，敬辭。寶，指國家、天下。馭寶：指統治天下。

(46) **膺籙**：籙，音（ㄌㄨˋ），是符命之書。古代認爲天子卽位，是執掌了這種符命。膺，是當、受的意思。

(47) **貳離含章**：貳離，用易經離卦象辭中「明兩作離」。貳離含章，大意是說承襲兩代業績而又稟賦文才的意思。

(48) **上哲興運**：高宗繼廢帝海陵王之後，所以說：「以上哲興運」。

(49) **緝熙景祚**：詩經大雅文王：「於緝熙敬止」，傳：「緝熙，光明也」。景祚，猶言大位。

(50) **颺言**：尚書益稷：「稽首颺言」，傳：「大言而疾曰颺」。

(51) **十代**：指唐、虞、夏、商、周、漢、魏、晉、劉宋、蕭齊」。

(52) **樞中**：指「朝廷」而言。

(53) **在選**：選，是算的意思，在選，猶言「在預計之中」。

(54) **僾**：僾，音（ㄞˋ），是彷彿的意思。

【語譯】

時代運會，交互推移，每個時代都有它的文學主流，因此文章風格的質樸或華麗，也隨着時代的不同，更迭變化。那麼從古到今的才情文理，就可以循著這個交互推移的道理，來談一談它發展的大概了吧！

從前在陶唐時代，道德盛美，敎化廣被，人民深受政府的雨露恩澤，因此在野的老人，曾經擊壤而歌，唱著：「日出而作，日入而息，鑿井而飲，耕田而食，帝力於我何有哉？」郊外的兒童也在行路時，吟詠著：「不知不識，順帝之則」的童謠。虞舜繼堯而爲國君後，政敎盛美，民生安適，舜曾手彈五絃之琴，口詠「南風薰兮」之詩，文武羣臣也因歌頌舜禹禪讓的事蹟，唱出了「卿雲爛兮」的歌曲。唐堯虞舜時代的歌謠，爲什麼能達到這樣盡善盡美的境界呢？我想，這可能都是因爲政通人和，舉國歡欣，所以樂聲才因而舒泰啊！等到大禹治水成功，分天下爲九州，各種政治措施，都能井然有序的施行，因此萬民謳歌，稱頌他的功德。商湯聖明敬祇，臣民便作「猗歟」的詩歌，來讚美他的勳業。到了周文王，道德隆盛，恩及百姓，所以像周南裏邊的詩篇，吟詠的雖是勤勞王事，但毫無怨尤之意；太王敎化淳厚，民風樸實，因此邠風中的詩歌，雖寫男女應及時行樂，但卻不流於淫亂。時代到了幽王、厲王，由於昏庸暴虐，所以「板」、「蕩」之詩，便發出了怨憤的怒吼。至平王東遷，周室衰微，因此「黍離」之詩，表現了哀怨的情感。由此可知，從上古到周代，民謠詩歌，所呈露的文采和感情，無一不是跟著時代的風尚而轉移的。所謂「君子之德風，小人之德草」，在位者施政的得失，適足以影響文學發展的趨向。這好比風在水面上吹拂，自然而然的就會在下方產生波動，其道理是一樣的。

春秋以後，各國諸侯角逐爭戰，互相攻伐，六經好像脫水的飛龍，蟠居在泥淖之中，一蹶不振。諸子百家的羣起並作，更如狂風般地令人驚悸。這個時候，韓、魏致力征伐，燕、趙任用權謀，韓非以爲學者、言談者、帶劍者、侍御者以及商、工之民，是不勞而獲的蠹蟲，商鞅也認爲歲、食、玩、好、志、行是國家的蟣蝨，這種說法，一時大行其道，因此形成了秦國嚴酷的法令。當時唯有齊、楚兩國，還頗有文學的風氣，例如齊宣王曾在四通八達的要道上建造宅第，用以羅致學人。楚襄王曾擴充蘭臺宮，來接待文士。又如孟子出仕齊國，齊王親自到客館求見。荀卿到了楚國，春申君也賜予封邑，請他擔任蘭陵令。所以齊國的學者，都聚集於稷門之下，宣揚清惠的學風。荀卿在蘭陵，造成了一代的學術風尚。他如齊國鄒衍善辯，以「談天衍」名重諸侯，騶奭善於雕飾文飾，以「雕龍奭」馳名當世，楚國屈原著離騷，其辭藻之華美，可以與日月爭光，宋玉的辭賦，文采飄逸，可以和風雲交輝。但在細觀他們豔麗的辭采以後，可以說在他們的作品裏，涵蓋了詩經風、雅、頌各體的風格。由此可知這些文章，所以有光彩耀目的奇詭思想，完全是受了戰國時代縱橫家詭辯風氣的影響啊！

到了漢代興起，時代的運數，剛好是繼暴秦焚書坑儒之後，高祖劉邦鄙文尚武，常常戲弄儒生，簡慢學人，雖然曾命叔孫通制定禮儀，令蕭何草擬刑律，但對於詩書還是無暇顧及，然而高祖在還鄉經過沛縣時，所吟詠的「大風歌」，以及因爲不能廢太子，而安慰戚夫人作的「鴻鵠歌」，也可算是天才橫溢的傑作了！從孝惠帝一直到孝文帝、孝景帝，經學頗爲興盛，但文人仍未受到重視。從賈誼被文帝貶抑爲長沙王太傅，鄒陽因被人誹謗遭受牢獄之災，枚乘諫吳王不被接納，因而窮愁潦倒的例子來看，就可以知道當時文士，不被重用的情形了。等到孝武帝卽位，崇尙儒術，罷黜百家，潤澤了文章大業，使得禮樂法度，爭相映輝。於是大家都以華美的辭藻馳騖文壇，漢武帝在柏梁臺讌享羣臣，首開賦詩聯句的體裁。爲了興築黃河堤防，而作悼恤民生的「塞瓠子」歌，用輕車蒲輪，徵召老臣枚乘，以五鼎一食之顯爵，擢升主父偃，在百餘位儒士的對策裏，提拔公孫弘為第一，並對兒寬所擬的奏章，贊歎不已！朱買臣本來是個樵夫，卻因善言楚辭而官拜太守，衣錦還鄉。司馬相如本是個洗盤子的庸保，以擅長詞賦而官拜中郎將，身價大增。因而，像司馬遷、吾丘壽王、嚴安、終軍、枚皐這些人，應對策議固然沒有常規，而篇章的著述卻相繼不窮，他們所遺留下來的風韻文采，可說盛況空前，是後代無法比擬的。昭帝年少，國祚短暫，無甚可觀。到了宣帝時代，頗能繼承武帝的績業，曾在石渠閣詔集羣儒，講論五經，又常在國事閒暇之時，舉行文人的聚會，更徵召善於雕飾的俊才，發出了「辭賦之辯麗可喜，如文綺霧縠」的妙喻。於是王褒這一般人，都以文章之美，獲致高官而等待詔命。從元帝到成帝，特別留意於圖書經籍的整理，獎勵諸子的瑣言雜談，清除文士待詔金馬門的阻礙。揚雄讀賦千首，文思銳敏；劉向整理前人的文化遺產，校讎六藝，可算是文采盛美了！自漢代建國以來，直到成帝、哀帝時期為止，為時有二百年之久，文人的流風餘韻，雖有許多的變遷，然其大致的歸趣，都是取法屈原的楚辭，進而加以發揮演變的。因此，我們不難發現到靈均的餘光遺影，對西漢各家作品的影響，是如何的深遠了。

漢自哀帝、平帝，國勢衰微，後來雖有光武帝的中興漢室，然而只是一味地迷信圖籙讖緯之說，卻忽略了文章禮樂。雖然如此，像杜篤卻因在獄中呈獻弔大司馬吳漢誄，而獲免刑獄；班彪也因為參與謀畫竇融降漢的章奏，而被光武任命為縣令。由此可知，光武帝對於文人學士，雖然沒有多方訪求，但也未曾遠棄啊！到了明帝、章帝，兩人都崇尚儒術，先後輝映。明帝曾率領羣臣，學習禮樂於辟雍明堂，章帝曾在白虎觀會集羣儒，講論經義，明帝更命令班固執筆寫成漢書，並賜給賈逵筆札，作成「神雀頌」一篇。由於明、章二帝的影響，當時的藩王也愛好文藝，如東平王劉蒼，作光武中興頌，以擅長美好的文辭，而見稱善；沛獻王劉輔，也因作五經通論，聞名一時。二帝的典範和二王的風儀，眞是儒雅輝光，彼此映照了。自從和帝、安帝以後，一直到順帝、桓帝，其間計有班固、傅毅、崔駰、崔瑗、崔實，以及王逸、王延壽、馬融、張衡、蔡邕等高明瑰偉、才學淵博的大學者，旣每代不乏其人，而許多文章傑出的作家，我們在此還完全沒有讀到呢。但是從光武中與以後，許多有才華的作家，逐漸改變了西漢文學發展的路線，對於文章辭藻和內容的講求，往往都考慮到比附經傳上的文辭，這是因爲歷代君主，多喜歡聚合學人，講論經術，於是作家們逐漸感染了儒家風氣的緣故啊！到了靈帝，常常喜歡寫點文章，除了作「羲皇篇」五十章外，又大開鴻都門，延攬文人學士寫作辭賦，甚至連樂松、賈護這般淺陋無行的人，也在延攬之列。所以，楊賜上書，稱他們是堯時的驩兜；蔡邕起奏，把他們比作唱戲的優伶，至於他們留傳下來的文章，辭義淺薄，自然是無足稱道的了。

由於漢獻帝屢次流離遷徙，文人學士就像九秋的蓬草般隨風飄散，無所寄託。直到建安末年，禍亂漸平，天下才開始稍爲安定，魏武帝曹操以丞相兼魏王的尊貴地位，卻能愛好詩文辭章，文帝曹丕身爲太子，卻擅長辭賦的寫作，陳思王曹植有著公子侯爵的豪雄，下筆流利，有金石之聲。他們都極端禮遇英偉超逸的文士，所以一時之間，才華出衆的作家風起雲湧。就像王粲仲宣自荊州來歸附，陳琳孔璋從冀州來投效，徐幹偉長由北海來做官，劉楨公幹自東平來獻身，應瑒德璉綜合了文采紛披的才思，阮瑀元瑜展現了翩翩自得的樂趣，像路文蔚、繁伯休之類的文人，邯鄲淳、楊德祖一般的才士，以風雅傲岸於天子的宴會之前，從容談笑於几席之上。他們輕灑筆墨，即可寫成合樂的詩歌；縱筆揮毫，亦能斐然成章，爲談笑之助。從當時的文辭來看，常常愛用激昂悲歎的語調，這實在是因爲長久以來，人民不斷地遭受亂離之苦，風俗衰頹，人心哀怨；以致文人學士情意深隱，筆致悠長，激昂慷慨，作品中埋藏了很多哀怨之氣啊！到了明帝，雖然是在兵戎中繼承王位，卻頗能愛好文藝，寫詩度曲，徵召一些擅長寫作的文士，設崇文館來禮遇他們。像何晏、劉劭等許多俊逸的人才，都曾在文壇上大放異彩，互相光耀。接著繼位的是齊王、高貴鄉公及陳留王三人，都是少年執政，唯有高貴鄉公曹髦，英俊風雅，談笑之間，詩文已然成章，動言品評，都成高論。那個時候仍受正始文學玄風的影響，篇章崇尚輕虛平澹的風格，因此嵇康、阮籍、應璩、繆襲等人，都能在文學的園地裏，並駕齊驅，展露才華了。

到了晉代，宣帝司馬懿首創基業，景帝司馬師，文帝司馬昭，才得以承其蔭庇，擴展勢力。他們都藏身於儒雅之中，卻專門講求權術。到了武帝司馬炎，國運更新，在天下太平的時候受禪即位的，但是對於興建學校，提倡文藝，全不放在心上。到了懷帝司馬熾及愍帝司馬鄴，國政爲奸臣所把持，便空有皇帝的虛名，毫無實權了。晉朝雖然不講求文事，但人才卻先後輩出，如張茂先搖動筆桿，字句就像撒落的明珠，左太冲執筆寫作，辭藻好比橫陳的錦繡，潘岳、夏侯湛都有俊美的才華，時人譽爲「雙璧」；陸機、陸雲文采斐然，被人稱爲文壇二俊，他如應璩、應貞，傅玄、傅咸，張載、張協、張亢，以及孫楚、摯虞、成公綏這些人，遣辭造句，清新雋秀，風格調韵，綺麗華靡。前代史書以爲這時正處於危亂的年代，許多文人都未能充分發揮他們的才情，這種說法一點也不錯啊！想來眞令人爲之歎息！

元帝司馬睿中興晉室，建立學校，開啓文風，劉隗、刁協本是遵守禮法的官吏，由於熟練文史，而蒙受恩寵。郭景純因爲文思敏捷，獲得優先擢用。到晉明帝司馬紹，其人秉賦英哲，雅愛文學，常喜以文會友，從太子到卽位，都能不斷地講習六藝，因此書寫詔策時筆情練達，所作辭賦亦文采飛揚。庾亮由於散文方面的才華，愈見親信，溫嶠因爲文思縝密，而倍受厚愛。明帝能如此擧用風雅清逸的才士，也可算是當代的「漢武帝」了！以後晉成帝司馬衍，康帝司馬岳，壽命都不長。穆帝司馬聃，哀帝司馬丕，在位也很短。至簡文帝司馬昱勃然興起，他品格清高，性情淵懿，微言妙論，精理密思，時時洋溢於玄學的講壇；澹泊的情思，濃豔的辭采，常常揮灑於文章的苑囿。到了孝武帝司馬曜後，繼嗣無人，安帝司馬德宗近乎白痴，恭帝司馬德文又被弒。那時候文、史學家，計有袁伯彥、殷仲文以及孫安國、于令升等人，他們的才學雖然各有深淺，但都像是玉器中的珪璋一樣，堪稱爲有用之才。自晉代中葉以來，多崇尚談玄說理，遷都江南之後，此風更盛，循著清談風氣的餘勢，文體上遂流衍而成玄體的詩文。因此，時代運會雖然極端艱難，而文辭的意境卻非常安閑舒泰。例如詠詩一定以老子清靜無爲的意旨爲依歸，作賦更無異是爲莊周學說作注解。由此可知，文章風格的演變，固然是受社會情勢的影響；而文學的興盛或衰廢，也必定和時代的遞進息息相關。所以我們追溯起源，推究結果，即使是百代以後的文章流變，也是歷然可知啊！

自從宋武帝愛好文學，宋文帝文質彬彬，二人都是具有文章之美的君主，孝武帝更是多才多藝，寫了許多辭藻美麗，如彩雲舒卷般的作品。明帝以後，文章情理便逐漸衰微了。當時士大夫中文學家之多，好比雲霞般的鬱茂，狂風似的興起。如王、袁兩姓的宗族中，文章之盛，幾乎每個人都像有紋鱗的飛龍；顏、謝兩家的子孫，其文章之美，代代都像有彩羽的鳳凰；其他像何、范、張、沈各姓的作家，實在是多得不可勝數，他們都以文章風采馳名當世，在此只是略擧大概，無法一一敍述了。

等到大齊卽位，統治天下後，國運昌隆，太祖蕭道成以聖明英武，受命而爲天子，世祖蕭賾以睿智文才，繼承基業，文帝蕭長懋內含美質，嗣續前代，高宗蕭鸞以無上的智慧，振興國運，這些帝王都是以天生的多才多藝，光大了美好的國運。現今我大齊正値國運興隆的時代，文章思理，光耀鈞被，四海五嶽皆降神明，文壇上更是人才濟濟，英挺煥發。個個都像是跨著神龍，飛騰在九霄之上；駕著良馬，馳騁於萬里的前程。於宣揚古聖先賢的經傳典籍，禮樂制度方面，實超過了周代，陵越了漢室！唐堯虞舜時代的偉大文教，彷彿又在今日興盛起來了。這樣鴻偉的風教，華美的文采，那能是我這枝拙筆所敢陳述的呢？如果要大聲疾呼地來歌頌禮讚這個空前的時代，還是讓我寄望於今後高明賢哲的君子吧！

總而言之，美妙多姿的文采，映照了十個朝代，文章風格，也隨著時代的遞進，起了不少的變化。朝廷的動向，是決定的主力，文學的流變，就隨著它周而復始，運轉無窮。文辭的華麗或質樸，隨著時代而轉換，文風的興盛或衰替，也就可以由此推算而出了。上古的時代，距離我們雖是如此的遙遠，但它的詩文風尚，經過以上的敍述，卻彷彿又呈現在我們的眼前了！

【集評】

一、曹評：「時序者，風之遞降也。觀風可以知時，如薰風主夏，朔風主冬之類。」

黃評：「文運升降，總萃此篇。今學子讀畢五經史漢後，以此等文進之，勝於多讀八家文也。」

紀評：「此評謬陋。」

二、紀評：「闕當代不言，非惟未經論定，實亦有所避於恩怨之間。」

【問題討論與練習】

一、時序，才略兩篇之寫作特色為何？試說明其在文學批評上之作用。

二、彥和云：「崇替於時序」，試由本篇內容，以申其要義。

三、「蔚映十代，辭采九變」，可否說明「十代」「九變」之真象？

四、時序篇講「辭采九變」，通變篇有「九代詠歌」，試述兩說之同異。

物色第四十六

【解題】

物色一詞，此處指風物景色而言。所謂「風物」，包括大自然一切風景萬物；所謂「景色」，無論形狀、容貌、光采、聲音皆屬之。彥和以爲客觀的風物，乃詩文描寫的對象，創作應始於對外物的感受。所以他說：「歲有其物，物有其容，情以物遷，辭以情發。一葉且或迎意，蟲聲有足引心。況清風與明月同夜，白日與春林共朝哉！」一年四季都有不同的事物，不同的事物，有不同的容貌，不同的容貌，有不同的姿態，所以一葉迎意，蟲聲引心，使作者以物遷情，因情發辭。彥和說：「四時之動物深矣。」道理就在於此。

本篇論述文家體物的流變，凡分四個層次：首先，引詩經作家爲證。因爲「詩人感物，聯類不窮。流連萬象之際，沉吟視聽之區；寫氣圖貌，既隨物以宛轉，屬采附聲，亦與心而徘徊。」所以三百篇作者於欣賞千變萬化的景物之際，吟詠耳聞目見的聲色之時，沉思入迷，描寫神氣，圖摩狀貌，既依隨風物之變遷而曲盡其妙；敷繪色采，比附聲響，亦配合內心的感應而酌斟至當。所以寫景欲臻於工巧，必須心物交融而後可。詩經三百篇之所以感人，就是作者能運用複詞疊語，用視覺、聽覺、觸覺的想像，直訴之於讀者之觀感領受。如「灼灼」狀桃花之鮮，「依依」盡楊柳之貌，「杲杲」爲日出之容，「瀌瀌」擬雨雪之狀，「喈喈」逐黃鳥之聲，「喓喓」學草蟲之韻。無一不是複詞疊語。前四者所以狀物，後二者所以形聲。「參差」雙聲，以寫荇菜的錯落；「沃若」疊韻，以寫桑葉的豐潤，皆爲連語形容詞。所以使聲采瞻麗，音節和諧，詩歌之精詣在於音律，如果舍音律而徒論形式，就未免取貌遺神了。

其次，講到離騷。離騷包括楚辭而言。楚辭爲我國辭賦的始祖，南方文學的代表。因楚地氣候溫和，山川秀麗，於是孕育了瑰奇的思想。所以一旦發爲辭賦，句讀參差，詞采縟麗，而情意纏綿，委婉動人。彥和云：「及離騷代興，觸類而長，物貌難盡，故重沓舒狀。於是嵯峨之類聚，葳蕤之羣積矣。」比如狀人：「高余冠之岌岌兮，長余佩之陸離」（離騷），狀鬼神：「帝子降兮北渚，目眇眇兮愁予」（湘夫人），狀山水：「山峻高而蔽日兮，下幽晦以多雨，霰雪紛其無垠兮，雲霏霏而承宇」（涉江），狀風雲：「嫋嫋兮秋風，洞庭波兮木葉下」（湘夫人）僅從以上所引各例來看，楚辭之重沓舒狀，誠能曲盡形容，使人瞻言而見狀，即字而知時了。本書辨騷篇說得好：「敍情怨則鬱伊而易感，述離居則愴怏而難懷，論山水則循聲而得貌，言節候則披文而見時」，是以「枚賈追風以入麗，馬揚沿波而得奇，其衣被詞人，非一代也。」

再其次，講漢賦。賦雖然「受命於詩人，拓宇於楚辭」，但終竟與詩、騷分疆畫界。蓋「則」之與「淫」，有顯著的區別。彥和說：「及長卿之徒，詭勢瓌聲，模山範水，字必魚貫，所謂詩人麗則而約言，辭人麗淫而繁句也。」如相如之爲賦，更奇詭形勢，怪麗聲響，以模擬高山，範繪流水，好運用連語、雙聲、疊韵諸聯綿字，以堆砌詞句。玆以上林賦爲例，如云：「蕩蕩乎八川分流，相背而異態，……汩乎混流，順阿而下，赴隘陿之口，觸穹石，激堆埼，沸乎暴怒，洶湧澎湃，滭弗宓汩，偪側泌瀄。……於是乎崇山矗矗，巃嵸崔巍，深林巨木，嶄巖嵾嵳，九嵕嶻嶭，南山峨峨。」狀貌山川，皆連接數十百字，似此僻字駢辭，璧聯珠貫，駸積細微，肆爲繁富，徒令人昏睡耳目，又安能搖蕩性靈呢？

最後，說到近代。到宋以後，詩賦之寫景狀物，多貴形似，所謂「窺情風景之上，鑽貌草木之中」，「體物爲妙，功在密附」，踵事增華，更大與前代不同了。駱鴻凱物色篇札記於此曾慨乎言之，他說：「蓋物態萬殊，時序屢變，摛辭之士，所貴憑其精密之心，以寫當前之境。庶閱者於字句間悠然心領，若深入其境焉。如此則藻不徒抒，而景以文顯矣。否則，狀甲方之景，可移乙地；摹春日之色，或似秋容。剿襲雷同，徒增厭苦，雖爛若縟繡，亦何用哉！」本書明詩篇也說：「宋初文詠，體有因革，莊老告退，而山水方滋；儷采百字之偶，爭價一句之奇，情必極貌以寫物，辭必窮力而窮新，此近世之所競也。」可見模山範水，是當代文章的風尚。而彥和於此適時提出情景的關係如何？以及前人如何寫景？和怎樣繼承前人對景物描寫的技巧？可以說是極具時代意義的一篇力作。

綜觀本文，彥和認爲人的感情，由於景物的感觸而發生，並隨着景物的不同而變化。因此山林皐壤，是文思的奧府。觸景生情，才會「目既往還，心亦吐納」，寫出「物色盡而情有餘」的作品。從這一點來說，以詩經的造詣最高，因爲它情景交融，文詞簡練；和辭賦家的措詞拖沓，迥然不同。至於劉宋以後，寫景但貴形似，不求內容的充實，於是他提出「以少總多，情貌無遺」的主張，作爲寫作的標準。至於關係色彩的形容詞，彥和認爲如果接二連三的出現，便「繁而不珍」，最好適時運用。所以他說：「摛表五色，貴在時見」，就是這個道理。至於他說「物有恆姿，而思無定檢，或率爾造極，或精思愈疏」，以及「因方以借巧，即勢以會奇，善於適要，則雖舊彌新」，勉後之學者，繼承詩、騷的優良傳統，推陳出新，實在是千古不易之論。

【正文】

首段論外景與內心關係的密切，初言四時動物，再言節序感人。

春秋代序，陰陽慘舒㈠，物色之動，心亦搖焉。蓋陽氣萌而玄駒步㈡，陰律凝而丹鳥羞㈢，微蟲猶或入感，四時之動物深矣。若夫珪璋挺其惠心㈣，英華秀其清氣，物色相召㈤，人誰獲安？是以獻歲發春㈥，悅豫㈦之情暢；滔滔孟夏八，鬱陶(九)之心凝；天高氣清，陰沉之志遠；霰雪(十)無垠，矜肅(十一)之慮深；歲有其物，物有其容；情以物遷，辭以情發。一葉且或迎意，蟲聲有足引心。況清風與明月同夜，白日與春林共朝哉！

二段援證以明文家體物的流變。先引詩，次引騷，再引漢賦，終論物色之用，貴在時見。

是以詩人感物(十二)，聯類(十三)不窮。流連萬象之際，沉吟視聽之區；寫氣圖貌(十四)，既隨物以宛轉；屬采附聲(十五)，亦與心而徘徊〔評一〕。故灼灼狀桃花之鮮(十六)，依依盡楊柳之貌(十七)，杲杲爲日出之容(十八)，瀌瀌擬雨雪之狀(十九)，喈喈逐黃鳥之聲(二十)，喓喓學草蟲之韻(二十一)。皎日嘒星，一言窮理(二十二)；參差沃若，兩字連〔原作「窮」，楊明照校注以爲多本作連，茲依楊校改〕形(二十三)；並以少總多，情貌無遺矣。雖復思經千載，將何易奪。及離騷代興，觸類而長，物貌難盡，故重沓舒狀(二十四)，於是嵯峨之類聚，葳蕤之羣積矣(二十五)。及長卿之徒，詭勢瓌聲(二十六)，模山範水，字必魚貫(二十七)，所謂「詩人麗則而約言，辭人麗淫而繁句」也(二十八)。至如雅詠棠華，或黃或白(二十九)；騷述秋蘭，綠葉紫莖(三十)；凡攡表(三十一)五色，貴在時見(三十二)，若青黃屢出(三十三)，則繁而不珍〔評二〕。

末段先言近代風尚。次明體物之理，貴能推陳

自近代以來，文貴形似(三十四)，窺情風景之上，鑽貌草木之中〔評三〕。吟詠所發，志惟深遠；體物爲妙，功在密附。故巧言切狀，如印之印泥，不加雕削，而曲寫

出新，物色盡而情有餘。

毫芥(35)〔評四〕。故能瞻言而見貌，即(原作「印」，玆據王利器新書、郭晉稀譯注校改)字而知時也。然物有恒姿，而思無定檢(36)，或率爾(37)造極，或精思愈疎〔評五〕。且詩騷所標，並據要害(38)，故後進鋭筆，怯於爭鋒(39)。莫不因方(40)以借巧，即勢(41)以會奇，善於適要(42)，則雖舊彌新矣〔評六〕。是以四序紛迴(43)，而入興貴閑(44)；物色雖繁，而析辭尚簡(45)〔評七〕；使味飄飄而輕擧，情曄曄(46)而更新。古來辭人，異代接武(47)，莫不參伍以相變，因革以爲功(48)，物色盡而情有餘者，曉會通也。若乃山林皐壤(49)，實文思之奧府(50)，畧語則闕，詳說則繁。然屈平所以能洞監(51)風騷之情者，抑亦江山之助乎〔評八〕？

贊曰：山沓水匝(52)，樹雜雲合。目既往還(53)，心亦吐納(54)。春日遲遲(55)，秋風颯颯(56)。情往似贈(57)，興來如答(58)〔評九〕。

【註釋】

(一) **陰陽慘舒**：張衡西京賦：「夫人在陽時則舒，在陰時則慘」。舒，是舒暢的意思。此彥和引張衡之語，說明陰、陽二氣給人的感受。

(二) **陽氣萌而玄駒步**：大戴禮夏小正：「十有二月，玄駒賁。玄駒也者，螘也。賁者何也？走於地中也。」玄駒，黑色的螞蟻。步，奔走的意思。

㊂ **陰律凝而丹鳥羞**：大戴禮夏小正：「八月，丹鳥羞白鳥。丹鳥也者，謂丹良也。白鳥也者，謂蚊蚋也。羞也者，進也，不盡食也」。或謂丹鳥就是螳螂的轉音；羞，儲藏的意思。

㊃ **珪璋挺其惠心**：珪璋，是玉石做的佩飾；挺，是拔出的意思；惠心就是慧心，惠，慧通用。全句是說人的慧心，美如珪璋。

㊄ **物色相召**：鍾嶸詩品序：「氣之動物，物之感人，故搖蕩性情，形諸舞詠。」是說明自然景物給人的感召。

㊅ **獻歲發春**：楚辭招魂：「獻歲發春兮，汩吾南征。」獻，是「進」的意思，獻歲即進歲，指進入一個新的年度。春爲四時之首，故曰發春，謂春天是一年的開始。

㊆ **悅豫**：就是「愉悅」。豫是「愉」字的假借。

㊇ **滔滔孟夏**：楚辭懷沙：「陶陶（或云滔滔）孟夏」，王注：「陶陶，盛陽貌也；孟夏，四月也」。

㊈ **鬱陶**：指精神憂憤積聚，而未能舒暢的狀態。

㊉ **霰雪**：小雪珠。楚辭九章涉江：「霰雪紛其無垠兮。」霰，音（ㄒㄧㄢˋ），垠，音（ㄧㄣˊ）。

⑪ **矜肅**：莊矜嚴肅的意思。

⑫ **詩人感物**：詩人在這裏指詩經三百篇的作者；感物就是「感於物」，古代文法授受格不分，所以可以省去「於」字。

⑬ **聯類**：聯想比類的意思。

⑭**寫氣圖貌**：指描摹神態，圖寫形貌。此句是承上文「流連萬象」說的。

⑮**屬采附聲**：此句承上文「沉吟視聽」說的，指聯屬色采，比附聲音。

⑯**灼灼狀桃花之鮮**：詩經周南桃夭：「桃之夭夭，灼灼其華」；灼灼，「鮮豔」的意思。

⑰**依依盡楊柳之貌**：詩經小雅采薇：「昔我往矣，楊柳依依」。依依，柔軟的樣子。

⑱**杲杲為日出之容**：詩經衞風伯兮：「其雨其雨，杲杲日出」；杲杲，光明的樣子。

⑲**瀌瀌擬雨雪之狀**：詩經小雅角弓：「雨雪瀌瀌」；瀌，音（ㄅㄧㄠ），瀌瀌形容雨雪極盛。

⑳**喈喈逐黃鳥之聲**：詩經周南葛覃：「黃鳥於飛，集於灌木，其鳴喈喈」；喈喈，「聲音和諧」的意思。

㉑**喓喓學草蟲之韻**：詩經召南草蟲：「喓喓草蟲」；喓，音（ㄧㄠ），喓喓，蟲鳴聲。

㉒**皎日嘒星，一言窮理**：詩經王風大車：「有如皦日」；毛傳：「皦，白也」。皦，音（ㄐㄧㄠˇ）。詩經召南小星：「嘒彼小星」；毛傳：「嘒，微貌」。嘒，音（ㄏㄨㄟˋ）。一言，指「皦」字和「嘒」字說的，都是單用一個字，來形容「日」「星」的潔白與晶瑩。

㉓**參差沃若，兩字連形**：詩經周南關雎：「參差荇菜」；參差，音（ㄘㄣ ㄘ），不齊貌。詩經衞風氓：「桑之未落，其葉沃若」。沃若，茂密的意思。兩字，指「參差」和「沃若」，都是連用兩個字，來形容「荇菜」和「桑葉」形狀的。

㉔**重沓舒狀**：重沓，是「重出疊用」的意思。舒，「展布」的意思。舒狀，就是舒布狀貌的意思。

㉕**嵯峨之類聚，葳蕤之羣積**：嵯峨，形容山嶺的連綿字。葳蕤，音（ㄨㄟ ㄖㄨㄟˇ），形容草木的連

綿字。兩句是說像嵯峨形容山嶺的連綿字，和像葳蕤形容草木的連綿字，類聚羣積，越來越多了。

㉖ **詭勢瓌聲**：詭，奇異。瓌，珍貴。全句是說把形勢寫得奇詭，把聲響寫得怪誕。

㉗ **字必魚貫**：司馬相如上林賦：「……洶湧澎湃，滭弗宓汩，偪側泌瀄……」一連接用許多雙聲疊韻的連綿字，便是本文說的「字必魚貫」之意。魚貫，是說「像游魚一樣前出後繼」。

㉘ **詩人麗則而約言，辭人麗淫而繁句**：二句引揚雄法言吾子篇文：「詩人之賦麗以則，辭人之賦麗以淫」；則，「法則」，淫，「淫侈」。兩句是說詩人之賦華麗而趨於典則，但措辭簡約；辭人之賦華麗而趨於淫侈，但詞句繁縟。

㉙ **雅詠棠華，或黃或白**：詩經小雅裳裳者華：「裳裳者華，或黃或白」；毛傳：「裳裳，猶堂堂也」；陳疏引說文：「闛闛，盛貌」，又引廣雅：「常常，盛也」。本文裳華，即「裳裳者華」的省簡，指棠棣之花。

㉚ **騷述秋蘭，綠葉紫莖**：楚辭九歌少司命：「秋蘭兮青青，綠葉兮紫莖」。本文不直說九歌，因爲「騷」可以代表「楚辭」全書，故改稱「騷」，以便與上文「詩」對仗。

㉛ **摛表**：摛表：就是「鋪飾」的意思。

㉜ **貴在時見**：時見，及時而見。承上句「摛表五色」說的，言爲文於運用五色字眼，最好適時出現，不可濫用。

㉝ **青黃屢出**：鍾嶸詩品序：「……學謝朓劣得『黃鳥度青枝』，徒自棄於高明，無涉於文流矣」；「

黃鳥度青枝」就是用字「青黃屢出」。指青、黃等描摹色彩的字眼，時時出現於文中。

㉞ **近代以來，文貴形似**：本書明詩篇論「宋初文詠」時說：「情必極貌以寫物，辭必窮力而追新，此近世之所競也。」由此可知本文所說的「近代以來」卽「劉宋以來」。當時的文風，多以窮物寫象爲上，故曰「文貴形似。」

㉟ **曲寫毫芥**：曲寫，細緻的描寫。毫芥，細緻。言描寫細緻，曲盡其妙，而絲毫不爽。

㊱ **定檢**：檢，是「法式」的意思。定檢，就是一定的法式。

㊲ **率爾**：輕遽，不經心的樣子。

㊳ **據要害**：指把握着關係重大之處。

㊴ **爭鋒**：猶言爭勝，漢書張良傳：「楚人剽疾，願上愼毋與楚人爭鋒。」

㊵ **因方**：是說依循着「詩」、「騷」描摹風景的方法。

㊶ **卽勢**：是指揣摩照着「詩」、「騷」的行文姿態。

㊷ **適要**：是說適得其要的意思。

㊸ **紛迴**：就是紛去沓來的意思。

㊹ **入興貴閑**：言作者看到四季風物的變遷，「感發興起，要內心空靈」。本書神思篇云：「是以陶鈞文思，貴在虛靜，疏瀹五藏（臟），雪澡精神」；養氣篇云：「是以吐納文藝，務在節宣，淸和其心，調暢其氣，煩而卽捨，勿使壅滯，意得則舒懷以命筆，理伏則投筆以卷懷，逍遙以針勞，談笑以藥勸，常弄閑於才鋒，賈餘於文勇」，就是「貴閑」的意思。

（四五）**析辭尚簡**：卽主張上文說的「一言窮理，……兩字連形」，反對「字必魚貫」，「靑黃屢出」。有遺辭造句，崇尚簡要之意。

（四六）**曄曄**：光明的意思。

（四七）**接武**：接踵，相繼的意思。

（四八）**參伍以相變，因革以爲功**：參伍，錯雜的意思。因革，因沿舊制，而有所革新之意。本書通變篇擧枚乘、司馬相如等五家爲例之後，說：「此並廣寓極狀，五家如一，諸如此類，莫不相循，參伍因革，變通之數也」；這裏所說正與「通變」文意一致。彥和一方面著「物色」，另方面反對「文貴形似，窺情風景之上，鑽貌草木之中」。因爲作者的主張，在於借「江山之助」，來洞監「風」、「騷」之情；反對脫離「風」、「騷」之情，徒然刻劃「江山之形」。

（四九）**山林皐壤**：澤邊地也。莊子知北遊：「山林與？皐壤與？使我欣欣然而樂與！」

（五〇）**奧府**：比喻深秘的府庫。

（五一）**洞監**：深切體察的意思。

（五二）**山沓水匝**：沓，「重疊」的意思，匝，「縈繞」的意思。全句是說高山重疊，流水縈繞。

（五三）**目旣往還**：指欣賞風物。

（五四）**心亦吐納**：指心受物感，自然形之於言辭。

（五五）**春日遲遲**：用詩經邠風七月語，毛傳：「遲遲，舒緩也」。言春日的陽光，和暖舒緩。

（五六）**秋風颯颯**：楚辭九歌山鬼有「風颯颯兮木蕭蕭」，颯颯，音（ㄙㄚˋ），秋風聲。言秋天到來，涼風送爽。

㊲ **情往似贈**：言詩人以情會景，感應深切。

㊳ **興來如答**：是說託景物以起興，因而文如泉湧。

【語譯】

春去秋來，時序更代，陰氣使人愁慘，陽氣令人舒暢。雖是風物景色的變動，然吾人心靈卻也爲之搖蕩啊！大抵說來，十二月陽氣萌發，黑色的螞蟻便開始到處爬行；八月間陰氣凝結，螳螂就開始儲藏蚊蚋，以爲冬天的食糧。像這些微不足道的昆蟲，尚且受到季節的感應；那麼，四時的變化，對人們來說，影響就更爲深遠了。尤其那些潔如美玉，慧心獨具的傑出文士；以及才華四溢，靈秀俊發的文壇作家們，一旦受到外界景物的感召，又有誰能無動於衷呢？因此每當一元復始的春天，人們歡愉喜悅的感情，就舒暢無礙；日光炎炎的初夏，抑鬱煩悶的心懷，便凝結不散；時逢天高氣爽的清秋，愁苦陰沉的情緒，就愈發深遠；遇到白雪紛飛的嚴冬，則矜莊嚴肅的思慮，便油然而生。這是因爲一年四季，各有其不同的風物，而各種風物，又有其不同的狀貌；情感只是隨著風物而變遷，詩文只是因應著情感而興發。因此，有時一片黃葉的飄零，就可能打動人們的情志；幾聲秋蟲的哀鳴，也足以牽引大家的心緒。更何況是清風吹拂，明月照人的良宵，朝陽和煦，光耀春林的清晨呢？

所以詩經的作者，受了風物的感動，就產生了許多聯想與類比。他們欣賞著千變萬化的景象，吟咏著耳聞目見的聲色，有關神態的描寫，狀貌的圖摹，他們是既隨著風物的變化，而委曲盡致；至於色彩聯屬，聲音的比附，則又配合著內心的感應，而低廻盪漾。因此他們用「灼灼」，形容桃花怒放的嬌豔；「依依」，概括楊柳披拂的柔姿；「杲杲」，比喻朝陽初昇的容貌；「瀌瀌」，比擬雨雪交加的景象；「喈喈」，捕捉黃鳥唱和的聲音；「喓喓」，仿效草蟲吟唱的韻調。用「皎」字，描寫皜皜的白日，以「嘒」字，形容晶瑩的星光，這是單用一個字，來窮究事理的例子。還有用「參差」，來寫荇菜的錯落不齊；以「沃若」，來寫桑葉的豐潤茂密，這又是連用兩個字，摹寫事物形狀的例子。以上所言，都是用極少的筆墨，去總括繁多的形象。但是詩人的情感，與風物的面貌，卻都能和盤托出，略無遺珠。他們精妙的文思，縱然再經過千百年的考驗，又有誰能將它改易刪削呢？及至楚騷代替詩經而興起，因爲接觸的事類不同，更增長了文辭的鋪張，但由於物象繁雜，難以委曲盡致；於是就使用重疊複沓的文辭，來鋪張刻畫，因此像「嵯峨」一詞，乃形容山勢的險峻，就是因爲詞性相類而聚合；「葳蕤」一詞，是形容草木的茂盛，也是因爲字義同羣而累積。到了漢代司馬相如這一般人，更盡量地把形勢寫得十分奇詭，把聲響寫得異常怪誕，其描繪高山，刻畫流水，運用連綿字之多，不啻游魚的先後相繼，正如揚雄說的：「詩人之賦，華麗而趨於典則，但措辭簡要；辭人之賦，華麗而流於淫濫，而詞句繁縟啊！」至於像詩經小雅吟咏「裳裳者華」，說到盛開的花朵有白有黃；楚辭九歌描寫秋天的蘭花，說它是綠葉紫莖。大抵說來，鋪陳辭藻時，所運用的五色字眼，以能夠適時顯露，方才可貴；如果文中靑、黃等字，屢次出現，只會顯得繁雜無章，不會令人覺得有何珍奇之處了。

自近代劉宋以來，山水詩文但以寫景逼眞爲可貴，於是作家們便細窺景物的風貌，培養創作的情緒，走向山林之中，鑽研草木的形貌。然而按照寫景的原則來看：大凡吟詠詩歌，發抒情感，其志必須幽遠高深，以此去體察景物的美妙，再密切的比附文辭，才算是大功告成。所以形似之文，雖以極精巧的辭藻，切摹景物的形狀，其準確度就像印璽壓在印泥之上，或方或圓，不必再加雕削，便能摹寫曲盡，絲毫不爽。使人觀覽其辭，就能洞見物貌，依據記載，便可知曉時令啊！然而，景物有其永恆的姿態；而人的思緒，卻沒有固定的法式，有時輕率操觚，就能寫出極精妙的作品；有時殫精竭慮，反而遠離本題。而詩經、楚辭所標舉的楷模，卻能融情於景，掌握風物的特點，所以後代的作家，雖有銳利的筆鋒，也不敢和他們一爭長短。於是紛紛依循詩、騷的創作方法，借用其表現的技巧，揣摩其行文的姿態，會得辭情的奧妙。如果他們眞能變通舊體，適得詩、騷寫作的要領，那麼縱使是承襲前人的文學遺產，也算是推陳出新了。所以四時的運轉，固然紛去沓來，而作家的感應興發，卻貴乎緣情託興，了無俗念。風物景色雖然千變萬化，而作家的遣辭造句，卻須務求簡要，使詩味盎然，如清風之吹拂；文情朗暢，若皓月之初昇。自古以來的作家，前仆後繼，接踵騷壇，但他們無不錯綜古今以求變化，因舊革新而獲致成功。他們所以能將景物描繪得如此淋漓盡致，而情感的流露又饒有餘韻，主要是因爲他們了解融會貫通的方法啊！至於山林川澤等自然景物，的確是引發文思的寶庫，如果省略不寫，必然有所闕失；但如果連篇累牘，又會顯得泛濫無歸。然而不管怎麼說，屈原所以能深切體察詩人的情感，創造出離騷的原因，固然是由於他志高行潔；但無疑地，也是得自於江山風景的幫助啊！

總而言之，高山重疊，流水圍繞，綠樹叢生，白雲飄浮，我們常因欣賞美麗的景物而流連忘返。當內心深受旖旎的風光感動時，自然就會形之於文辭。春日陽光和煦，秋天涼風送爽，詩人對於景物的嚮往深意，就像是老友的臨別贈言，情韻不匱，感念至深。而自然景物引發詩人的感興，又恍如酬答知音一般，眞是託物抒情、風光無邊啊！

【集評】

一、紀評：「『隨物宛轉，與心徘徊』八字，極盡流連之趣。會此方無死句。」

二、紀評：「此病易犯，近體尤忌之。」

三、紀評：「此刻畫之病，六朝多有。」

四、黃評：「陳子昂謂齊梁間彩麗競繁，而寄興都絕，正坐此也。」

五、紀評：「入微之論。」

六、黃評：「化腐朽爲神奇，秘妙盡此。」

紀評：「此脫化之法。」

七、曹評：「『是以四序』四句，此風雅也。」

黃評：「天下事那件不從忙裏錯過，文亦然矣。」

紀評：「四語尤精，風流傳佳句，都是有意無意之中，偶然得一二語，都無累牘連篇，苦心力造之事。」

八、紀評：「拖此一尾，烟波不盡。」

九、紀評：「諸贊之中，此爲第一，正因題目佳耳。」

【問題討論與練習】

一、試述文學創作與自然風物之關係如何？

二、揚雄法言吾子篇云：「詩人之賦麗以則，辭人之賦麗以淫」，其義爲何？試舉彥和之見以徵其說之可信。

三、彥和云：「物有恒姿，思無定檢，或率爾造極，或精思愈疎」，試申其義，並加評述。

四、通變篇云：「參伍因革」，本篇亦有「參伍以相變，因革以爲功」，兩說有無相通之處？試就一己之寫作經驗加以闡發。

才略第四十七〔評一〕

【解題】

才略者，才能識略之謂，是作家論；時序者，文學風尚之流變，是文學史論。前者是論人之事，後者是論事之事。蓋才略以才性學識爲本，而「辭令華采」繫乎作者之才性識略，故知從事創作，與作家的才性識略有密不可分的關係。所以彥和於時序篇評論歷代文學的變遷之後，繼而寫作此篇，與之相依相輔。紀評云：「時序篇總論其世，才略篇各論其人」，「知人」「論世」，由點而面，縱橫交織，構成了彥和文學批評理論的重要架構。

自二帝三王以迄劉宋，上下幾兩千年，統於一篇之中。綜其所論：就作家言，於虞夏有皐陶、夔、益、五觀四家；於商周有仲虺、伊尹、尹吉甫三家；於春秋有薳敖、隨會、趙衰、公孫僑、子太叔、公孫翬六家；於戰國有屈原、宋玉、樂毅、范睢、蘇秦、荀況、李斯七家；兩漢之時，於西漢有九家，如陸賈、賈誼、枚乘、鄒陽、董仲舒、司馬遷、司馬相如、王褒、揚雄；於東漢有二十四家，如桓譚、宋弘、馮敬通、班彪、班固、劉向、劉歆、傅毅、崔駰、崔瑗、崔實、杜篤、賈逵、李尤、馬融、王逸、王延壽、張衡、蔡邕、趙壹、孔融、禰衡、潘勗、王朗。合計共三十三家；於魏則有曹丕、曹植、王粲、陳琳、阮瑀、徐幹、劉楨、應瑒、路粹、楊修、丁儀、邯鄲淳、劉劭、何晏、應璩、應貞、嵇康、阮籍等十八家；於晉又分東西，西晉則有張華、左思、潘岳、陸機、陸雲、孫楚、摯虞、傅玄、傅咸、成公綏、夏侯湛、曹攄、張翰、張載、張協，東晉則有劉琨、盧諶、郭璞、庾亮、溫嶠、孫盛、干寶、袁宏、孫綽、殷仲文、謝混，兩晉合計共二十六家；南朝劉宋以後，由於世近易明，均略而不論。總上所述，得九十七家。雖然，自虞、舜到劉宋，九代英才，何止此數；但想要了解現列各家在文學造詣上的眞象，亦非體大思精者莫辦。至於各家才情的異同，彼此相激相盪的關係，於此亦可略窺其全豹了。

本篇雖然目的在檢論歷代作家的才性識略，然亦關注其所受時代的影響。誠以文學乃沿着時代而嬗變，勢如長江大河，流衍雖然廣遠，而源泉混混，不可分割。故彥和說：「觀夫後漢才林，可參西京；晉世文苑，足儷鄴都；然而魏時話言，必以元封爲稱首；宋來美談，亦以建安爲口實。何也？豈非崇文之盛世，招才之嘉會哉！嗟夫！此古人所以貴乎時也！」可見彥和於詮評作家才略之外，又特別重視時代背景，因爲若無可供發展的時代背景，卽令儁才天生，也難以馳騁當世。孟子曾說：「雖有智慧，不如乘勢；雖有鎡基，不如待時」，此又何嘗不是彥和自身的感觸呢？

本篇行文的義例有四：一曰單論，二曰合論，三曰附論，四曰泛論。單論者，凡作家能獨標一體，或則瑜不掩瑕，或特出一時風會之外者。如篇中的陸賈、賈誼、司馬相如、王褒、揚雄、桓譚、馮衍、潘勗、王朗、李尤、馬融、張華、左思、潘岳、郭璞等是。合論者，或因父子，或以兄弟，或係同時而名聲相埒，或屬朋友而好尚相同，又或緣比較優劣而合論，或欲辨明異同而合論。其中又有二人合論者，如枚（乘）鄒（陽），董（仲舒）馬（司馬遷），傅（毅）崔（駰），二王（逸、子延壽），張（衡）蔡（邕），二曹（丕、弟植），劉（劭）何（晏），二應（瑒、貞），嵇（康）阮（籍），二陸（機、弟雲），孫（楚）摯（虞），二傅（玄、子咸），兩張（載、弟協），劉（琨）盧（諶），庾（亮）溫（嶠），孫（盛）干（寶），袁（宏）孫（綽），殷（仲文）謝（混）等是。有四人合論者，如二班（彪、子固）兩劉（向、子歆），劉（向）趙（壹）孔（融）禰（衡），成（公綏）夏侯（湛）曹（攄）張（翰）等是。有數人合論者，如王（粲）陳（琳）阮（瑀）徐（幹）劉（楨）應（瑒）六子是也。附論者，大致都是些附庸時流之士。如崔瑗、崔實、杜篤、賈逵，附在傅毅、崔駰之後；路粹、楊修、丁儀、邯鄲淳，附在建安七子之後是也。泛論者，不明指作家個人姓名，只廣泛的說明其共同現象者，如云：「自卿、淵已前，多役才而不課學；雄、向以後，頗引書以助文。」又說：「宋代逸才，辭翰鱗萃，世近易明，無勞甄序」。本篇旨在衡文，而義同史傳，故能於寥寥不滿兩千字中，具見九代人才的高下，苟非卓才宏識，曷克臻此。

本篇於比論文家長短異同之處，每能言人之所不能言，可以看出彥和獨到的見地。同時讀者亦可藉此考覈前賢的作品。稱之謂「學海之南鍼」，也並不爲過。如篇中論二班兩劉，不同舊說；論子桓子建，異乎俗情；以遣論命詩，分屬嵇阮；以深廣朗練，區判機雲；論張蔡孫干，則由異以見同；評建安羣才，則各標其美，謂仲宣弁冕七子，稱景純足冠中興。他這種特識卓見，足資後學玩味。

至於篇中評騭的措詞，或稱「才穎」，或稱「學精」，或稱「識博」，或稱「理贍」，或稱「思銳」，或稱「慮詳」，或稱「氣盛」，或稱「力緩」，或稱「情高」，或稱「文美」，或稱「辭堅」，或稱「體疎」，或稱「采密」，或稱「意浮」，用詞雖雜，似乎本末不分；然而讀者如細加尋繹，要不出情性學問，才能識略，辭令華采諸端而已。他不但隨文立言，也可以互文見義啊！

本文雖然文短意賅，包羅無窮，但百密一疏，也不是毫無缺點的。如春秋時代推重外交辭令，戰國時代推重諸子散文，屈宋辭賦，策士書說，荀卿賦篇。就諸子散文而言，文中歷擧策士游說之范睢、蘇秦，但對左傳、莊子、孟子，卻一字不提。此外，彥和論作家，只論其在創作上的成就，卻忽略了他們對文學開創方面的貢獻。如左氏對歷史散文的創發，司馬遷對傳記文學的革新，班固漢書文字整練，對辭藻運用的變革；趙壹、王粲拓展了漢末抒情短賦的領域等，此皆當言而未曾言，或未曾明言者。

雖然如此，彥和能在極端有限的篇幅中，廣泛涉及到我國兩千多年間文學作家們的才性識略，並加「褒貶」，可謂納須彌於芥子，功不可沒。至於雖有小疵，我們堅信不能掩其大醇，所以他在本篇中所呈現的批評理論，是應該得到肯定的。

【正　文】

首段言九代之文既富且盛，可約略得知，作全篇總冒。

九代之文㊀，富矣盛矣；其辭令華采，可略而詳也〔評二〕。

二段言虞夏文章，辭義溫雅，爲萬代儀表。

虞夏文章，則有皐陳（原作「陶」，形近傳寫致譌，茲依李師曰剛斠詮改）六德㊁，夔序八音㊂，益則有贊㊃，五子作歌㊄，辭義溫雅，萬代之儀表㊅也。

三段言商周詩頌，義固爲經，文亦足師。

商周之世，則仲虺垂誥㊆，伊尹敷訓㊇，吉甫之徒，並述詩頌㊈，義固爲經，文亦足（「足」字原脫，茲依范注及上文文義、句法、辭氣補。）師矣。

四段言春秋大夫修辭聘會，皆文名著於史册，永垂不朽者。

及乎春秋大夫，則修辭聘會㊉，磊落⑪如琅玕⑫之圃，焜燿⑬似縟錦之肆，薳敖擇楚國之令典⑭，隨會講晉國之禮法⑮，趙衰以文勝從饗⑯，國僑以修辭扞鄭⑰，子太叔美秀而文，公孫翬（原作「揮」，據鈴木徵嘉靖本、梅本、岡本改）善於辭令⑱，皆文名之標⑲者也。

五段言戰國諸子取資道術，文質相稱。

戰代任武，而文士不絕；諸子以道術取資⑳，屈宋以楚辭發采㉑，樂毅報書辨而（原作「以」，今依王利器新書及下文句改法）義㉒，范雎上書密而至㉓，蘇秦歷說壯而中㉔，李斯自奏麗而動㉕，若在文世㉖，則揚班儔矣。荀況學宗㉗，而象物名賦㉘，文質相稱，六段列舉前後漢文士三十三家，以明其才思之優劣，和風格的異同。

固亘儒之情也。

漢室陸賈，首發奇采，賦孟春而進新語（「進新語」三字原作「選新語」，今據范注引孫詒讓札迻說改）(二九)，其辯之富矣。賈誼才穎(三〇)，陵軼飛兔(三一)，議愜而賦清(三二)，豈虛至哉！枚乘之七發(三三)，鄒陽之上書(三四)，膏潤於筆(三五)，氣形於言(三六)矣。仲舒專儒(三七)，子長純史(三八)，而麗縟成文，亦詩人之告哀(三九)焉。相如好書(四〇)，師範屈宋(四一)，洞入(四二)夸豔，致名辭宗(四三)。然覈取精意(四四)，理不勝辭，故揚子以為「文麗用寡者長卿」，誠哉是言也！王褒構采(四五)，以密巧為致(四六)，附聲測貌(四七)，泠然可觀(四八)。子雲屬意，辭義（「辭義」二字原作「辭人」，茲據王利器新書改）最深(四九)，觀其涯度幽遠(五〇)，搜選詭麗(五一)，而竭才以鑽思，故能理贍而辭堅矣。桓譚著論，富號猗頓(五二)，宋弘稱薦，爰比揚劉(五三)（「揚劉」二字原作「相如」，茲依李師曰剛斠詮徵後漢書宋弘傳改正），而集靈諸賦(五四)，偏淺無才，故知長於（原作「論」，今依鈴木說並王利器新書改）諷諭，不及麗文也。敬通雅好辭說，而坎壈盛世(五五)，顯志自序(五六)，亦蚌病成珠(五七)矣。二班兩劉(五八)，奕葉(五九)繼采，舊說以為固文優彪，歆學精向，然王命清辯(六〇)，新序該練(六一)，璿璧產於崐岡(六二)，亦難得而踰本矣。傅毅崔駰(六三)，光采比肩(六四)，瑗寔踵武(六五)，能世厥風(六六)者矣。杜篤賈逵(六七)，亦有聲於文，跡其為才，崔傅之末流(六八)也。李尤賦銘(六九)，志慕七段首較魏文、陳思長短，以駁舊說之誤。繼舉建安七子及正始文士十六人，各著其在文學上的特殊造詣。

鴻裁，而才力沈膇(七〇)，垂翼不飛。馬融鴻儒(七一)，思洽登（原作「識」，玆依楊明照校注徵各本校改）高(七二)，吐納經範，華實相扶。王逸博識有功(七三)，而絢采無力。延壽(七四)繼志，瓌穎(七五)獨標，其善圖物寫貌，豈枚乘之遺術(七六)歟！張衡通贍(七七)，蔡邕精雅(七八)，文史彬彬(七九)，隔世相望。是則竹柏異心而同貞(八〇)，金玉殊質而皆寶也。劉向之奏議，旨切而調緩(八一)；趙壹之辭賦，意繁而體疎(八二)；孔融氣盛於為筆(八三)，禰衡思銳於為文(八四)，有偏美焉。潘勖憑經以騁才，故絕群於錫命(八五)；王朗發憤以託志，亦致美於序銘(八六)。然自卿淵已前，多役（原作「俊」，依王利器新書徵史通雜說下引改）才而不課學(八七)；向雄已後，頗引書以助文(八八)；此取與之大際，其分不可亂者也。

魏文之才，洋洋清綺(八九)，舊談抑之(九〇)，謂去植千里，然子建思捷而才儁(九一)，詩麗而表逸(九二)；子桓慮詳而力緩，故不競於先鳴(九三)。而樂府清越(九四)，典論辯要(九五)，迭用短長(九六)，亦無懵(九七)焉。但俗情抑揚，雷同(九八)一響，遂令文帝以位尊減才，思王以勢窘益價，未為篤論(九九)也。仲宣溢才(一〇〇)，捷而能密，文多兼善，辭少瑕累，摘其詩賦，則七子之冠冕(一〇一)乎！琳瑀以符檄擅聲(一〇二)；徐幹以賦論標美(一〇三)；劉楨情高以會采(一〇四)；應瑒學優以得文(一〇五)；路粹楊修，頗懷筆記之工(一〇六)；丁儀邯八段列舉兩晉文士，其中在洛都者十五人，屬江左者十一人，並分別詳述其作品特色。

鄲，亦含論述之美(一七)；有足算(一八)焉。劉劭趙都，能攀於前修(一九)；何晏景福，克光於後進(二〇)；休璉風情，則百壹標其志(二一)；吉甫文理，則臨丹成其采(二二)；嵇康師心以遣論(二三)，阮籍使氣以命詩(二四)，殊聲而合響，異翮而同飛。

張華短章，奕奕清暢(二五)，其鷦鷯寓意(二六)，卽韓非之說難(二七)也。左思奇才，業深覃思(二八)，盡銳於三都(二九)，拔萃於詠史(三〇)，無遺力矣。潘岳敏給(三一)，辭自和暢，鍾美於西征(三二)，賈餘於哀誄，非自外也(三三)。陸機才欲窺深，辭務索廣(三四)，故思能入巧，而不制繁。士龍朗練，以識檢亂(三五)，故能布采鮮淨(三六)，敏於短篇。孫楚綴思，每置直（「置直」二字原倒，依楊明照校注徵下句「循規」對文乙正）以疎通(三七)；摯虞述懷，必循規以溫雅(三八)；其品藻流別(三九)，有條理焉。傅玄篇章，義多規鏡(四〇)；長虞筆奏，世執剛中(四一)；並楨幹(四二)之實才，非羣華之韡蕣(四三)也。成公子安選賦而時美(四四)，夏侯孝若具體而皆微(四五)，曹攄清靡於長篇(四六)，季鷹辨切於短韻(四七)，各其善也。孟陽景陽(四八)，才綺而相埒(四九)，可謂魯衞之政，兄弟之文(五〇)也。劉琨雅壯而多風(五一)，盧諶情發而理昭(五二)，亦遇之於時勢也。景純豔逸，足冠中興(五三)，郊賦旣穆穆以大觀(五四)，仙詩亦飄飄而凌雲(五五)矣。庾元規之表奏(五六)，靡密以閑暢(五七)；溫太眞之筆記(五八)，循理(五九)而清通；亦筆端之良工也。孫盛干寶(五〇)，文勝爲史(五一)，準的(五二)所擬，志乎典訓，戶牖(五三)雖異，而筆彩略同。袁宏發軫以高驤(五四)，故卓出而多偏(五五)；孫綽規旋以矩步(五六)，故倫序而寡狀(五七)；殷仲文之秋原作「孤」，茲依李師曰剛斠詮引黃，顧二家之說校改興(五八)，謝叔源之閑情(五九)，並解散辭體(六〇)，縹緲浮音(六一)。雖滔滔風流(六二)，而大澆文意(六三)。

宋代逸才，辭翰鱗萃(六四)，世近易明，無勞甄序(六五)。

九段言劉宋以後，世近易明，不予甄序。十段論文學的演進，各有其時代潮流。

觀夫後漢才林，可參西京(六六)；晉世文苑，足儷鄴都(六七)；然而魏時話言，必以元封爲稱首；宋來美談，亦以建安爲口實(六八)；何也？豈非崇文之盛世(六九)；招才之嘉會(七〇)哉？嗟夫！此古人所以貴乎時也。

贊曰：才難然乎(七一)！性各異稟。一朝綜文(七二)，千年凝錦(七三)。餘采徘徊(七四)，遺風籍甚(七五)。無曰紛雜，皎然可品。

【註　釋】

㊀ **九代之文**：時序篇贊語有「蔚映十代」的說法，此處講九代，指的是虞、夏、商、周、春秋、戰國、兩漢、魏、晉等，劉宋以下，因爲「世近易明」，故「無勞甄序」。

㊁ **皐陳六德**：尙書皐陶曰：『都！亦行有九德。』禹曰：『何？』皐陶曰：『寬而栗，柔而立、愿而

恭、亂而敬、擾而毅、直而溫、簡而廉、剛而塞，強而義，彰厥有常，吉哉！日宣三德，夙夜浚明有家；日嚴祗敬六德，亮采有邦……』」所謂「日嚴祗敬六德，亮采有邦」者，是說每天虔敬地從九德中任選六德來實行，就可以明治政事，爲邦國諸侯了。

㊂ **夔序八音**：尚書舜典：「帝曰：夔！命汝典樂，敎冑子，八音克諧，無相奪倫。」所謂「典樂」，主管音樂。「八音」，指金、石、絲、竹、匏、土、革、木。

㊃ **益則有贊**：尚書僞大禹謨：「益贊於禹曰：惟德動天，無遠弗屆，滿招損，謙受益。時乃天道。……」

㊄ **五子作歌**：見本書明詩篇「太康敗德，五子咸諷」注。

㊅ **儀表**：立木以示人謂之儀，又謂之表，在此有「標準」之意。

㊆ **仲虺垂誥**：書經僞仲虺之誥序：「湯歸自夏，至于大坰，仲虺作誥。」仲虺，臣名，爲湯左相奚仲之後。誥的內容，皆勸湯擢用賢良，屏黜昏暴的事。

㊇ **伊尹敷訓**：伊訓，書經僞古文篇名。伊訓序：「成湯既沒，太甲元年，伊尹作伊訓」。敷，陳述。

㊈ **吉甫之徒，並述詩頌**：吉甫，周王賢臣，著有崧高、烝民、韓奕、江漢四篇，詩序皆以爲尹吉甫作，見詩經大雅。詩頌，言作詩歌頌周宣王的功德。

㊉ **聘會**：謂聘問與會同。

⑪ **磊落**：光明的意思。

⑫ **琅玕**：寶玉之似珠或似玉者。

⑬ **焜燿**：光輝照耀。

⑭ **薳敖擇楚國之令典**：薳，音（ㄨㄟˇ）。薳敖卽蔿敖，孫叔敖也，曾任楚國的令尹。擇，酌古施今。令典，法令典章。全句是說孫叔敖爲令尹時，斟古酌今，推行楚國的法令典章。

⑮ **隨會講晉國之禮法**：隨會卽士會，晉國大夫，食采邑於隨，稱隨會，又稱隨季，後更稱范武子。左傳宣公十六年：「晉侯使士會平王室，定王享之，襄公相禮。肴烝，武子私問其故。王聞之，召武子曰：『季氏，而弗聞乎？王享有體薦，宴有折俎。公當享，卿當宴，王室之禮也。』武子歸而講求典禮，以修晉國之法。」

⑯ **趙衰以文勝從饗**：饗與享通，設盛禮以飲賓朋之意。左傳僖公二十三年：「秦穆公享公子重耳。子犯曰：『偃不如衰之文也，請使衰從。』公子賦河水，公賦六月。趙衰曰：『重耳拜賜』，公子降拜，稽首，公降一級而辭焉。衰曰：『君稱所以佐天子者命重耳，重耳敢不拜。』」

⑰ **國僑以修辭扞鄭**：國僑卽公孫僑，字子產，柄國四十餘年，晉楚不能加兵。修辭扞鄭，本書徵聖篇「鄭伯入陳，以文辭爲功」注，可參看。

⑱ **子太叔美秀而文，公孫翬善於辭令**：子太叔卽游吉，鄭國的正卿，美秀而文，熟諳典故，繼子產爲政。公孫翬字子羽，事鄭簡公爲行人之官，能知各國的政情，而辨其大夫的族姓、班位、貴賤、能否，而尤長於辭令。二人事蹟見於左傳昭公元年。

⑲ **標**：著稱。

⑳ **諸子以道術取資**：是說戰國諸子，以道術取得進身仕途的資助。

㉑ **屈宋以楚辭發采**：是說屈原、宋玉以楚辭發抒抑鬱的文采。

㉒ **樂毅報書辨而義**：樂毅報燕惠王書，見史記樂毅傳：「夫免身立功以明先王之迹，臣之上計也。離毀辱之誹謗，墮先王之名，臣之所大恐也。臨不測之罪，以幸爲利，義之所不敢出也。臣聞：古之君子，交絕不出惡聲；忠臣去國，不潔其名。臣雖不佞，數奉敎於君子矣。」樂毅事燕昭王爲亞卿，後拜上將軍。率兵伐齊，連下七十餘城，封昌國君。會昭王死，惠王立，齊行反間計，惠王乃使騎劫代將，而召樂毅。毅畏誅，遂西降趙。惠王使人責之，此卽樂毅報惠王書的一部分。書中先言道理，再擧事實爲證，用來說明自己的做法很對，所以彥和稱其「辨而義」。

㉓ **范雎上書密而至**：范雎上秦昭王書，見本書論說篇「范雎之言疑事」注。

㉔ **蘇秦歷說壯而中**：蘇秦字季子，東周雒陽人，師事鬼谷先生，習縱横家言。戰國策趙策二載：「蘇秦從燕至趙，始合從，說趙王曰：『……趙地方二千里，帶甲數十萬，車千乘，騎萬匹，粟支十年。……臣竊以天下地圖案之，諸侯之地五倍於秦，料諸侯之卒十倍於秦。六國幷力爲一，西面而攻秦，秦破必矣。故竊爲大王計，莫如一韓、魏、齊、楚、燕、趙六國從親以擯畔秦。』」蘇秦歷說六國國君，都誇耀各國的財富兵力地勢，言辭雄壯；又勸六國合力抗秦，其說中理。

㉕ **李斯自奏麗而動**：李斯諫逐客書，見本書論說篇「李斯之止逐客」注。麗而動，是說文辭華麗動人。

㉖ **文世**：崇尚文治的盛世。

㉗ **荀況學宗**：荀況，荀卿名；宗，長、尊。言荀況是一代學術思想的宗師。

㉘ **象物名賦**：是說狀物說理，命名曰賦。荀卿賦見本書詮賦篇：「荀況禮智」注。

㉙ **漢室陸賈三句**：漢志詩賦畧有陸賈賦三篇，其中當有篇名曰「孟春」者，今已無考。本書詮賦：「陸賈扣其端」，卽「首發奇采」。進新語，史記陸賈傳：「高帝不懌，面有慙色，迺謂陸生曰：『試爲我著秦所以失天下，吾所以得之者何，及古成敗之國。』陸賈迺麤述存亡之徵，凡著十二篇。每奏一篇，高帝未嘗不稱善，左右呼萬歲，號其書曰新語。」

㉚ **賈誼才穎**：漢書賈誼傳：「每詔令議下，諸老先生未能言，而誼盡爲之對，人人各如其意所出，諸生於是乃以爲能不及也。」此卽賈誼「才穎」之徵。

㉛ **陵軼飛兎**：陵軼，超過；飛兎，古駿馬名。言其才思敏捷，超過駿馬飛兎之捷足也。呂氏春秋離俗覽：「飛兎要褭，古之駿馬也，」高注：「日行萬里，馳若兎之飛，因以爲名也，」

㉜ **議愜而賦清**：言奏議愜當，辭賦清俊。

㉝ **枚乘七發**：見本書雜文篇「枚乘摛豔，首製七發」注。

㉞ **鄒陽上書**：見本書時序篇「賈誼抑而鄒枚沉」注。

㉟ **膏潤於筆**：膏，文彩。言筆鋒犀利，文辭潤澤。

㊱ **氣形於言**：氣，氣勢。是說言辭充沛，氣勢流動。

㊲ **仲舒專儒**：藝文類聚三十有董仲舒作的「士不遇賦」。

㊳ **子長純史**：藝文類聚三十有司馬遷作的「悲士不遇賦」。

㊴ **詩人之告哀**：詩經小雅四月：「君子作歌，維以告哀」。告哀，卽訴說哀愁。

(四〇) **相如好書**：漢書司馬相如傳：「司馬相如字長卿，蜀郡成都人也，少時好讀書。」

(四一) **師範屈宋**：言師法屈原、宋玉的作品，以爲寫作模範。

(四二) **洞入**：深入。

(四三) **致名辭宗**：辭宗，辭賦之宗。漢書敍傳：「文豔用寡，子虛烏有，寓言淫麗，託諷終始，多識博物，有可觀采，蔚爲辭宗，賦頌之首。」

(四四) **覈其精意**：覈，考核，謂考核擇取其精思妙意。

(四五) **王褒構采**：范注以爲「駢儷之文，始於王褒『聖主得賢臣頌』」。本句是說王褒作駢儷的文采。

(四六) **密巧爲致**：是說以嚴密工巧爲極致。

(四七) **附聲測貌**：附，附益、附麗，有誇飾意。全句是指描繪的意思。本書詮賦篇：「子淵洞簫，窮變於聲貌。」

(四八) **泠然可觀**：泠然，輕妙之狀。莊子逍遙游：「夫列子御風而行，泠然善也，」

(四九) **子雲屬意，辭義最深**：漢書揚雄傳：「雄少而好學。……默而好深湛之思。」

(五〇) **涯度幽遠**：涯度，邊涯津渡，指其爲文立義，造詣深遠莫測。

(五一) **搜選詭麗**：指其用詞詭異奇麗。揚雄著方言，多識奇文異字。

(五二) **桓譚著論，富號猗頓**：是說桓譚著新論二十九篇，取材宏富，號稱如猗頓之財。後漢書桓譚傳：「譚著書言當世行事二十九篇，號曰新論。」論衡佚文篇：「挾桓君山之書，富於積猗頓之財。」君山，桓譚字。

(五三) **宋弘稱薦，爰比揚劉**：後漢書宋弘傳：「宋弘字仲子，京兆長安人也。光武卽位，徵拜太中大夫。…帝嘗問弘通博之士，弘乃薦沛國桓譚，才學洽聞，幾能及揚雄、劉向父子。於是譚拜議郎給事中。」

(五四) **集靈諸賦**：藝文類聚，卷七十八載有桓譚集靈宮賦。

(五五) **敬通雅好辭說，而坎壈盛世**：指馮衍素來愛好辭賦書說，但卻失志困頓於光武帝政治盛明的時代。後漢書馮衍傳：「馮衍字敬通，京兆杜陵人也，幼有奇才，年九歲，能論詩，至十二，而博通羣書。…有文五十篇。」坎壈，失意、不得志。盛者，盛世的時代。

(五六) **顯志自序**：衍因屢次得罪光武帝，不得志，乃作賦自勵，命其篇曰「顯志」。顯志者，言光明風化之情，昭章玄妙之思也。賦文及衍事，載於後漢書馮衍傳。

(五七) **蚌病成珠**：淮南子說林訓：「明月之珠，蚌之病而我之利也。」是說人往往因不得志，而寫出不朽之作。

(五八) **二班兩劉**：二班，班彪、班固父子。兩劉，劉向、劉歆父子。

(五九) **奕葉**：奕葉，猶云累代，指父子兩代。

(六〇) **王命清辯**：班彪著有「王命論」，見本書論說篇「班彪王命」注。

(六一) **新序該練**：劉向採傳記行事著「新序」，見本書諸子篇「劉向說苑」注。

(六二) **璿璧產於崐岡**：璿璧，精美的璧玉。崑岡，產玉處。

(六三) **傅毅崔駰**：見本書時序篇「班傅三崔」句注。

(六四) **比肩**：並肩，同時齊名之意。

(六五) **瑗寔踵武**：瑗，崔瑗；寔，崔寔，父子二人。踵武，謂繼承前人的事業，如踵接步繼。

(六六) **能世厥風**：此句總結上文，說崔因的兒子瑗，瑗的兒子寔，能世代繼嗣其文風的意思。世，作「嗣」解。

(六七) **杜篤賈逵**：後漢書文苑杜篤傳：「篤以關中表裏山河，先帝舊京，不宜改營洛邑，乃上奏論都賦。……」又賈逵傳：「尤明左氏傳、國語，爲之解詁五十一篇。」

(六八) **末流**：猶後列，言揚才不及崔傅。

(六九) **李尤賦銘**：尤，和帝時人，拜蘭臺令史，有「函谷關賦」「辟雍賦」，現在皆散佚不全。銘有「函谷關銘」「明堂銘」。

(七〇) **沈膇**：沈滯板重。左傳成公六年：「獻子曰：民愁則墊隘，於是乎有沈溺重膇之疾」。

(七一) **馬融鴻儒**：後漢書馬融傳：「融才高博洽，爲世通儒。所著賦、頌、碑、誄、書記、表奏、七言、琴歌、對策，遺令凡二十一篇。」

(七二) **思洽登高**：言其才思周洽，能登高作賦的意思。漢書藝文志詩賦畧：「傳曰：不歌而誦謂之賦，登高能賦，可以爲大夫。」

(七三) **王逸博識有功**：後漢書文苑王逸傳：「王逸字叔師，南郡宜城人也。著楚辭章句行於世。其賦、誄、書、論、及雜文，凡二十一篇，又作漢詩百二十三篇。」故稱他「博識有功」。

(七四) **延壽**：字文考，有俊才，作有「魯靈光殿賦」。後來蔡邕亦造此賦，未成，及見延壽所爲，甚奇之。

遂輟翰而已。後溺死，時年二十餘。

(七五) **瓌穎**：穎、禾芒，指秀出。言才華瑰瓌奇秀。

(七六) **枚乘之遺術**：謂逸與延壽父子，在辭賦上的造詣，如同乘之與皋。而延壽幾乎可以說突過前人。

(七七) **張衡通贍**：後漢書張衡傳：「衡少善屬文，遊於三輔，因入京師觀太學，遂通五經六藝。……著有詩、賦、銘、七言、靈憲、應間、七辯、巡誥、縣圖凡三十二篇。及為侍中，上疏請得專事東觀，收檢遺文，畢力補綴。又條上司為遷、班固所叙，與典籍不合者十餘事，書數上，竟不聽。及後之著述，多不詳典，時人追恨之。」

(七八) **蔡邕精雅**：後漢書蔡邕傳：「邕少博學，師事太傅胡廣，好辭章、數術、天文，妙操音律，閒居玩古，不交當世。著有詩、賦、碑、銘、讚、連珠、箴、弔、論議、獨斷、勸學、釋誨、叙樂、女訓、篆勢、祝文、章表、書記，凡百四篇，傳於世。」

(七九) **文史彬彬**：張衡為侍中，上書請專事東觀，收檢遺文；蔡邕在東觀，與盧植等撰補後漢記，兩人皆熟習漢史。故稱「文史彬彬。」

(八〇) **是則竹柏異心而同貞**：此句承上文作一結束。是說猶如翠竹與蒼柏，雖心性有異，而堅貞則同。語出楚辭東方朔七諫初放。

(八一) **劉向奏議，旨切而調緩**：劉向感歎外戚擅權，漢室衰微，言痛詞切，反復申明，所以說「旨切調緩」。漢書劉向傳：「向自見信於上，故常顯訟宗室，譏制王氏，及在位大臣。其言又痛切，發於至誠。」

(八二) **趙壹辭賦，意繁而體疏**：後漢書文苑趙壹傳：「壹恃才倨傲，爲鄉黨所擯，後屢抵罪，友人救得免。乃爲窮鳥賦以謝恩，又作刺世疾邪賦，以舒其憤。」傳中載其「窮鳥賦」一篇，賦後又附詩二首，詞意相似，體不密緻，益見空疏，故稱他是「意繁體疏。」

(八三) **孔融氣盛於爲筆**：言孔融書表有氣勢，所以「氣勢於爲筆」。魏文典論云：「孔融體氣高妙，有過人者，然不能持論，理不勝辭，以至雜以嘲戲。」

(八四) **禰衡思銳於爲文**：禰衡作鸚鵡賦，文不加點，所以「思銳於爲文」。本書神思篇：「禰衡當食而草奏」注，可參閱。

(八五) **潘勗憑經以騁才，故絶羣於錫命**：潘勗「九錫文」，見本書詔策篇「潘勗九錫，典雅逸羣」注，可參閱。

(八六) **王朗發憤以託志，亦致美於序銘**：王朗序銘，見本書銘箴篇：「觀其約文舉要，憲章戒銘」，當指其效法武王諸銘，所作的雜箴而言。三國志魏志王朗傳：「朗著奏議論記，盛傳於世」，不載有「序」「銘」一類的作品。

(八七) **卿淵已前，多役才而不課學**：是說在司馬長卿、王子淵以前的作者，如枚乘、鄒陽等，所作辭賦都使用天賦的才華，不刻意考求五經諸子。

(八八) **向雄已後，頗引書以助文**：是說到了劉向、揚雄以後，文家逐漸開始使用典故，以充實文章內容的風氣。本書事類篇：「及揚雄百官箴，頗酌於詩書，劉歆遂初賦，歷敍於紀傳，漸漸綜採矣。至於崔、班、張、蔡，遂捃摭經史，華實布濩，因書立功，皆後人之範式也。」

(八九) **洋洋清綺**：洋洋，才思善美。是說才思善美，文辭清新綺麗。

(九〇) **舊談抑之**：舊談，蓋指類似鍾嶸詩品上的看法說的。如詩品列子桓詩於中品，列子建詩於上品，故謂前人評論壓抑之。以爲「文帝以位尊減才，思王以勢窘益價」，與其弟曹植相差甚遠。

(九一) **子建思捷而才儁**：思捷，文思敏捷；才儁，天才儁異。見三國志魏志陳思王植傳，本書神思篇云：「子建援牘爲口誦。」這也是文思敏捷的一證。

(九二) **表逸**：章表卓越。本書章表篇云：「陳思之表，獨冠羣才。」

(九三) **不競於先鳴**：是說不爭先發表自己的作品。

(九四) **樂府清越**：謂魏文帝的樂府詩聲清意遠。如「燕歌行」，可說是魏代七言詩之冠。

(九五) **典論辯要**：謂魏文帝的典論博辯文理，辭義該要。

(九六) **迭用短長**：言交替運用其所短或所長。

(九七) **懵**：不明。

(九八) **雷同**：人云亦云的意思。

(九九) **未爲篤論**：篤，信。未爲篤論，言所論並不確實。

(一〇〇) **仲宣溢才**：言王粲才華洋溢。王粲事，見三國志魏志王粲傳。及昭明文選曹植王仲宣誄。

(一〇一) **七子之冠冕**：冠冕，居首之意。七子，魏文典論云：「今之文人，魯國孔融文學，廣陵陳琳孔璋，山陽王粲仲宣、北海徐幹偉長、陳留阮瑀元瑜、汝南應瑒德璉、東平劉楨公幹、斯七子者、於學無所遺，於辭無所假，咸以自騁驥騄於千里，以此相服，亦良難矣。」

㉒ **琳瑀以符檄擅聲**：言陳琳、阮瑀以長於符命、檄文而專享高名。本書檄移篇云：「陳琳之檄豫州，壯有骨鯁。」章表篇云：「琳瑀章表，有譽當時。」

㉓ **徐幹以賦論標美**：徐幹著有「中論」和「玄猿、漏巵、圓扇、橘賦」。標美、標揚美譽。

㉔ **劉楨情高以會采**：言劉楨才情高妙，以會合辭采。見魏文帝「典論論文」，及「與吳質書」。

㉕ **應瑒學優以得文**：言應瑒學識優異而得文理豐贍。見魏文帝「與吳質書」。

㉖ **路粹楊修，頗懷筆記之工**：路粹楊修善於章奏，故言其有「懷藏筆札書記之工巧」，見三國志魏志王粲傳路粹注。

㉗ **丁儀邯鄲，亦含論述之美**：言丁儀、邯鄲淳，也含有論說著述的才華。見三國志魏志陳思王傳引魏畧，及王粲傳注引魏畧。

㉘ **有足算**：有足以令人稱道之處。

㉙ **劉邵趙都，能攀於前修**：劉劭字孔才，邯鄲人，嘗作「趙都賦」。前修，前賢。是說劉劭的趙都賦，能攀及前代的賢哲。劉劭事，見三國志魏志劉劭傳。

㉚ **何晏景福，克光於後進**：何晏字平叔。景福，魏明帝在許昌作景福殿，晏爲作景福殿賦。是說何晏的景福殿賦，能光照後進的文士。事見昭明文選何平叔景福殿賦注引典畧。

㉛ **休璉風情，則百壹標其志**：休璉，應璩字，作有「百壹詩」，是說應休璉有風雅情志，用百壹詩標明了自己的志節。參閱本書明詩篇「應璩百壹，獨立不懼」注。

㉜ **吉甫文理，則臨丹成其采**：吉甫，晉應貞字，著有「臨丹賦」。是說應吉甫深於文章義理，以臨丹

賦蔚成了他的辭采。

(二三) **嵇康師心以遣論**：嵇康有「養生論」、「聲無哀樂論」、「難張遼叔宅無吉凶攝生論」、「釋私論」、「管蔡論」、「明膽論」；師心，依循一己的想法，創造發明。全句是說嵇康依循自己的構思，遣發了獨創的理論。

(二四) **阮籍使氣以命詩**：晉書阮籍傳：「籍容貌瓌傑，志氣宏放，傲然獨得，任性不羈，而喜怒不形於色。能屬文，初不留思，作詠懷詩八十餘首，爲世所重。」此句是說阮籍運用宏放的志氣，來寫作他的詠懷詩。

(二五) **張華短章，奕奕清暢**：張華字茂先，博學能文，詞藻清麗。奕奕，閑雅姣美。言張華的短篇小品，旣閑雅姣美，又清新流暢。事見陸雲與兄平原君書。

(二六) **鷦鷯寓意**：文選張華鷦鷯賦序：「鷦鷯，小鳥也……色淺體陋，不爲人用，形微處卑，物美之害……彼鷲鶚鷗鴻，孔雀翡翠，或淩赤霄之際，或託絕垠之外，翰舉足以冲天，觜距足以自衞，然皆負矰繳，羽毛入貢，何者？有用於人也。夫言有淺而可以託深，類有微而可以喻大，故賦之云爾。」是說有才能而居高位者容易觸罪，無才而處卑下者得以保全。藉鷦鷯賦以寄託自己的此種情意。

(二七) **韓非說難**：韓非子說難篇，言游說人主之難。說龍喉下有逆鱗徑尺，觸犯了必殺人。人主也有類似的逆鱗，不能觸犯，和鷦鷯賦的寓意有相通處。

(二八) **覃思**：深思。

(二九) **盡銳於三都**：左思三都賦，見昭明文選。左思字太冲，齊國人。少博覽文史，構思十年，作三都賦後。洛陽豪貴，競相傳寫，爲之紙貴。三都者，劉備都益州號蜀，孫權都建業叫吳，曹操都鄴號魏，全句是說左思竭盡敏銳於三都賦。

⑳ **拔萃於詠史**：左思有詠史詩八首，見昭明文選。皆託古諷今，藉古人古事，抒寫一己之懷抱與不平。全句是說拔類出萃於詠史詩八首。

㉑ **潘岳敏給**：潘岳字安仁。敏給，猶敏捷。本書體性篇：「安仁輕敏，故鋒發而韻流。」可以參看。

㉒ **鍾美於西征**：鍾美，猶聚美。晉書潘岳傳：「岳爲長安令，作西征賦，述所經人物山水，文清旨詣。」

㉓ **賈餘於哀誄，非自外也**：言潘岳竭盡才情於哀誄之文，皆由內心發出，不是假借外力。本書哀弔篇：「潘岳繼作，實鍾其美。觀其慮贍，情洞哀苦，敍事如傳。結言摹詩，促節四言，鮮有緩句；故能義直而文婉，體舊而趣新，金鹿澤蘭，莫之或繼也。」

㉔ **陸機才欲窺深、辭務索廣**：言陸機的才情是要觀察深刻，文辭務求蒐羅廣遠。本書鎔裁篇云：「至如士衡才優，而綴辭尤繁，士龍思劣，而雅好清省；及雲之論機，亟恨其多，而稱清新相接，不以爲病。」

㉕ **士龍朗練，以識檢亂**：言陸士龍才思爽朗，文辭練達，能運用識見，檢束雜亂。

㉖ **布采鮮淨**：指舒布文采，鮮明潔淨。

㉗ **孫楚綴思，置直疎通**：言孫楚行文構思，每每直舉胸臆，以疏通事理。參見晉書孫楚傳。

㉘ **摯虞述懷，循規溫雅**：摯虞思遊賦序：「先陳處世不遇之難，遂棄彝倫，輕舉遠遊，以極常人罔懷

之情，而後引之以正，反之以義。推神明之應與視聽之表，崇否泰之運於智力之外，以明天任命之不可違，故作『思遊賦』」。循規溫雅，卽指「思遊賦」而言。全句是說摯虞舒布情懷，必依循規矩，運用溫雅的文辭。

㉙ **品藻流別**：參見本書序志篇「摯虞流別」句注。

㉚ **傅玄篇章，義多規鏡**：規鏡，鑒戒。是說傅玄的作品，內容多存規箴鑒戒之義。晉書傅玄傳：「性剛勁亮直，不能容人之短。……數上書言便宜，多所匡正。」

㉛ **長虞筆奏，世執剛中**：長虞，傅咸字，父玄。言傅咸之筆札奏議，承襲父風，累世主持剛正。晉書傅咸傳：「咸剛簡有大節，風格峻整，識性明悟，疾惡如仇，推賢樂善。……稱引故事，條理灼然。……勁直忠果，劾按驚人。……」本書奏啟篇云：「傅咸勁直，而按辭堅深。」

㉜ **楨幹**：築牆先豎木，兩頭曰楨，兩邊曰幹，比喻國家的良才。

㉝ **韡蕚**：韡，音（ㄨㄟˇ）。韡蕚，明盛的花蕚，比喻文章辭藻之美。

㉞ **成公子安選賦而時美**：子安，成公綏字。晉書文苑成公綏傳：「綏，少有俊才，詞賦甚麗。張華雅重綏，每見其文，歎伏以爲絕倫。」作有「嘯賦」、「天地賦」。

㉟ **夏侯孝若具體而皆微**：孝若，夏侯湛字。晉書夏侯湛傳：「湛文章宏富，善構新詞。仿書經作昆弟誥。詩經中南陔、白華、華黍、由庚、崇丘、由儀，有其義而亡其詩，湛補作六篇，稱周詩」。具體而微，指模仿詩、書，具備其體，但未擴大。卽黃注所謂「事事擬學，而不免儉狹者也。」

㊱ **曹攄淸靡於長篇**：曹攄字顏遠，昭明文選選有他的「思友人」、「感舊」，皆非長篇。范注引文館

詞林，載有曹攄「贈韓德眞」、「贈石崇」、「贈王弘遠」、「贈歐陽建」、「答趙景猷」五首，並四言長篇，彥和可能指此而言。

㊲ **季鷹辨切於短詞**：張翰字季鷹，昭明文選選有他的「雜詩」，皆屬短篇。「雜詩」注引王儉七志云：「翰文藻新麗。」

㊳ **孟陽景陽**：晉張載字孟陽，弟協字景陽，並見本書明詩篇：「張潘左陸，比肩詩衢」注。

㊴ **相埒**：埒，音(ㄌㄜˋ)。相埒，兩者相等。

㊵ **魯衛之政，兄弟之文也**：語出論語子路篇：「魯衛之政，兄弟也。」

㊶ **劉琨雅壯而多風**：晉書劉琨傳：「琨爲幷州刺史，爲石勒所敗，投奔幽州刺史鮮卑段匹磾，爲匹磾所拘，自知必死，爲五言詩贈其別駕盧諶。有『白登幸曲逆，鴻門賴留侯』句，諶不能救，遂爲匹磾所害。」雅壯而多風，「指贈盧諶詩」言。

㊷ **盧諶情發而理昭**：晉書盧諶傳：「諶字子諒，清敏有理思，好老莊，善屬文。劉琨敗喪，諶抗表理琨，文旨甚切，諶才高行潔，爲一時所推。」情發理昭，指上表理劉琨言。表文載劉琨傳。

㊸ **景純豔逸，足冠中興**：晉書郭璞傳：「璞字景純……詞賦爲中興之冠。」全句是說景純文辭，豔麗秀逸，足稱東晉中興文壇的領袖，

㊹ **郊賦既穆穆以大觀**：郊賦，即「南郊賦」，見嚴可均輯全晉文，已殘缺。穆穆，雍容華美之意。言其南郊賦雍容華美，而蔚爲大觀。

㊺ **仙詩亦飄飄而凌雲**：仙詩指「遊仙詩」。景純有遊仙詩七篇。飄飄，飛貌，亦有輕舉之狀。凌雲，

凌駕雲霄，有超塵出世之意。全句是說景純的遊仙詩高遠出塵，有凌駕雲霄之概。

㊻ **庾元規之表奏**：庾亮字元規，其表奏見本書章表篇：「庾公之讓中書，信美於往載」注。

㊼ **靡密以閑暢**：靡密，輕麗縝密。閑暢，閑適舒暢。

㊽ **溫太眞之筆記**：溫嶠字太眞。其筆記見本書詔策篇：「以溫嶠文清，故引入中書」注。

㊾ **循理**：遵行道理。

㊿ **孫盛干寶**：孫盛，字安國，著晉陽秋。干寶，字令升，著晉紀。參見本書史傳篇：「干寶述紀，以審正得序；孫盛陽秋，以約舉爲能」注。

(51) **文盛爲史**：語出論語雍也篇：「質勝文則野，文勝質則史」。言孫、干兩家的作品，文飾勝過質樸，辭多浮誇，近於祝史。

(52) **準的**：標準、鵠的。

(53) **戶牖**：門戶、途徑。

(54) **袁宏發軫以高驤**：袁宏字彥伯。晉書袁宏傳略云：「宏有逸才，文章絕美，曾爲詠史詩，聲既清會，辭又藻拔。後爲三國名臣頌，作北征賦，皆其文之高者。」發軫，猶言發軔。高驤，高舉，喻文章卓越。全句是說袁宏的作品，有昂首高舉之概。

(55) **多偏**：指袁宏的作品雖然卓越，但尚有不足之處。

(56) **孫綽規旋以矩步**：孫綽天台賦。「陟降信宿，迄於仙都。王喬控鶴以沖天，應眞飛錫以躡虛。騁神變之揮霍，忽出有而入無。」本文寫仙佛，在道佛思想的規矩中回旋，所以說「規旋以矩步」。

(57) **倫序而寡狀**：此承上句爲說，言「天台山賦」一文，有倫有序，而少描摹山水。

(58) **殷仲文之秋興**：殷仲文，陳郡人。其秋興詩，未聞。世說新語文學篇：「殷仲文天才弘贍。」注引續晉陽秋：「仲文雅有藻才，著文數十篇。」

(59) **謝叔源之閑情**：謝混字叔源。其閑情詩，未聞。

(60) **解散辭體**：解散，分離之意，引申爲打破。謂打破辭賦俳偶的體裁。

(61) **縹渺浮音**：縹緲，恍惚有無之意。是說辭氣浮華，虛無恍惚，不著實際。

(62) **滔滔風流**：滔滔，泛濫。風流，放逸。謂輕靡放逸，泛濫無歸。

(63) **大澆文意**：謂使文意，大爲澆薄。

(64) **辭翰鱗萃**：辭翰，辭章翰墨，指辭賦詩文而言。鱗萃，謂若魚鱗之相比次，比喻集聚的衆多。全句是說辭章翰墨之衆多，如魚鱗般的錯比聚集。

(65) **甄序**：審別次第。

(66) **西京**：亦稱西都，西漢建都長安，自東漢遷都洛陽後，因稱長安曰西京。後人又以西京爲西漢的代稱。

(67) **鄴都**：故城在今河南臨漳縣西。三國魏置鄴都。這是指曹氏父子及其文友如建安七子者是。

(68) **魏時話言，必以元封爲稱首；宋來美談，亦以建安爲口實**：二語所云，乃文家的通病。世人多貴古賤今，此風實濫觴於周秦諸子的托古。話言，古時的善言。元封，漢武帝年號。美談，謂事之難能可貴，而爲當時或後人所樂道者。口實，猶俗說的話柄。全文是說曹魏時代的評論，必以漢武帝元封元年的作者爲稱述主腦；劉宋以來所樂道，也以後漢獻帝諸子爲口頭資料。

(六九) **盛世**：極盛的時代。

(七〇) **嘉會**：難得的運會。

(七一) **才難然乎**：語出論語泰伯篇：「子曰：才難，不其然乎？」是說人才難得，不是這樣嗎？

(七二) **綜文**：組織文辭。

(七三) **凝錦**：集結而成錦繡，指文章可流傳後世。

(七四) **徘徊**：言文辭的影響。

(七五) **籍甚**：著名。史記陸賈傳：「名聲籍甚。」

【語　譯】

閱讀唐、虞、夏、商、周、戰國、兩漢以至魏晉等九代的文章，發現它們的內容。是多麼的豐富而盛美啊！作者表現於言語辭令上的才華文采，在此可約略地做個說明。

虞舜夏禹時候的文章，書經皐陶謨提到：「日嚴祇敬六德，亮采有邦」，這是告訴我們，如果能日日嚴謹守身，敬行六德，使政令信實，這樣才夠資格做爲一國之君。帝舜也曾經命令他的大臣夔校定八音，說「八音克諧，無相奪倫」，其意在使金、石、絲、竹、匏、土、革、木等八種樂器互相諧和，彼此不要次序錯亂。又舜的臣子伯益，用贊辭歌頌舜的美德，來勉勵禹。太康失國，他兄弟五人作五子之歌，待太康於洛水之北。上述各文，都是辭句溫厚，意旨雅正，堪爲萬代文章的法則。

商周的時候，商湯的左相仲虺作誥，勸湯既已承天命，伐桀而有天下，當擢用賢良，摒黜昏暴，敬天安命，不必以放桀為惡。成湯去世以後，他的賢相伊尹，怕太甲不能贊修祖業，作書告誡，是謂伊訓。周的卿士尹吉甫等人，曾著崧高、烝民、韓奕、江漢等詩，以頌美宣王。上述各家作品，其義理固可尊為經典，而文辭之優美，亦足以為後人所師法！

到了春秋時代，卿大夫受命參與聘問會盟的事，皆能修練言辭，不辱使命，妙語如珠，貫串錯落，使人恍若置身於寶石美玉之國；口粲如花，光輝照耀，使人宛如遊目於錦繡之市；孫叔敖為楚國令尹，善於運用楚國的法令典章，使百官稱職，軍政修明。晉大夫隨會接受周王宴享，聽說了公當享。卿當宴，回國後，就轉到講求禮儀法度，以修明晉國的法制。趙衰擅長文事，經子犯的推薦，跟從重耳受饗於西秦。子產以練達的言辭，擇能而任，故能捍衛鄭國。子太叔是晉國正卿，貌美才秀而多文采。公孫翬有知人之明，又長於辭令。以上各家，無一不文才卓著，足能名揚於史册的啊！

戰國時代，雖崇尚武備，而文事未嘗中斷，諸子百家各以自己尊奉的道術，取得進身之資；例如屈原、宋玉，以楚辭發揮文采。樂毅報燕惠王書，辨明免身去國的大義。范睢進呈秦昭王的奏疏，內容細密，而敍理盡致。蘇秦遊說燕趙等國，發表的合縱拒秦之言論，辭旨雄壯宏偉，而又能切中實情。李斯諫逐客書，辭句典麗，而敍事動人。以上各家的書說，皆理切辭達，斐然可觀，如果在崇尚文治的盛世，也可歸於揚雄、班固之流的文學家了。荀況為當時學術界的宗師，而狀物說理命名曰賦，文采內容，兩兩相稱，自然是偉大學者的本色。

到了漢朝，陸賈首先表現了奇葩異采，開古賦的先河，作孟春賦等三篇，又奉高帝的命令，作新語十二篇，騁辭辯說，可說是閎博而富麗了！賈誼才華穎秀，文思敏銳，甚至超越駿馬飛兎的捷足；尤其他議論愜當，辭賦清暢，如非眞才實學，是很難做到的！枚乘作七發，以啓廸楚太子，鄒陽在獄中，上書梁孝王，筆鋒犀利，若油膏一般的潤澤；言辭充沛，如雲氣似的流動。董仲舒爲學術專精的儒者，司馬遷乃純粹的史學家，而他們也各有士不遇賦，自抒懷抱，麗辭縟采，蔚成佳品，實含有詩經小雅所謂「君子作歌，維以告哀」的意思啊！司馬相如好書敏學，以屈原宋玉爲師法，爲文更深入誇飾，因而博得一代辭宗的美名；然而，如果擇取其精思妙意的話，實在是情不勝辭，所以揚雄說文辭雖然華麗，而缺乏實用價値的，就是司馬長卿了，這眞是一針見血之論啊！王褒爲文，以纖巧細密爲極致，附合聲響，比擬物貌，故輕妙可觀。揚雄措辭屬意，好作精湛之思，觀其造境深遠，措辭詭麗，竭盡才情，鑽研苦思的情形，故能使作品義理豐贍，而文字堅實。桓譚著的新論，內容豐富，所以王充論衡說：「挾君山之書，富於積猗頓之財」，當時大司空宋弘，薦桓譚於光武，把他比作揚雄、劉向父子，而譚的集靈宮諸賦，文思偏頗，見解淺陋，毫無才情，由此可知他是長於諷諭議論，而短於綺麗文華。馮敬通素來愛好辭賦書說，但卻失志困頓於盛明的時代，曾作顯志賦以自序生平，文窮而後工，眞可以說是「蚌病成珠」了。班彪與班固，劉向與劉歆，兩家父子累世相傳，都以文采先後相繼，舊說以爲固文優於彪，歆學精於向，然而班彪的王命論，思理淸晰，辭語博辯；劉向的新序，敍事簡賅，詞句練達；這如同璿玉瑞璧，非崑崙山不能生產，時代雖有先後的分別，可是總不能超出原產的本質，所以固文雖優，歆學雖精，也很難超過本根的。傅毅與崔駰，文才齊名，不相上下，駰子瑗，瑗子實，接續乃祖乃父的寫作步調，都能世代繼承前人的事業和文風。杜篤與賈逵，也有能文的美譽，今詳考他們的才情，只可列在崔駰、傅毅的後面啊！漢和帝時，李尤作函谷關賦和明堂銘，雖然一心仰慕偉大的體製，只可惜才力不足，作品沉滯板重，像垂翼之鳥，無法高飛一般。馬融為當代大儒，才思博洽，有登高能賦的本領，他的作品都以經典為規範，辭采華麗，義理典實，左提右挈，可謂相得益彰。王逸有博學多識之功，雖然文采絢麗，而內容缺乏骨力。他的兒子延壽，繼述父志，胸懷穎秀的才情，頗有獨特的表現。其魯靈光殿賦，刻劃景物，描寫形貌，他在辭賦上的造詣，突破前人，莫非是學得了枚乘遺留下來的技巧嗎！張衡才通學贍，蔡邕思精辭雅，二人無論文章史傳，無不彬彬得體，雖然時隔數世，而前後輝映，這好比翠竹之與蒼柏，雖心性有異，而堅貞則同，也如同黃金之與美玉，雖本質相殊，而珍貴是一樣的啊。劉向的奏議，意旨愷切，而語調遲緩，趙壹的辭賦，辭意繁複，而體製疏略；孔融所作的書表，筆氣旺盛；禰衡作的辭賦，才思敏銳，每個人都有自己的一偏之長。潘勗靠着經典，馳騁才華，故能於冊魏公九錫文，獨擅盛美，當時無人能及。王朗發抒鬱懣，以寄託情志，在他的序言銘詞中，能表達美善之意。然而自司馬相如、王子淵以前的作家，大多仰賴自己的才氣，不考求五經諸子的典故；揚雄、劉向以後，文家才逐漸開始運用詩書的成說，來助長文義。這可以說在寫作技巧方面，是取捨上的絕大界域，不容我們混為一談的。

魏文帝曹丕之才情，雍容美善，文清詞麗，而前人之評論卻加以貶抑，以為和他弟弟曹植相去甚遠。子建文思敏捷，而才華儁逸，詩賦典麗，而書表高妙；子桓思慮周詳，然氣勢弛緩，在思理未臻成熟之前，絕不爭先發表作品，然而他的樂府詩，聲韻清亮，意境超越，典論一書博辨事理，文義賅要；可說二人各有短長，交互運用，這並沒有模糊不明之處。但因世俗人情，大多壓抑強者，同情弱小，因而人云亦云，雷同一響，遂使文帝因貴為天子，而減低了身價；陳思王由於處境窘迫，而文名大增，這實在不是持平之論啊！王仲宣才華洋溢，詞鋒敏捷，而思理周密。他的作品兼有各家之長，文辭少有瑕疵，以詩歌辭賦而論，可說是建安七子的冠冕了！陳琳、阮瑀以符命、檄文，而專享高名；徐幹以善於辭賦、論說，而獲得美譽；劉楨才情高妙，而能會合辭采；應瑒學識優異，而文理豐贍；路粹、楊修，懷有筆札書記的工巧；丁儀、邯鄲淳，也有議論著述的美才，都有足以令人稱道的地方！劉劭的趙都賦，足能上攀前代的賢哲；何晏的景福賦，也可以光昭後進的文士；應休璉富於風雅的情趣，以譏諷時事之百壹詩，標明自己的志節；應吉甫深於文章義理，以臨丹賦，蔚成了他的辭采；嵇康運用自己美妙的構思，遣發了獨創的理論；阮籍縱其慷慨的意氣，以宣洩於他的詩辭。嵇阮兩家在文章格調方面雖然有別，但對情感的抒發，卻不約而同。這好比禽鳥之翅膀雖異，而飛翔之能力是一樣的！

張華的短篇小品，姣美清麗，文字流暢，他的鷦鷯賦，假借微小的生物，以寄託避禍求福的本意，這和韓非知道遊說人主之不易，因而作說難，其動機是如出一轍的。左思有非常的才華，學問淵博，思想深湛，竭盡心力，構思十年，才完成三都賦。他的詠史詩八首，也是出類拔萃的作品，細究他寫作的過程，可說是不遺餘力了！潘岳才思敏捷，文辭自然，溫和調暢，集中聚衆美於西征賦，竭盡餘力於哀誄文，他那多項的文才，都是發自內心，並非假借外力。陸機的才情，在寫作時，必先觀察深刻，遣用文辭，務求蒐羅廣泛，所以他的文思能深入巧妙之境，然而美中不足的，是不能克制繁瑣蕪雜之病。陸士龍意境爽朗，文辭洗練，又善用灼見，以檢束蕪雜的文辭，故辭采之舒布，鮮明潔淨，尤其他的短篇作品，更是敏捷。孫楚的行文構思，每每直抒胸懷，以疏通事理。摯虞抒發情懷，必依循規矩，使文字溫潤雅正，他的文章流別論，品評文辭，辨明體例，眉清目爽，頗具條理。傅玄的作品，由於個性剛勁耿直，所以內容多存規箴，可爲讀者鑒戒。傅咸的筆札書奏，承襲乃父的作風，世代秉持剛正，二人同爲國家的骨幹，其眞才實學，非世俗之徒具虛名者，所可比擬。成公綏撰述的辭賦，時有優美的佳構。夏侯湛的詩、賦、書記，由於過分模仿前人，未能自創一格，所以缺乏獨特的個性。曹攄作的長篇四言詩，詞句清新而華靡。張翰寫的短篇叶韵的文辭，意旨切當，音調分明；以上各家都有其優點啊。張孟陽、景陽兄弟，才華盛美，文名並茂，孔夫子所謂「魯衞之政，兄弟也」，二人的文章，也正有類乎此。劉琨的作品，風格雅正，氣勢雄壯，而富於風操。盧諶的才思，清新敏捷，而昭明事理。他們所以如此，也都是由於遭遇的時勢造成的啊！郭景純的文辭，豔美飄逸，足稱東晉中興以來的冠冕。他的南郊賦，雍容華美，蔚爲大觀；遊仙詩也高遠出塵，有凌駕雲霄的情勢。庾亮的章表書奏，輕麗縝密，而閑適暢達。溫嶠的筆札書記，依循義理，而清麗通順，也可以說是翰苑中的佳構了。孫盛、干寶，文勝其質，近於祝史，他們所懸示的寫作目標，在發揚聖賢的微言大義。這兩個人寫作的門路雖有不同，但在文筆辭藻方面，卻大致無別。袁宏爲文，開篇就像良驥之駕輕車，昂首騰驤，有氣勢非凡之概，然頗多偏激之處。孫綽的文章，循規蹈矩，墨守成法，雖然有條不紊，可是缺乏描摹山水的情狀。殷仲文的秋興，有「獨有清秋月，能使高興盡」之句；謝叔源的閒情詩，有「美人愆歲月，遲暮獨如何」之語，都打破了辭賦俳偶的體製；然而在寫景方面，卻辭語浮華，虛無恍惚，不著實際。這樣輕靡放逸，泛濫無歸，習之日久，蔚爲風尚；遂使文義大爲澆薄了！

劉宋時代，頗多俊逸的才士，辭章翰墨之多，如同魚鱗般的錯比聚集，因爲時代接近，各家文章之流品，也比較容易明瞭，所以無須浪費筆墨，來一一甄別說明了。

觀東漢才士之林，足可以和西漢時代相提並論。又晉代文壇的盛況，也足以和曹魏時代相媲美。然而要評論曹魏的時代，必定以漢武帝元封時候的作者爲稱述的對象；劉宋以來所樂道者，也必須以建安七子爲談論的依據。其所以然的原因？皆由於元封和建安兩個時期，都是崇尚文學的極盛時期，朝廷招賢納才，難得遇合的運會呀！噢！從這一點兒就可以看得出來，古人何以珍視時機的道理了！」

總而言之：人才難得，誠爲不可否認的事實！但人之稟賦各有不同，一旦作爲文章，它就像凝成千載不滅之錦繡，其豐富的光采，將照耀於後世人心。遺留的風韻，必使聲名傳播久遠。切莫謂歷代的作品紛雜繁瑣，但從文才的優劣高下方面看來，自有其皎然可明的品第啊。

【集　評】

一、紀評：「時序篇總論其世，才略篇各論其人。」

二、黃評：「上下百家，體大而思精，眞文囿之巨觀。」

【問題討論與練習】

一、何謂才略？「才畧」與「時序」設篇的主旨有何不同？兩篇之關係又如何？

二、序志篇云：「褒貶於才畧」，試依據才畧篇文，詳述彥和對歷代作家褒貶之情況。

三、黃叔琳評云：「上下百家，體大而思精」，能否由本篇內容，以徵其說之可信。

四、本篇行文之義例為何？並舉例以明之。

知音第四十八

【解　題】

文學之事，部門有四：曰思想，曰體裁，曰創作，曰鑑賞。而今人所重者，不過「創作」與「鑑賞」而已。但二者之間關係至微，道理至密。析以別之，又可判爲文學作品、文學批評、批評理論與文學理論四類。此四類彼此亦互相依附，因爲文學理論指導文學作品，文學作品必須接受文學批評，文學批評必受批評理論之領導。文學理論不但駕乎各類之上，同時又爲批評理論之準則。而我國文學批評，重在批評理論之建立，不重實際的批評作品。「知音」篇既是劉彥和「批評理論」的重鎭，其在整個文心雕龍中的傑出地位，就可想而知了。

本篇首揭「知音難逢」，暗示作品雖然可得，而共鳴的讀者難求。所謂「不惜歌者苦，但傷知音稀」是也。然文學批評的基礎，是建立在文學審美的標準上。不懂甚麼是美，批評就無從談起。不懂得審美的標準，批評就沒有尺度。可是由於「美」的定義十分難下，則審美便陷於極端困難之境。例如人們大都以爲凡屬自然者皆美。而「皓月當空照」，是一種自然之境，「月上柳梢頭」，又是一種自然之境，「明月何時照我還」，更是另一種自然之境。你說那一種「境」自然，而詩人卻一切不顧，順手拈來，皆成妙諦，只看批評家如何鑑賞了。

不過在自然之中，亦有人造之境。如：「月既不解飲，影徒隨我身」，是李白「獨酌無相親」時候的月；「落月滿屋梁，猶疑照顏色」，又是杜甫「明我長相憶」時候的月；「明月松間照，清泉石上流」，是王維「山居秋暝」時候的月；「孤燈聞楚角，殘月下章臺」，是韋莊「懷人思鄉」時候的月。其中的「月」，無一不是自然呈現；可是一旦加上所謂「明」，所謂「殘」，所謂「落」之後，詩人便因月寄情，把純粹的自然，蒙上一層獨鍾的情趣。如果你說張先的「雲破月來花弄影」的「月」美，則晏幾道的「舞低楊柳樓心月」的「月」，又何嘗不美，那麼姜夔的「淮南皓月冷千山」的月，也許更美。所以「美」與「審美」之間者的距離，亦如作品與讀者之間的距離一樣，需要適度的調整與融和。作者既不必立異鳴高，而孤芳自賞，讀者亦勿須深拒固蔽，有意牽着作者的鼻子走。

細繹劉彥和對審美的看法，他認爲論文章的優劣，不能但憑主觀。故於本篇中分析有關文學批評的問題時，首先提出批評的態度。認爲知音難逢，實由於批評家過於主觀：第一、是貴古賤今，第二、是崇己抑人，第三、是信僞迷眞。因爲這三種錯誤態度作祟，結果入主出奴，對作品不能作正確的評價。

如果遵循這個角度來推論的話，除上列三點外，更有所謂貴今賤古，崇人抑己，喜新厭舊，喜舊厭新，黨同伐異，深廢淺售，崇中薄外，或崇外薄中。其蔽障更甚於彥和之時。這些可說都是由主觀批評的態度，所引起的蔽障。至於從作品的本身而言，批評家往往有誤入而不能自得的現象。彥和擧「魯臣以麟爲麏」，「楚人以雉爲鳳」，「魏民以夜光爲怪石」，「宋客以燕礫爲寶珠」爲例，說明有形的器物容易徵驗，尚且發生如此的錯誤，何況文章內容，全屬抽象的情理，更難見眞識切，給予公允的裁判。

從興趣的偏好方面，也可以看出批評家不能作公正裁判的事實。因爲由作者的關係言，作品富有多樣的變化，不僅體裁不同，且文、質、風格亦有區別。讀者又學有專攻，愛好殊異，因而在批評的時候，很容易產生「會己則嗟諷，異我則沮棄」，「各執一隅之解，欲擬萬端之變」的偏頗，所謂「東向而望，不見西牆」。試想以這種各執一偏的見解，來批評體各不同的文章，又怎能洞鑒文情的眞象呢？

爲了指示讀者正確的批評途徑，彥和特別從主觀的條件，和客觀的標準兩方面，建立了他批評理論的體系。在主觀條件方面：他以爲知音之本，端在識鑒，而識鑒來自學養，學養不厚者，不可以衡論文事。所以一個够資格的讀者，首先要具有「博觀」的修養，才能對作品進行正確而全面的分析。「凡操千曲而後曉聲，觀千劍而後識器，故圓照之象，務先博觀」，如此自能輕重無私，憎愛不偏，「平理若衡，照辭如鏡」了。

在客觀標準方面：彥和針對「文情難鑒」的特點，以爲批評家必須假藉於作品的形式，才能體現作者的感情。因而他揭櫫的六個主要標準，都是從形式回歸內容，爲「將閱文情」而設。例如：

「一、觀位體」：在觀作品的規模布局，是否能「會通合數，得其環中」。因文章包括內容與形式兩部分。形式只是表達內容的藝術架構。沒有內容的文章，等於一個沒有靈魂的軀殼。所以完美的作品，必須具有眞實的情感。無眞實的情感，便無眞實的文章。而眞實的文章，又須藉完美的布局加以表現，此「位體」列於六觀之首者在此。

「二、觀置辭」：在觀鋪陳的文采辭藻，是否能「文不滅質，博不溺心」。因爲文辭之用，在表達作者的感情。作者具有了豐贍的感情，還得靠着適當的修辭，精確的文字，順暢的語言來呈現。文心雕龍於章句、麗辭、比興、夸飾、練字諸篇，對此頗有詳盡的分析。

「三、觀通變」：在觀作者對傳統的繼承，是否能「騁無窮之路，飮不竭之源」。彥和認爲文學應該是「時運交移，質文代變」的，因爲「變則堪久，通則不乏」，這樣才能向前發展，光景常新。

「四、觀奇正」：在觀作家表情的語態，「舊練之才」，怎樣執正「以馭奇」，「新學之銳」，因何「逐奇而失正」。劉彥和以爲作品表現的方式，既需要「新奇」，又必須「雅正」。這種態度，既不同於窮力追新者的浮詭偏激，也不同於抱殘守缺者食古不化。他把「觀奇正」列爲批評標準之一，實在是匡濟文風的良藥，堪資重視的主張。

「五、觀事義」：在觀資料的選取與安排，是否「明理引乎成辭，徵義擧乎人事」。六朝以後，聲律對偶之文大興，堆砌典故，采摘成言，爲一時風尚。甚且以一事不知爲恥，以字有來歷爲高，所以淫文破典，造成種種末流之弊。彥和雖然不贊成雜鈔陳言，但他以爲只要把材料的揀擇，與自己所持的中心思想，配合得疏密有致，情韻天成，旣能在行文方面，得到有力的佐證，又能够加強讀者的信心，增益文章的感性。則「觀事義」，自然就成了批評的重要標準了。

「六、觀宮商」：在觀作品的音節語調，是否「聲不失序」，「音以律文」。蓋六朝文學鼎革，聲律初啓，文家無不留意調聲選韻之法。迨其後散體繼興，非有事於詞賦之役者，對音節一道，多置而不講。殊不知音節的疾徐高下，抑揚抗墜，不獨有韻之文不可或缺，就是無韻的散文，也休戚相關。所以彥和以「觀宮商」做爲衡文的渠矱，是有必要的。

一個够資格的讀者，具有豐富的學養，按照客觀的標準，在評價作品時，還得貼緊作品的內容，揣摩構思的層次，然後才能體現作家原來的情感。所以本篇於最後，又指出「綴文者情動而辭發，觀文者披文以入情；沿波討源，雖幽必顯，世遠莫見其面，覘文輒知其心」。所謂「源」即指「情」，所謂「波」即指「辭」，「情」是作品內在的蘊藉，「辭」是作品外在的形式。作者所體驗的生活，通過他精心結撰的文辭加以表達；讀者所理解的情感，透過他接觸的形式加以呈現。這樣如同「沿波討源」，由文辭形式推溯到內容情感，讀者與作者之間，才能聲欬相通，精神不隔，達到劉彥和所稱的「深識鑒奥，必歡然內懌」的境界！

根據以上的分析，可知文心雕龍知音篇，在我國傳統的文學理論中，不僅承襲了前人的說法而加以消化，同時更吐故納新，建立了一套完整的批評理論。尤其在我國極端缺乏具體的批評準則下，而又時當距今一千四百七十多年以前的時代，劉彥和卽有這種傑出的貢獻，單憑此點，就不容我們不承認，知音篇是中國文學批評理論上的稀世奇珍，劉彥和更無愧爲中國偉大的文學批評家了。

至於文末彥和借「莊周之笑折揚，宋玉之傷白雪」，暗示「深廢淺售」、「知音難逢」之外，其「文果載心，余心有寄」之悲哀，更爲天下立意選言，不能「騰其姓氏，懸諸日月」者，一掬同情之淚啊！

【正文】

首段明知音之難遇，其中先言全書大旨，繼分貴古賤今，崇己抑人，信僞迷眞，三層加以證說明。

知音㊀其難哉〔評一〕！音實難知，知實難逢，逢其知音，千載其一乎！夫古來知音，多賤同而思古〔評二〕，所謂「日進前而不御，遙聞聲而相思」㊁也。昔儲說始出，子虛初成，秦皇漢武，恨不同時；既同時矣，則韓囚而馬輕，豈不明鑒同時之賤哉㊂！至於班固傅毅，文在伯仲，而固嗤毅云：「下筆不能自休」㊃。及陳思論才，亦深排孔璋；敬禮請潤色，歎以爲美談；季緒好詆訶，方之於田巴；意亦見矣㊄。故魏文稱：「文人相輕」㊅，非虛談也。至如君卿脣舌，而謬欲論文，乃稱：「史遷著書，諮東方朔，」於是桓譚之徒，相顧嗤笑。彼實博徒，輕言負誚，況乎文士，可妄談哉㊆！故鑒照洞明，而貴古賤今者，二主是也；才實鴻懿，而崇已抑人者，班、曹是也；學不逮文，而信僞迷眞者，樓護是也〔評三〕；醬瓿之議，豈多歎哉㊇！

二段由文情難鑒，說明音實難知之故。

夫麟鳳與麏雉懸絕，珠玉與礫石超殊，白日垂其照，青眸寫其形㊈。然魯臣以麟爲麏㊉，楚人以雉爲鳳⑪，魏民〔原作「氏」，茲據王利器新書徵凌本，梅六次本校改〕以夜光爲怪石⑫，宋客以燕礫爲寶珠㉓〔評四〕。形器易徵，謬乃若是；文情難鑒，誰曰易分？

夫篇章雜沓，質文交加〔評五〕，知多偏好，人莫圓該㉔。慷慨者逆聲而擊節，醞藉（原作「籍」，依黃校改）者見密而高蹈，浮慧者觀綺而躍心，愛奇者聞詭而驚聽㉕。會己則嗟諷，異我則沮棄㉖，各執一隅之解，欲擬萬端之變。所謂：「東向而望，不見西牆」也㉗〔評六〕。

三段由作者的知多偏好，說明音實難知之故。

凡操千曲而後曉聲㉘，觀千劍而後識器㉙；故圓照之象，務先博觀㉚〔評七〕。閱喬岳以形培塿，酌滄波以喻畎澮㉛，無私於輕重，不偏於憎愛，然後能平理若衡，照辭如鏡矣。是以將閱文情，先標六觀：一觀位體㉜，二觀置辭㉝，三觀通變㉞，四觀奇正㉟，五觀事義㊱，六觀宮商㊲，斯術既行（原作「形」，涉上文「青眸寫其形」，「形器易徵」，「閱喬嶽以形培塿」，諸「形」字音近而誤。王利器，新書引廣博物志二九「形」作「行」，茲據改。）則優劣見矣。

四段論衡文的方法，從養與術兩方面分說。先言養，在於博觀；再言術，學六觀爲準繩。

夫綴文者情動而辭發，觀文者披文以入情，沿波討源，雖幽必顯。世遠莫見其面，覘㊳文輒知其心。豈成篇之足深，患識照之自淺耳。夫志在山水，琴表其情㊴，況形之筆端，理將焉匿㊵〔評八〕？故心之照理，譬目之照形，目瞭㊶則形無不分，心敏則理無不達。然而俗鑒（原作「監」，依鈴本校改）之迷者，深廢淺售，此莊周所以

五段論音本易知，如讀者能沿波討源，雖幽必顯。

笑折楊㉜，宋玉所以傷白雪也㉝。昔屈平有言：「文質疏內，眾不知余之異采」㉞，見異唯知音耳㉟。揚雄自稱：「心好沉博絕麗之文」㊱，共（原作「其」，依潘師重規「讀文心雕龍札記」校改）事浮淺，亦可知矣。

夫唯深識鑒奧，必歡然內懌，譬春臺之熙眾人，樂餌之止過客㊲，蓋聞蘭為國香，服媚彌芬㊳；書亦國華，翫繹㊴（原作「澤」，依王惟儉本校改）方美；知音君子，其垂意焉。

贊曰：洪鍾萬鈞，夔曠所定㊵。良書盈篋，妙鑒迺訂。流鄭㊶淫人，無或失聽。獨有此律，不謬蹊徑。

末段寄慨於深識者難逢，故以「知音君子，其留意焉」，殷殷至意，泛生無限波瀾。

【註釋】

㊀ **知音**：本指知曉音律，引申為知己之意。文學作品貴在讀者能以靈心慧眼，洞察作者著述的體要，進而極鑒賞之能事，因此彥和特舉「知音」一篇，暢言文學作品與讀者鑑賞的關係。

㊁ **日進前而不御二句**：引文見鬼谷子內揵篇。御，進用的意思，本句是說一般人往往貴遠賤近，對近在眼前的人，常棄而不用，卻對遠方那些頗具盛名的人，暗地思慕。

㊂ **昔儲說始出，至豈不明鑒同時之賤哉**：史記韓非列傳記載，韓非作孤憤、五蠹、儲說……等，秦王見其書，說道：「嗟乎！寡人得見此人，與之遊，死不恨矣！」於是派軍攻韓，韓乃遣非使秦，後遭李斯、姚賈讒害，被囚自殺。又漢書司馬相如傳記載，漢武帝讀子虛賦，說道：「朕獨不得與

此人同時哉！」狗監楊得意以邑人推薦相如，漢武帝召見，使爲郎。但到了後來，卻不予重視。

④**下筆不能自休**：引文見曹丕典論論文：「文人相輕，自古而然，傅毅之於班固，伯仲之間耳，而固小之，與弟超書曰：『武仲以能屬文，爲蘭臺令使，下筆不能自休。』」本句是說班固嗤笑傅毅，認爲他措詞枝蔓，不知收斂。

⑤**及陳思論才以下七句**：敬禮，丁廙字；季緒，劉修（劉表子）字。潤色，修飾的意思；詆訶，詆毀訶斥的意思。曹植與楊德祖書云：「以孔璋之才，不閑於詞賦，而多自謂能與司馬長卿同風，譬畫虎不成，反類狗也。」又：丁敬禮請潤色文章，曹植謝絕，「敬禮謂僕：『……文之佳惡，吾自得之，後世誰相知定吾文者耶！』吾嘗嘆此達言，以爲美談。」又云：「劉季緒才不能逮於作者，而好詆訶文章，掎摭利病。昔田巴毀五帝，罪三王，訾五霸於稷下，一旦而服千人。魯連一說，使其終身杜口。劉生之辯，未若田氏；今之仲尼，求之不難，可無嘆息乎！」

⑥**文人相輕**：見本篇注④。

⑦**至如君卿脣舌，至可妄談哉**：博徒，賭博的人。輕言負誚，指出言不愼，而受人譏誚。漢書游俠列傳云：「樓護，字君卿，與谷永具爲五侯上客，長安號曰『谷子雲筆札，樓君卿脣舌。』」言其見信用也。」此處指樓護雖有口舌之能，卻因妄加批評，而貽笑大方。

⑧**故鑒照洞明，至豈多歎哉**：二主指上文所說　秦皇、漢武二人。班、曹指上文說的班固、曹植二人。鑒照洞明，指鑑識照察，洞悉分明。鴻懿，鴻大深美的意思。學不逮文，指其所學談不上文學修養。醬瓿，卽醬罈子。漢書揚雄傳贊：「雄著太玄，劉歆嘗觀之，謂雄曰：空自苦，今學者有祿

利，然尚不能明易，又如玄何？吾恐後人用覆醬瓿也。」本句是說，劉歆見揚雄太玄哲理深妙，時人不易了解，深有孤掌難鳴之嘆，因而示意揚雄，後人或將用來蓋在醬罈之上呢！

⑨ **夫麟鳳與麏雉懸絕以下四句**：**麏**，麏鹿。雉，野雞。懸絕，是指距離極遠。超殊，判然懸殊的意思。青眸，黑白分明的眼珠。

⑩ **然魯臣以麟爲麏**：公羊傳哀公十四年：「有以告者，曰：有麕而角者。孔子曰：孰爲來哉！孰爲來哉！」孔叢子記載以告者，是冉有，冉有當時爲季氏宰，所以本文說是魯臣。全句是說魯臣冉有誤認麒麟是麏鹿。

⑪ **楚人以雉爲鳳**：尹文子大道上：「楚人擔山雉者，路人問：何鳥也？擔雉者欺之曰：鳳凰也。路人曰：我聞有鳳凰，今眞見之，汝販之乎？曰：然則十金弗與，請加倍。乃與之。將欲獻楚王。」全句是說楚之路人，誤把野鷄當鳳凰。

⑫ **魏民以夜光爲怪石**：尹文子大道上：「魏田父有耕於野者，得寶玉徑尺，弗知其玉也，以告鄰人。鄰人陰欲圖之。謂之曰：怪石也……歸置於廡下，其夜玉明，光照一室，怪而棄於遠野。」全句是說魏國的田父錯把夜明珠當成古怪的石塊。

⑬ **宋客以燕礫爲寶珠**：藝文類聚六引闕子：「宋之愚人得燕石於梧臺之東，歸而藏之，以爲寶。周客聞而觀焉：掩口而笑曰：此特燕石也，與瓦甓不殊」。全句是說宋之愚人把燕國的瓦礫，誤認爲珍貴的明珠。

⑭ **夫篇章雜沓以下四句**：雜沓，衆多的意思。圓該，圓滿該備，面面顧到的意思。

(一五) **慷慨者逆聲而擊節，至愛奇者聞詭而驚聽句**：聲，指悲壯激昂的樂聲。擊節，拊打節拍的意思。密，指詞意緜密的作品。高蹈，本爲隱居之意，在這裏解釋爲手舞足蹈的意思。躍心，興高采烈的意思。

(一六) **會己則嗟諷，異我則沮棄**：會己，指合於自己口味的意思。嗟諷，咨嗟詠歎的意思。沮棄，沮喪遺棄的意思。

(一七) **所謂東向而望，不見西牆**：語出淮南子氾論訓：「……故東面而望，不見西牆，南面而視，不覩北方，唯無所嚮者，則無所不通。」全句是說面向東邊望去，看不見西邊的牆壁，暗喻只知其一，不知其二。

(一八) **凡操千曲而後曉聲**：太平御覽卷五八一引桓譚新論云：「音不通千曲以上，不足以爲知音。」

(一九) **觀千劍而後識器**：意林引桓譚新論：「能觀千劍則曉劍。」

(二〇) **故圓照之象，務先博觀**：王弼易略例有明象篇，象，指意之所想像。圓照，本佛家語，指靈覺圓融察照的意思。這裏所說的圓照之象，是指全面觀察分析作品的現象。

(二一) **閱喬岳以形培塿，酌滄波以喩畎澮**：喬岳，高大的山岳。培塿，矮小的丘陵。滄波，大海的波瀾。畎澮，就是溝渠。本句是說，高山不辭細壤，山嶽都是由小丘陵堆積而成；河海不讓細流，大海波濤也是由田間溝渠聚匯而成的。借喩從事文學批評的人，也只有在閱讀過大量的作品後，才能分辨作品的優劣。

(二二) **觀位體**：位體，就是指安排作品的布局，照今天的話說，就是奠定作品的基本架構。觀位體就是觀其全文布局是否妥當。

㉓ **觀置辭**：置辭，就是指文辭藻飾的鋪陳。觀置辭，就是觀其文辭藻飾的運用是否得中。

㉔ **觀通變**：通變，就是通古變今。觀通變，就是觀作家對傳統文化的繼承，是否能加以會通，推陳出新。

㉕ **觀奇正**：奇正，就是新奇雅正。觀奇正，就是觀作家的文字，於「奇」「正」兩種不同的表現的方法，是否調和一致。

㉖ **觀事義**：事義，就是據以事類義，指作品的材料運用。觀事義，就是觀作家是否能運用材料，以充實文章的內容。

㉗ **觀宮商**：宮商，就是指聲調諧和；廣泛地說，可指爲語調辭氣。觀宮商，就是觀作品的音節語調，是否和諧鏗鏘。

以上六觀：位體、置辭、通變、事義、奇正、宮商六項，皆屬作品的形式方面，此卽彥和所謂「將閱文情，先標六觀」的道理。

㉘ **覘**：觀察的意思。

㉙ **夫志在山水，琴表其情**：見呂氏春秋本味篇：「伯牙鼓琴，鍾子期聽之。方鼓琴而志在太山，鍾子期曰：『善哉乎鼓琴，巍巍乎若太山』，少選之間，而志在流水，鍾子期又曰：『善哉乎鼓琴，湯湯乎若流水』。鍾子期死，伯牙破琴絕絃，終身不復鼓琴。」全句是說人的意志在於高山流水，尚可用琴音加以表達，更何況情感形之於可見的文字呢！

㉐ **焉匿**：何處匿藏的意思。

㉑ **瞭**：明白的意思。

㉒ **此莊周所以笑折楊**：莊子天地篇云：「大聲不入於里耳，折楊、皇荂則嗑然而笑，是故高言不止於衆人之心，至言不出，俗言勝也。」折楊、皇荂是古代俗曲，雅樂不傳，俗曲充塞，莊周因而有此感歎。

㉓ **宋玉所以傷白雪**：宋玉對楚王問：「客有歌於郢中者………其爲陽春、白雪，國中屬而和者數十人，是以其曲彌高，其和彌寡。」陽春、白雪是古代高尙樂曲，此宋玉所以有曲高和寡之嘆。

㉔ **文質疎內，衆不知余之異采**：引文見楚辭九章懷沙：「文質疎内兮，衆不知余之異采」，文質疎內是說外表質樸而內心通達。異采，特異的文采。

㉕ **見異唯知音**：卽上文所說的異采。全句是說能欣賞特異的文采，唯靠知音之士。

㉖ **揚雄自稱二句**：引文見古文苑揚雄答劉歆書：「雄爲郎之歲，自奏少不得學，而心好沈博絕麗之文。」沈博，指深沈廣博。絕麗，指不同尋常的藻采。

㉗ **譬春臺之熙衆人二句**：老子第二十章：「衆人熙熙………如登春臺。」熙，和樂的意思。樂與餌，又第三十五章：「過客止」，大意是說，音樂與香餌，使過客爲之流連忘返。

㉘ **蓋聞蘭爲國香二句**：左傳宣公三年：「以蘭有國香，人服媚之如是。」服，佩帶的意思。媚，愛的意思。全句是說蘭爲王者之香，人愛好而佩帶，越發覺得她的芬芳。

㉙ **翫繹**：玩味尋繹的意思。

㊃ **曠夔所定**：夔，虞舜時樂官。曠指師曠，是春秋時晉國樂師。

㊄ **流鄭**：指鄭聲，古代以為淫樂，因其流行不禁，故稱之為流鄭。

【語　譯】

「知音」的獲得是很困難的嗎？「音」委實難以了解，而「知音之人」更難以遇合，要想在茫茫人海中，得到像鍾子期、鮑叔牙那樣的知音之士，恐怕是千百年中，只有一遇吧？因為自古以來所謂的「知音之士」，大都鄙視同時代的人，而思慕往古聖賢，就像鬼谷子內揵篇中所說的：「天天引進到眼前的都不加重用，卻對那些聲譽昭著，而不得相見的人，暗地思慕」。例如過去韓非的內外儲說剛剛發表，司馬相如的子虛賦方才寫成，秦始皇及漢武帝，恨不能與這兩位作家生於同一時代，後來秦始皇遇到韓非，漢武帝也見到了司馬相如，彼此既已相處於同一時代了，結果是韓非被囚禁，相如遭輕視。從這兩個例子看來，不就證明了鄙視同代文士的心理嗎？至於東漢的班固與傅毅，文學上的成就，本在伯仲之間，不分高下，但班固卻嗤笑傅毅，說他「下筆行文，不知收斂」。及至陳思王曹植與楊德祖書，評論當代文人才士的時候，也特別排斥陳琳孔璋；丁敬禮請他潤飾文章，卻嘆賞其態度謙恭，可傳為文壇佳話；劉季緒好毀謗別人的作品，將他比作齊之辯士田巴，這種崇己抑人的用意，由此也可以想見了。故魏文帝曹丕說：「文人相輕」，這並不是毫無根據的話啊！至於像西漢樓君卿逞詞辯說，而妄想議論文章，竟說司馬遷著史記，曾詢問過東方朔，於是到了桓譚這一般學人，聽後乃相互顧視，譏諷嘲笑。樓護實在是一個不學無術的無賴，由於他出言不慎，妄加議論，尚且受到後人的嘲笑，更何況我們文人才士，又豈可胡亂批評呢？故有識見淸晰，觀察透徹，而依然專門推崇古人，鄙視今人的，秦始皇、漢武帝是其例。又有才學博大精深，而不免推崇自己，壓抑別人的，班固、曹植是其例。更有學術淺薄，根本談不上文學修養，卻輕信訛傳，迷失眞相的，樓護可說是其中的顯例。知音難逢，古今同慨，所以過去劉歆深怕揚雄的太玄經，會被後人用來蓋醬罈子，由以上種種事例來看，這眞是感嘆有自，絕非多餘的顧慮啊！

麒麟、鳳凰，與麏鹿、野雞，有絕對差別；明珠、寶玉，和瓦礫、石塊，也顯然不同，再加上陽光照耀著它們的色彩，人們雙目觀察著它們的形體。然而魯國季氏的家臣冉有，卻誤把麒麟看作麏鹿；楚之路人錯把野雞當做鳳凰；魏國的田父把夜明珠當做怪石；宋國的愚人將燕國的沙礫看成寶珠。像這種有形的器物，應該是容易區別的，卻反而發生如此重大的錯誤，何況文章爲抽象的情理，難以鑒察，誰敢說容易分辨呢？

作品有韵文和散文之別，體裁不一，十分複雜，其風格或樸實或華麗，交互兼施，同時運用。知識的範圍既廣，愛好者又學有專攻，人非通才，是很難兼備衆長的。例如意氣慷慨的，遇到悲壯激昂的聲調，就擊節讚賞；性情含蓄的，讀到詞意緜密的文章，就手舞足蹈；聰敏外露的，看到措詞綺麗的作品，就與高采烈；愛好新奇的，聽到內容詭誕的文字，就驚心動魄。由此可知，凡作品迎合自己脾胃時，就咨嗟詠歎，持說和自己的見地不同時，便棄置不顧。每人都堅持自己一偏之見，去推論千變萬化的作品，誠如淮南子中所說的「東向而望，不見西牆」，當然就有祇知其一，不知其二的缺點啊！

大抵說來，要操練千種樂曲之後，才眞能知道樂聲，觀看千把寶劍之後，才眞能辨識寶器。所以作為一個批評家，要想全面鑑賞各體文章的眞相，也必須先要廣博地閱覽，試觀山岳之所以高大，是由於它不辭小丘細壤，然後才能成其崇高偉大；海水之所以廣濶，是由於它不棄田間的小河涓流，然後才能成其廣遠遼濶。對於文章的評鑑，又何獨不然？只要我們不以輕重而有私心，不因愛憎而生偏見，然後衡量文理，始能如秤之稱物，銖兩無差；觀察文辭，猶如鏡之照形，絲毫不爽。所以學者要想檢閱文章的內容情理，首先應標擧六種觀察的方法：一、觀文章的風格布局。二、觀鋪陳的文辭藻飾。三、觀作者對傳統的繼承，是否能會通而創新。四、觀行文語態的新奇與雅正，是否能調和一致。五、觀資料的安排，是否能援古證今，運用得當。六、觀音節語調，是否和諧鏗鏘。這六種方法既經施行，那麼文章的優劣，便顯而易見了。

作家是先由內在情感的衝動，然後發之於外，成爲文章；讀者之欣賞文章，則是先閱讀眼前的文辭，而後才能深入作品的情理。所以讀者由外在的文辭，去探討作者內蘊的情感，正如順沿着流水的波瀾，去搜索源頭一樣。如此，縱使作品的文義十分幽深，也必會明顯地加以呈現。雖然時代久遠，不能目睹昔日作者的眞面目，但由於閱讀他們的文章，後人當可藉此了解他們的心意。因此從事批評的人們，不應該擔憂作品的內容太艱深，祇怕自己觀察的能力太淺薄啊！像古代的兪伯牙，志在高山流水，尚可借著悠揚的琴韻表達出來，更何況作家的感情，表現於腕底筆端，其思想情意又怎能隱藏得了呢？故以讀者的心情，去洞察作品的文理，就像用眼睛去觀察有形的物體一樣，只要眼睛雪亮，則物形沒有分辨不清的；換言之，只要心思敏慧，那麼文理也沒有不通達透徹的。然而一般識鑒模糊的人，往往拋棄有深度的作品，而喜歡膚淺的文字，這正如莊周之譏笑當時里人之耳，說他們只喜歡聽那些折楊小調；宋玉之所以感慨悲傷，也正因爲國中之人，不愛那陽春白雪的正音，致令曲高和寡啊！昔日屈原有言：「我外表質樸，內心通達，大家卻不了解我涵有與衆人不同的文采。」可見眞能欣賞特殊文采的，唯有那些知音的人士了。揚雄自稱：「我心中愛好內容深沈淵博，措辭極端華麗的文章」，則世俗皆好輕浮淺薄的作品，也由此可想而知了。

唯有識見深遠，洞察隱微的人，對作品的欣賞，才能感到會心的快慰，如遊人之登春日亭臺，喜樂無邊；過客之遇香餌美樂，流連忘返。我聽說蘭花是王者之香，佩帶起來，更覺芬芳無比；詩書乃一國之寶，玩味尋繹，方知精深美好。希望知音君子，對於文學作品的析賞，也應該多加留意呀！

總而言之：重達萬鈞的大鐘，是樂正夔，樂師曠制定的，充滿箱篋的優良讀物，是經過往古聖賢精妙的鑒別，而後才修訂完成的。流行的鄭衞之音，足以淫蕩人的心志，所以欣賞音樂的人，要能判別雅俗，千萬不可錯亂了聽聞。至於品鑑文學作品的時候，只要能切實遵照以上所學六觀的法則，便不會迷失方向，誤入歧途了！

【集　評】

一、紀評：「難字一篇之骨」。

二、黃評：「『不薄今人愛古人』，老杜所以度越百家。」

三、紀評：「確有此三種。」

四、紀評：「此似是而非之見，雖相賞識，亦非知音。」

五、紀評：「又進一層。」

六、紀評：「千古癥結，數言洞見。」

七、紀評：「扼要之論，探出知音之本。」

八、紀評：「此一段講到音本易知，乃彌覺知音不逢之可傷。」

【問題討論與練習】

一、知音篇多論知音之難遇，究有那幾種原因？請條舉事例以明之。

二、「音實難知，知實難逢」，試由批評蔽障與作品本身兩方面，說明「知音」難逢之原因。

三、彥和論衡文之法，有養有術，體用兼備。其養為何？其術又為何？試分別言之，並加以評述。

四、彥和謂「將閱文情，先標六觀」。此卽提供評論文學之具體標準，學者能分別闡發其要義否？

五、文藝鑑賞之道，文心知音篇言之綦詳，試述其要旨。

程器第四十九

【解題】

程器者，量計器用材能之謂。這是劉勰文學批評論中的第四篇，所謂「耿介於程器」者是也。本篇開頭引「周書論士，方之梓材」，以明「士先器識而後文藝」，將作品的優劣，與作家的品德修爲，牽合補綴，發生了密切的繫聯，並爲批評家樹立了一個正確的指標。然後再從曹丕與吳質書的「古今文人，類不護細行，鮮能以名節自立」出發。

其次，彥和對文人無行說，和韋誕的「歷詆羣才」的做法，感到不平，對「後人雷同，混之一貫」，以爲可悲。所以他既指出屈、賈、鄒、枚、黃香、徐幹的文質兼備，來駁斥文人無行說；又對文士之瑕累有所諒解，感嘆「將相以位隆特達，文士以職卑多誚，此江河所以騰湧，涓流所以寸折者也。」這樣對文人的橫遭非議，深表不平，在立論上是十分公允的。

彥和又本「貴器用而兼文采」的觀點，來衡論天下文士。或指責其瑕累，如云：「略觀文士之疵：相如竊妻而受金，揚雄嗜酒而少算，敬通之不修廉隅，杜篤之請求無厭，班固諂竇以作威，馬融黨梁而黷貨，文舉傲誕以速誅，正平狂憨以致戮，仲宣輕脫以躁競，孔璋惚恫以麤疎，丁儀貪婪以乞貨，路粹餔啜而無恥，潘岳詭禱於愍懷，陸機傾仄於賈郭，傅玄剛隘而詈臺，孫楚佷愎而訟府。諸有此類，並文士之瑕累。」或頌揚其美德，如云：「若夫屈賈之忠貞，鄒枚之機覺，黃香之淳孝，徐幹之沉默，豈曰文士，必其玷歟？」或稱其文武兼資，左右相宜，如云：「郤縠敦書，故擧爲元帥，豈以好文而不練武哉？孫武兵經，辭如珠玉，豈以習武而不曉文也。」綜觀他評論作家與道德修養的關係，其重點還是放在以爲「士之登庸，以成務爲用」。如果爲文而不能達政，直如兩脚書橱而已，又安可宏濟時艱，膺國家棟樑之選呢！

齊梁時代，文名藉甚者，固多世家大族，而金玉其外，敗絮其中者，也大有人在。所以布衣之士，欲圖進身仕途，除非具有眞才實學，否則，幾乎無由交通王侯。所以彥和認爲「丈夫學文」，要「達於政事」，像「揚馬之徒，有文無質」，結果「終乎下位。」於是「君子藏器，待時而動，發揮事業，固宜蓄素以弸中，散采以彪外」，便成了他勉人勵己的必然結論。

彥和考量一個作家的才能標準，既是兼顧「文采」和「器用」，所以他在文采方面的要求，是「楩柟其質，豫章其幹，摛文必在緯軍國，負重必在任棟梁」，在器用方面的要求，是「窮則獨善以垂文，達則奉時以騁績」，如此文士，又有如此胸襟，庶可有爲有守；得志則開物成務，澤加於民；不得志則著書立說，修身見於世。讀聖賢書所學在此，文章所以爲經國之大業者，亦在此。

【正文】

首段總揭篇旨，在文行並重。並擧魏文、韋誕之譏評文人無行，嘆後世雷同，一貫爲可悲。

周書㊀論士，方之梓材㊁，蓋貴器用而兼文采也。是以樸斲成而丹雘施㊂，垣墉立而雕杇附㊃。而近代辭人，務華棄實；故魏文以爲：「古今文人，類不護細行㊄。」韋誕所評，又歷詆羣才㊅。後人雷同，混之一貫，吁可悲矣！

二段擧證以

略觀文士之疵：相如竊妻而受金㊆，揚雄嗜酒而少算㊇，敬通之不修（原作「循」，形誤）

見文人實多無行。

三段舉證以見武士亦有無行者。並反復申明文行之不易兼備。惟將相以名崇而減譏，文人因職卑而多誚。

，據楊明照校注徵漢書楊雄傳「不修廉隅」，及元后傳「禁有大志，不修廉隅」句例改。廉隅⑨，杜篤之請求無厭⑩，班固諂竇以作威⑪，馬融黨梁而黷貨⑫，文舉傲誕以速誅⑬，正平狂憨以致戮⑭，仲宣輕脫原作「脆」，形誤，徵三國志魏志王粲傳「貌寢而體弱通侻」句改，侻與脫通以躁競⑮，孔璋傯恫以麤疏⑯，丁儀貪婪以乞貨⑰，路粹餔啜而無恥⑱，潘岳詭禱原作「譸」，各本並作禱，今據正於愍、懷⑲，陸機傾仄於賈、郭⑳，傅玄剛隘而詈臺㉑，孫楚佷原作「狠」，據黃校徵汪本正愎而訟府㉒。諸有此類，並文士之瑕累。

文既有之，武亦宜然。古之將相，疵咎實多。至如管仲之盜竊㉓，吳起之貪淫㉔，陳平之汚點㉕，絳灌之讒嫉㉖，沿茲以下，不可勝數。孔光負衡據鼎，而仄媚董賢㉗，況班、馬之賤職，潘岳之下位哉？王戎開國上秩，而鬻官囂俗㉘；況馬、杜㉙之磬懸㉚，丁、路㉛之貧薄哉〔評一〕？然子夏無虧於名儒，濬沖不塵乎竹林者，名崇而譏減也。若夫屈、賈之忠貞㉜，鄒、枚之機覺㉝，黃香之淳孝㉞，徐幹之沉默㉟，豈曰文士，必其玷歟？蓋人稟五材㊱，修短殊用，自非上哲，難以求備。然將相以位隆特達㊲，文士以職卑多誚，此江河所以騰湧，涓流所以寸折者也。

四段言位之

名之抑揚，既其然矣；位之通塞，亦有以焉。蓋士之登庸㊳，以成務爲用。

魯之敬姜㊴，婦人之聰明耳；然推其機綜㊵，以方治國；安有丈夫學文，而不達於政事哉？彼揚、馬之徒，有文無質，所以終乎下位也。昔庾元規㊶才華清英，勳庸㊷有聲，故文藝不稱；若非台岳㊸，則正以文才也。

崇卑，與文采的關係，先言學文的目的在於達政，次舉證以明文不達政者，宜居下位。

文武之術，左右惟宜。郤縠敦書㊹，故舉爲元帥，豈以好文而不練武哉？孫武兵經㊺，辭如珠玉，豈以習武而不曉文也〔評二〕？

五段申論通才，當文武兼資，以應首段文行並重之旨。

是以君子藏器，待時而動。發揮事業，固宜蓄素以弸中㊻，散采以彪外，楩柟㊼其質，豫章㊽其幹；摛文必在緯軍國，負重必在任棟梁；窮則獨善以垂文，達則奉時以騁績，若此文人，應梓材之士矣〔評三〕。

末段總論此篇要意作結。

贊曰：瞻彼前修，有懿文德，聲昭楚南㊾，采動梁北㊿。雕而不器，貞幹(51)誰則。豈無華身，亦有光國。

【註釋】

㈠ **周書**：書經由泰誓至秦誓三十二篇，謂之周書。

㈡ **梓材**：梓人（木工）處理木材。又書經篇名梓材：「若作室家，既勤垣墉，惟其塗塈茨，若作梓材，既勤樸斲，惟其塗丹雘。」傳曰：「爲政之術，如梓人治材爲器，已勞力樸治斲削，惟其當塗以漆，丹以朱，而後成，以言敎化亦須禮義然後治。」

㊂**樸斲成而丹雘施**：樸斲，指既經削斲的素材。丹雘，丹彩的油漆。句意是說，素材既經斲削，然後施之以丹漆，塗之以色彩。

㊃**垣墉立而雕杇附**：垣墉，卽垣牆；杇，塗的意思。句意是說，垣牆砌造既成，則須雕畫粉刷。

㊄**魏文以爲，古今文人，類不護細行**：細行，小節，書經旅獒：「不矜細行，終累大德。」魏文帝與吳質書云：「古今文人，類不護細行，鮮能以名節自立。」彥和所云本此。

㊅**韋誕所評，歷詆羣才**：韋誕，字仲將，三國魏人，明帝時，曾爲侍中。三國志魏志王粲傳注引魚豢曰：「仲將云，仲宣（王粲）傷於肥戇，休伯（繁欽）都無格檢，元瑜（阮瑀）病於體弱，孔璋（陳琳）實自麤疏，文蔚（路粹）性頗忿鷙……。」都是韋誕歷詆羣才之證明。

㊆**相如竊妻而受金**：漢書司馬相如傳：「卓王孫有女文君，新寡好音，相如以琴音挑之。文君竊從戶窺，心悅而好之，恐不得當也，夜亡奔相如。相如與馳歸成都。」又：「其後人有上書言相如使蜀時受金，失官。」本句是說，相如之琴音夜挑，使文君芳心大悅，遂越禮敎之大防。出使巴蜀時，因受賄而丟官，足見其品德之差。

㊇**揚雄嗜酒而少算**：漢書揚雄傳：「雄家素貧，嗜酒，時有好事者，載酒肴從遊學。」又：「家產不過十金，乏無儋石之儲，晏如也。」本句是說，揚雄一味嗜酒，不善治產，少爲生活打算。

㊈**敬通之不修廉隅**：不修廉隅，卽行爲不端，不守禮法。後漢書馮衍傳：「衍字敬通，顯宗卽位，又多短衍文過其實，遂廢於家。衍娶北地女任氏爲妻，悍忌不得畜媵妾兒女，常自操井臼，老竟逐

之，遂坎壈於時。」又宋書王微傳：「光武以馮衍才浮其實，故棄而不齒。」以上是指馮敬通行爲不端，不守禮法的事實。

⑩ **杜篤之請求無厭**：後漢書文苑傳：「與美陽令游，數從請託不諧，頗相恨。令怒，收篤送京師。」以上是杜篤對美陽縣令請求無厭的事實。

⑪ **班固諂竇以作威**：後漢書班固傳：「大將軍竇憲出征匈奴，以固爲中護軍與參議，及竇憲敗，固先坐免，固不敎學諸子，諸子多不遵法度，吏人苦之。」以上是說班固諂媚大將軍竇憲，而作威作福的事實。

⑫ **馬融黨梁而黷貨**：後漢書馬融傳：「融爲梁冀草奏李固，又作大將軍西第頌，以此頗爲正直所羞。」惠棟後漢書訓纂引三輔決錄：「融爲南郡太守，二府以融在郡貪濁，受主記掾岐肅錢四十萬，融子強又受吏白向錢六十萬，布三百疋，以肅爲孝廉，向爲主簿。」以上說明馬融黨附梁冀，貪濁貨財的事實。

⑬ **文舉傲誕以速誅**：後漢書孔融傳：「時年飢兵興，操表制酒禁，融頻書爭之，多侮慢之辭，既見操雄詐漸著，數不能堪，故發辭偏宕，多致乖忤。」孔融因爲倨傲狂誕，最後終招殺身之禍，因此這裏說「傲誕以速誅。」

⑭ **正平狂憨以致戮**：禰衡，字正平，其人狂憨，後爲黃祖所殺，事蹟見後漢書本傳。狂憨，狂放愚痴的意思。

⑮ **仲宣輕脫以躁競**：魏志杜襲傳：「……粲性躁競。」本句是說仲宣性情輕率，而好躁急競勝。本書

體性篇「仲宣躁競」句注，可參看。

⑯ **孔璋傯恫以麤疎**：顏氏家訓文章篇：「陳琳實號麄疎。」全句是說，陳琳善於鑽營奔走，而行事粗率。

⑰ **丁儀貪婪以乞貨**：丁儀，字正禮，有關他貪婪乞貨的事，不詳所出。

⑱ **路粹餔啜而無恥**：餔啜，食不義之食之意，有關路粹餔啜的事，未詳所出。

⑲ **潘岳詭禱於愍懷**：晉書愍懷太子傳：「賈后將廢太子，詐稱上不和，召太子置別室，逼飲醉之，使潘岳作書草若禱神之文，有如太子素意，因醉而書之。令小婢以紙筆及書草使太子依而寫之，以後呈帝，廢太子。」詭禱，誑欺的意思。全句是說，潘岳欺誑晉惠帝，使愍懷太子被廢掉。

⑳ **陸機傾仄於賈郭**：晉書陸機傳：「機好遊權門，與賈謐親善，以進趣獲譏。」郭彰傳：「彰，賈后從舅也，與賈充素相親，遇賈后專朝，彰與參權勢，賓客盈門，世人稱爲賈郭。」傾仄，傾倒、巴結的意思。本句是說，陸機喜歡巴結權貴，而依靠着賈后的從舅郭彰。

㉑ **傅玄剛隘而詈臺**：晉書傅玄傳：「傅玄天性峻急，不能有所容，轉司隸校尉，謁者以弘訓宮爲殿內，制玄位在卿下，玄恚怒，厲聲色而責謁者。謁者妄稱尚書所處，玄對百僚而罵尚書以下，御使中臣庾純奏玄不敬，坐免官。」詈，謾罵的意思，全句是說，傅玄心地剛勁狹隘，因被輕抑而辱罵政府的大官。

㉒ **孫楚佷愎而訟府**：晉書孫楚傳：「楚參石苞驃騎軍事，初至，長揖曰：『天子命我參卿軍事，』因此而嫌隙遂構，苞奏楚與吳人孫世山共訕毀時政，楚亦抗表自理，紛紜經年。」全句是說，孫楚爲

人兇狠，剛愎自用，竟和上級長官石苞抗訟經年。

㉓ **管仲之盜竊**：說苑尊賢篇：「鄒子說梁王曰：『管仲固成陰之狗盜也，天下之庸夫也，齊桓公得之以爲仲父。』」說明管仲乃竊盜出身。

㉔ **吳起之貪淫**：史記吳起傳：「起聞魏文帝賢，欲事之，文侯問李克曰：『吳起何如人哉？』李克曰：『起貪而好色，然用兵，司馬穰苴不能過也。』」以上是說吳起貪財好色之事。

㉕ **陳平之汚點**：史記陳丞相世家：「絳侯灌嬰等咸讒陳平曰：『臣聞平家居時，盜其嫂，事魏不容，亡歸楚，歸楚不中，又亡歸漢。今日大王尊官之令護軍，平受諸將金，金多者得善處，金少者得惡處，平反覆亂臣也。』」，以上是說陳平家居盜嫂，和接受賄賂的汚點。

㉖ **絳灌之讒嫉**：賈誼傳：「絳，灌、東陽侯，馮敬之屬盡害之。」以上是說絳侯周勃、灌嬰讒害賈誼的事實。

㉗ **孔光負衡據鼎，而仄媚董賢**：衡，卽台衡，傳伊尹曾爲湯阿衡，故後世稱宰相爲台衡。鼎，用以比喻三公，負衡據鼎，是指位居相國之尊。仄媚，傾側諂媚的意思。全句是說，孔光身爲主持正論的御史，且位居三公宰相，竟然傾側諂媚後來得勢的董賢。事見漢書佞幸傳。

㉘ **王戎開國上秩，而鬻官囂俗**：晉書王戎傳：「戎字濬沖，與阮籍諸人爲竹林之遊，後以平吳有功，封安豐侯。南郡太守劉肇賂戎筩中細布五十端，爲司隸所糾，帝雖不問，然爲清愼者所鄙。」又：「戎以晉室方亂，慕遽伯玉之爲人，與俗舒卷，無蹇諤之節。自經典選，未常進寒素退虛名，但與時浮沈，戶調門選而已。」以上乃說明王戎雖身爲開國功臣，卻做出賣官受賄，敗壞世俗的事來。

(一九) **馬、杜**：指前文所提之司馬相如與杜篤。

(二〇) **磬懸**：室空無物，但有椽梁如懸磬，指家貧。

(二一) **丁、路**：指前文所提的丁儀與路粹。

(二二) **屈賈之忠貞**：屈賈，指屈原、賈誼，二人皆屬忠貞之士。

(二三) **鄒枚之機覺**：史記鄒陽傳：「吳王濞陰有邪謀，陽奏書諫，吳王不內其言，於是鄒陽、枚乘、嚴忌知吳不可說，皆去之梁。」以上乃說明鄒陽、枚乘的機敏、警覺性很高。

(二四) **黃香之淳孝**：黃香，字文強，東漢江夏人，爲廿四孝之一，後漢書文苑傳：「黃香年九歲失母，思慕憔悴，殆不免喪，鄉人稱其至孝，太守劉護聞而召之，署門下孝子。香博學經典，究精道術，能文章，肅宗詔香詣東觀，讀所未嘗見書。」

(二五) **徐幹之沉默**：魏志王粲傳注引先賢行狀：「幹清玄體道，六行修備，聰識洽聞，操翰成章，輕官忽祿，不耽世榮。」以上說明徐幹的聰識洽聞，恬淡寡言。

(二六) **五材**：卽五常，指仁、義、禮、智、信五常之性。

(二七) **位隆特達**：指地位崇高，特別顯達，卽令有缺點，也不容易顯露被人批評。

(二八) **登庸**：升任提拔的意思。

(二九) **敬姜**：春秋魯文伯歜之母，早寡，知書達禮，列女母儀傳：「文伯相魯，敬姜謂之曰：吾語汝，治國之要，盡在經（織縱絲曰經）矣，夫幅者所以正曲枉也。不可不彊，故幅可以爲將。畫者所以均不均，服不服也，故畫可以爲正，推而往，引而來者，綜也，綜可以爲關內之師。」

(四〇) **機綜**：指織機織布，往來錯綜的原理。

(四一) **庾元規**：卽庾亮，晉鄢陵人。

(四二) **勳庸**：勳業功蹟。

(四三) **台岳**：如同台衡，卽宰臣輔相之意。

(四四) **郤縠敦書**：春秋晉人，左傳僖公廿七年：「晉侯蒐於被廬，作三軍，謀元帥，趙衰曰：郤縠可，臣亟聞其言矣，說禮樂而敦詩書。」

(四五) **孫武兵經**：孫武，春秋時人，知兵法，世傳有孫子兵法十三篇，書有文采。

(四六) **弸中**：充實的意思，揚雄法言君子篇：「或問君子言則成文，動則成德，何以也？曰：以其弸中而彪外也。」注：「弸，滿也，彪，文也，積行內滿，文辭外發。」

(四七) **楩柟**：楩，黃楩木也。柟，亦作楠，葉似豫章，幹甚端偉，氣甚芬芳，紋理細密，爲棟樑、器物最佳。

(四八) **豫章**：木名，史記司馬相如傳：「其北則有陰林巨樹，楩柟豫章。」正義：「豫，今之枕木，章，今之樟木也，二木生至七年，枕樟乃可分別。」

(四九) **聲昭楚南**：指屈原、賈誼，聲名昭著於南方楚國。

(五〇) **采動梁北**：指鄒陽、枚乘，光采顯耀於北方梁國。

(五一) **貞幹**：比喻事物的根本，漢書匡衡傳：「朝廷者，天下之楨幹也。」楨卽貞字。

【語　譯】

尙書周書梓材篇論文人才士，把他們比做木工的製作器物，這是重視器識用途，並兼求文采的明證啊！所以素材既經斲削完成，即應施之以丹漆，塗之以色采。垣牆砌造已成，接著就加以雕畫，予以粉刷。而近代的作家們，作文章往往追求華美的辭采，忽視眞實的性情，故魏文帝曹丕認爲：「自古以來的文人，大多不拘小節。」韋誕品評人物時，更歷數建安諸子，橫加詆毀。後人竟然不考實情，隨聲附和，雷同一響，唉！這是多麼令人悲哀的事啊！

略觀文人才士們的瑕疵，大致說來：如司馬相如的琴挑卓文君私奔，出使巴蜀，受賄丟官；揚雄好飲酒，不顧家人生計；馮衍出仕亂世，不能堅持操守；杜篤交接官府，經常請託不休；班固諂媚竇憲，擅作威福；馬融黨附梁冀，貪黷財貨；孔融傲慢放誕，遂招來殺身之禍；禰衡狂妄憨直，致遭黃祖的大戮；王粲性情躁急競勝；陳琳懵懂無知，而粗漏疏忽；丁儀貪婪權勢，因不能尙魏公主而獲罪，乞求赦免；路粹貪求飮食，賣友求榮，無恥之尤；潘岳作書，如禱神之文，欺騙晉惠帝，使愍懷太子被廢；陸機喜結權貴，投靠賈后郭彰的門下；傅玄剛勁狹隘，因位在卿下，而辱罵朝廷重臣；孫楚兇狠剛愎，以參奏石苞，而纏訟公堂。諸如此類，都是文人才士的瑕疵，盛德的損累啊。

文人既有瑕累，武士也不例外。就拿古代的將相爲例，他們的疵纇過咎，實在很多。像管仲乃鷄鳴狗盜之徒，吳起爲貪財好色之輩；陳平私通其嫂，收受金帛；周勃、灌嬰讒害善良，嫉恨才能。自此以下諸如此類之人，多得不勝枚擧。以孔光位居相國之尊，竟卑躬屈節，巴結董賢，何況班固、馬融只不過是個微賤小官，潘岳只不過身居下位呢！又如王戎乃開國封侯，爵列上秩，竟然賣官受賄，敗壞世俗，更別說司馬相如、杜篤，這些窮得室如懸磬，丁儀、路粹這等家道貧薄的人了！然而子夏（孔光字）不因爲諂媚權貴，有損他在經學方面的成就。濬沖（王戎字）竹林名士，也不因受賄而沾汚了他的風雅，究其原因，蓋由於他們名位崇高，所以譏彈之議，就相對地減少了。

至於像屈原、賈誼的忠信正直，鄒陽、枚乘的機警敏捷，黃香的淳厚孝順，徐幹的深沈靜默，這些人無不是志高行潔，超今邁往的賢哲，所以我們又怎能斷言古今文士，必有「不護細行」的缺失呢！大抵說來，人稟五常之性，或長或短，用各不同，如不是什麼上智賢哲，當然就難以求全責備了。然而將相之流，因地位崇高，而官宦顯達，文士們因職務卑下，而動受譏誚，這種情形，好比長江黃河，奔騰洶湧，涓涓細流，便一波三折了！

名聲之低下或飛揚，既如上述；那麼爵位之通達或滯塞，也是有其成因的！大抵說來，文人學士的升遷任用，以事業的成就爲標準。魯國的敬姜，只不過是位聰明的婦人而已，可是她能推求織機錯綜的原理，以喩治國理民的大道。如此說來，哪有大丈夫研究詩文學術，而不練達政事的呢？像揚雄、司馬相如之流，雖有文采，而無實質，所以終其一生，老是地位卑下啊。過去東晉的庾亮，才思清新，文章優美，但因其勳業彪炳，聲名卓著，所以並不以文名著稱於世。人若居官不至三公宰相之位，而想要蜚聲遐邇，名傳永世，就正有賴於卓越的文才啊。文武之術，經緯錯綜，治國建軍，左右咸宜。如郤縠之悅禮義、重詩書，故晉侯擧爲元帥。由此觀之，人又怎能僅好文學而不練達武事呢！孫武子有兵法十三篇，可說是經典性作品，辭義精審，美如珠玉。以此而論，人又怎能僅習武事而不通曉文學呢？

所以君子懷藏高貴的器識，等待時機到來，而有所作爲。我們若想恢宏事業，就應當蓄積素養，以充實內在；煥發文采，以修飾外貌。使內裏具有楩柟般的美質，外表富有豫章般的幹材；著爲文章，必屬經綸軍國的傑作；負重致遠，必能擔當棟樑之大任。失意時，則修身治學，以垂文華於後世；得志時，則奉力匡時，以馳騁功名於當代。像這樣的文人，才眞正算得上梓材之士了。

總而言之：瞻念古昔賢哲，他們皆有美好的文采和美德。如聲名昭著於南方楚國的屈原、賈誼，光采顯耀於北方梁國的鄒陽、枚乘，便是其例。如果士人的文采雖美，而德行不修，這就好比玉石之雖經雕琢，而尚未成器。果然如此，那麼，誰又可以爲忠貞幹濟的準則呢？故欲治國者，必先修其身，天下哪有身心不加修養，就可做光寵國家的人物呢！

【集　評】

一、紀評：「此亦有激之談，不爲典要。」

二、紀評：「此種亦純是客氣。觀此一篇，彥和亦發憤而著書者。觀時序篇，此書蓋成於齊末。彥和入梁乃仕，故鬱鬱乃爾耶？」

三、黃評：「此篇於文外補修行立功，制作之體乃更完密。」

【問題討論與練習】

一，彥和之著程器，以「周書論士，方之梓材」為喻，用意何在，試申其旨？

二、試論「將相以位隆特達，文士以職卑多誚」之理？並舉例以徵其實。

三、彥和云：「耿介於程器」，試述「程器」與文學批評之關係。

序志第五十〔評一〕

【解　題】

此篇雖置於全書十卷五十篇之末，但卻是研讀文心雕龍的發端。篇名「序志」，其爲全書總序無疑。古人序文多在書後，如司馬遷史記、班固漢書、王充論衡皆是。彥和，齊梁時人，去古未遠，自不例外。

文心雕龍之於中國文學，猶金庫之於富豪之家，庫存雖富，必待管鑰，方能取爲己有，發揮用途；不然，徒望金庫而興嘆，與貧窮何異！知此，則中國文學之內涵，亦必須透過文心雕龍的解說，才能發現它那宮室之美，百官之富的壯觀；否則，如捨舟渡河，去車適遠，茫茫天涯，如何達到目的！

文心既然與中國文學有如此密切的關係，則研究中國文學理論，必先研讀文心雕龍，而研讀文心雕龍的關鍵，便是「序志」。

序志篇內容揭示的重點有四：即文心雕龍命名的由來、寫作的動機、全書的組織、與選材的態度。而四者又歸本於「爲文用心」一語。彥和自言本書的命名，係受傳統思想的啓發，所謂「涓子琴心，王孫巧心，心哉美矣，故用之焉。」又說：「古來文章，以雕縟成體，豈取騶奭之羣言雕龍也。」是其證。文學作品的構成，不外兩大元素：一曰內容，二曰形式。「文心」即指內容，「雕龍」即指形式。所以，以「文心雕龍」名書，即隱然說明本書的根本特質。

彥和自言其寫作的動因有二：一、是內在自我的肯定。二、是時人文論的衝擊。在自我肯定方面，他一方面有感於「歲月飄忽，性靈不居」，於是肯定君子處世，欲流芳千載，必須從事「制作」。其次，是他「齒在踰立」，夜夢「執丹漆之禮器，隨仲尼而南行」，以爲聖人降夢，事非偶然，乃決定讚聖述經。而「文章之用，實經典枝條」，但因「去聖久遠，文體解散」，遂「搦筆和墨」，撰述文心雕龍。

在時人文論的衡擊方面：自魏晉以迄齊梁，可謂家抱荆玉，人懷驪珠，文章之盛，古所未有。因此批評之風亦隨之而起，如「魏文述典、陳思序書、應瑒文論、陸機文賦、仲治流別、宏範翰林」，專著之多，不勝枚舉。然而，有的密而不周，有的辯而不當，有的華而疏略，有的巧而碎亂，有的精而少功，有的淺而寡要：「各照隅隙，鮮觀衢路」。所以彥和深表不滿，乃決心以尋根討源的方式，革除當世文論的流弊。

全書內容組織，共十卷五十篇，彥和從上下兩篇分別敍述。上篇包括卷一到卷五的二十五篇。下篇包括卷六到卷十的二十五篇。前二十五篇又分兩部分。卽卷一原道、徵聖、宗經、正緯、辨騷，是他的文學思想，所謂「文之樞紐」是也。卷二到卷五的二十篇，講的是文章體裁，前十篇是韻文體裁，後十篇是散文體裁。兩類合計，約一百七十九種體裁之多。每一文體都架設在他的「原始以表末、釋名以章義、選文以定篇、敷理以舉統」四大綱領上，條理井然有序，所謂「論文敍筆」是也。下篇二十五，可以分三部分，卷六到卷九，除了「時序篇」和「物色篇」，是前人刋刻誤倒。須加乙正外，「隱秀」一篇略有散佚。這二十篇講的是文學創作論。所謂「剖情析采」是也。卷十前四篇時序、才略、知音、程器。分別從時代、作者、讀者以及道德修養，各方面來衡論文事，鑑賞作品，可說是他的文學批評論，所謂「崇替、褒貶、怊悵、耿介」者是也。最後一篇「序志」，雖不爲文用，但它有控馭全書的作用。是研讀文心雕龍的不二法門。所謂「長懷序志，以馭羣篇」者是也。

關於選材的態度：他一方面繼承了前賢的緒業，所謂「同乎舊談」；一方面提出了自己獨到的見解，所謂「異乎前論」。而同異之間，以折衷的觀念，作選材的準繩。他說：「同之與異，不屑古今，擘肌分理，唯務折衷」。態度既十分客觀，文心雕龍立說的信度，也自然跟着提高了。本書之所以萬古常新，歷久彌篤者，其原因就在乎此。

近人劉永濟校釋說：「舍人懼斯文之日靡，攄孤懷而著書，其識度閎闊如此。故其所論，千載猶新，實乃藝苑之通才，非止當時之藥石也。」序志篇贊曰：「文果載心，余心有寄。」彥和疾名德之不彰，故垂空言以濟世，想不到在一千五百年後的今天，文心雕龍已譽滿中外，成了當代的顯學。彥和既已心有所寄，自不必因為生前的困窮，再抱恨終天了！

【正文】

首段敍本書命名之由來。

夫文心者，言為文之用心也。昔涓子琴心㈠，王孫巧心㈡，心哉美矣，故用之焉。古來文章，以雕縟成體，豈取騶奭之羣言雕龍也㈢。

次段言人以才智用世，想要名垂不朽，惟有樹德建言。

夫宇宙綿邈㈣，黎獻㈤紛雜，拔萃出類，智術而已。歲月飄忽，性靈㈥不居，騰聲飛實，制作而已。夫人肖貌天地㈦，稟性五才㈧，擬耳目於日月㈨，方聲氣乎風雷㈩，其超出萬物，亦已靈矣。形甚〔原作「同」，依梁書本傳改〕草木之脆，名踰金石之堅，是以君子處世，樹德建言〔評二〕，豈好辯哉，不得已也⑪！

三段敍自己著述文心之動機，及旨趣所在，而歸

予生七齡，乃夢彩雲若錦，則攀而採之〔按梁書本傳無以上十四字〕。齒⑫在踰立⑬，則嘗夜夢執丹漆之禮器⑭，隨仲尼而南行；旦而寤，迺怡然而喜，大哉！聖人之難見也

本於體要。

原作「哉」，依梁書本傳校改乃小子之垂夢⑮歟！自生民原作「人」，御覽作靈，依孟子公孫丑篇改以來，未有如夫子者也⑯。敷讚⑰聖旨，莫若注經，而馬鄭諸儒⑱，弘之已精，就有深解，未足立家。唯文章之用，實經典枝條，五禮⑲資之以成御覽引梁書本傳「成」下有「文」字，茲據增文，六典⑳因之以御覽引梁書本傳，「之」下有「以」字，茲據增致用，君臣所以炳煥，軍國所以昭明，詳其本源，莫非經典。而去聖久遠，文體解散，辭人愛奇，言貴浮詭，飾羽尚畫㉑，文繡鞶帨㉒，離本彌甚，將遂訛濫㉓（評三）。蓋周書㉔論辭，貴乎體要㉕，尼父陳訓，惡乎異端㉖，辭訓之奧「奧」原作「異」，形誤，據劉永濟校釋改㉗，宜體於要。於是搦筆和墨，乃始論文。

四段敍前代各家文論之缺失，由於不述先哲之誥，故無益後生之慮。

詳觀近代之論文者多矣：至如原作「於」，據梁書本傳及依本書頌讚篇校改魏文述典㉘，陳思序書㉙，應瑒文論㉚，陸機文賦，仲治原作「治」，依本書頌讚篇校改流別㉛，宏範翰林㉜，各照隅隙㉝，鮮觀衢路㉞，或臧否㉟當時之才，或銓品㊱前修㊲之文，或汎舉雅俗之旨，或撮題㊳篇章之意。魏典密而不周，陳書辯而無當，應論華而疏略，陸賦巧而碎亂，流別精而少功原作「巧」，依梁書本傳改，翰林淺而寡要。又君山、公幹之徒㊴，吉甫、士龍之輩㊵，汎議文意，往往間出，並未能振葉以尋根，觀瀾而索源㊶。不述先哲之誥㊷，無益後生之慮。

五段總述本書上下二篇之體例。上篇論文原與文體，下篇論文術和文評，最後序志，可謂全書之緒論。

末段申論著述之困難與取材之態度，並寄情於往古來今，發知音難遇之慨。

蓋文心之作也，本乎道(43)，師乎聖(44)，體乎經(45)，酌乎緯(46)，變乎騷(47)，文之樞紐(48)，亦云極矣；若乃論文敘筆(49)，則囿別區分(50)，原始以表末(51)，釋名以章義(52)，選文以定篇(53)，敷理以舉統(54)，上篇以上，綱領明矣(55)。至於剖〔原作「割」，依嘉靖本校改〕情析采(56)，籠圈(57)條貫(58)，摛神性(59)，圖風勢(60)，苞會通(61)，閱聲字(62)，崇替(63)於時序，褒貶於才畧，怊悵(64)於知音，耿介(65)於程器，長懷序志，以馭羣篇，下篇以下，毛目(66)顯矣。位理定名，彰乎大衍〔原作「易」，依范注校改〕之數(67)，其爲文用，四十九篇而已〔評四〕。

夫銓序(68)一文爲易，彌綸羣言(69)爲難，雖復輕采毛髮(70)，深極骨髓(71)，或有曲意密源，似近而遠，辭所不載，亦不可〔原無「可」字，依黃校增補〕勝數矣。及其品評〔原作「列」，一作「許」，梁書作「評」，依梁書本傳改〕成文：有同乎舊談(72)者，非雷同也，勢自不可異也；有異乎前論(73)者，非苟異也，理自不可同也〔評五〕。同之與異，不屑古今(74)，擘肌分理(75)，唯務折衷。按轡文雅之場，環絡(76)藻繪之府，亦幾乎備矣〔評六〕。但言欲〔原作「不」，依郭晉稀譯註校改〕盡意(77)，聖人所難；識在缾管(78)，何能矩矱(79)。茫茫往代，既洗〔原作「沈」，依梁書本傳改〕予聞；

眇眇(八〇)來世，倘塵彼觀也。

贊曰：生也有涯，無涯惟智(八一)。逐物實難，憑性良易(八二)。傲岸泉石(八三)，咀嚼文義。文果載心，余心有寄！

【註　釋】

㈠ **涓子琴心**：列仙傳：「涓子者，齊人，好餌求，著天人經四十八篇，隱於宕山。」黃侃文心雕龍札記以爲「涓子」卽「環淵」，其云：「涓子，蓋卽史記孟子荀卿列傳之環淵。環淵，楚人，爲齊稷下先生（此列仙傳所以稱爲齊人），言黃老道德之術，著書上下篇（琴心卽此書之名，猶王孫子一名巧心也），環，一作蠉，一作蜎，聲類並同」。漢書藝文志道家有「蜎子」十三篇，自注：「名淵，楚人，老子弟子」，此十三篇就是「琴心」。

㈡ **王孫巧心**：漢書藝文志儒家有「王孫子」一篇，自注：「一曰『巧心』」。

㈢ **騶奭羣言雕龍**：史記孟子荀卿列傳：「騶衍之術，迂大而閎辯，奭也文具難施」，故齊人頌曰：「談天衍，雕龍奭」，集解：「劉向別錄曰：騶衍之所言，五德終始，天地廣大，盡言天事、故曰談天。騶奭修衍之文，飾若雕鏤龍文，故曰雕龍奭。」騶奭，戰國齊人。

㈣ **綿邈**：長遠的意思。

㈤ **黎獻**：「黎」指衆人，「獻」指賢人。語出書經益稷：「萬邦黎獻，共惟帝臣。」

⑥ **性靈**：在此作「生命」講。

⑦ **肖貌天地**：卽下文說的「擬耳目於日月，方聲氣乎風雷」。

⑧ **五才**：卽五常。指仁、義、禮、智、信。

⑨ **擬耳目於日月**：言人之耳目可比之於日月。語出淮南子精神訓。

⑩ **方聲氣乎風雷**：言人之聲氣可方之於風雷。語出淮南子精神訓。

⑪ **豈好辯以下二句**：語出孟子滕文公篇：「予豈好辯哉，予不得已也。」

⑫ **齒**：年歲的別名，禮記文王世子：「古者謂年齡，齒亦齡也」。

⑬ **踰立**：論語爲政：「三十而立」；「踰立」是三十多歲。

⑭ **丹漆之禮器**：禮器，指籩豆一類的物件。三禮圖云：「豆以木爲之，受四升，黍赤中。」周禮注曰：「籩，竹器圓者」。

⑮ **垂夢**：猶言降夢。

⑯ **自生民以來以下二句**：語出孟子公孫丑文：「自生民以來，未有如夫子也……自生民以來，未有盛於孔子也。」

⑰ **敷讚**：鋪敍讚述的意思。

⑱ **馬鄭諸儒**：「馬」指馬融，「鄭」指鄭玄。皆東漢古文經家。

⑲ **五禮**：周禮地官大司徒：「以五禮防萬民之僞而敎之中。」注：「五禮，謂吉、凶、軍、賓、嘉。」

⑳ **六典**：周禮天官太宰：「太宰之職，掌建邦之六典：一曰治典；二曰敎典；三曰禮典；四曰政典；

五曰刑典；六曰事典」。

㉑ **飾羽尚畫**：莊子列禦寇：「仲尼方且飾羽而畫，從事華辭」。成玄英疏：「修飾羽儀，喪其眞性也」；是說羽毛本有文彩，「飾羽尚畫」就是益事文彩，變本加厲的意思。

㉒ **文繡鞶帨**：法言寡見篇：「今之學也，非獨爲之華藻也，又從而繡其鞶帨。」李注：「鞶，音(ㄆㄢˊ)，大帶也；帨，音(ㄕㄨㄟˋ)，佩巾也」。是說爲文太過繁碎，若女紅之繡飾大帶佩巾。

㉓ **訛濫**：謂辭尚新奇浮誇，便訛詭淫濫，有損本眞。此爲彥和常用語。

㉔ **周書**：指書經僞畢命篇言。

㉕ **體要**：僞孔傳：「辭以體實爲要，故貴尚之」。有意旨充實，措辭簡要之意。

㉖ **惡乎異端**：語出論語爲政篇：「攻乎異端，斯害也已」。

㉗ **辭訓之奧**：「辭」指周書所論之辭，「訓」指孔子所陳之訓，「奧」指二書所言的奧義所在。

㉘ **魏文述典**：魏文帝曹丕有典論論文。

㉙ **陳思序書**：陳思王曹植有與楊德祖書。

㉚ **應瑒文論**：應瑒有文質論。

㉛ **仲治流別**：摯虞，字仲治，有文章流別論。

㉜ **宏範翰林**：李充字宏範，有翰林論。

㉝ **隅隙**：本指屋角孔穴。引申爲一部分。

㉞ **衢路**：猶言衢道，指四通八達的道路。引申爲全面性。

㉟**臧否**：即「褒貶」的意思。晉書阮籍傳：「籍雖不拘禮教，然發言玄遠，口不臧否人物。」

㊱**銓品**：銓衡品評的意思。

㊲**前修**：即前賢。

㊳**撮題**：撮，取。撮題，有綜合敍述的意思。

㊴**君山公幹之徒**：桓譚字君山，後漢相人，著「新論」二十九篇，內有論文之處。劉楨字公幹，魏東平寧陽人，論文著作今無考。

㊵**吉甫士龍之輩**：應貞字吉甫，論文著作已無考；陸雲字士龍，有「與兄平原書」數首，其中有論文之語。

㊶**振葉以尋根，觀瀾而索源**：二句是說探本窮源的意思。

㊷**不述先哲之誥**：先哲之誥，指「經典之文」，「不述先哲之誥」，指「所論皆不宗經」。

㊸**本乎道**：即推本自然之道，指本書卷一第一篇原道。

㊹**師乎聖**：即師法於聖人，指本書卷一第二篇徵聖。

㊺**體乎經**：即體驗於經典，指本書卷一第三篇宗經。

㊻**酌乎緯**：即酌採緯書的優點，指本書卷一第四篇正緯。

㊼**變乎騷**：即變化於離騷，指本書卷一第五篇辨騷。

㊽**文之樞紐**：樞紐指關鍵處。文之樞紐者，即文學的中心思想。卷一、五篇，由原道至辨騷，是劉勰的文學思想，又叫做文學基本原理，簡稱「文原論」。

㊾ **論文敍筆**：有韻者曰文，無韻者曰筆。全句是說講到有韵的文，和敍述無韵的筆。

㊿ **囿別區分**：卽分門別類的意思。文心雕龍文體論二十篇，凡四卷，別爲兩類，第二、三卷，論有韻的文：包括明詩、樂府、詮賦等十篇，第四、五卷，論無韻的筆：包括史傳、諸子等十篇。

(51) **原始以表末**：就是「論文體的源流與變遷」。

(52) **釋名以章義**：就是「論文體命名的涵義與由來」。

(53) **選文以定篇**：就是「舉出各體文章的代表作家與作品」。

(54) **敷理以舉統**：就是「論各種文體的作法與特徵」，從「明詩」到「書記」等二十篇的行文，大體上可以分爲上述四個步驟。今以「論說」篇中的「論」爲例，說明於次：如由「聖哲彝訓曰經」，到「聖意不墜」，是「釋名以章義」。由「昔仲尼微言」，到「而研精一理者也」，是「原始以表末」；由「是以莊周齊物」，到「寧如其已」，是「選文以定篇」。由「原夫論之爲體」，到「安可以曲論哉」，是「敷理以舉統」。

(55) **綱領明矣**：第五卷以上二十五篇爲上篇，首卷五篇，總論文學的樞紐；後四卷二十篇，分論文與筆的各種體裁，綱舉目張，可謂一目了然，故曰「綱領明矣。」

(56) **剖情析采**：就是指剖析文章的內容與辭采。

(57) **籠圈**：就是「籠罩規範」的意思。

(58) **條貫**：條理貫串的意思。

(59) **擒神性**：「擒」，「抒布」的意思。「神」指「神思」，「性」指「體性」。

(六〇) **圖風勢**：「風」指「風骨」，「勢」指「定勢」。

(六一) **苞會通**：「會」指「附會」，「通」指「通變」。

(六二) **閱聲字**：「聲」指「聲律」，「字」指「練字」。

(六三) **崇替**：猶言興衰。

(六四) **怊悵**：悲恨，楚辭七諫謬諫：「然怊悵而自悲」，在此解釋作感傷之意。

(六五) **耿介**：光明正大的意思，引申爲不可忽視。

(六六) **毛目**：是後二十五篇的「大目」，與上文「綱領明矣」的「綱領」二字，相對成文。

(六七) **彰乎大衍之數**：易經繫辭上：「大衍之數五十，其用四十有九」；文心雕龍全書凡五十篇，所以說「彰乎大衍之數」。因爲最後一篇「長懷序志，以馭羣篇」，與文事無關，所以說「其爲文用，四十九篇而已」。

(六八) **銓序**：在這裏是「衡量論述」的意思。

(六九) **彌綸羣言**：就是綜合歷代作家的作品，而加以論述。

(七〇) **毛髮**：「文心雕龍」常用人體各個部分的構造，來比喻文章，所以這裏說的「毛髮」，是比喻文章的枝節問題。

(七一) **骨髓**：是比喻文章的核心問題。

(七二) **同乎舊談**：如風骨篇引曹丕「典論論文」，以及他人論氣之文，是其例。

(七三) **異乎前論**：如論說篇駁陸機「文賦」的「說煒燁以譎誑」，是其例。

(七四) **不屑古今**：屑，顧。本句是說：無論「同乎舊談」或「異乎前論」，只要事密理圓，是不須顧忌古論或是今說的。

(七五) **擘肌分理**：擘是分析的意思。「擘肌分理」，是說剖析辭采，分解情理。

(七六) **「按轡」與「環絡」**：相對成文，絡是「馬籠頭」，「環絡」與「按轡」的意思相同。都指絡馬籠頭的意思。

(七七) **言欲盡意**：易經繫辭上：「子曰：書不盡言，言不盡意」；疑本文原作「言欲盡意」，所以說「聖人所難」，後人依照「易經繫辭」，改為「言不盡意」，以至上下文不相銜接。

(七八) **識在缾管**：缾管，比喻所見之小。左傳昭公七年：「雖有挈缾之知，守不假器」；注「挈缾，汲者，喻小知」。莊子秋水：「是直用管窺天」。

(七九) **矩矱**：矩，法也；矱，度也。楚辭哀時命：「上同鑿枘於伏戲兮，下合矩矱於虞唐」。

(八〇) **眇眇**：高遠的樣子，陸機文賦：「志眇眇而臨雲」。

(八一) **生也有涯，無涯惟智**：莊子養生主：「吾生也有涯，而知也無涯」。釋文：「知音智」。大意是說：「人的壽命有限，而知識的追求卻是無窮的」。

(八二) **逐物實難，憑性良易**：「逐物實難」，即養生主「以有涯隨無涯，殆已」的意思；「憑性良易」，即養生主「依乎天理，因其固然」的意思；用今天的話說，兩句的大意是：「用有限的壽命，追逐無窮的知識，那是很困難的；但如果依據天賦的才情，去從事創作，就比較容易有所成就。」

(八三) **傲岸泉石**：指將高尚的志節，寄託於山水之間，而怡然有得。

【語　譯】

這本書之所以叫「文心」，意在藉此說明一般人寫文章時，如何運用心思啊！戰國時代道家的涓子有琴心十三篇，儒家的王孫子有巧心一篇。由此看來，「心」之爲用，實在是太美了。因此我的著作也就採用了「文心」來命名。自古以來的文章，無一不是經過琢磨修飾的工夫，才構成完整的體式的。所以本書命名爲「雕龍」，豈不就是仿效騶奭修飾文辭，如雕鏤龍文的意思嗎！

自闢開天地以來，在這綿延邈遠的歲月裏，許多賢能之士，層出不窮。他們所以能够這樣的超出萬類之上，拔卓衆萃之中，無非是因爲他們具有過人的智慧罷了。然而無情的歲月，就像那飆風一般，忽然而逝，人的生命又不停的新陳代謝。所以人們要想飛騰自己的聲名，傳揚於後代，那麼只有靠著去從事文學創作一途了。況且人的像貌是具體而微的自然，上天賦予仁義禮智信五常的性情，耳目觀察事物，猶如日月之照耀大地；聲音氣息，可比之於迅雷疾風，人類可以說是超乎萬物之上的靈長了。可是，人類有形的身體，比草木還要脆弱，但他們的名聲，卻遠比那些金石還要堅固。所以好學君子，居處於複雜的社會之中，只有迅速的去樹立功德，從事著述才是。我難道眞的喜好與人爭辯嗎？實在是除此之外，別無他途啊！

七歲時，我曾夢見像錦繡一般的五彩祥雲，就攀援而上，把它採了下來。三十多歲時，更夢見自己捧了漆著朱紅色的禮盒，跟在孔子的身後，向南方行去；次早醒來，內心禁不住地高興。心想，偉大啊！像至聖孔子是多麼難以夢見啊！竟然爲我這個後生小子託夢！自從世界上有人類以來，從沒有一位像孔子這樣偉大的聖人。若要闡揚聖人的意旨，最直接的辦法，莫過於註解經典；但東漢的學者如馬融、鄭玄等，對羣經的微言大義，宏揚得已十分精深了，就是我再有深切的見解，也不見得就能自成一家之言。惟有文章，究其作用，實乃經典的枝葉條幹，吉、凶、賓、軍、嘉五禮，藉著他的幫助，構成文采；禮、治、政、敎、刑、事六典，依靠着他，發揮了功用；君臣間的禮儀，因爲有了文章，才相得益彰；軍國大事，更因爲有了文章，方能表達明白。但是若詳加追討文章的根本源頭，又莫不是從經典中來。如今離開聖人之世，已爲時久遠。文章正當的體式法度，早如瓦解雲散，遭到嚴重的破壞。加以兩漢以來的作者愛好新奇，行文措辭崇尚虛浮訛詭，就像在美麗的羽毛上再施雕畫，華美的佩巾上再繡文采一般。似此，離開文章自然的本色已愈來愈遠，眼看就要走上訛詭淫濫的地步了。在書經周書畢命篇裏，講到古人討論言辭的時候，他們崇尚的是措辭得體，內容扼要；孔子敎育弟子，討厭的是異端邪說；所以不論是周書畢命篇的討論文辭，和孔子對弟子們陳述的敎誨；他們主要的意思，就在叫我們爲文要合乎體要。因此我才開始提筆和墨，討論有關文章方面的諸般問題。

詳細觀察近代有關論文的著作很多：譬如魏文帝曹丕的典論論文，陳思王曹植的與楊德祖書，應瑒的文質論，陸機的文賦，摯虞的文章流別論，李充的翰林論。他們僅僅觀察到了文章的細微末節，很少能注意到文章的全面性。他們有的只是批評當時文人才能的高低，有的只是品評一些前賢作品的優劣，有的廣泛列舉出雅俗共賞的意旨，有的摘要敍述文章寫作的用意。像魏文帝典論，雖結構緊密，但內容尚欠周備；陳思王與楊德祖書，雖措辭博辯，而持理不當；應瑒文論，雖文辭華麗，而失於粗疏簡略；陸機文賦，雖文章精巧，而失之零碎雜亂；摯虞文章流別論，雖內容精審，但缺少功效；李充的翰林論，行文淺顯，但不能把握論文的要領。又有桓譚（字君山）、劉楨（字公幹）、應貞（字吉甫）、陸雲（字士龍）這一般學者。也廣泛的談論到爲文的要旨，在他們的作品裏間或出現。但是他們都不能緣枝葉以尋求根本，觀波瀾而追索源頭。如果論文而不闡揚古先聖哲的典誥，那麼對後生晚輩的臨篇綴慮，是毫無益處的。

大抵說來，文心雕龍的寫作內容，乃是本原於自然，取法於先聖，體驗於經典，酌取於緯書，變化於騷辭。以上五者，對於文學中心思想之探討，也可以說是相當完備了。至於討論有韻的文，和敘述無韻的筆，分門別類，各有區畫。其中敍述的方式，是先追溯各體的起源與變遷。再解釋各體名稱的命名及涵義；然後選錄代表作品，作爲此體的模範篇章，最後鋪陳各體創作的原理原則。以上是上篇二十五篇，可說是綱舉目張，已經非常明白了。至於分析文章的情理和辭采，乃就其整個的範圍，用條理貫串的方式加以說明。如言文章的神思與體性，考慮風骨與定勢，包括附會與通變，研閱聲律與練字。以及從時代背景的不同，來批評文學的盛衰；從作家才能的高下，對作品進行褒貶；同時更感傷於夠資格的讀者之難以遇合；以及不可忽視道德修養對作品的重要性。最後，我又以深長的情懷，寫序志一篇，作爲控制全書的關鍵。以上是下篇二十五篇，其篇目內容，大致也顯明可知了。然後根據每篇不同的內容，去確定他們的篇名，剛好符合易經上推算天地的數目，共五十篇。但是其中眞爲論文而用的，不過四十九篇罷了。

如果單獨評論一篇文章，比較容易，要想綜合論述各家的言辭，那就很困難了。因爲有的作品，好像只講到一點枝節，但細加追究，卻深入問題的核心；又有的作品故意委婉曲折，隱藏寫作的主旨，表面上，看起來很淺近，而事實上內在的意義卻非常深遠。所以像這些情形，爲本書不及備載的地方，可說是不勝枚舉。至於我運材的態度，在我品評前人的文章時，持論有與前人說法相同的地方，並不是我隨聲附和，實在是不能夠標新立異啊！有和前人說法不同的地方，那也絕非是故意的標新立異，實在是道理不容許相同啊！故同與不同的標準，不分古今，是就是是，非就是非。在剖析作品的內容和形式的時候，盡量的折衷古今，力求至當，找出一個正確主張來。因此，學者若能熟讀本書，想要從容按節，馳騁於文壇之上，涉獵於藻繪之府，其中有關問題，在這裏也差不多都講得十分完備了。但以有限的言辭，想要充分表達出一個人無窮的情意，即使是聖人也都感到困難。更何況像我這樣識見粗淺的人，講的話又怎能可以作爲讀者的法度呢？不過往古聖賢的作品，既然增長了我的見聞；也許本書中的若干理論，可以爲後來的讀者，提供某些參考吧！

總而言之：人的生命有限，而知識無窮。如果以有限的生命，去追求無窮的知識，實在困難；但假使憑著自己天賦的性情，立定目標，從事文學創作的話，倒比較容易收到功效。空閒的時候，一卷在手，嘯傲於山明水秀之間，揣摩著文章的意義，這該是人生最大的享受。如果說文章眞能運載一個人心意的話，那麼我的心意，也可能因爲文心雕龍的寫作，而有所寄託了。

【集　評】

一、紀評：「此全書之總序。古人之序皆在後。史記、漢書、法言、潛夫論之類，古本尚斑斑可考。」

二、黃評：「讀歐陽子送徐無黨序文，爽然自失矣。」

三、紀評：「全書針對此數語立言。」

四、曹評：「彥和雖是子類，然會其大全，要之中正，所以爲難。」

五、紀評：「平允之見。如此，乃可以著書；亦如此，其書乃傳。」

六、紀評：「結處自負不淺。」

【問題討論與練習】

一、文心雕龍全書凡有若干篇？計分幾卷？其內容可分幾大部分？各部分所占之卷篇次序何如？試表述其概略。

二、何謂「文心雕龍」？試述劉勰「搦筆和墨，乃始論文」之動機何在？

三、劉彥和以為近代論文者雖多，皆未能振葉尋根，觀瀾索源，試列舉實例以徵其說。

四、試述劉勰作文心雕龍之體例。

五、劉彥和云：「唯文章之用，實經典枝條」，又云：「詳其本源，莫非經典」。其以為經典與文章之關係如何？並加評述。

六、章學誠謂文心「體大慮周」，試就全書五十篇之組織、布局說明之。

七、彥和何以有「文心雕龍」之作？

附錄

附錄一：劉勰著作二篇

一、梁建安王造剡山石城寺石像碑文

夫道源虛寂，冥機通其感；神理幽深，玄德（原作元匠，據類聚七六引改。老子第七十九章：『有德司契』，當爲舍人所本。玄德二字，亦見老子第十章。）思其契。是以四海將寧，先集威（類聚作入態）鳳之寶；九河方導，已致應龍之書。況種智圓照，等覺徧知，揚萬化於大千，摛億形於法界。當其靈起攝誘之權，影現遊戲之力，可勝言哉！自優曇發華，而金姿誕應；娑羅雙葉，而塔像代興。月喻論其跡隱，鏡譬辨其常照。所以刻香望標而自移，畫木趣井而懸峙；金剛泛海而遴集，石儀浮滬以遙渡；並造由人功，而瑞表神力。形器之妙，猶或至此；法身之極，庸詎可思！觀夫石城初立，靈證發於草創，彌勒建像，聖驗顯乎鐫刻；原始要終，莫非禎瑞。剡山峻絕，競爽嵩華，澗崖燭銀，岫巘蘊玉。故六通之聖地，八輩之奧宇。始有曇光比丘，雅修遠離，與晉世于蘭，同時並學；蘭以慧解馳聲，光以禪味消影。歷遊巖壑，晚居剡山，遇見石室，班荊宴坐，始有雕虎造前，次有丹蟒依足，各受三皈，玆卽引去。後見山祇盛飾，造帶訏談，光說以苦諦，神奉以崖窟，遂結伽藍，是名隱岳。後蘭公創寺，號曰元化。玆密通石城，而拱木扃阻，伯鸞所未窺，子平所不値，似石橋之天斷，猶桃源之地絕。荒茫以來，莫測年代；金剛欲基，斯路自啓。野人伐木，始通山蹊，翦棘藝廡，忽聞空

響：此是佛地，不可種植，心悟神封，震驚而止。又光公禪室，身屬東巖，常聞絃管，韻動霄漢，流五結之妙聲，凝九奏之淸響。由是玆山，號爲天樂。至齊永明四年，有僧護比丘，刻意苦節，戒品嚴淨，進力堅猛，來憩隱嶽，游觀石城。見其南駢兩峯，北疊峻嶧，東竦圓岑，西引斜嶺，四嶂相銜，鬱如鷲岳；曲隅微轉，渙若龍池。加以削成青壁，當於前巘，天誘其衷，神啓其慮，心畫目準，願造彌勒，敬擬千尺，故坐形十丈。於是擎爐振鐸，四衆爰始胥宇；命曰石城。遂輔車兩寺，鼎足而處。克勤心力，允集勸助，疎鑿積年，僅成面璞。此外則碩樹朦朧，巨藤交梗，後原燎及崗，林焚見石，有自然相光，正環像上，兩際圓滿，高焰峯銳，勢超匠楷，功踰琢磨，法俗咸竦心驚觀，僉曰冥造，非今朝也！自護公神遷，事異人謝；次有僧淑比丘，纂修厥緒，雖劬勞招獎，夙夜匪懈，而運屬齊末，資力莫由；千里廢其積跬，百仞虧其覆簣。暨我大梁受歷，道籌域中，秉玉衡而齊七政，協金輪而敎十善；地平天成，禮被樂洽。瞻行衢而交讓，巡比屋其可封；慈化穆以風動，慧敎渙以景燭；般若熾於香城，表刹嚴於淨土。希有之瑞，旦夕鱗集，難值之寶，歲時輻湊。鎭南將軍江州刺史建安王，道性自凝，神理獨照，動容立禮，發言成德，英風峻於間平，茂績盛乎魯衞。自皇運維新，宣力邦國，初鎭樊沔，遷牧派江，酌寶樹聲，鞅掌於民政；率典頒職，密勿於官府。炎涼舛和，爰動勞熱；寢味貶常，輿居睽豫。仁深祚遠，德滿慶鍾。乘玆久禱之福，將致勿藥之喜。所以休禎元會，妙應旁通。有始豐縣令，吳郡陸咸，以天監六年十月二十二日，罷邑旋國，夕宿剡溪，値風雨晦冥，驚湍奔壯，中夜震惕，假寢危坐；忽夢沙門三人，乘流告曰：「君識性堅正，自然安隱，建安王感患未痊，由於微障；剡縣僧護造彌勒石像，若能成就，必獲康復。冥理非虛，宜相開導。」咸還都經年，稍忘前夢，後出門遇僧，云：「聽講寄宿，因言去歲剡溪風雨之夜，囑建安王事，猶憶此否？」咸當時憮然，答以不憶。道人笑曰：「但更思之！」仍既辭去，不肯留止。心悟非凡，倒屣諮訪，而慢色頗形，詭辭難領，拂衣高逝，直去靡回，百步追及，忽然不見。咸霍爾意解，且憶前夢，乃剡溪所見第三人也。再顯靈機，重發神證，緣感昭灼，遂用騰啓。君王智境邈羣，法忍超絕，邁優曇之至心，踰波斯之建善；僉瑞言於羣聖，膺福履於大覺。倍增懇到，會益喜捨。乃開藏寫貝，傾邸散金，裝嚴法身，誓取妙極。以定林上寺祐律師德熾釋門，名蓋淨衆，虛心宏道，忘己濟物。加以貞鑒特達，研慮精深。乃延請東行，憑委經始，爰至啓敕，專任像事。律師應法若流，宣化如渴。揚船浙水，馳錫禹山。於是捫虛梯漢，構立棧道，狀奇肱之飛車，類僊腹之懸閣；高張圖範，冠彩虹蜺；椎鑿響於霞上，剖石灑乎雲表。命世之壯觀，曠代之鴻作也。初護公所鐫，失在浮淺，乃鏟入五丈，改造頂髻。事雖因舊，功實創新。及巖窟既通，律師重履，方精成像軀，妙量尺度；時寺僧慧逞，夢黑衣大神，翼從風雨，立於龕側，商略分數。是夜將旦，大風果起，拔木十圍，壓壞匠屋，師役數十，安寢無傷。比及詰朝，而律師已至。靈應之奇，類皆如此。既而謀猷四八之相，斟酌八十之好，雖羅漢之三觀兜率，梵摩之再覘法身，無以加也。尋巖壁縝密，表裏一體，同影岫之縹章，均帝石之驄色，內無寸隙，外靡纖瑕。雕刻石掌，忽然橫絕，改斷下分，始合折中。方知自斷孰可思議？天工人巧，幽顯符合。故光啓寶儀，發揮勝相，磨繪之術既極，繪事之藝方騁；棄俗圖於史皇，追法畫於波塞。青雘與丹砂競彩，白鋈共紫銑爭耀；從容滿月之色，赫奕聚日之輝。至於頂禮仰虔，罄折肅望，如須彌之臨大海，梵宮之跱上天。說法視笑，似不違於咫尺；動地放光，若將發於俄頃。可使曼陁逆風而獻芬，旃檀隨雲而散馥。梵王四鵠，徘徊而不去；帝釋千馬，躑躅而忘歸矣。初隱嶽未開，野絕人逕，及光公馴虎，時方雨雪，導跡汚塗，始通西路。又東巖盤鬱，千里聯嶂，有石牛屆止，至自始豐，因其蹄涔，遂啓東道。尋石牛通嶮，不資蜀丁之力；文虎標徑，無待漢守之威。豈四天驅道，爲像拓境者歟？以大梁天監十有二年，歲次鶉尾，二月十二日，開鑿爰始，到十有五年，龍集涒灘，三月十五日，妝畫云畢。像身坐高五丈，若立形，足至頂十丈，圓光四丈，座輪一丈五尺，從地隨龕，光燄通高十丈。自涅槃已後，一百餘年，摩竭提國始製石像，阿育輪王善容羅漢，檢其所造，各止丈六。鴻姿巨相，與我皇時，自非君王願力之至，如來道應之深，豈能成不世之寶，建無等之業哉！竊惟慈氏鼎來，拯斯忍刹，惟我聖運，福慧相符。固知翅城合契於今晨，龍華匪隔於來世。四藏寶奇，可蹻足而蹴；三會甘露，可洗心而待。睿王妙慶，現聖果於極樂；十方翾動，蒙法緣而等度矣。思柱石於天梯，想靈碑於地塔；樹玆紺碣，銘爲勝幢；金剛既其比堅，鐵圍可與共久。式奉偈讚，仍作頌曰：法身靡二，覺號惟億；百非絕名，萬行焉測？羣萌殁感，聖應分極；釋尊隱化，慈氏現力。夐哉往緣，邈矣來際！求名受別，無垢立誓。凝神寂天，降胎忍世。七穫厥田，八萬伊歲。夷荆沈礫，飛花散寶，夜燎明珠，曉漩翠草。一音闡法，三會入道，府豈虛植？緣固人造。曰梁啓聖，皇實世雄，紺殿等化，赤澤均風。慈徧羣有，智周太空；攝取嚴淨，匡飾域中。英英哲王，德昭珪璧；樂善以居，禮仁是宅。慧動貞應，福交牠跡，儀彼旃檀，像玆寶石。五仞其廣，百尺其袤，金顏日煇，紺螺雲覆。頻果欲言，鵝網將投，調御誰遠，卽心可覯。耆闍五峯，玆岳四嶺，緣篠織煙，朱桂鏤影。泉來石嘯，風去巖淨，梵釋爰集，龍神載騁。自因已樹，上果方凝，妙志何取？總駕大乘。顯若有質，虛空弗勝，刹塵斯仰，邈劫

永承。（會稽掇英總集卷十六頁三上至頁九上）

二、滅惑論

或造三破論者，義證庸近，辭體鄙拙。雖至理定於深識，而流言惑於淺情。委巷陋說，誠不足辨。又恐野聽，將謂信然。聊擇其可採，略標雅致。

三破論云：「道家之教，妙在精思得一，而無死入聖；佛家之化，妙在三昧神通，無生可冀，詺死為泥洹。未見學死而不得死者也。」滅惑論曰：「二教真偽，煥然易辨。夫佛法練神，道教練形，形器必終，礙於一垣之裏；神識無窮，再撫六合之外。明者資於無窮，教以勝慧；闇者戀其必終，誑以仙術。極（極上疑脫二字）於餌藥，慧業始於觀禪。禪練真識，故精妙而泥洹可冀；藥駐偽器，故精思而翻騰無期。若迺棄妙寶藏，遺智養身，據理尋之，其偽可知。假使形翻無際，神暗（暗下疑脫二字）鳶飛戾天，寧免為鳥？夫泥洹妙果，道惟常住，學死之談，豈析理哉！」三破論云：「若言太子是教主，主不落髮，而使人髡頭；主不棄妻，使人斷種，實可笑哉！明知佛教是滅惡之術也。伏聞君子之德，身體髮膚，受之父母，不敢毀傷，孝之始也。」滅惑論曰：「太子棄妻落髮，事顯於經，而反白為黑，不亦罔乎！夫佛家之孝，所苞蓋遠。理由乎心，無繫於髮。若愛髮棄心，何取於孝？昔泰伯虞仲，斷髮文身，夫子兩稱至德中權。以俗內之賢，宜修世禮，斷髮讓國，聖哲美談。況般若之教，業勝中權；菩提之果，理妙克讓者哉！理妙克讓，故捨髮取道；業勝中權，故棄迹求心。準以兩賢，無缺於孝，鑒以聖境，夫何怪乎？」

第一破曰：「入國而破國者。誑言說偽，興造無費，苦剋百姓，使國空民窮，不助國，生人減損。況人不蠶而衣，不田而食，國滅人絕，由此爲失。日用損費，無纖毫之益，五災之害，不復過此。」滅惑論曰：「大乘圓極，窮理盡妙，故明二諦以遣有，辨三空以標無；四等弘其勝心，六度振其苦業。誑言之訕，一作詘豈傷日月？夫塔寺之興，闡揚靈敎，功立一時，而道被千載。昔禹會諸侯，玉帛萬國，至於戰代，存者七君，更始政阜，民戶殷盛，赤眉兵亂，千里無煙。國滅人絕，寧此之由？宗索之時，石穀十萬；景武之世，積粟紅腐。非秦末多沙門，而漢初無佛法也。驗古準今，何損於政！」

第二破曰：「入家而破家。使父子殄事，兄弟異法，遺棄二親，孝道頓絕。憂娛各異，歌哭不同，骨血生讎，服屬永棄；悖化犯順，無昊天之報，五逆不孝，不復過此！」滅惑論曰：「夫孝理至極，道俗同貫，雖內外跡殊，而神用一揆。若命綴俗因，本修敎於儒禮；運稟道果，固弘孝於梵業。是以諮親出家，法華明其義；聽而後學，維摩標其例。豈忘本哉！有由然也。彼皆照悟神理，而鑒燭人世，過駟馬格於言，逝川傷於上哲。故知瞬息盡養，無濟幽靈；學道拔親，則冥苦永滅。審妙感之無差，辨勝果之可必，所以輕重相權，去彼取此。若乃服制所施，事由追遠；禮雖因心，抑亦沿世。昔三皇至治，堯舜所慕，死則衣之以薪，葬之中野，封樹弗修，苴斬無紀，豈可謂三皇敎民棄於孝乎？爰及五帝，服制煥然，未聞堯舜執禮，追責三皇。三皇無責，何獨疑佛？佛之無服，理由拔苦；三皇廢喪，事沿淳樸。淳樸不疑，而拔苦見尤，所謂朝三暮四，而喜怒交設者也。明知聖人之敎，觸感圓通，三皇以淳樸無服，五帝以沿情制喪；釋迦拔苦，故棄俗反眞，檢迹異路，而玄化同歸。」

第三破曰：『入身而破身。人生之體，一有毀傷之疾，二有髡頭之苦，三有不孝之逆，四有絕種之罪，五有亡體從誡，唯學不孝，何故言哉？誡令不跪父母，便競從之，兒先作沙彌，其母後作阿尼，則跪其兒。不禮之敎，中國絕之，何可得從！」滅惑論曰：「夫棲形稟識，理定前業；入道居俗，事繫因果。是以釋迦出世，化洽天人，御國統家，並證道跡。未聞世界，普同出家，良由緣感不一，故名敎有二。搢紳沙門，所以殊也。但始拔塵域，理由戒定。妻者愛累，髮者形飾；愛累傷神，形飾乖道。所以澄神滅愛，修道棄飾，理出常均，敎必翻俗。若乃不跪父母，道尊故也；父母禮之，尊道故也。禮新冠見母，其母拜之，喜其備德，故屈尊禮卑也。介胄之士，見君不拜，重其秉武，故尊不加也。緇弁輕冠，本無神道，介胄凶器，非有至德；然事應加恭，則以母拜子，勢宜停敬，則臣不跪君；禮典世敎，周孔所制，論其變通，不由一軌。況佛道之尊，標出三界，神敎妙本，羣致玄宗，以此加人，實尊冠胄，冠胄及禮，古今不疑，佛道加敬，將欲何怪！」

三破論云：「佛，舊經本云浮屠，羅什改爲佛徒，知其源惡故也。所以詺爲浮屠，胡人凶惡。故老子云：「化其始，不欲傷其形。」故髡其頭，名爲浮屠，況屠割也。至僧禕後改爲佛圖。本舊經云喪門，喪門，由死滅之門，云其法無生之敎，名曰喪門；至羅什又改爲桑門，僧禕又改爲沙門。沙門，由沙汰之法，不足可稱。」滅惑論曰：「漢明之世，佛經始過，故漢譯言，音字未正。浮音似佛，桑音似沙，聲之誤也；以圖爲屠，字之誤也。羅什語通華戎，識兼音義，改正三家，固其宜矣。五經世典，學不因譯，而馬鄭注說，音字互改。是以昭（按昭字誤，當作於。）穆不祀，謬師資於周頌；允塞宴安，乖聖德於堯典。至敎之深，寧在兩字？得意忘言，莊周所領；以文害志，孟軻所譏。不原大理，唯字是求，宋人申束，豈復過此！」三破論曰：「有此三破之法，不施中國，本正西域，何言之哉？胡人無二，剛強無禮，不異禽獸，不信虛無。老子入關，故作形像之敎化之。」又云：「胡人麤獷，欲斷其惡種，故令男不娶妻，女不嫁夫。一國伏法，自然滅盡。」滅惑論曰：「雙樹晦跡，形像代興，固已理精無始，而道被無窮者矣。案李叟出關，運當周季，世閉賢隱，故往而忘歸。接輿避世，猶滅其迹，況適外域，孰見其蹤？於是姦猾祭酒，造化胡之經，理拙辭鄙，廝隸所傳。尋西胡怯弱，北狄凶熾，若老子滅惡，棄德用刑，何愛凶狄而反滅弱胡？遂令玁狁橫行，毒流萬世。豺狼當路，而狐狸是誅，淪湑爲酷，覆載無聞。商鞅之法，未至此虐，伯陽之道，豈其然哉！且未服則設像無施，信順則孥戮可息。既服敎矣，方加極刑，一言失道，衆僞可見，東野之語，其如理何？」

三破論云：「蓋聞三皇五帝三王之徒，何以學道並感應，而未聞佛敎？爲是九皇忽之，爲是佛敎未出。若是佛敎未出，則爲邪僞，不復云云。」滅惑論曰：「神化變通，敎體匪一；靈應感會，隱現無際。若緣在妙化，則菩薩弘其道；化在麤緣，則聖帝演其德。夫聖帝菩薩，隨感現應，殊敎合契，未始非佛。固知三皇已來，感滅而名隱；漢明之敎，緣應而像現矣。若迺三皇德化，五帝仁敎，此之謂道，似非太上；羲農敷治，未聞奏章，堯舜緝政，寧肯書符？湯武抒暴，豈當餌丹？五經典籍，不齒天師，而求授聖帝，豈不悲哉！」

三破論云：「道以氣爲宗，名爲得一。尋中原人士，莫不奉道。今中國有奉佛者，必是羌胡之種。若言非邪？何以奉佛？」滅惑論曰：「至道宗極，理歸乎一；妙法眞境，本固無二。佛之至也，則空玄無形，而萬象並應；寂滅無心，而玄智彌照。幽數潛會，莫見其極；冥功日用，靡識其然。但言萬象既生，假名遂立。梵音菩提，漢語曰道。其顯跡也，則金容以表聖；應俗，則王宮以現生。拔愚以四禪爲始，進慧以十地爲階；總龍鬼而均誘，涵蠢動而等慈。權敎無方，不以道俗乖應；妙化無外，豈以華戎阻情？是以一音演法，殊譯共解；一乘敷教，異經同歸。經典由權，故孔釋教殊而道契，解同由妙，故梵漢語隔而化通。但感有精麤，故教分道俗；地有東西，故國限內外。其彌綸神化，陶鑄羣生，無異也。固能拯拔六趣，總攝大千，道惟至極，法惟最尊。然至道雖一，岐路生迷。九十六種，俱號爲道，聽名則邪正莫辨，驗法則眞僞自分。案道家立法，厥品有三：上標老子，次述神仙，下襲張陵，太上爲宗。尋柱史嘉遯，實惟大賢，著書論道，貴在無爲，理歸靜一，化本虛柔。然而三世弗紀，慧業靡聞。斯迺導俗之良書，非出世之妙經也。若乃神仙小道，名爲五通，福極生天，體盡飛騰；神通而未免有漏，壽遠而上能無終；功非餌藥，德沿業修。於是愚狡方士，僞託遂滋。張陵米賊，述記昇天；葛玄野豎，著傳仙公。愚斯惑矣！智可罔與？今祖述李叟，則教失如彼；憲章神仙，則體劣如此。上中爲妙，猶不足算，況效陵魯醮事章符，設教五斗，欲拯三界，以蚊負山，庸詎勝乎？標名大道，而教甚於俗；舉號太上，而法窮下愚。何故知邪？貪壽忌夭，含識所同，故肉芝石華，譎以翻騰，好色觸情，世所莫異。故黃書御女，誑稱地仙，肌革盈虛，羣生共愛，故寶惜洟唾，以灌靈根。避災苦病，民之恆患，故斬縛魑魅，以快愚情。憑威恃武，俗之舊風，故吏兵鉤騎，以動淺心。至於消災淫術，厭勝姦方，理穢辭辱，非可筆傳。事合氓庶，故比屋歸宗。是以張角李弘，毒流漢季；盧悚孫恩，亂盈晉末。餘波所被，實蕃有徒。爵非通侯，而輕立民戶；瑞無虎竹，而濫求租稅。糜費產業，蠱惑士女。運迍則蠍國，世平則蠹民。傷政萌亂，豈與佛同。且夫涅槃大品，寧比玄妙上清？金容妙相，何羨鬼室空屋？降伏天魔，不慕幻邪之詐；淨修戒行，豈同畢劵之醜？積弘誓於方寸，孰與藏宮將於丹田？響洪鐘於梵音，豈若鳴天鼓於脣齒？校以形迹，精麤已懸；覈以至理，眞僞豈隱？若以麤笑精，以僞謗眞，是瞽對離朱曰

我明也。」弘明集卷八頁七上至十四上

附錄二：劉勰傳

一、梁書劉勰傳

劉勰字彥和，東莞莒人。祖靈眞，宋司空秀之弟也。父尚，越騎校尉。勰早孤，篤志好學，家貧不婚娶，依沙門僧祐，與之居處，積十餘年，遂博通經論，因區別部類，錄而序之。今定林寺經藏，勰所定也。

天監初，起家奉朝請，中軍臨川王宏引兼記室，遷車騎倉曹參軍。出爲太末令，政有清績。除仁威南康王記室，兼東宮通事舍人。時七廟饗薦已用蔬果，而二郊農社猶有犧牲，勰乃表言二郊宜與七廟同改，詔付尚書議，依勰所陳。遷步兵校尉，兼舍人如故。昭明太子好文學，深愛接之。

初，勰撰文心雕龍五十篇，論古今文體，引而次之。其序曰：

夫文心者，言爲文之用心也。昔涓子琴心，王孫巧心，心哉美矣，夫故用之焉。古來文章，以雕縟成體，豈取騶奭羣言雕龍也。夫宇宙緜邈，黎獻紛雜，拔萃出類，智術而已。歲月飄忽，性靈不居，騰聲飛實，制作而已。夫肖貌天地，禀性五才，擬耳目於日月，方聲氣乎風雷，其超出萬物，亦已靈矣。形甚草木之脆，名踰金石之堅，是以君子處世，樹德建言，豈好辯哉，不得已也。

予齒在踰立，嘗夜夢執丹漆之禮器，隨仲尼而南行，旦而寤，廼怡然而喜。大哉聖人之難見也！廼小子之垂夢歟！自生人以來，未有如夫子者也。敷讚聖旨，莫若注經，而馬、鄭諸儒，弘之已精，就有深解，未足立家。唯文章之用，實經典枝條，五禮資之以成，六典因之致用，君臣所以炳煥，軍國所以昭明，詳其本源，莫非經典。而去聖久遠，文體解散，辭人愛奇，言貴浮詭，飾羽尚畫，文繡鞶帨，離本彌甚，將遂訛濫。蓋周書論辭，貴乎體要；尼父陳訓，惡乎異端。辭訓之異，宜體於要。於是搦筆和墨，乃始論文。

詳觀近代之論文者多矣。至如魏文述典，陳思序書，應瑒文論，陸機文賦，仲洽流別，弘範翰林，各照隅隙，鮮觀衢路。或臧否當時之才，或銓品前修之文，或汎舉雅俗之旨，或撮題篇章之意。魏典密而不周，陳書辯而無當，應論華而疏略，陸賦巧而碎亂，流別精而少功，翰林淺而寡要。又君山、公幹之徒，吉甫、士龍之輩，汎議文意，往往間出，並未能振葉以尋根，觀瀾而索源。不述先哲之誥，無益後生之慮。

蓋文心之作也，本乎道，師乎聖，體乎經，酌乎緯，變乎騷，文之樞紐，亦云極矣。若乃論文敍筆，則囿別區分，原始以表末，釋名以章義，選文以定篇，敷理以舉統。上篇以上，綱領明矣。至於割情析采，籠圈條貫，摛神性，圖風勢，苞會通，閱聲字，崇替於時序，褒貶於才略，怊悵於知音，耿介於程器，長懷序志，以馭羣篇。下篇以下，毛目顯矣。位理定名，彰乎大易之數，其爲文用，四十九篇而已。

夫銓敍一文爲易，彌綸羣言爲難，雖復輕采毛髮，深極骨髓，或有曲意密源，似近而遠，辭所不載，亦不勝數矣。及其品評成文，有同乎舊談者，非雷同也，勢自不可異也。有異乎前論者，非苟異也，理自不可同也。同之與異，不屑古今，擘肌分理，唯務折衷。案轡文雅之場，而環絡藻繪之府，亦幾乎備矣。但言不盡意，聖人所難，識在缾管，何能矩矱。茫茫往代，既洗予聞；眇眇來世，儻塵彼觀。

既成，未爲時流所稱。勰自重其文，欲取定於沈約。約時貴盛，無由自達，乃負其書，候約出，干之於車前，狀若貨鬻者。約便命取讀，大重之，謂爲深得文理，常陳諸几案。

然勰爲文長於佛理，京師寺塔及名僧碑誌，必請勰製文。有敕與慧震沙門於定林寺撰經，證功畢，遂啓求出家，先燔鬢髮以自誓，敕許之。乃於寺變服，改名慧地。未朞而卒。文集行於世。梁書列傳第四十四，文學下

二、南史劉勰傳

劉勰字彥和，東莞莒人也。父尙，越騎校尉。勰早孤，篤志好學。家貧不婚娶，依沙門僧祐居，遂博通經論，因區別部類，錄而序之。定林寺經藏，勰所定也。

梁天監中，兼東宮通事舍人，時七廟饗薦已用蔬果，而二郊農社猶有犧牲，勰乃表言二郊宜與七廟同改。詔付尙書議，依勰所陳。遷步兵校尉，兼舍人如故，深被昭明太子愛接。

初，勰撰文心雕龍五十篇，論古今文體，其序略云：「予齒在逾立，嘗夜夢執丹漆之禮器，隨仲尼而南行，寤而喜曰：大哉，聖人之難見也，廼小子之垂夢歟！自生靈以來，未有如夫子者也。敷讚聖旨，莫若注經，而馬、鄭諸儒，弘之已精，就有深解，未足立家。唯文章之用，實經典枝條，五禮資之

以成，六典因之致用。於是搦筆和墨，乃始論文。其爲文用四十九篇而已。」既成，未爲時流所稱。勰欲取定於沈約，無由自達，乃負書候約於車前，狀若貨鬻者。約取讀，大重之，謂深得文理，常陳諸几案。

勰爲文長於佛理，都下寺塔及名僧碑誌，必請勰製文。敕與慧震沙門於定林寺撰經。證功畢，遂求出家，先燔鬢髮自誓，敕許之。乃變服改名慧地云。南史列傳第六十二，文學

三、楊明照梁書劉勰傳箋注

劉舍人身世，梁書南史皆語焉不詳。文集既佚，考索愈難。雖多方涉獵，而弋釣者仍不足成篇。原擬作一年譜或補傳，爰就梁書本傳視南史稍詳酌爲箋注，冀有知人論世之助云爾。

劉勰字彥和。

按勰與𢟟同。音協。爾雅釋詁下，「勰，和也。」說文劦部：「勰，同思之和也。」釋訓：「美士爲彥。」古人立字，展名取同義。說詳論衡詁術篇、舍人名勰字彥和，猶劉協之字伯和，見後漢書卷九獻帝紀及李賢注引帝王紀（當是帝王世紀）。爾雅釋詁下釋文：「（勰）本又作協。」是協與勰通。此依北齊書卷四五文苑顏之推傳。梁書卷五十文學下本傳則作協，顏氏家廟碑同（南史卷七二文學傳作協）。之字子和然也。唐顏師古匡謬正俗。忽有「劉軌思文心雕龍」之語，殊爲可疑。考軌思乃北齊渤海人，史只稱其說詩甚精，天統後主緯年號中任國子博士，見北齊書卷四四及北史卷八一儒林傳它無著述。隋書卷七五儒林劉焯傳：「少與河間劉炫同受詩於同郡劉軌思。」（北史卷八二儒林下焯傳同）亦未言軌思有何著述也。與舍人之時地既不相同北齊天統時，舍人遷化已三十餘年。學行亦復各異。非顏監誤記，清葉廷琯吹網錄卷五主此說，即後世傳寫之訛。劉勰之爲劉軌思，與劉𢟟之爲劉思協。（見宋釋德珪北山錄注解隨函卷下法籍興篇）；蓋皆由偏旁致誤。又按宋宗室長沙景王道憐之孫有名勰字彥龢見宋書卷五一宗室長沙景王道憐傳（卷十五禮志二及卷八一顧覬之傳均止擧其名）。玉篇龠部：「龢，今作和。」廣韻八戈：「龢，或曰古和字。」者，舍人姓、

名、字均與之同。至名字相同者，則前有晉之周勰彥和，見晉書卷五八本傳並世有北魏之拓跋勰彥和。見魏書卷二一下本傳古今撰同名錄，同姓名錄及同姓字錄者皆未箸，故覃及之。

東莞莒人。

按莒，故春秋莒子國。前漢屬城陽，後漢屬琅邪。見續漢郡國志三（後漢書卷三一）及宋書卷三五州郡志一，晉太康元年，置東莞郡，十年，割莒屬焉。永嘉喪亂，淪於異族。渡江以後，明帝始僑立南東莞郡於南徐州，鎭京口。見晉書卷十五地理志下宋齊諸代因之。見南齊書卷十四州郡志上蓋以其「襟帶江山，表裏華甸，經途四達，利盡淮海，城邑高明，士風淳壹，苞總形勝，實唯名都。」宋文帝元嘉二十六年徙民實京口詔中語，見宋書卷五文帝紀。故也。爾時北方士庶之避難過江者，亦往往於此寓居，晉書卷九一儒林徐邈傳：「徐邈，東莞姑幕人也。祖澄之，爲州治中。屬永嘉之亂，遂與鄉人臧琨等率子弟並閭里士庶千餘家南渡江，家於京口。」晉書卷八二徐廣傳：「東莞姑幕人，侍中邈之弟也。」宋書卷五五徐廣傳：「廣上表曰：『……臣又生長京口。』」（南史卷三三廣傳同）是徐氏自澄之後，即世居京口。梁慧皎高僧傳。卷十一釋智稱傳，「姓裴，河東聞喜人。魏冀州刺史徽之後也。祖世避難，寓居京口。」南齊書卷五一裴叔業傳：「河東聞喜人，晉冀州刺史徽後也。徽子游擊將軍黎，遇中朝亂，子孫沒涼州，仕於張氏。……叔業父祖晚衰。」未審叔業父祖渡江後，亦寓居京口否？並其明證，舍人一族之世居京口，見後引宋書劉穆之及劉秀之傳當係避寇僑居，與徐澄之、臧琨等之「南渡江家於京口」，裴氏之「避難寓居京口」同。它如孟懷玉本平昌安丘人，關康之本河東楊人，諸葛璩本琅邪陽都人，皆世居京口（見宋書卷四七懷玉本傳（南史卷十七本傳同）又卷九三隱逸關康之本傳（南史卷七五隱逸上本傳同）梁書卷五一處士璩本傳（南史卷七六隱逸下本傳同）。蓋皆因永嘉之亂避地僑居蘇史氏狃於習俗，虛著里望。非舍人及乃祖乃父猶生於莒，長於莒也。莒卽今山東莒縣，京口則爲今江蘇鎭江。一北一南，固遠哉遙遙也，明乎此，於當時南北文風之異，始能得其肯綮所在，蓋南北長期對峙，雙方地域不同，對文學創作誠然有影響，但尤要者，則爲各自不同之經濟。從屬於政治之文學，必受社會經濟之制約。文心、詩品風格之與水經注、洛陽伽藍記、劉子諸書不相侔者，職是故也。梁書卷四九文學上鍾嶸傳：「潁川長社人，晉侍中雅七世孫也。」晉書卷七十鍾雅傳：「潁川長社人也。……避亂東渡，元帝以為丞相記室參軍。」是潁川長社乃嶸之原籍，七世祖時已僑居江左（高僧傳卷十三釋法愿傳：「本姓鍾，……先潁川長社人，祖世避難，移居吳興長城。」如嶸與法愿同宗，則僑居之地，或即為吳興長城）。故詩品風格與文心同。隋劉善經四聲論見文鏡秘府論天卷以為吳人，係就其僑居之地言；宋黃庭堅與王觀復書山谷尺牘卷一稱為南陽指海本修辭鑒衡二引作南朝，非是（景印元刊本修辭鑒衡作南陽，餘師錄卷二引黃書同）。人，則誤屬邑里，南陽有二，在山東者：宋曰益都，屬青州（莒屬密州）。見宋史卷八五地理志一（益都即今鄒縣，與莒縣相距甚遠）明人纂諸子滙函卷二四選文心原道等五篇，題為雲門子。按滙函舊題歸有光輯，當是假托，四庫全書總目提要卷一三一子部雜家類存目八、周中孚鄭堂讀書記卷五八諸子滙函下均辨之。者，謂舍人嘗於青州府。明代以莒縣為莒州，屬青州府見明史卷四一地理志二。南雲門山讀書，自號雲門子，見滙函雲門子題解乃傅會杜撰。滙函所選，凡九十三種，除書原名子者外，餘幾全稱為某某子（僅白虎通風俗通二書未改稱）。如桓譚新論之為荆山子，王充論衡之為宛委子等，皆以其鄉井之名山傅會。淸世之修山東方志者，亦復展轉沿襲，係舍人虛名於本土，乾隆山東通志卷二八，光宣山東通志卷一六三、嘉慶莒州志卷十三、嘉慶重修一統志卷一七八人物門中，均列有舍人，蓋相沿承襲舊志。廣書者舊，無非跨示鄉賢耳。明鈔本類說卷九題舍人為東平人，當是傳寫之誤。又按南朝之際，莒人多才，而劉氏尤衆，其本支與舍人同者，都二十餘人；見后表雖臧氏之盛，臧燾（宋書卷五五南史卷十八有傳）、臧質（宋史卷七四有傳）、臧榮緒（南齊書卷五四高逸南史卷七六隱逸下有傳）、臧盾、臧厥（梁書卷四二有傳）、臧嚴（梁書卷五十文學下有傳）、臧熹、臧凝、臧稜、臧未甄、臧逢世（見南史臧燾傳梁書臧嚴傳及顏氏家訓風操篇）諸史皆書為東莞莒。其實早已過江，且歷仕南朝矣。亦莫之與京。是舍人家世淵源有自，於其德業，不無啓牖之助，且名儒之隱居京口講學者，先後有關康之、見宋書及南史本傳。臧榮緒、見南齊書及南史本傳諸葛璩見梁書及南史本傳諸家，流風遺韻，或有所受之矣。它若高僧之出自東莞者，亦時有之：如竺僧度、見高僧傳卷四竺法汰、同上卷五釋寶亮、同上卷八釋道登、見唐釋道玄續高僧傳卷六釋寶瓊同上卷七皆其選。舍人之歸心內教，老而彌篤，未始非受其薰習也。

祖靈眞，宋司空秀之弟也。

按靈眞事跡不可考。史不敍其官，蓋未登仕。梁平原劉訏之父亦名靈眞。齊武昌太守，見梁書卷五一處士劉訏傳（南史卷四九訏傳同）。宋書卷八一劉秀之傳，「劉秀之字道寶，東莞莒人。劉穆之從兄子也。世居京口，……（大明）八年卒。……上孝武帝甚痛惜之。詔曰：『秀之識局明遠，才應通暢，……與言悼往，益增痛恨，可贈侍中、司空、持節、都督、刺史、校尉如故。』」南史卷十五秀之傳較略又卷四二劉穆之傳：「劉穆之字道和，小字道民，東莞莒人，漢齊悼惠王肥後也，世居京口。」南史卷十五穆之傳較略是東莞莒為穆之之原籍。史傳言之甚明，異苑卷四又卷七亦並謂穆之為東莞人宋傅亮撰司徒劉穆之碑見藝文類聚卷四七引稱為彭城人，則由「世重高門，人輕寒族，竟以姓望所出，邑里相矜」史通邑里篇語使然。此劉子玄所以有「碑頌所勒，茅土定名，虛引他邦，冒為己邑；……姓卯金者，咸曰彭城」同上同上之譏也，宋書卷三九百官志上：「司空一人，掌水土事；郊祀，掌掃除，陳樂器；大喪，掌將校復土。」

父尚，越騎校尉。

按尚之事跡亦不可考。越騎校尉，本漢武帝置，後世因之。掌越人來降，因以為騎也。一說：取其材力超越。見宋書卷四十百官志下。舍人邑里家世既已箋注如上，復本宋書劉穆之，劉秀之，文五王海陵王休茂卷七七三傳。南齊書劉祥。卷三六徐孝嗣卷四四又南史卷十五兩傳及文選卷四十任昉奏彈劉整一文，列表如後：

勰早孤，篤志好學。

按六朝最重門第，立身揚名，干祿從政，皆非學無以致之。故史傳所載少好學，如謝靈運（見宋書卷六七南史卷十九本傳）范曄（見宋書卷六九南史卷三三本傳）是少篤學。如關康之（見宋書、南史本傳）劉瓛（見南齊書卷三九南史卷五十本傳）是孤貧好學，如江淹（見梁書卷十四本傳）孔子袪（見梁書卷四八南史卷七一本傳）是孤貧篤志好學如沈約（見梁書卷十三南史在五七本傳）袁峻（見梁書卷四九南史卷七二本傳）是者，比比皆是。舍人其同也。

家貧，不婚娶。

按舍人早孤而能篤志好學，其衣食未至空乏，已可概見。而史猶稱為貧者，蓋以其家道中落又早喪父，生生所資，大不如昔耳，非卽家徒壁立，無以為生也，如謂因家貧，致不能婚娶。則更悖矣，無徵不信，試舉史實明之，南齊書卷五四高逸褚伯玉傳：「高祖含，始平太守；父逷，征虜參軍。伯玉少

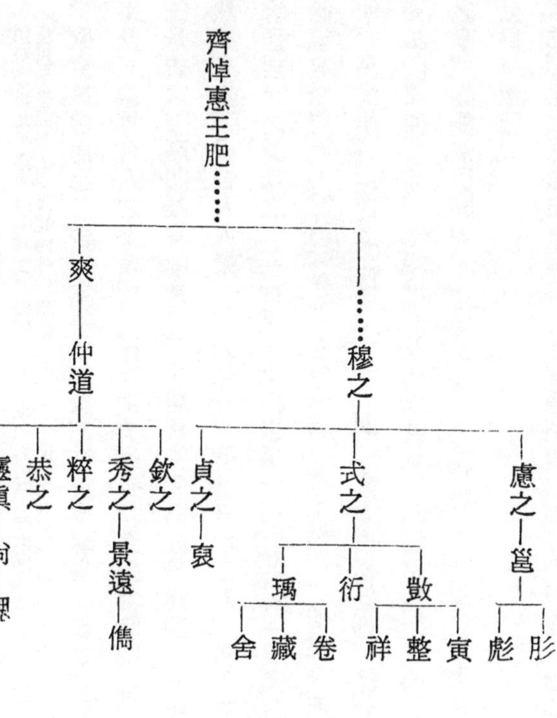

附注　慮之，宋書卷七三南史卷三四顏延之傳並作憲之。彤，殿本等作肜。以其弟名彪例之，彤字是。南齊書卷五四高逸宗測傳載贈送測長子者有劉寅，未審即任昉彈文中之劉寅否？

有隱操，寡嗜欲。年十八，父爲婚，婦入前門，伯玉從後門出，遂往剡，居瀑布山。……在山三十餘年，隔絕人物。」（南史卷七五隱逸上伯玉傳同）梁書處士劉訏傳：「父靈眞，武昌太守。……長兄絜，爲之娉妻，克日成婚，訏聞而逃匿。事息，乃還。……訏善玄言，尤精釋典，曾與族兄劉歊聽講於鍾山諸寺，因共卜築宋熙寺東澗，有終焉之志。」（南史卷四九訏傳同）又劉歊傳：「祖乘民，宋冀州刺史；父聞慰，齊正員郎。世爲二千石，皆有清名。……（歊）及長，博學有文才，不娶，不仕。與族弟訏並隱居求志，遨遊林澤，以山水書籍相娛而已。……精心學佛。」（南史卷四九歊傳同）彼三人者，皆非寒素。其不婚娶，固非爲貧也。而謂舍人之不婚娶，純由家貧可乎？或又以居母喪爲說，亦復非是。因三年之喪後，仍未婚娶也。然則舍人之不婚娶，必別有故，一言以蔽之，曰信佛。此亦可從彼三人之好尙而探出消息，褚伯玉之「有隱操寡嗜欲」，劉訏之「尤精釋典」，劉歊之「精心學佛」，皆與彼等之不婚娶有關。所不同者，伯玉溺於道，（如晉書卷九四隱逸傳中郭文、楊軻、公孫永、石坦、陶淡五人之不娶，皆溺于道者。高僧傳卷十一釋僧從傳：「稟性虛靜，隱居始豐瀑布山。學兼內外，精修五門。……與隱士褚伯玉爲林下之交，每託道說義，輒留連信宿。」是伯玉亦與聞法味者也。）訏、歊篤於佛而已。舍人本博通經論，長於佛理者，後且變服出家，信佛之篤，比之訏、歊有過之而無不及，益見舍人之不婚娶，原非由於家貧。至謂當時門閥制度，甚爲森嚴，托姻結好必須匹敵，舍人既是貧家，高門誰肯降衡？其鰥居終身，乃囿於簿閥，非能之而不欲，實欲之而不能也。此說雖辨，然亦未安，緣舍人入梁，即登仕途，境地既已改觀，行年亦未四十。如欲婚娶，猶未爲晚。「孤貧負郭而居」之顏延之，「行年三十猶未婚」；（見宋書南史延之傳）「兄弟三人共處蓬室一間」之劉瓛，（見南史瓛傳）「年四十餘未有婚對」，（見南齊書南史瓛傳）後皆各有其耦，便是例證。何點長而拒婚，老而又娶，（見梁書卷五一南史卷三十點傳）尤爲最好說明。高僧傳（卷十一）釋僧祐傳：「年十四，家人密爲訪婚，祐知而避之定林投法達法師，達亦戒德精嚴，爲法門樑棟，祐師奉竭誠，及年滿具戒，執操堅明」。舍人依居僧祐，既多歷年所，於僧祐避婚爲僧之事，豈能無所聞知，未受影響？若再證以上引褚伯玉、劉訏之逃婚，則舍人因信佛而終身不娶，更爲有徵已。

依沙門僧祐，與之居處積十餘年，遂博通經論，因區別部類，錄而序之。今定林寺經藏，勰所定也。

按高僧傳釋僧祐傳：「釋僧祐，本姓俞氏，……永明(齊武帝年號)中，敕入吳，試簡五衆，並宣講十誦，更伸受戒之法。凡獲信施，悉以治定林，建初及修繕諸寺，並建無遮大集舍身齋等。及造立經藏，搜校卷軸，……初，祐集經藏既成，使人抄撰要事，爲三藏記、法苑記、世界記、釋迦譜及弘明集等，皆行於世。」據此，舍人依居僧祐，博通經論，別序部類，疑在齊永明中僧祐入吳試簡五衆，宣講十誦，造立經藏，搜校卷軸之時。(以上略本范文瀾文心序志篇注說)僧祐使人抄撰諸書，由今存者文筆論之，恐多爲舍人捉刀。明曹學佺文心雕龍序：「竊恐祐高僧傳，(按高僧傳乃釋慧皎所撰，非僧祐也。曹說誤。)乃勰手筆耳。」徐𤊹文心雕龍跋：「曹能始(學佺字)云：『沙門僧祐作高僧傳，乃勰手筆。』今觀其法集總目錄序及釋迦譜序，世界序(字上合有記字)等篇，全類勰作。則能始之論，不誣矣。」清嚴可均全梁文(卷七一)釋僧祐小傳自注：「案梁書劉勰傳『…今定林寺經藏，勰所定也。』如傳此言，僧祐諸記序，或雜有勰作，無從分別。」皆持之有故，言之成理，可謂先得我心。

天監初，起家奉朝請。

按梁書(卷二)武帝紀中，「(天監元年夏四月)改齊中興二年爲天監元年。」宋書百官志下：「奉朝請，無員，亦不爲官。漢東京罷省三公、外戚、宗室、諸侯，多奉朝請。奉朝請者，奉朝會請召而已。」(通鑑卷一三五齊紀一胡注：「奉朝請者，奉朝會請召而已，非有職任也。」)南齊書(卷十六)百官志：「侍中……領官有奉朝請，……永明中，奉朝請至六百餘人。」據下臨川王宏引兼記室推之，舍人起家奉朝請，當爲天監三年前兩年中事。又按舍人終齊之世，未獲一官。天監初，始起家奉朝請。其仕途梗阻，絕非偶然。梁書(卷一)武帝紀上：「(中興二年二月)高祖上表曰：『且聞中間立格，甲族以二十登仕，後門以過立試吏。』」(南史卷六梁本紀上同)隋書(卷二六)百官志上：「陳依梁制，年未滿三十者，不得入仕。」據文心雕龍序志篇「齒在踰立」語，是文心成書時，舍人行年已三十開外，約在齊永泰至中興四年間。負書求譽沈約。諒亦不出此時。詳後併未幾入梁，卽起家奉朝請。隱侯蓋與有力焉。清乾隆編修山東通志卷二八人物志一謂沈約見文心，大重之，言諸朝。仕至東宮通事舍人。蓋想當然之辭。舍人之先世，本鄒魯華冑，過江後則非著姓。北齊卷四五書文苑顏之推傳（觀我生賦自注）。「中原冠帶，隨晉渡江者百家，故江東有百譜。」新唐書卷一九九儒學中柳冲傳：「（柳）芳之言曰：『過江則爲僑姓，王、謝、袁、蕭爲大。』」是僑姓四大族中，原無劉氏。宋書劉穆之傳「嘗白高祖武帝曰：『穆之家本貧賤，贍生多闕。』」南史同南史穆之傳：「少時家貧。」宋書無是東晉一代，劉氏固非勢族。穆之傳史未敍先世，秀之祖爽父仲道皆只爲縣令。其非勢族可知。自穆之發迹後，始世有顯官。如劉秀之劉式之劉璡劉祥是舍人之祖靈眞既未登仕，父尚所官亦不過越騎校尉。遠非「貴仕素資，皆由門慶，平流進取，坐致公卿」梁蕭子顯語，見南齊書卷二三褚淵王儉傳論。者可比。而已又早孤，已無餘蔭，可資憑借。其能厠身仕途，殊爲不易。如沈約、沈崇傃、劉霽、司馬筠、劉昭、何遜、劉沼、任孝恭諸人之入仕，亦皆自奉朝請始。見梁書各本傳可知「英俊沈下僚」，固不獨舍人一人爲然也。

中軍臨川王宏引兼記室。

按梁書卷二二臨川王宏傳：「臨川靜惠王宏，字宣達，太祖第六子也。……天監元年，封臨川郡王。……尋爲使持節散騎常侍，都督揚南徐州諸軍事，後將軍，揚州刺史。……三年，加侍中，進號中軍將軍。四年，高祖詔北伐，以宏爲都督南北兗、北徐、青、冀、豫、司、霍八州，北討諸軍事。」南史卷五一宏傳較略又武帝紀中：「（天監）三年，春正月戊申，後將軍揚州刺史臨川王宏進號中軍將軍。」舍人被引兼記室，當始于天監三年正月以後，蕭宏進號可案也。高僧傳釋僧祐傳：「梁臨川王宏……並崇其戒範，盡師資之敬。」意蕭宏往來定林寺頂禮僧祐時，卽與舍人相識，且知擅長辭章，故于其起家奉朝請之引兼記室慧琳弘明集卷八音義云：「劉勰，人姓名也。晉桓玄記室參軍。」（見一切經音義卷九六）所係朝代與人俱誤。宋書卷八四孔覬傳：「（覬）轉署（衡陽王義季）記室，奉箋固辭曰：『記室之局，實惟華要。自非文行秀敏，莫或居之。……夫以記室之要，宜須通才敏忠，加性情勤密者。覬學不綜貫，性又疏惰，何可以屬知秘記，秉筆文閨？……若實有螢爝，增暉光景，固其騰聲之日，飛藻之辰也。』」又略見通典卷三一梁書卷四九文學上鍾嶸傳：「衡陽王元簡出守會稽，引爲寧朔記室，專掌文翰。」南史卷七二文學嶸傳同又吳均傳：「建安王偉爲揚州，引兼記室，掌文翰。」是王府記室之職，甚爲華要，專掌文翰。先後在蕭宏府中任斯職者，除舍人外，尙有王僧孺、見梁書卷三三本傳（南史卷五九僧孺傳同）殷芸、見梁書卷四一本傳劉昭、見梁書卷四九文學上本傳（南史卷七二文學昭傳同）丘遲、見梁書卷四九文學上本傳（南史卷七二文學遲傳同）劉沼、見梁書卷五十文學下本傳諸家，皆一時之選也。記室，詳下句注。又按梁釋寶唱經律異相序：「聖謂梁武帝旨以爲像正浸末，信樂彌衰；文句浩漫，尠能該洽。以天監七年，敕釋僧旻等備鈔衆典，顯證深文，控會神宗，辭略意曉，于鑽求者已有太半之益。」唐釋道宣續高僧傳卷一釋寶唱傳：「天監七年，帝以法海浩汗，淺識難尋，敕莊嚴寺名僧旻，于定林上寺纘衆經要抄八十八卷。」又卷五釋僧旻傳：「……仍選才學道俗釋僧智、僧晃、臨川王記室東莞劉勰等三十人，同集上林寺按林上疑脫定字鈔一切經論，以類相從，凡八十按十下當再有八字卷，皆令取衷于旻。」是天監七年備鈔衆經之役，舍人曾參與其事矣。隋費長房歷代三寶記：「衆經要抄一部並目錄，八十八卷。……天監七年十一月帝以法海浩博，淺識窺尋，卒難該究。因敕莊嚴寺沙門釋僧旻等于定林上寺，緝撰此部，到八年夏四月方了。見寶唱錄。」卷十一（按寶唱撰經目錄見隋書卷三五經籍志四）是天監七年十一月之前，舍人仍任職蕭宏府中，故道宣稱其銜也。

遷車騎倉曹參軍。

按舍人遷任此職，當在天監八年四月撰經功畢之後。宋書百官志上：「江左以來，諸公置長史、倉曹……各一人。……今諸曹則有錄事、記室、戶曹、倉曹……凡十八曹參軍。……江左初，晉元帝鎭東，丞相府有錄事、記室……倉曹……騎士車曹參軍。」南齊書百官志：「凡公督府置……諮議參軍二人。諸曹有錄事、記室、戶曹、倉曹……城局法曹……十八曹。局曹以上署正參軍，法曹以下署行參軍，各一人。」隋書百官志上：「梁武受命之初，官班多同宋齊之舊。……諸公及位從公開府者，置官屬有……記室……列曹參軍……舍人等官。」

出爲太末令，政有清績。

按出令太末之年，以下文除仁威南康王記室推之，疑在天監十年蕭績尚未進號仁威將軍前。其先一年許，蓋司倉曹參軍時也。政有清績，當須時日。假定爲二三年。則天監十一年左右，仍在太末任內。太末，漢舊縣。（屬會稽郡。見漢書卷二八地理上。）齊時屬東陽郡。（見隋書州郡志上）今浙江衢縣即其地，縣，小者置長，大者置令。（見宋書百官志下）則是闕非左遷矣。又按文心雕龍議對篇云：「難矣哉，士之爲才也！或練治而寡文，或工文而疏治。」程器篇亦云：「窮則獨善以垂文，達則奉時以騁績。」舍人出宰百里，正其「奉時騁績」之日；小試牛刀，卽政有清績，固非「工文疏治」者也。

除仁威南康王記室。

按梁書卷二九南康王績傳：「南康簡王績，字世謹。高祖第四子。天監八（按八字誤，當依梁書武帝紀中南史梁本紀上及績傳作七。）年，封南康郡王。……十年，遷使持節都督南徐州諸軍事，南徐州刺史，進號仁威將軍。……十六年，征爲宣毅將軍，領石頭戍軍事。」（南史卷五三續傳較略）上文假定舍人作太末令至天監十一年左右，則除爲蕭續記室之年必與之相繼；迄遷步兵校尉時，約爲六七年。任期固甚久也。

兼東宮通事舍人。

按宋書百官志下：「晉初，置舍人一人，通事一人；江左初，合舍人通事，謂之通事舍人。掌呈奏案章。」隋書百官志上：「通事舍人，舊入直閤內。梁用人殊重，簡以才能，不限資地，多以他官兼領。」東宮通事舍人職責，諸史雖未詳，顧名思義蓋與通事舍人無甚差忒，惟所屬有異耳。（通鑑卷一三八齊紀四胡注：「東宮官屬：文則……洗馬、舍人。」）梁書文學上庾於陵傳：「舊事，東宮官屬，通爲清選。……近世用人，皆取甲族有才望者。」（者字從南史卷五十於陵傳增補）是舍人之兼東宮通事舍人，甚爲梁武所重視。梁書文學上庾肩吾傳：「歷王府中郎、雲麾參軍並兼記室參軍。中大通三年，王（晉安王蕭綱）爲皇太子（肩吾）兼東宮通事舍人。」（南史卷五十肩吾傳同）又文學下何思澄傳：「久之，遷秣陵令，入兼東宮通事舍人。」（南史卷七二思澄傳同）足見東宮通事舍人多以他官兼領也，陳書（卷三二）孝行殷不害傳：「年十七，仕梁，廷尉平。（按廷上當從南史作爲字）不害長于政事。……大同五年，遷鎮西府記室參軍；尋以本官兼東宮通事舍人。是時朝廷政事，多委東宮。不害與舍人庾肩吾直日奏事，梁武帝嘗謂肩吾曰：『卿是文學之士，吏事非卿所長，何不使殷不害來邪！』」（南史卷七四孝義下不害傳同（太平御覽卷二四六引三國典略文略同））舍人亦文學之士，昭明愛接，諒由此時始。

時七廟饗薦，已用蔬果。

按隋書（卷七）禮儀志二：『晉江左以後，乃至宋齊相承，始受命之主，皆立六廟，虛太祖之位。……（中興二年）四月，（梁武）卽皇帝位。……遂于東城時祭訖，遷神主于太廟。始自皇祖太中府君，皇祖淮陰府君，皇高祖濟陰府君，皇曾祖中從事史府君，皇祖特進府君並皇考，以爲三昭三穆，凡六廟。追尊皇考爲文皇帝，皇妣爲德（按梁書武帝紀中南史梁本紀上通鑑梁紀一併作賦）皇后，廟號太祖皇祖特進以上，皆不追尊。擬祖遷于上，而太祖之廟不毀，與六親廟爲七。」（梁書武帝紀中南史梁本紀上均略）梁書武帝紀中：「(天監十六年) 夏四月甲子，初去宗廟牲。……冬十月，去宗廟薦脩，始用蔬果。」隋書禮儀志二：「(天監) 十六年四月，詔曰：『……宗廟祭祀，猶有牲牢，無益至誠，有累冥道。……可量代。』……十月，詔曰：『今雖無復牲腥，猶有脯脩之類，……可更詳定，悉薦時蔬。』左丞司馬筠等參議：『大餅代大脯，餘悉用蔬菜。』帝從之。」是七廟饗薦之改用蔬果，自天監十六年冬十月始也。

而二郊農社，猶有犧牲。

按隋書（卷六）禮儀志一：「梁南郊爲圓壇，在國之南。……常與北郊閑歲正月上辛行事，用一特牛，祀天皇上帝之神于其上；以皇考太祖文帝配。……北郊，爲方壇于北郊。……與南郊閑歲正月上辛，以一特牛，祀后地之神于其上；以德后配。」又禮儀志二：「凡人非土不生，非穀不食；土穀不可偏祭，故立社稷以主祀，古先聖王，法施于人民則祀之，故以句龍主祀，周棄主稷而配焉。歲凡再祭，蓋春求而秋報。……梁社稷在太廟西。其初蓋元晉帝建武元年所創：有太社、帝社、太稷凡三壇。……每以仲春仲秋，並令郡國、縣祠社稷先農。……舊太社廩犧吏牽牲，司農省牲，太祝吏贊牲。天監四年，明山賓議：『……謂宜以太常省牲，廩犧令牽牲，太祝令贊牲。』帝唯以太祝贊牲爲疑。……餘依明議。」是二郊農社，原用犧牲也。七廟饗薦改用蔬果，既始于天監十六年十月，則二郊農社之「猶有犧牲」，其指次年正月、八月之祀乎？此可據史傳推知者也。

勰乃表言二郊宜與七廟同改。

按傳文于七廟饗薦曰「已用蔬果」，于二郊農社曰「猶有犧牲」，以「猶有」與「已用」對文，則舍人陳表，爲時當在天監十七年八月之後，此又可就史傳推知者。惜舍人文集亡佚，它書亦未見徵引，表所具陳者，已無從考索矣。又按廣弘明集（卷二六）敍梁武斷殺絕宗廟犧牲事：「梁高祖武皇帝臨天下十二（按當作六）年，下詔去宗廟犧牲，修行佛戒，蔬食斷欲。上定林寺沙門僧祐、龍華邑正柏超度等上啓云：『京畿既是福地，而鮮食之族，猶布筌罔；……請丹陽、琅琊二郡水陸，並不得搜捕。』」舍人表言二郊宜與七廟同改，與僧祐等之上啓如出一轍。此固風會所鍾，然其信佛之篤，亦可見矣。

詔付尚書議，依勰所陳。

按南史梁本紀上：「（天監十六年）三月丙子，敕太醫不得以生類爲藥，……于是祈告天地宗廟，以去殺之理，欲被之含識，郊廟牲牷皆代以面；其山川諸祀則否。（廣弘明集敍梁武斷殺絕宗廟犧牲事文略同）時以宗廟去牲，則爲不復血食。公卿異議，朝野喧囂。竟不從。」足見當時儒釋相爭之烈。故舍人表言二郊宜與七廟同改，卽詔付尚書議。此又與僧祐等上啓而「敕付尚書詳之」（同上）之事例同。上之所好，下必有甚，宜其依舍人所陳也。至于尚書之議，雖不復存，然江貺、王述、謝兒卿、周舍諸家參議，僧祐等上啓之文尚在；（同上）觸類以推，亦可得其彷彿。

遷步兵校尉，兼舍人如故。

按步校尉因陳表而遷，其年當在天監十七年八月以後。梁武之世，拜步兵校尉者，多士林名流：如賀瑒、賀季、崔靈恩、盧廣、孔子袪等是。（併見梁書卷四八儒林傳）故曾任王府記室兼東宮通事舍人之劉杳，于大同元年遷步兵校尉時，昭明太子卽以阮嗣宗相擬而謂之曰：「酒非卿所好，而爲酒廚之職，政爲不愧古人耳！」見梁書卷五十文學下杳傳（南史卷四九杳傳同）是舍人之遷步兵校尉，固當時殊遇也宋書顏延之傳：「尋轉太子中庶子；頃之，領步兵校尉。」（南史延之傳同）梁書沈約傳：「齊初爲征虜記室，帶襄陽令。所奉之主，齊文惠太子也。太子入居東宮，爲步兵校尉，管書記。」（南史約傳同）又任昉傳：「拜太子步兵校尉，管東宮書記。」（南史昉傳同）並其旁證。尤可異者，劉杳爲王府記室時，兼東宮通事舍人；遷步兵校尉後，亦兼舍人如故。何其相似乃爾耶！宋書卷三武帝紀下：「（永初二年）五月己酉，置東宮屯騎、步兵、翊軍三校尉官。」南史卷一宋本紀上同。通鑑卷一三八齊紀四胡注：「東宮官屬：……武則左、右衞率，翊軍、步兵、屯奇三校尉。」又按傳自此後未再敍官職，蓋舍人入直東宮，至昭明卒之前猶然。非深被愛接，何克臻此？

昭明太子好文學，深愛接之。

按梁書卷八昭明太子傳：「昭明太子統，字德施。高祖長子也。……引納才學之士，賞愛無倦。恒自討論篇籍，昭與學士商榷古今；閑則繼以文章著述，率以爲常。于時東宮有書幾三萬卷，名才併集。文學之盛，晉宋以來，未之有也。」南史卷五三統傳同舍人深得文理者，與昭明相處既久，奇文共賞，疑義與析，必甚得君臣魚水之遇，其深被愛接也固宜。又梁書昭明太子傳：「太子亦崇信三寶，遍覽衆經，乃于宮內別立慧義殿，專爲法集之所；招引名僧，談論不絕。」（南史統傳同）舍人本博通經論，長于佛理，與昭明之愛接，誠亦有關。又按昭明生于齊中興元年九月見梁書本傳（南史同）時文心書且垂成，而後來選樓所選者，又多與文心之「選文定篇」文心序志篇語合；然則文選一書，其亦受有舍人之影響也夫！

初，勰撰文心雕龍五十篇，論古今文體，引而次之。

太平御覽卷六百一引此文，初字無，有自齊入梁四字。按御覽所引非是。文心成書，實在齊之末世。由時序篇「暨皇齊馭寶，運集休明；太祖以聖武膺籙，高祖以睿文纂業，文帝以貳離含章，中宗以上哲興運；並文明自天，緝遐梅慶生云：疑作熙。」景祚。今聖歷方興，文思光被。……唐虞之文，其鼎盛乎。」觀之，可得三證：此篇所述，自唐虞以至劉宋，皆但舉其代名，而特于齊上加一皇字。證一；魏晉之主，稱諡號而不稱廟號，至齊之四主，惟文帝以身後追尊，止稱爲帝，餘並稱祖稱宗。證二；歷朝君臣之文，有褒有貶，獨於齊則竭力頌美，絕無規過之詞。證三。以上用清劉毓崧通義堂文集卷十四書文心雕龍後說。餘如明詩、通變、指瑕、才略四篇，所評皆至宋代而止；於齊世作者，無一語涉及，亦其旁證。惟自隋志以下著錄及元明傳本，敦煌唐寫本闕首篇，宋本亦久佚。皆署曰梁，蓋以其所終之世題之。此本古籍題署之常，無足怪者。是書原道以下二十五篇論文之體，神思以下二十四篇言文之術，序志統攝全書，梁書乃渾言之耳。

其序曰：「夫文心者，言爲文之用心也。……茫茫往代，既洗予聞；眇眇來世，儻塵彼觀。」

按此文心序志篇文，實卽全書總敘。篇中於撰述宗恉，言之甚明。一則曰：「敷贊聖旨，莫若注經，而馬鄭諸儒，弘之已精，就有深解，未足立家。唯文章之用，實經典枝條，五禮資之以成，六典因之致用，君臣所以炳煥，軍國所以昭明，詳其本源，莫非經典。而去聖久遠，文體解散，辭人愛奇，言貴浮詭，飾羽尚畫，文繡鞶帨，離本彌甚，將遂訛濫。蓋周書論辭，貴乎體要；尼父陳訓，惡乎異端。辭訓之異，宜體于要。於是搦筆和墨，乃始論文。」再則曰：「詳觀近代之論文者多矣：至於魏文述典，陳思序書，……各照隅隙，鮮觀衢路，……又君山公幹之徒，吉甫士龍之輩，汎議文意，往往間出，並未能振葉以尋根，觀瀾而索源。不述先哲之誥，無益後生之慮。蓋文心之作也：本乎道，師乎聖，體乎經，酌乎緯，變乎騷，文之樞紐，亦云極矣。」是文心之作，乃述儒家先哲之誥，爲我國文論專著。所謂道也，聖也，經也，騷也，皆中夏所有，與梵策所論述者無關。且其搦筆和墨，尋根索源之日，儒家思想適居主導地位。論文徵聖，窺聖宗經，亦與駁斥「三破論」及爲京師寺塔、名僭碑志制文之意趣不同。故文心五十篇之內，不曾雜有佛理僅論說篇用「般若」一詞。也。

既成，未爲時流所稱。

按南史卷五齊文紀下明帝紀：「（永泰元年）秋七月己酉，帝崩于正福殿。……羣臣上謚曰明皇帝，廟號高宗。」南齊書卷六明帝紀無羣臣上謚句據時序篇「高宗原作中宗。考南齊諸帝無廟號中宗者。以舍人本文次第推之，當爲高宗無疑。以上哲興運」之語，則成書必在永泰元年七月以後。南齊書卷七東昏侯紀：「建武明帝年號元年，立爲皇太子。永泰元年七月己酉。高宗崩，太子卽位……永元元年春正月戊寅，大赦。改元……（永元三年）十二月丙寅，新除雍州刺史王珍國、侍中張稷率兵入殿，廢帝。」南史齊本紀下東昏侯紀同南史齊本紀下和帝紀：「中興元年春三月乙巳，皇帝卽位。大赦。改永元三年爲中興。……（中興二年三月）丙辰，遜位于梁。」南齊書卷八和帝紀略同據時序篇「皇齊馭寶」一文，則成書必在中興二年三月以前。以上推演劉毓崧說前後相距，將及四載。全書體思精密，雖非短期所能載筆，然其殺青可寫，當在此四年中；最後定稿，諒不出于和帝之世。時舍人仍托足桑門，身名未顯，其不爲時流所稱也必矣。地勢使然，正令人不能不有感澗松之篇。又按舍人自齊入梁，至大同四年或五年乃卒詳後凡三十六七年。其間歲月較長，且已漸入佳境，于頗爲自負之文心，可能時有修訂，如葛洪之于抱朴子然。抱朴子于東晉元帝建武元年卽已寫定，而外篇鈞世道及郭璞之南郊賦，當是隨後修訂時增補（南郊賦表上于太興元年，見初學記卷一二引晉中興書）。時序篇末「今聖歷方興，文思光被，海岳降神，才英秀發，馭飛龍于天衢，駕騏驥于萬里，經典禮章，跨周轢漢，唐虞之文，其鼎盛乎」十句，溢義已極，似非指齊之和帝。疑卽特意修訂，專頌梁武者。至其它各篇，于理論之闡發，作家作品之評騭，想亦多所修訂，精益求精。清季李詳愧生叢錄卷二謂：「文心雕龍作于齊代，告成梁朝。」其然，豈其然乎？

勰自重其文，欲取定于沈約，約時貴盛，無由自達。乃負其書候約出，干之于車前，狀若貨鬻者。

按梁書卷十三沈約傳：「沈約，字休文。吳興武康人也。……篤志好學，晝夜不倦。……遂博通羣籍，能屬文。……（永元二年）改授冠軍將軍、司徒左長史、征虜將軍、南清河太守。高祖梁武帝在西邸，按在鷄籠山。見南齊書卷四十竟陵王子良傳。與約游舊；按子良開西邸招士，約與武帝等並曾往游。見南齊書子良傳，梁書武帝紀上（南史同）及約傳。建康城平，按在和帝中興元年十二月引爲驃騎司馬。按在中興二年正月。通鑑卷一四五梁紀一胡注：「爲（蕭）衍驃騎大將軍府司馬。」將軍如故。……梁臺建，爲散騎常侍、吏部尚書兼右僕射。按在中興二年二月……博物洽聞，當世取則。」南史卷五七約傳同據此，約仕齊世，和帝時最爲貴盛；官驃騎司馬，遷梁臺吏部尙書兼右僕射。名雖府僚，實則權侔宰輔。舍人之無由自達，當在此時以上本劉毓崧說。又按梁書卷四九文學上何遜傳：「沈約亦愛其文，嘗謂遜曰：『吾每讀卿詩，一日三覆，猶不能已。』其爲名流所稱如此。」南史卷三三遜傳同吳均傳，「沈約嘗見均文，頗相稱賞。」南史卷七二均傳同又卷五十文學下王籍傳：「嘗于沈約坐，賦咏得燭，甚爲約賞。」何思澄傳：「爲游廬山詩，沈約見之，大相稱賞，自以爲弗逮。約郊居宅新構閣齋，因命工書人題此詩于壁。」南史思澄傳同劉杳傳：「約郊居宅時新構閣齋，二字據南史杳傳杳爲贊二首；並以所撰文章呈約。約卽命工書人題其贊于壁。」南史杳傳同是約在當世，固好奬掖文學後進者。舍人生丁「世胄躡高位」之代，而又不甘沈淪，賦成三都，實賴玄晏一序。故不惜負書于隱侯車前，作貨鬻之狀。世說新語文學篇：「鍾會撰四本論始畢，甚欲使嵇公按卽嵇康一見。置懷中旣定，畏其難，懷不敢出。于戶外遙擲，便回急走。」舍人行徑頗相類似。與劉杳爲贊、呈文，亦無二致。其冀求知音，諒非得已。齊蕭遙光有言：「文義之事，此是士大夫以爲伎藝，欲求官耳。」見南史卷四一齊宗室始安王遙光傳陳姚察亦謂：「二漢求賢，率先經術；近世取人，多由文史。」見梁書卷十四江淹任昉傳然則舍人之干隱侯，固有所圖乎！

約便命取讀，大重之，謂爲深得文理，常陳諸几案。

按梁書沈約傳：「（約）撰四聲譜，以爲在昔詞人，累千載而不悟，而獨得胸襟，窮其妙旨，自謂入神之作。」（南史約傳同）其撰宋書（卷六七）謝靈運傳論，亦暢談音韻。舍人書中，適有聲律一篇。休文之大重，固不必僅在乎此；然以此引爲知音，則意中事也。至「謂爲深得文理」，與稱賞何遜、吳均、王籍、何思澄之詩文無異；「常陳諸几案」，則又與命工書人題何思澄、劉杳之詩，贊于壁相同。（梁書杳傳：「（沈約）仍報杳書曰：『故知麗辭之益，其事弘多，輒當置之閣上，坐臥嗟覽』」與陳文心于几案，更爲近似。）「良書盈篋，妙鑒乃訂」（文心知音篇贊語）休文之于舍人，豈非相得益章？

淸紀昀沈氏四聲考（卷下）謂：「休文四聲之說，同時詆之者鍾嶸，宗之者劉勰。嶸以名譽相軋，故肆譏彈；勰以宗旨相同，故蒙賞識。文章門戶，自昔已然；千古是非，于何取定?」空談門戶，渾言是非，殊有未安。所撰四庫全書總目提要集部總序（卷一四八）又謂：「詩文評之作，著于齊梁。觀同一八病四聲也，鍾嶸以求讀不遂，乃致譏排；劉勰以知遇獨深，繼爲推闡。詞場恩怨，亘古如斯！」其說亦與事實不符。尋文心之定名也，數彰大衍，舍人已自言之。（見序志篇）是其負書干約之前，原有聲律一篇（序志篇有「閱聲字」語）在內。非感恩知遇，始爲推闡也。且聲律之說，齊永明時已有爭論；（永明末，沈約謝朓王融以氣類相推轂，高唱聲韵，陸厥即不謂然，曾與約書致詰，約亦以書答之，各持所見，辭多偏激。見南齊書卷五二文學陸厥傳（南史卷四八厥傳同）。鍾嶸亦持異議。見詩品序。北魏甄琛且斥以「不依古典，妄自穿鑿」。約亦答書申辯。見文鏡秘府論天卷隋劉善經四聲論引。）而文心爲「彌綸羣言」之文論專著，特辟一篇論之，乃勢理之所必然。況舍人所論，頗能自出機杼，並非與休文雷同一響。近人黃侃竟以「隨時」（見文心雕龍札記聲律篇）相譏，亦復非是。又按宋葉廷珪海錄碎事（卷十八）云：「劉勰撰文心雕龍古今文體，未爲時所重；沈約大賞之，陳于几案。于是竟相傳焉。」蓋本傳文而意加末句，未必別有所據也。（葉氏引書多注明出處，而此條獨否，不知何故）

然勰爲文長于佛理，京師寺塔及名僧碑志，必請勰制文。

按文心全書，雖不關佛理，然其文理密察，組織謹嚴，似又與之有關。所制寺塔碑志，今存者僅梁建安王南平王蕭傳曾封建安王造剡山石城寺像碑一篇，載宋孔延之會稽掇英總集。卷十六（藝文類聚卷七六曾節引數小段。明陳翼飛文儷卷十五、梅鼎祚釋文紀卷二七、清嚴可均全梁文卷六十，皆僅就類聚移錄，是不知有全篇也）餘如釋僧祐出三藏記集卷十二法集雜記銘目錄所列鍾山定林上寺碑銘，一卷建初寺初創碑銘，一卷僧柔法師碑銘一卷（又見高僧傳）及高僧傳所言釋僧柔卷八釋僧祐卷十一釋超辯卷十二三碑，皆只見其目，文已亡佚。若目亦不得見者，更不知凡幾？至弘明集卷八之滅惑論，則辯護之文，北山錄卷十外信篇謂舍人「會道控儒，」「承經作訓」，蓋指此類文言之。非碑志類也。又按梁武之世，迷信三寶，爾時爲名僧「刻石銘德」，見于正續高僧傳者，尚有周興嗣、見高僧傳卷八釋寶亮傳 陸倕、見高僧傳卷十釋寶志傳（景德傳燈錄卷二七寶志禪師傳同）及續高僧傳卷十六釋慧勝傳 高爽、見高僧傳釋寶亮傳 蕭機、續高僧傳卷五釋智藏傳：「以普通三年九月十日卒于寺（開善寺）房……新安太守蕭機制文。」按梁書卷二二太祖五王蕭機傳，未言機爲新安太守（南史卷五二梁宗室下機傳同）。又卷四一蕭幾傳：「末年專尚釋教。爲新安太守，郡多山水，特其所好，適性游履，遂爲之記。」（南史卷四一齊宗室蕭幾傳同）是機字誤，當作幾。 謝幾卿、見續高僧傳卷六釋慧超傳 何胤、見續高僧傳卷五釋僧旻傳 殷鈞、見續高僧傳釋智藏傳 阮孝緒、見續高僧傳釋僧旻傳 袁昂、見高僧傳卷八釋智順傳 蕭子雲、見高僧傳卷八釋法通傳 謝舉、同上 王筠、見高僧傳釋寶志傳（梁書卷三三南史卷二二王筠傳、南史卷七六隱逸釋寶志傳。景德傳燈錄並同）及續高僧傳卷五釋法雲傳 蕭綱、見續高僧傳釋僧旻傳 蕭繹、見續高僧傳釋僧旻傳、釋法雲傳、釋智藏傳又卷十六釋僧副傳 十四家，其文雖未採錄，二十篇之目固歷歷可數。藝文類聚及傳法正宗記所引王僧孺、，栖玄寺雲法師碑銘見類聚卷七六。 陸倕、志法師墓志銘，見類聚卷七七。 王筠、國師草堂寺智者約法師碑，見類聚卷七六。 蕭衍、菩提達磨大師碑，見傳法正宗記卷五。 蕭綱、同泰寺故功德正智寂師墓志銘、宋姬寺慧念法師墓志銘、甘露鼓寺敬脫法師墓志銘、湘宮寺智蒨法師墓志銘、淨居寺法昂墓志銘，並見類聚卷七七。 蕭綸、揚州僧正智寂法師墓志銘，見類聚卷七七。 蕭繹莊嚴寺僧旻法師碑、光宅寺大僧正法師碑，見類聚卷七六。 七家之作，雖少全璧，十二篇之要指固可概見。除復重之三篇王筠一篇、蕭繹二篇復重、蕭繹二篇復重外，通計得二十有九篇。至寺刹佛塔碑志，明梅鼎祚釋文紀卷二十至二十九 清嚴可均全梁文所輯，亦不下三十篇。如益以頌誄銘贊，篇數更多。即以碑文而論，竟有一僧而立二碑如寶亮、寶志、法通、法雲是 三碑如智藏時至四碑如僧旻是。佞佛諛墓，不已甚乎！

高僧傳所記爲僧撰制碑文之十二人中，梁代卽有七人（沈約之釋法獻碑撰于齊世，未計入）。釋文紀全書共四十五卷，梁代卽有十卷，比其它各代之卷帙都多。

有敕與慧震沙門于定林寺撰經。

按齊永明中，僧祐于定林寺造立經藏，搜校卷軸，舍人曾爲之經紀；天監七、八年間，僧旻于上定林寺鈔撰衆經，舍人亦參與其事，已如前說。此復往撰經者，蓋上兩次編撰之後，續有增益，尙待理董，而舍人又博通經論，長于簿錄，故佞佛之梁武，再敕舍人與慧震共修纂之。惟傳文闊略，慧震事迹亦不可考，致何年受敕撰經，無從指實。又按梁書卷二七殷鈞傳：「乃更授散騎常侍，領步兵校尉，侍東宮；尋改領中庶子。昭明太子薨，官屬罷。又領右游擊，除國子祭酒，常侍如故。」南史卷六十鈞傳無昭明太子薨下三句又劉杳傳：「（昭明）太子薨，新宮建，舊人例無停者。」南史杳傳同又卷四簡文帝紀：「（中大通）三年四月乙巳，昭明太子薨。五月丙申，詔曰：『……（晉安王綱）可立爲皇太子。』」舍人爲昭明舊人，既不得留，又未新除其它官職，中大通三年四月後，是否卽受敕撰經，莫能詳也。

證功畢，遂啓求出家，先燔鬢髮以自誓。敕許之。乃于寺變服，改名慧地。未期而卒。

按撰經僅有二人，當非短期所能竣事。其始年雖難確定，畢功之年尙可探索。宋釋志磐佛祖統紀卷三七梁：「（大同）四年，通事舍人劉勰，雅爲「昭明」太子所重，凡寺塔碑碣，皆其所述。是年，表求出家，賜名慧地。」元釋念常佛祖歷代通載卷九梁：「辛亥。卽中大通三年劉勰者，名士也，雅爲太子所重，撰文心雕龍五十篇。……凡都下寺塔及名僧碑碣，皆出其手。累官通事舍人。表求出家，先燔須鬢本字自誓。帝嘉之，賜法名惠與慧通御覽卷六五七引梁書卽作惠。地。」又釋覺岸釋民稽古略卷二梁：「大同二年，梁通事舍人劉勰表求出家，帝嘉之，賜僧洪名慧地。」三書所繫出家之年雖不一致，然亦可資考訂。蓋證功畢卽啓求出家，變服未幾卽卒，皆一年中事，傳文所言甚明。如能推出舍人卒年，志磐、念常、覺岸之得失自判。尋梁書文學傳中名次，舍人列于謝幾卿之後，王籍之前，先後蓋以卒年爲序（然十四人中亦有先後失序者：如劉峻與劉沼，王筠與劉杳、謝徵是。）此史家合傳通例也。幾卿傳云：「普通六年，詔遣領軍將軍西昌侯蕭深藻（按當作淵，此避唐高祖諱改也。）督衆軍北伐：幾卿啓求行，擢爲軍師長史，加威戎將軍，軍至渦陽退敗，幾卿坐免官。居宅在白楊石井，朝中交好者，載酒從之，賓客滿坐。時左丞庾仲容亦免歸，二人意志相得，並肆情誕縱，或乘露車，歷游郊野；既醉，則執鐸挽歌，不屑物議。湘東王在荆鎭，與書慰勉之。……幾卿雖不持檢操，然于家門篤睦。……幾卿未及序用，病卒。」（南史卷十九幾卿傳所敍微異）幾卿免官後與庾仲容之行徑，仲容傳（亦見文學下）亦有記載：「遷安西武陵王諮議參軍，除尚書左丞，坐推糾不直免。……唯與王籍謝幾卿情好相得。二人時亦不調，遂相追隨，誕縱酣飲，不復持檢操。」（南史卷三五仲容傳同）武陵王紀以大同三年閏九月改授安西將軍、益州刺史，（見梁書武帝紀下）仲容蓋未隨府；除尚書左丞不久，卽坐事免歸。其時疑在大同四年。幾卿與之肆情誕縱，當亦不出是年之外。因不屑物議，故湘東王繹在荆鎭，（蕭繹自普通七年十月至大同五年七月，皆在荆鎭。見梁書武帝紀下。）與書慰勉。幾卿答書，滿腹悲憤：如「言念如昨，忽焉素秋，恩光不遺，善謔遠降。……徒以老使形疏，疾令心阻，沈滯床簟，彌歷七旬，夢幻俄頃，憂傷在念。……懷私茂德，竊用涕零」云云，絕望哀鳴，溢于言表。傳末謂其未及序用病卒，蓋卽卒于大同四年之冬者。籍傳云：「歷餘姚、錢塘令，並以放免。……遷中散大夫尤不得志。遂徒行市道，不擇交游。湘東王爲荆州，引爲安西府諮議參軍，帶作塘令。（南史卷二一籍傳下有「相小邑，寡事，彌不樂」三句。）不理縣事，日飲酒。人有訟者，鞭而遣之。少時卒。」湘東王繹在荆鎭于大同元年十二月進號安西將軍，至五年七月，始入爲護軍將軍、安右將軍、領石頭戍軍事。（見梁書武帝紀下）籍被引爲安西府諮議參軍，帶作塘令，當在蕭繹尚爲安西將軍期內。謝徵傳亦見文學下謂徵于「大同二年卒官，……友人琅琊王籍集其文爲二十卷」。則籍之卒必在大同二年謝征卒之後，五年七月蕭繹未離荊州之前。舍人名次既厠于謝幾卿王籍之間，其卒年固不應先于謝幾卿或晚于王籍。佛祖統紀謂舍人大同四年出家，當屬可信。念常覺岸兩家系年，與梁書文學傳中舍人名次先後不符。梁書言其變服未期而卒，是舍人之出家與卒均在十二個月以內。如此段時間前後跨越兩年，則舍人之卒，非大同四年卽大同五年也。前文假定文心于齊和帝中興元二年間定稿，舍人當時「齒在逾立」如爲三十二、三歲，往上推算，卽生于宋泰始六年（公元四七〇）左右，至梁大同四、五年（公元五三八——五三九），約六十九歲。年近古稀，在南朝文學家中，固高齡已。

文集行于世。

按舍人文集，隋志卽未著錄。豈隋世已亡之耶？，抑唐武德中被宋遵貴漂沒底柱之餘，而其目錄亦爲所漸濡殘缺耶？見隋書卷三二經籍志一南史刪去此句則是集唐初實已不存，思廉殆仍舊史文耳清嘉慶重修一統志卷一七八山東沂州府二人物門，于劉勰小傳末，仍贅「有文集行于世」一句。不去葛龔，亦其疏矣。又按今存劉子五十五篇，本北齊劉晝撰，與文心各成家言；而前人多錯認顏標，屬之舍人，非也。余前撰有劉子理惑一文，曾詳爲論列。載民國二六年燕京大學文學年報第三期。明廖用賢又誤以北魏拓跋勰所撰之要略魏書卷二一下獻文六王彭城王傳：「勰敦尚文史，物務之暇，披覽不輟。撰自古帝王賢達至于魏世子孫，三十卷，名曰要略。」爲舍人著述，尚友錄卷十二勰條：「（勰）又撰自古帝王賢達至于魏世，通三十卷，名爲要略。」亦非也。特于末簡，略爲舉正。

附記：余于民國四十七（西元一九五八）年成文心雕龍校注一書，並箋注梁書劉勰傳，列于書前。二十年來，續有所得，補苴罅漏，字數倍增，已成新篇，爰發表就正于讀者諸君。

民國六十七（西元一九七八）年七月二十八日于四川大學東風四樓錄自民國六十八年中華文史論叢第一輯

附錄三：文心雕龍重要傳本

一、潘師重規唐寫文心雕龍殘本合校

唐人草書文心雕龍殘卷，今藏倫敦大英博物館。斯坦因編目五四七八號，Giles 新編列號七二八三。原本蝴蝶裝小册子，共廿二葉，四界，烏絲欄。每半葉十行或十一行，行廿二、廿三字不等。起原道篇贊「體龜書呈兒天文斯觀民胥以効」，訖「諧讔第十五」篇題。「明詩第六」前題「卷第二」，「銘箴第十一」前題「卷第三」，蓋五篇爲一卷，則五十篇爲十卷，合於隋志著錄十卷之書。徵聖篇題下有「大」字十二，第十六葉正面第二行「卷第三」及第三行「銘箴第十一」二題下書「大寶積經」等十餘字，欄外草書數「言」字，均學僮信筆塗鴉，故字體特劣。第一葉反面第八行欄下注「好」字，第四葉反面第一、第二行上欄注「東序」二字，第十三葉正面上欄注「淺」字，第十七葉反面末行上欄注「賤」字，第十八葉反面欄上欄下及第十九葉第八行欄下均注「烈」字，蓋讀者以正文章草難識，偶加箋明。又第五葉正面欄下注「⿰目爵靖也」、「緇黑色」、「涅水中黑」，則讀者偶釋正文字義。全卷「淵」作「⿰氵关」、「世」作「せ」、「民」作「[民缺筆字]」，皆避諱。楊明照謂「由銘箴篇張昶誤爲張旭推之，當出玄宗以後人手」，趙萬里謂「出中唐學士大夫所書」，其言蓋信。玆擷錄諸家題記，詳列校文，並附原卷攝影，用省讀者繙檢之勞，亦以袪學者莫衷一是之惑云。

趙萬里唐寫本文心雕龍殘卷校記（見民國十五年清華學報第三卷第一期）云：敦煌所出唐人草書文

心雕龍殘卷，今藏英倫博物館之東方圖書室。起徵聖篇，訖雜文篇，原道篇存讚曰末十三字，諧讔篇僅見篇題，餘均亡佚。每頁二十行至二十二行不等。卷中淵字、世字、民字均闕筆，筆勢遒勁，蓋出中唐學士大夫所書，西陲所出古卷軸，未能或之先也。據以迻校嘉靖本，其勝處殆不可勝數。又與太平御覽所引，及黃注本所改輒合；而黃本妄訂臆改之處，亦得據以取正。彥和一書，傳誦于人世者殆遍，然未有如此卷之完勝者也。去年冬，余既假友人容君校本臨寫一過，以其有遺漏也，復假原影本重勘之，其見於御覽者亦附著焉。卽以三夕之力，彙錄成校記一卷，序而刊之，以質並世之讀彥和書者。丙寅花朝日記。

楊明照文心雕龍校注附錄六唐人草書殘卷本題記云：敦煌莫高窟舊物，不幸被匈牙利人斯坦因盜去，今藏英國倫敦博物館之東方圖書室。起徵聖篇，訖雜文篇。原道篇存讚文末十三字，諧讔篇止有篇題，餘皆亡佚。字作草體，卷中淵字、世字、民字，均闕筆。由銘箴篇張昶誤爲張旭推之，當出玄宗以後人手（照字卻不避）。實今存文心之最古本也。原本既不可見，景片亦未入觀，爰就沈兼士先生所藏晒藍本迻錄，比對諸本，勝處頗多。吉光片羽，確屬可珍。惜見奪異國，不得一覩原蹟爲恨耳！

鈴木虎雄黃叔琳本文心雕龍校勘記云：燉煌本文心雕龍，燉煌莫高窟出土本，蓋係唐末鈔本。自原道篇贊尾十三字起，至諧讔第十五篇名止。文學博士內藤虎次郎君自巴里將來。余與黃叔琳本對比，大正十五年五月，既有校勘記之作，今之所引，止其若干條耳，余所稱燉本者，卽此書也。

饒宗頤教授唐寫文心雕龍景本序（見文心雕龍研究專號，香港大學中文學會一九六二年出版。）：向來謂此册起徵聖篇，訖雜文篇，原道篇存讚文末十三字，諧讔篇止有篇題，餘皆亡佚（參楊明照文心雕龍校注附錄六〉。今勘以此顯微影本，徵聖篇僅至「或隱義以藏用」句之義字，下闕；宗經篇則自歲曆綿暖（重規案：原卷「暖」作「曖」，疑手民之誤。）起，以上并缺。然審各家校語，徵聖篇下半，每引唐寫本，豈此顯微影本，由第一頁至第二頁中間攝影時有奪漏耶？

重規案，上來諸家，或未見原卷，或據影本而中有脫漏，且有見所據參差，因疑敦煌原卷或有異本者。種種誤解，不一而足。嘗試論之，此卷勝處，諸家言之固已甚備。而其書體作章草，亦工美獨具風格。大抵唐代寫書，有用章草一體者，且以抄書之故，又特多簡字。如此卷「曰」作「つ」「百」作「ろ」、「甚」作「ち」、舉作「豖」、憲作「冢」，筆劃絕簡。他若國立中央圖書館所藏四七三七號淨名經關中疏，乃唐釋明眞章草寫本，其肇曰、什曰，亦皆作「つ」。蓋抄手相沿，漸成規範。試歸納本卷文字，多有脈絡可尋。如不察其眞相，則必轉滋疑誤。姑舉數端言之。抄本書寫，偶有誤衍誤倒自加改正之處，校者不察，則往往致誤。如詮賦篇：「彥伯梗概」，唐本雖作概梗，然已加施乙號，校者以爲誤，而實不誤。祝盟篇：「故知信不由衷」，唐本亦已乙正，而校者又以爲誤倒，此一事也。此卷凡符字皆作苻，構皆作搆，故雜文篇：腴辭雲搆，唐本實作搆字，而楊明照乃曰：「唐本作構，按構字是。」蓋未明六朝唐人俗書竹頭作艹，木旁作手之慣習。此又一事也。又或辨字未審，遽加斷案，如明詩篇：「自王澤殄竭」，楊明照云：「殄，唐本作彌，御覽五八六引作弥。按彌，簡書作弥，殄又作弥，其形甚近，每易淆誤；此當以作彌爲是。」今案：唐寫本實作「弥」，正是殄字。本篇讚云：「英華彌縟」，祝盟篇讚云：「季代彌飾」，唐寫本則作「弥」；弥、弥異形，是楊氏誤認，此又一事也。又哀弔篇：「班彪蔡邕，並敏于致語，」唐寫本「語」作「詰」，作「詰」是也。而王利器文心雕龍新書云：「唐寫本、宋本御覽，『語』誤『誥』。詩定之方中傳，說君子九能云：『祭祀能語』。」今案唐寫本「語」實作「詰」，不作「誥」，是王氏之誤耳。此又一事也。凡此種種，辨別是非，考校文字，要必以卷子底本為依歸，今諸家各執一詞，或相非難，皆云同據唐本，而乃文字互異，讀者未見原卷，自難判斷是非。余用是綜合諸家之說，親就原卷覈校，附以己見，條列如左方。又往歲訪書英倫時所攝原卷影片，中無脫漏，因複印附後，俾讀者得自檢核，而知有所別擇也。中華民國五十九年七月十日寫定於九龍師十駕齋。（錄自新亞研究所出版的「唐寫文心雕龍殘本合校」首頁。）

二、黃叔琳文心雕龍輯注本

此本原刻為養素堂本。卷首有黃氏乾隆三年自序、例言、南史本傳，及元校姓氏。每半葉九行，行十九字。註附各篇末，低一格。每篇相連比，分卷則別起。眉端閒有黃氏評語。其款式：

文心雕龍卷第一

北平黃叔琳崑圃輯註

梁劉　勰撰　　吳趨顧　進尊光　參訂
　　　　　　　武林金　甡雨叔

黃叔琳序

『劉舍人文心雕龍一書，蓋藝苑之秘寶也。觀其苞羅羣籍，多所折衷，於凡文章利病，抉摘靡遺；綴文之士，苟欲希風前秀，未有舍此而別求津逮者。若其使事遺言，紛綸葳蕤，罕能切究。明代梅子庚氏爲之疏通證明，什僅四三耳；略而弗詳，則始創之難也。又句字相沿既久，別風淮雨，往往有之；雖子庚自謂校正之功五倍於楊用修氏，然中間脫訛，故自不乏，似猶未得爲完善之本。余生平雅好是書，偶以暇日，承子庚之綿蕞，旁稽博考，益以友朋見聞，兼用衆本比對，正其句字。人事牽率，更歷寒暑，乃得就緒；覆閱之下，差覺詳盡矣。適雲間姚子平山來藩署，因共商付梓。方今文治盛隆，度越先古，海內操奇觚、弄柔翰者，咸有騰聲飛實之思；竊以爲劉氏之緒言餘論，乃斯文之體要存焉，不可一日廢也。夫文之用在心，誠能得劉氏之用心，因得爲文之用心，于以發聖典之菁英，爲熙朝之黼黻，則是書方將爲魚兎之筌蹄，而又況於瑣瑣箋釋乎哉！』時乾隆三年歲次戊午秋九月，北平黃叔琳書。（錄自養素堂本）

紀昀黃註本跋

『此書校本，實出先生，其注及評，則先生客某甲所爲。先生時爲山東布政使，案牘紛繁，未暇徧閱，遂以付之姚平山。晚年悔之，已不可及矣。長山聶松巖云。』（錄自芸香堂本）

『此注不出先生手，舊人皆知之，然或以爲盧紹弓則未確。紹弓館先生家，在乾隆庚午辛未間，戊午歲方游京師，未至山東也。』（同上）

三、紀昀文心雕龍評本

紀昀評本

原本聞爲邢贊廷氏所藏，未見。通行刻本有二：芸香堂刊者，爲盧坤原刻；翰墨園本，乃翻刻也。氐本雖出黃氏，亦閒有不同，殆手民之誤。朱墨套板，黃評黑字，紀評朱字。每半葉十行，行二十一字。註附每篇後，低一格。篇自爲起止。其款式：

文心雕龍卷第一

梁　劉　勰撰
北平黃叔琳注
河間紀　昀評

吳蘭修紀評本跋

『右文心雕龍十卷，黃崑圃侍郎本，紀文達公所評也。是書自至正乙未刻於嘉禾，至明末刻於常熟，凡六本。此爲黃侍郎手校，而門下客補注。時侍郎官山東布政使，不暇推勘而遽刻之，尋自悔也。今按文達舉正凡二十餘事，其稱引參錯者不與焉，固知通儒不出此矣。道光癸巳多，宮保盧涿州夫子命余校刻史通削繁既訖，復刊此本。此下原有注語，今略。昔黃魯直謂「論文則文心雕龍，論史則史通，學者不可不讀」。余謂文達之論二書，尤不可不讀。或曰：「文達辨體例甚嚴，刪改故籍，批點文字，皆明人之陋習，文達固常訶之，是書得無自戾與」？余曰：「此正文達之所以辨體例也」。學者苟得其意，則是書之自戾，可無議也。雖然，必有文達之識，而後可以無議也夫？』嘉應吳蘭修跋。錄自芸香堂本

四、范文瀾文心雕龍註本

例　言

一、文心雕龍以黃叔琳校本爲最善，今卽依據黃本，再參以孫仲容先生手錄顧千里黃蕘圃合校本、譚復堂先

生校本、鈴木虎雄先生校勘記，及友人趙君萬里校唐人殘寫本，畏友孫君蜀丞尤助我宏多，（孫君所校有唐人殘寫本明抄本太平御覽及太平御覽三種）書此識感。

二、黃注流傳已久，惜頗有紕繆，未饜人心。聶松巖謂此注及評，出先生客某甲之手，晚年悔之已不可及，今此重注，非敢妄冀奪席，聊以補苴昔賢遺漏云爾。

三、劉氏之書，體大思精，取材浩博，絕非淺陋如予所能窺測；敬就耳目所及，有關正文者，逐條列舉，庶備參閱。切望明師益友，毋吝餘論，匡其不逮，以啓柴塞。

四、王懸河三洞珠囊每卷稱某書某卷，李匡乂資暇錄引通典多注出某卷，此例極善。茲依其成法，凡有徵引，必詳記著書人姓氏及書名卷數。

五、昔人頗譏李善注文選，釋事而忘意，文心爲論文之書，更貴探求作意，究極微旨。古來賢哲，至多善言，隨宜錄入，可資發明；其駕空騰說，無當雅義者，概不敢取，藉省辭費。

六、劉氏所引篇章，亡佚者自不可復得，若其文見存，無論習見罕遇，悉爲抄入，便省覽也。惟京都大賦，楚辭衆篇，及馬融廣成頌、陸機辨亡論之類，或卷帙累積，或冗繁已甚，爲刊煩計，但記出處，不復迻錄。

七、古人文章，每多訓詁深茂，不附注釋，頗艱讀解；茲爲酌取舊注，附見文內，以省翻檢。又如鄭玄戒子書不爲父母昆弟所容，據陳仲魚跋知不字衍文；晉書潘尼傳載其乘輿箴，序中所稱高祖，據顏氏家訓風操篇知是家祖之誤。如此之類，亦隨時校正，雖無關本書；而有便循覽。

八、古來傳疑之文，如李陵答蘇武書、諸葛亮後出師表等篇，本書雖未議及，而昔人雅論，頗可解惑，刪要採錄，力求簡約。至時賢辨疑，亦多卓見，因未論定，蹔捐勿載。

九、愚陋之質，幸爲師友不棄，敎誘殷勤，注中所稱黄先生，卽蘄春季剛師，陳先生卽象山伯弢師。其餘友人則稱某君，前輩則稱某先生，著其姓字，以識不忘。

十、凡例之末，類附乞言，而眞能虛心承敎者或尠，彼以善意來，我以護前拒，此學者之大蔽也。吾雖不肖，實懷延佇之誠，苟蒙箴其瑕疵，攻其悖謬，無不再拜書紳，敬俟重鐫，備錄簡端。昔郭象盜竊向書，千古不齒，李善四注文選，迄今流傳，明例具懸，敢不自鑑。錄自范文瀾文心雕龍註一書

王更生文心雕龍范註駁正序

文心雕龍「范註」自民國十四年（西元一九二五），經由天津新懋印書館印行以來，迄今已超過了半個世紀，尤其在「黃注」「紀評」「李補」「黃札」之後，突然出現了這部數達百萬言的巨著，一時之間，眞如石破天驚，給我國學術界帶來相當的震撼。同時，也奠定了范文瀾先生在中國學術界的地位。范氏以他六年的苦心經營，參考三百五十種左右的資料；在命筆草創的過程中，他一方面對劉彥和的引書、引說，詳加考訂；另一方面對文心雕龍本文的精言奧義，疏通證明。所以一經出版，立卽被國內各大學中（國）文系，採爲選讀之敎本。而國外若東方的日本、韓國，西方的美國、法蘭西，凡欲問津中國古典文論者，幾乎都拿它做爲投石問路的橋樑。

一部內容繁富，網羅今古的著作，卽令作者當時是如何的精理密察，往往因爲受到識見所囿，加上資料搜輯，與剪裁上的種種困難，書成之初，也許作者自認已無懈可擊；可是，歷時愈久，由於新資料

的不斷被發現，以及對「文心雕龍學」研究角度的轉變，原本覺得毫無問題的地方，在今天來說，極可能支節旁出，產生新的爭議。

文心雕龍「范註」駁正一書的內容，分「范註」成書經過，「范註」內容析例，「范註」文心駁正，結論等四部分。而「范註」內容析例，與「范註」文心駁正，尤爲本論文的重心。於「范註」內容析例中，根據范氏自設的「例言」，消化歸納，條其大凡，以見范氏著述的脈絡經緯，所謂「振葉尋根，觀瀾索源」者在此。「范註」雖然瑜中有瑕，但可資取法的地方仍然很多。而於「范註」文心駁正中，有駁有正，駁者，議其得失，正者，正其是非。其中計有采輯未備、體例不當、立說乖謬、校勘欠精、註釋錯訛、出處不明等六目。各目之下，又縷析若干小節，每節更有說明，說明之不足，復援例以徵其實。務期讀者有「會已嗟諷」的感受！

文中援例雖多，還沒有到略無遺漏的地步。究其原因，蓋由於作者寫作本文的初衷，旨在條別大凡，列舉粗目。使讀者能逐類推求，以見「范註」是非得失的全貌。尤加問題易學，是非難定，甲以爲是者，乙或以爲非，今日之是者，明或以爲非，於是在學術上，便發生了甄別的困難。基乎此，本書在「采輯未備」方面，僅錄年譜、板本、敘錄、遺著。於「體例不當」方面，只錄觀點、篇旨、行文、稱謂、篇卷。「立說乖謬」方面，以原道、神思二篇附表爲例。至若「校勘欠精」方面，「誤校與失校」兩類，採得九十二條。「註釋錯訛」方面，「誤釋、誤引」兩部分計三十四條。最後在「出處不明」方面，有「未明出處」、「既明不當」、「援證未博」三項，共得四十六條。此並非作者持論謹愼，要亦著述不得不然耳。

文心雕龍體大慮周，學界共推奧衍，而「范註」之博採周咨，也久已享譽著作之林。更生不敏，幸生於諸位賢能長者之後，使我得以根據他們的成說，作爲論述「范註」的依憑。現當稿草殺青之時，尚盼知音君子，匡我不逮。王更生序於民國六十八年四月臺北退思齋（錄自華正書局出版之「文心雕范註駁正」一書首頁。）

附錄四：劉勰文心雕龍考評

一、劉毓崧書文心雕龍後

劉毓崧書後

『文心雕龍一書，自來皆題梁劉勰著，而其著於何年，則多弗深考。予謂勰雖梁人，而此書之成，則不在梁時，而在南齊之末也。觀於時序篇云：「暨皇齊馭寶，運集休明，太祖以聖武膺籙，世祖以睿文纂業，文帝以貳離含章，高宗以上哲興運，並文明自天，緝遐（遐疑當作熙）景祚。今聖歷方興，文思光被」云云。此篇所述，自唐虞以至劉宋，皆但舉其代名，而特於齊上加一皇字，其證一也。魏晉之主，稱謚號而不稱廟號，至齊之四主，惟文帝以身後追尊，止稱爲帝，餘並稱祖稱宗，其證二也。歷朝君臣之文，有褒有貶，獨於齊則竭力頌美，絕無規過之詞，其證三也。東昏上高宗之廟號，係永泰元年八月事，據高宗興運之語，則成書必在是月以後。梁武帝受和帝之禪位，係中興二年四月事，據皇齊馭寶之語，則成書必在是月以前。其間首尾相距，將及四載，所謂今聖歷方興者，雖未嘗明有所指，然以史傳核之，當是指和帝而非指東昏也。梁書勰傳云：「撰文心雕龍旣成，未爲時流所稱，勰自重其書，欲取定於沈約。約時貴盛，無由自達，乃負其書候約出，干之於車前。約便命取讀，大重之」。今考約之事東昏侯也，官司徒左長史征虜將軍南清河太守，雖品秩漸崇，而未登樞要，較諸同時之貴幸，聲勢曾何足言。及其事和帝也，官驃騎司馬，遷梁臺吏部尚書，兼右僕射。維時梁武尚居藩國，而久已帝制自爲，約名列府僚，而實則權侔宰輔，其委任隆重，即元勳宿將，莫敢望焉。然則約之貴盛，與勰之無由自達，皆不在東昏之時，而在和帝之時明矣。且勰爲東莞莒人，此郡僑置於京口，密邇建康，其少時居定林寺十餘年，故晚歲奉敕撰經證功，即於其地，則踪跡常在都城可知。約自高宗朝由東陽徵還，任內職最久，其爲南清河太守，亦京口之僑郡，與勰之桑梓甚近。加以性好墳籍，聚書極多，若東昏時此書業已流行，則約無由不見。其必待車前取讀，始得其書者，豈非以和帝時書適告成，故傳播未廣哉？和帝雖受制於人，僅同守府，然天命一日未改，固儼然共主之尊，勰之颺言讚時，亦儒生之職分。其不更述東昏者，蓋和帝與梁武舉義，本以取殘伐暴爲名，故特從而創之，亦猶文帝之後，不敍鬱林王與海陵王，皆以其喪國失位而已。東昏之亡，在和帝中興元年十二月，去禪代之期，不滿五月，勰之負書干約，當在此數月中，故終齊之世，不獲一官，而梁武天監之初，即起家奉朝請，未必非約延譽之力也。至於沈之宋書，成於齊世祖永明六年，而自來皆題梁沈約撰，與勰之此書，事正相類。特約之序傳言成書年月，而勰之序志未言成書年月，故人但知宋書成於齊，而不知此書亦成於齊耳。』錄自通義堂文集卷十四頁二五下至二七下

二、四庫全書簡明目錄

文心雕龍目錄

文心雕龍十卷梁劉勰撰，分上下二篇：上篇二十有五，論體裁之別；下篇二十有四，論工拙之由；合序志一篇，亦爲二十五篇。其書於文章利病，窮極微妙。摯虞流別，久已散佚。論文之書，莫古於

是編，亦莫精於是編矣。（錄自本書卷二十頁一上詩文評類。）

三、四庫全書總目提要

文心雕龍提要

文心雕龍十卷梁劉勰撰，勰字彥和，東莞莒人。天監中，兼東宮通事舍人，遷步兵校尉，兼舍人如故。後出家為沙門，改名慧地。事蹟具南史本傳。其書原道以下二十五篇，論文章體製；神思以下二十四篇，論文章工拙，合序志一篇為五十篇。據序志篇稱上篇以下，下篇以上，（按原文作上篇以上、下篇以下，此意改。）本止二卷。然隋志已作十卷，蓋後人所分。又據時序篇中所言，此書實成於齊代。此本署梁通事舍人劉勰撰，亦後人追題也。是書自至正乙未刻於嘉禾，至明宏治、嘉靖、萬曆間，凡經五刻，其隱秀一篇，皆有闕文。明末常熟錢允治稱，得阮華山宋槧本，鈔補四百餘字。然其書晚出，別無顯證，其詞亦頗不類。如：『嘔心吐膽』，似摭李賀小傳語；『鍛歲煉年』，似摭六一詩話論周朴語；稱班姬為匹婦，亦似摭鍾嶸詩品語。皆有可疑。況至正去宋未遠，不應宋本已無一存，三百年後，乃為明人所得。又考永樂大典所載舊本，闕文亦同。其時宋本如林，更不應內府所藏，無一完刻。阮氏所稱，殆亦影撰，何焯等誤信之也。至字句舛譌，自楊慎、朱謀瑋以下，遞有校正，而亦不免於妄改。如哀誄篇（按誄當作弔）『賦憲之謚』句，皆云賦憲當作議德，（按此乃孫無撓（據淩雲本）一人之說，皆字未當。）蓋以賦形近議，憲形近悳。——悳，古德字也。然考王應麟玉海曰：『周書謚法「惟三月、既生魄，周公旦太公望相嗣王發，既賦憲，受臚於牧之野；將葬，乃制作謚。」文心雕龍云：「賦憲之謚」，出於此。』（按此困學紀聞卷二文，撰提要皆以為玉海，誤也。）然則二字不誤，古人已言。以是例之，其以意雌黃者，多矣。（錄自本書卷一九五頁一下至頁三上詩文評類。）